教育部哲学社会科学发展报告培育项目

中国公共政策发展报告 2015

China Public Policy Studies 2015

吕炜 主编

东北财经大学出版社
Dongbei University of Finance & Economics Press
大连

图书在版编目(CIP)数据

中国公共政策发展报告.2015 / 吕炜主编. —大连：东北财经大学出版社，2015.12

ISBN 978-7-5654-2187-7

Ⅰ. 中… Ⅱ. 吕… Ⅲ. 政策科学-研究报告-中国-2015 Ⅳ. D601

中国版本图书馆CIP数据核字(2015)第303432号

东北财经大学出版社出版

(大连市黑石礁尖山街217号 邮政编码 116025)

教学支持：(0411) 84710309

营 销 部：(0411) 84710711

总 编 室：(0411) 84710523

网 址：http://www.dufep.cn

读者信箱：dufep@dufe.edu.cn

大连永盛印业有限公司印刷 东北财经大学出版社发行

幅面尺寸：185mm×260mm 字数：445千字 印张：21 插页：1

2015年12月第1版 2015年12月第1次印刷

责任编辑：李 彬 曲以欢 贺 荔 责任校对：刘紫玲

封面设计：张智波 版式设计：钟福建

定价：48.00元

前言

公共政策是我国政府推进和驾驭转轨进程、保障经济发展以及促进社会和谐的重要方式。我国公共政策种类众多、覆盖领域广泛，对经济社会发展具有举足轻重的作用。在过去的30多年时间里，我国经济的平稳较快增长、改革开放所取得的进展、人民生活水平的提高、社会建设所取得的进步都与政府主导下的公共政策实践密不可分。然而，在取得成就的同时，我们也必须看到，以往的公共政策模式逐渐遇到了新的问题。在制度层面上，转轨即将进入中后期，经济社会发展进入“新常态”，驾驭新建立的体制和深化改革已成为当务之急，亟待我们对中国公共政策发展的历史、现状与未来进行评估和展望，并对中国的公共政策进行重新定位；而在发展层面上，当前经济社会中存在的矛盾已经无法通过经济增长来自动解决，国内出现的诸如收入分配、社会保障等难题也都需要我们对公共政策安排加以重新论证。

“中国公共政策发展报告”系列主要探讨年度主要公共政策领域发生的变化。我们希望每年选择几个中国公共政策改革与发展的重大问题，作为公共政策发展报告的论题，组织人力，集体攻关，贡献我们的成果，以此催生公共政策领域的新思想、新实践、新突破和新成就。我们看到，在第一个百年奋斗目标的决胜阶段，党的十八届五中全会进一步明确了建党一百年时全面建成小康社会、新中国成立一百年时基本实现现代化的改革战略目标，这些要牵涉多种因素，动用多种力量，在十分广阔的经济社会背景下加以谋划。今年的报告论题即萌生于“新常态”大背景下创新驱动和均衡发展的热浪之中，更加关注与“双百目标”密切相关的收入分配政策以及城镇化、市民化政策。同时，“双百目标”的实现最终会落在政府的财政收支上。十八届三中全会通过的《中共中央关于全面深化改革若干重大问题的决定》和中共中央政治局会议审议通过的《深化财税体制改革总体方案》相继对新一轮财税体制改革指明了路线图和时间表，财税体制改革正在面临新一轮的全面重启，同时，也对中国财政政策实践提出了前所未有的新挑战。基于此，我们在《中国公共政策发展报告2015》中尝试做了如下几个方面的工作：

一是对我国创新驱动与均衡发展问题给出了比较系统的梳理和基本透视。第一章对2014—2015年度我国创新驱动下的产业结构转型的基本情况进行了梳理。经历了经济的高速发展之后，我国经济逐渐步入了新常态发展阶段。在新常态发展阶段中，经济面临的许多问题也逐渐暴露出来，这些问题来自于劳动力成本上升，内需不足，对海外市场依赖严重，资源大量消耗以及环境污染等。暴露出来的问题使得原来的经济发展模式难以为继，因此，如何从传统的粗放型发展模式向新的集约型发展模式转变是我国经济面临的重要考验。在发展模式转变的背景下，如何做好产业结构由劳动密集型向资本密集型和技术密集型转型是我国未来经济发展面临的重要问题之一。只有产业结构实现转型，才能赋予我国工业部门新的竞争力，才能进一步促进经济发展。然而，产业结构转型并非易事，找到适当的驱动因素能够起到事半功倍的作用。于是，创新驱动成为产业结构转型过程中的重中之重。因为创新在其中发挥着催化剂的作用，有效地发挥创新驱动能够保障产业结构的顺利转型。在创新带来的产业结构转型中，人均资本量会不断增加，即经济发展了资本深化，但在资本深化的同时，整体的就业水平会提高，整体的产出水平也会上升，有利于经济的长期发展。第二章从推动经济均衡发展视角出发，对均衡发展的相关问题进行系统探讨。作为经济发展的重要方面，地区均衡发展问题一直是人们关注的重要方面。它不仅涉及经济成果分配的公平性问题，还深深影响着经济发展的效率问题。一国经济体区域经济长期的非均衡发展势必影响长期经济增长的后劲，严重的话还会影响社会的稳定。作为一个幅员辽阔、人口众多、地区异质性突出的大国，中国的均衡发展问题显得尤为重要和困难。自改革开放以来，中国不断在均衡发展方面进行探索前进，大致经历了均衡发展战略、非均衡发展战略、协调地区发展战略几个阶段，所取得的成效非常显著。但是，就目前实际情况来看，中国在均衡发展上仍然有诸多方面需要继续研究和探讨。比如政府已有的政策效果到底有多大，是否存在更优路径等问题，报告试图对于上述问题给出解释。

二是对我国城镇化背景下收入分配面临的问题、财政调节效果以及未来的改革趋势进行了系统的分析和论述。收入差距已经成为影响中国收入差距扩大进而影响中国经济社会可持续发展的最主要因素。第三章在“新常态”背景下，对财政调节收入分配的效果、存在的问题进行了分析，认为经济结构的优化调整和发展方式的转变将改变现存收入分配格局，为收入分配制度改革提供新机遇。政府在促进收入公平分配方面承担着不可推卸的责任。在新形势下，政府应该把握经济“新常态”的契机，深化收入分配制度改革，加快收入再分配政策制定，努力缩小收入分配差距，改善民生，提高经济发展的质量和效益。第四章对我国城乡收入分配的现状、存在的问题以及未来的改革趋势进行了系统的分析和论述。研究表明，当前我国城乡收入差距依然较大，城乡二元结构、户籍制度限制以及政府采取的偏向性的分配政策是造成城乡收入过大的主要原因。在充分考虑导致城乡收入差距过大的因素后，我们从初次分配和再分配角度对未来的城乡收入分配制度改革进行了新的思考，并提出了有针对性的改革路线图，并详细探讨了农业税改革、城镇化和市民化政策以及政府教育投入这三个热点改革方向对城乡收入分配制度的影响机理及效应。第五章提出土地财政具有显著的城市偏向特征，这是我国城市化过程中城乡收入差距快速拉大的重要原因。改革开放以来，我国经济实现快速发展，居民收入水平不断提高。伴随经济总量的快速增长，经济结构失衡问题日趋严重，收入差距不断扩大。特别是城乡收入差距的不断扩大，已成为影响我国经济持续健康发展、社会和谐稳定的主要问题。长期以来我国坚持了“先富带后富”非均衡发展战略，这被认为是收入差距不断扩大的主要原因，城市偏向战略亦是这一战略的重要内容。大量研究表明，城市偏向的发展战略是我国城乡收入差距持续扩大的主要原因。土地财政具有显著的城市偏向性，那么土地财政是否影响了我国的城乡收入差距变化呢？它是如何影响我国城乡收入差距变化的？对这一问题的思考，对于解决我国现阶段的土地财政问题，缩小城乡收入差距具有重要意义。

三是提出了探索新一轮财税体制的新思路并给出了一个全景式描述。十八届三中全会通过的《中共中央关于全面深化改革若干重大问题的决定》和中共中央政治局会议审议通过的《深化财税体制改革总体方案》相继对新一轮财税体制改革指明了路线图和时间表，财税体制改革正在面临新一轮的全面重启。第六章基于中国财税改革发展实践，重点从历史定位、推进路线、可能障碍以及突破方向等几个方面对新一轮财税体制改革予以剖析，以期揭示本轮改革背后的逻辑和规律，从而筑牢财政这一国家治理的基础和重要支柱。围绕着新一轮财税体制改革，第六章还就近期的政策热点问题——“减税”还是“减费”、房地产税到底该不该征、财政收入“慢”增长怎么看等——进行了深入分析和讨论，这些问题不仅仅是财税改革问题，也是现阶段中国经济社会发展问题的折射，对这些问题的深刻认知，有助于我们对未来的财税改革方向以及中国现阶段发展出现的问题和矛盾的正确理解与把握。第七章是对最近一个时期中国财税改革方向的学术视阈和现实趋向的探讨。以十八届三中全会为依据，未来中国的财税改革进程逐渐由“摸着石头过河”向“顶层设计”转变，在制度层面各种体制安排也逐步由强调“特殊化”向“一般化”转变，深刻理解这种规律对客观认知中国改革进程及改革方向具有重要意义。第七章在分析了“政府-市场”框架下的财政职能后，将总的框架分为财税体制、政策调控和收支机制三部分展开并加以详细论述，并对中国财税改革的趋势进行了总结与预判。

四是对农民以及市民化政策覆盖下的农业转移人口福利状况进行了现实考察并提出政策建议。党的十八大报告首次提出了“加快户籍制度改革，有序推进农业转移人口市民化”，标志着市民化进程被提高到了国家战略的高度，也是对中国共产党“以人为本”执政理念的深入挖掘。市民化是一项庞大复杂的国家战略，是一项崭新的改善民生、促进经济发展的重大举措，需要从全方位、多视角对其进行解读，才能从根本上把握市民化的内涵和逻辑，制定相应的发展对策和推进路径。市民化进程中主要面临就业问题、医疗卫生服务问题、社会保障问题、教育问题、住房保障问题：以人口属性为标准，包括农业转移人口、在地农业转移人口、城郊失地农业转移人口的市民化；以空间类型划分，可分为特大城市、大城市、中等城市、建制镇和小城市的市民化。市民化的推进工作刻不容缓。然而，地方政府推进市民化的态度相对比较消极。第八章提出在推进市民化的进程中要坚持政府主导、市场辅助，规模适中、循序渐进的原则，打破对市民化成本的误解，明确市民化的承担主体，加大中央政府的转移支付力度，明确中央与地方的财权与支出责任，根据市民化的不同类型以多元化、多样化的路径稳步有序推进市民化进程。第九章对当前农村社会养老保险政策进行了重新审视。社会保险已经成为世界各国消除贫困的一项基本的社会政策，随着经济的快速发展，我国农村社会养老保险制度得以建立与发展，目前参保人数已超过3亿人。在取得巨大成绩的同时，社会养老保险仍存在着严重的结构失衡问题，养老金分配存在巨大的城乡差异、地区差异和行业差异等问题，尤其是农村社会养老保险制度发展与改革一直滞后于城镇，农村社会养老保险保障水平也较低。因此在对我国农村社会养老保险政策进行顶层设计时，要充分认识我国的基本国情、经济发展水平、国家的财政能力以及农村居民能力等方面的差异性，做好农村社会养老保险制度的统筹规划。

本报告是教育部哲学社会科学发展报告培育项目“中国公共政策发展报告”的阶段性成果。报告由吕炜教授主编，负责全书的组织、统撰工作。其中，第一章由高帅雄博士撰写；第二章由陈长石博士撰写；第三章由刘畅副研究员撰写；第四章由杨沫博士撰写；第五章由吕炜教授、许宏伟博士撰写；第六章由吕炜教授、陈海宇博士撰写；第七章由吕炜教授、刘晨晖博士撰写；第八章由吕炜教授、谢佳慧博士撰写；第九章由丛春霞教授撰写。报告在撰写过程中得到了东北财经大学出版社的大力支持，在此一并致谢！对于报告中的错漏之处，我们恳切地期待能得到读者的指正。

吕　炜

2015年12月

目　录

第一篇　创新驱动与均衡发展

第二篇　城镇化、财政与收入分配

第四篇 市民化与农村、农民问题

第一篇

创新驱动与均衡发展

第一章

新常态下的产业转型与创新驱动

第一节 概述

在经历了经济高速增长时期之后，我国的经济逐渐步入了新常态水平。伴随着经济步入新常态，我国经济发展中面临的许多问题也逐渐暴露了出来。党的十八大报告明确指出，目前，我国经济发展过程中主要面临着“发展中不平衡、不协调、不可持续问题依然突出，科技创新能力不强，产业结构不合理等问题”。发展中不平衡问题主要是指我国经济发展长期内外失衡。对内，我国消费占GDP比重偏低，难以形成有效需求，这便是内需不足的问题；对外，严重依赖海外市场，国内的加工制造业大量出口，造成我国对外贸易长期处于顺差状态，形成贸易失衡。此外，我国自然资源丰富，但是，由于技术水平较低，我国的资源利用率较低，这使得在经济发展过程中耗费了大量的自然资源。而且，由于技术水平较低，我国各地经济增长的主要动力来源于产业投资规模扩张的粗放型发展模式，而非依赖技术进步进而带来生产率提高的集约型发展模式，这种以投资带来产业规模扩张，以耗费大量自然资源获取经济增长的粗放型经济增长模式显然难以支撑经济长期、有效、稳定的增长。此外，我国的经济增长在耗费大量自然资源的同时也面临着严重的环境问题，雾霾、地下水污染、海洋污染等问题不仅对社会居民造成了严重影响，也阻碍了经济的进一步发展。这种发展模式是不可持续的。

除了发展不平衡、不协调、不可持续外，我国的产业发展也面临着严重的问题，主要体现在产业整体的科技创新能力不强，以及产业结构不合理等。我国的产业分布以劳动密集型产业为主，资本密集型和技术密集型所占的比重较低。特殊的产业结构，使得我国企业往往处于世界产业链分工的最底端，进行低附加值或其他低技术含量的生产活动。这些低附加值、低技术含量的生产活动在经济发展初期能够利用我国劳动力众多的比较优势，带动经济的发展，然而，我国的经济不能长期处于世界产业链的底端，为了取得经济的进一步发展，使我国步入发达国家之列，我国必须要进行产业结构转型，向资本密集型产业和技术密集型产业转型。但是，产业转型的主要动力来自于创新，只有不断地自主创新才能带来技术水平的不断进步，才能逐步向世界产业链的中、上游发展。然而，我国企业的自主创新能力较弱成为限制产业结构转型的又一障碍，如何激发企业自主创新的动力，如何使企业从粗放型增长向自主创新模式增长转变成为我国产业结构转型中的重要问题。

面对经济发展过程中存在的种种问题，我党提出了新常态下产业结构转型的重大战略目标。党的十八大报告中明确指出，在未来的发展中："要加快形成新的经济发展方式，把推动发展的立足点转到提高质量和效益上来，着力激发各类市场主体发展新活力，着力增强创新驱动发展新动力，着力构建现代产业发展新体系，着力培育开放型经济发展新优势，使经济发展更多依靠内需特别是消费需求拉动，更多依靠现代服务业和战略性新兴产业带动，更多依靠科技进步、劳动者素质提高、管理创新驱动，更多依靠节约资源和循环经济推动，更多依靠城乡区域发展协调互动，不断增强长期发展后劲"。

为了实现新的经济发展方式，我国提出了产业结构转型的具体方针政策以推进经济结构的战略性调整。党的十八大报告指出："推动战略性新兴产业、先进制造业健康发展，加快传统产业转型升级，推动服务业特别是现代服务业发展壮大，合理布局建设基础设施和基础产业。建设下一代信息基础设施，发展现代信息技术产业体系，健全信息安全保障体系，推进信息网络技术广泛运用。提高大中型企业核心竞争力，支持小微企业特别是科技型小微企业发展。"因此，在未来产业结构转型过程中，我国的核心目标有以下三点：第一，加快传统产业升级。加快传统产业升级的主要目的在于改变我国产业当前的经营模式，使我国许多粗放投资型、高能低耗型、环境污染型、技术水平落后型的产业向集约型、环境友好型、高技术含量型的产业转变。在新的发展模式下，传统产业不仅对资源的消耗少、对环境的污染少，而且由于技术水平的提升，其自身的经营状况也会不断改善。第二，推动战略性新兴产业发展。除了传统产业转型外，加快战略性新兴产业的发展也是十分重要和必要的。在信息时代快速发展的世界环境下，要取得经济的长足发展必须要发展战略性新兴产业。战略性新兴产业是指建立在重大前沿科技突破基础上，代表未来科技和产业发展新方向，体现当今世界知识经济、循环经济、低碳经济发展潮流，目前尚处于成长初期、未来发展潜力巨大，对经济社会具有全局带动和重大引领作用的产业。因此，发展战略性新兴产业不仅能够准确地把握世界经济未来的潮流，为我国产业结构未来的发展指明方向，也能够在未来的发展中带动我国经济朝着高技术的轨道快速前行。第三，提高企业的核心竞争力。产业是由很多企业组成的。企业发展的成败决定了整个产业发展的成败，企业所掌握的技术水平不断提高，并促进企业核心竞争力不断提高，使得企业能够立足国内，甚至立足世界。获得长远发展不仅是我国产业结构转型的关键所在，也是我国产业结构转型的目标所在。如果企业没有核心竞争力，那么整个产业就谈不上有竞争力，那么我国的产业结构转型将变得十分困难。只有大力促进企业发展，使企业的核心竞争力不断提高，整个产业的生产力水平也不断提高，产业结构才能在新常态下顺利完成转型。同时，产业结构的转型又能反过来促进企业的发展。

为了配合我国的产业结构转型，并应对我国企业创新能力不强的突出问题，我国提出了创新驱动发展战略，将科技创新摆在了国家发展全局的核心位置。党的十八大报告指出：“要坚持走中国特色自主创新道路，以全球视野谋划和推动创新，提高原始创新、集成创新和引进消化吸收再创新能力，更加注重协同创新。深化科技体制改革，推动科技和经济紧密结合，加快建设国家创新体系，着力构建以企业为主体、市场为导向、产学研相结合的技术创新体系。完善知识创新体系，强化基础研究、前沿技术研究、社会公益技术研究，提高科学研究水平和成果转化能力，抢占科技发展战略制高点。实施国家科技重大专项，突破重大技术瓶颈。加快新技术新产品新工艺研发应用，加强技术集成和商业模式创新。完善科技创新评价标准、激励机制、转化机制。实施知识产权战略，加强知识产权保护。促进创新资源高效配置和综合集成，把全社会智慧和力量凝聚到创新发展上来。”因此，在党的十八大报告指引下，全国范围内展开了以技术创新为驱动的产业结构转型，以保障新常态下的经济运营。

对于新常态下产业结构转型及创新驱动的战略方针，学界、业界和全国人民都形成了高度的共识，共同应对产业结构调整所带来的挑战。但是，在产业结构调整的过程中，一些突出的热点问题不断引起社会的关注。首先，便是资本深化与就业的问题。我国产业结构转型的目标是由劳动密集型产业向资本密集型产业转变。然而，我国劳动人口众多，如果实现了产业的资本密集化，那么如何解决当前的就业问题便成了首要问题。其次，不同的产业结构发展模式对经济的影响是不同的。对经济发展而言，在生产部门中存在着最终产品生产部门和资本设备品生产部门。资本设备品生产部门的发展对经济的贡献是十分巨大的，但我国目前的资本设备品生产部门发展较为落后。对于我国而言，在未来产业结构转型的过程中，资本设备品生产部门对经济的影响如何，以及如何合理发展资本设备品生产部门也将成为产业结构转型的重要问题。再次，国内需求对产业结构的转型也具有重要影响。决定经济发展的主要因素来源于需求和供给。目前，我国实行的产业结构转型战略主要着眼于供给调整。然而，需求对产业结构的转变也有重要影响。需求的结构转变会带动产业结构的转变，需求量也决定了产业结构的发展规模，如果需求不足，那么产业的发展将受到限制。最后，创新驱动是我国产业结构转型的主要动力，为了激励企业创新，政府制定了一系列的政策用于专利保护，但是，知识具有溢出效应，如何在保障企业具有创新激励的前提下合理利用知识的溢出效应，使得产业内的其他企业从中获益也是一项重要问题。否则，过严的专利保护制度不仅不利于创新，反而会阻碍创新。因此，本章的主要内容将着眼于我国产业结构转型的背景、创新驱动、资本深化与就业、产业结构选择、需求冲击和专利保护六个部分的论述。

第二节　产业结构转型的背景

2003—2013年是我国经济发展的黄金时期。在经历了高速增长之后，我国的经济逐渐步入了新常态。随着经济系统在新常态环境下运行，如何在新常态下实现产业结构的成功转型，以及如何依靠创新机制带动产业结构转型、促进经济在新常态下稳步增长成为一项重要课题。

在经济持续高速增长期间，我国的经济增长主要依靠要素驱动和投资拉动。在要素驱动方面，首先，由于人口红利的存在，我国劳动力成本较低，通过利用较低的劳动力成本而发展起来的劳动密集型产业不仅带动了我国就业的增长，解决了我国劳动力供给众多的就业问题，也成为推动我国经济增长的重要力量之一。一方面，我国的对外贸易部门中的加工制造业大多是劳动密集型部门，这些加工制造业依靠低廉劳动力所形成的低成本比较优势迅速占领国外市场，并在对外贸易中形成巨额的贸易顺差，带动了经济的高速增长；另一方面，由于劳动力成本较低，许多外商纷纷将本国的劳动密集型产业转移到我国形成FDI，大量的FDI也成为推动我国经济增长的重要力量之一。其次，由于利率市场化改革较为缓慢，长期以来，我国政府都对利率进行管制，人为压低了利率水平。在较低的利率水平下，企业的投资成本较低，再加上在经济起飞阶段，企业往往拥有较高的投资回报率，因此，我国企业纷纷扩大投资规模。在2003—2013年期间，我国投资规模快速上涨，成了带动经济增长的主要动力。最后，我国自然资源丰富，各地为了促进经济增长，带动其他产业的发展，争相开发当地的自然资源。大规模的自然资源开发利用也成了经济增长的又一动力。

然而，在要素驱动和投资驱动实现经济高速增长的背后，我国经济面临的各种问题也越发突出：

第一，劳动力成本上升问题。我国经济增长背后的推动力量之一是价格低廉的劳动力成本，由于我国人口众多，劳动力资源丰富，形成了特殊的人口红利。加之改革开放后，我国对户籍制度的放松，使得农村劳动力向城市转移，释放了大量的农村剩余劳动力。而且，20世纪90年代的国企改革也同样释放了大量的国有企业冗余劳动力。这些释放的劳动力在劳动力市场上形成强大的劳动供给，使得我国的劳动力成本较低。但是，这种人口红利并非取之不尽的优势资源。近年来，随着我国劳动力供给高峰的逝去，我国人口红利将逐渐消失。而且，经济的增长，人民收入水平的提高，以及我国《最低工资规定》的颁布实施，都使得我国的劳动力成本迅速上涨。劳动力成本上升可分为两个部分：第一部分是我国城镇单位就业人员的工资水平上涨状况。第二部分是我国农村转移劳动力，即农民工工资水平上升状况。2000—2014年我国城镇单位就业人员平均工资水平及增长率如图1-1所示。

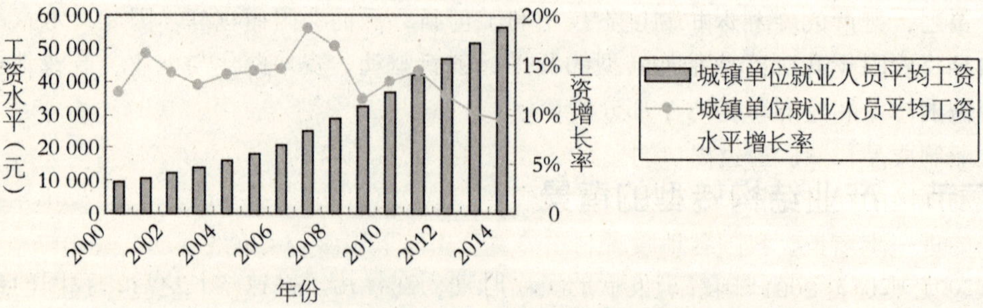

图1-1 2000—2014年我国城镇单位就业人员平均工资水平及增长率

如图1-1所示，2000年以来，我国城镇单位就业人员的平均工资水平不断上涨，这期间，城镇单位就业人员的平均工资水平的增长率基本保持了两位数，2007年的增幅更是达到了18.53%。伴随着高增长率，我国城镇单位就业人员的平均工资水平在2014年达到了56 339元，是2000年平均水平的5倍，是2007年平均水平的2倍。这足以说明我国城镇单位劳动力成本上升的速度之快。除了城镇就业单位人员的平均工资水平外，我国劳动力市场中另一大主要供给团体——农民工的工资水平也在不断上升。根据国家统计局农村社会经济调查司对农村转移劳动力收入水平的调查数据可知，近年来，我国农民工的工资水平也在不断上升。2002—2013年我国农民工平均工资水平及增长率如图1-2所示。

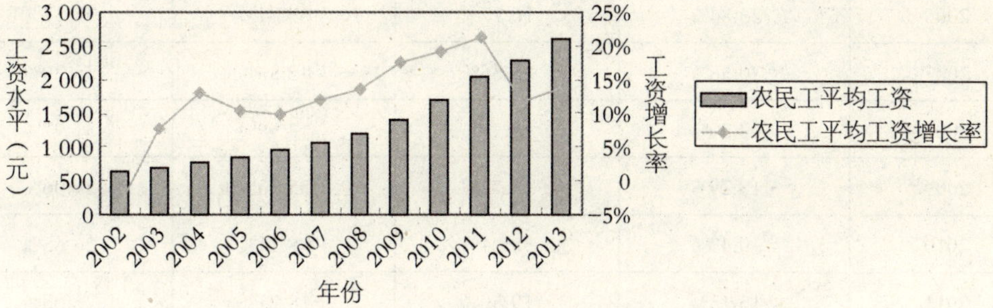

图1-2　2002—2013年我国农民工平均工资水平及增长率

从图1-2中可以看出，与城镇单位就业人员的平均工资水平相比，我国农民工的平均工资水平较低。但是，近年来，我国农民工的工资水平上升幅度却远高于城镇单位就业人员的平均工资水平上升幅度。2001年的平均工资水平为664元/月，2013年上升到2 609元/月，上涨了将近4倍。此外，我国农民工的平均工资水平每年也都保持了近两位数的增长。其中，2011年的涨幅更是达到了21.24%。因此，结合近年来我国城镇单位就业人员的平均工资水平的上涨状况和我国农民工平均工资水平的上涨状况可知，我国的劳动力成本确实上升了许多，而且上升速度十分快。面对不断上涨的工资水平，我国加工制造业的低成本优势已不复存在。由于劳动力成本的不断攀升，我国对外贸易部门的产品在国际市场上已不再具有竞争力，传统的依靠劳动密集型产业发展的产业结构已不能进一步带动我国经济的快速增长。此外，由于劳动力成本的上升，在我国投资的外资企业纷纷撤离我国，这对各地的经济增长造成一定的不利影响。

第二，严重依赖海外市场。我国经济增长面临的第二个问题便是对海外市场形成严重依赖。我国经济增长的推动因素之一便是出口拉动。为了促进经济的起飞，我国沿用了亚洲四小龙的经济增长模式，通过承接发达国家或地区的劳动密集型产业生产加工一些工业制成品，然后通过出口的形式销售到海外，从而带动国内的加工制造业发展，进而带动地区的经济增长。这种发展模式在我国东南沿海地区十分普遍。而且，为了促进出口的进一步增长，我国各地政府对出口企业实施了较多的优惠政策，鼓励出口企业的发展。尤其是自2001年我国加入WTO后，我国进出口贸易规模呈现出飞跃式增长，2001—2014年我国对外贸易状况见表1-1。

表1-1 **2001—2014年我国对外贸易状况**

年度	出口额增长率	进口额增长率	进出口差额增长率	出口额占GDP比重
2001	6.74%	8.16%	−6.53%	20.09%
2002	22.35%	21.19%	34.98%	22.39%
2003	34.66%	39.97%	−16.89%	26.72%
2004	35.32%	35.79%	27.49%	30.71%
2005	27.58%	16.88%	213.94%	33.88%
2006	23.86%	16.77%	69.81%	35.87%
2007	20.58%	15.66%	42.50%	35.20%
2008	7.30%	8.49%	2.99%	31.97%
2009	−18.29%	−13.72%	−35.73%	24.06%
2010	30.47%	38.01%	−8.11%	26.65%
2011	15.15%	19.50%	−18.21%	26.05%
2012	4.96%	1.45%	44.44%	24.90%
2013	6.01%	5.43%	10.55%	23.32%
2014	4.94%	−0.51%	45.95%	22.61%

数据来源：根据国家统计局《统计年鉴》整理。

由表1-1可知，2001—2011年期间，我国的出口额增长率、进口额增长率、进出口差额增长率基本保持两位数的高速增长。而且，就我国出口额占GDP的比重数据来看，我国出口额占GDP的平均比重都保持在20%以上，在2006年达到峰值35.87%。这说明我国的经济对海外市场依赖较为严重。这种对海外市场的过度依赖不仅使得我国对外贸易部门处于失衡的状态，造成对外贸易摩擦问题日益严重，我国企业不断受到进口国的反倾销调查。更重要的是，在对外贸易失衡的状态下，我国经济内部也不断失衡，内需不足使得企业更加依赖海外市场，最终造成我国经济在内外失衡的扭曲体中发展。一旦发生不利因素导致海外市场萎缩，我国经济将遭受严重的冲击。以2008年的金融危机为例，2008年爆发了全球性的金融危机，海外市场对我国的加工制造业产品的需求锐减，这使得我国2008年和2009年的对外贸易额大幅下降，加之我国内需不足，致使我国东南沿海地带的加工制造业纷纷倒闭，减缓了我国的经济增长速度。尽管2010年后我国的对外贸易状况有所回升，但是基本已经告别了快速增长的时代，再加之我国劳动力成本的不断上升，使得我国对外贸易部门的产品在世界市场上逐渐失去了竞争力，所以，我国的对外贸易部门基本处于小幅增长的状态。

第三，长期处于全球产业链的底端位置。虽然我国经济在快速增长，但我国的生产企业大都处于全球产业链的底端位置。长期处于全球产业链的底端位置所面临的严重问题便是我国产业内部的企业大多都缺乏生产的核心技术。技术不仅是生产力，也是企业的核心竞争力。掌握产品的核心技术不仅能够使得企业处于产业价值链的顶端，获得较高的利润水平，也能够使企业在市场上获得无法替代的核心竞争力。随着经济全球化的不断发展，国际分工水平的不断深化，未来各国将在产业链中获得一定的分工。在经济发展前期，由于缺乏资本、技术等生产要素，很多国家都处于全球产业链的末端或底端，从事技术含量低、没有竞争力的产业。就我国的现状而言，由于经济发展初期，我国的企业大多缺少资本和技术。所以，我国的企业以及产业往往处于全球产业链的末端、底端，很多企业的生产活动也只是承接国外的低端手工制造业，或者只是进行简单的加工、制造环节，这些生产活动的附加值很低。但是，这种劳动密集型产业的发展在经济起步阶段对经济的发展起到了强大的促进作用，带领我国经济迅速起飞。

然而，在经历经济起飞之后，我国就需要转变产业发展模式。因为，作为一个经济大国，我国不可能一直处于全球产业链的末端或底端，始终进行一些低附加值的生产活动。而且，进行这种低附加值生产活动的主要优势在于低价的劳动力成本。但是，正如上文所述，这种低成本优势并非长期存在的，我国劳动力成本已经在不断上升。近年来，很多外资企业因为我国劳动力成本上升问题将相关的劳动密集型产业向东南亚地区转移。与此同时，我国本土的很多企业也因劳动力成本上升问题变得毫无竞争优势可言，我国整个产业的发展也逐渐步入困境。因此，要改变我国产业所处的逆境，就必须改变所处的全球产业链的位置，由末端、底端向更高的部分转移，在国际市场中获得更有价值的核心竞争力。这种转移是需要具有核心技术的。但是，我国的很多企业由于只能进行低端制造，难以接触到核心技术，也就难以掌握核心技术，更加难以完成向全球产业链更具价值的位置转移。

此外，由于我国的很多企业参与的是低附加值的生产活动，这种低附加值环节使得我国的加工制造业在全球化分工中获得较低的利润水平，较低的利润水平不利于企业的长期发展，而且还会带来很多的负面效应。首先，由于企业的利润水平较低，使得企业不能像其他发达国家一样向员工支付较高的工资水平，由于工资水平受企业利润水平的限制，我国劳动者的收入水平就不能有显著的提高。由于劳动者收入水平的限制，又会致使我国国内难以形成强大的有效需求，导致我国内需不足，国内市场疲软。这又使得我国的生产企业更加依赖于海外市场，加剧了我国产业的波动性。其次，对国内的很多企业而言，一方面面临的是较低的行业利润水平，另一方面面临着不断上涨的劳动力成本，企业所能获得的中间利润将会越来越少，企业的发展也会越来越艰难。最后，由于利润水平的限制，我国国内的企业又难以进行大量的研发投入，这样就不能有效地通过自主研发的途径获得核心技术水平，进而在国际市场上获得竞争力，从而改变在国际产业链中所处的地位。企业也不能进行资本投资，通过追加资本的形式从劳动密集型产业向资本密集型产业转变，从而实现产业结构转型。因此，这都不利于我国产业的发展。

第四，资源、环境问题严重。在我国经济快速发展阶段，我国经济更多的是一种粗放型的增长模式。在粗放型增长模式下，全国各地纷纷盲目扩大投资，盲目扩大企业规模。而且，我国有很多省份都拥有丰富的矿产资源，例如煤炭资源、稀土资源、有色资源等等。各地政府为了促进当地经济的快速发展，在粗放型的增长模式下，很多地方都肆无忌惮的开发自然资源。这种毫无规划、盲目、过度开采自然资源的行为使得我国自然资源存量大幅下降。就石油资源而言，经过多年的开采，我国主要的石油产地的石油产量已日益下降，很多油田纷纷停产；就煤炭资源而言，经过近几年的掠夺式开发，目前我国的煤炭资源仅能维持50年的开发利用；就稀土资源而言，各地大肆开发稀土资源，并将稀土资源低价出口到国外，虽然在一定程度上促进了当地的经济增长，不过也带来了大量的自然资源浪费，因为稀土被卖出了“白菜价”；就地下水资源而言，由于各地不加节制地利用水资源，致使我国许多地区地下水水位严重下降，很多城市面临严重的供水问题。此外，在大量消耗自然资源的同时，由于我国企业的生产技术水平较为落后，对资源的利用率较低，所以，我国平均产品对自然资源的消耗也是惊人的。以单位GDP产出能耗来计算能源利用效率，我国与发达国家差距非常大。日本为1，意大利为1.33，法国为1.5，德国为1.5，英国为2.17，美国为2.67，加拿大为3.5，而我国高达11.5。我国的耗能设备能源利用效率比发达国家普遍低30%~40%。2014年我国GDP仅占世界的4%，却消耗了世界25%以上的钢、30%的煤和50%的水泥。因此，如果仍不改变粗放型的增长模式，不能将产业结构由大量消耗资源的发展模式转向依赖技术水平提高而带动产业增长的发展模式，那么我国的自然资源将面临更大的威胁。

在大量消耗资源的同时，我国的环境问题也日益突出。在粗放型经济增长模式的背景下，我国有许多高耗能、低效率的产业，这些产业不仅消耗着大量的煤炭、电力资源，同时对环境的污染也是十分严重的。近年来，我国面临着严重的环境问题，首当其冲的是大气污染问题。以雾霾为主的大气污染问题已经严重影响了社会居民的正常生活。水污染问题也是非常严重的，由于很多企业污染物排放不达标，致使很多超标的污染物排放到河流、湖泊和地下，对水资源造成了严重的污染。土壤污染问题更不容忽视，在农业生产活动中，为了追逐产量的不断上涨，我国农业生产的平均化肥使用量是国外平均水平的数倍。而且，由于土地长期得不到休整，土壤内部因化肥残留的重金属的含量已经严重超标，这对我国未来的粮食安全构成严重的威胁。除了以上问题外，我国还面临碳排放超标带来的温室效应问题、全球变暖问题、海洋污染问题、土地荒漠化问题、酸雨问题等环境问题，这些环境问题不仅影响社会生活，同时也制约着我国经济的进一步发展。如果经济还未步入发达水平时就将生态环境严重破坏，那我国经济发展将丧失赖以生存的环境依托。

因此，在经济增速放缓，人口红利下降，劳动力成本上升，外资撤离，大量劳动密集型产业向国外转移，国内企业缺少核心技术、缺乏核心竞争力，资源消耗严重，环境问题突出，我国经济发展面临严重困境的背景下，为了摆脱困境，我国开始了产业结构转型升级，以保障在新常态下，经济能够又好又快地发展。

第三节 创新驱动产业转型

目前，我国的产业结构以缺乏核心技术的劳动密集型产业为主，随着产业结构转型的需要，我国未来产业结构转型的方向是技术密集型产业和资本密集型产业。然而，产业结构的转变并非一蹴而就，需要强有力的驱动因素，而促使我国产业结构转型的主要动力来源于创新。创新可以表现为科技创新，从而带来劳动生产率的提高，也可以是生产工艺创新、产品性能创新，还可以是组织结构创新、管理模式创新等。在经济领域，科技创新是核心，是推动技术进步的主要动力。科技创新的主要作用在于促进全要素生产率的提高，降低单位产值的能源消耗，并促进产业由传统的技术水平低、依靠规模扩张的粗放型发展模式，向技术水平高、依靠核心技术水平的不断提高从而赢得市场的集约型发展模式转变。因此，党的十八大报告明确提出要实施创新驱动战略，加快传统产业转型，重塑我国制造业的竞争优势。创新驱动将成为我国经济新常态下产业结构转型的核心问题。一般而言，创新驱动产业转型的主要途径是依靠研发投入、知识溢出背景下的产权保护等方式。

第一，研发投入。研发投入是创新的主要来源。研发投入主要是指企业为获得更高的劳动生产率或掌握更加核心的先进技术而进行的一定投入。一般而言，研发投入的资金都是相当巨大的，企业面临的风险也是十分大的。在一定的研发投入下，如果企业能够取得相应的创新成果，那么企业可以依赖创新成果获得更好的生产效率，更低的生产成本，或者生产出更先进的产品占领市场获得更高的效益。然而，如果研发投入一旦失败，那么企业将面临巨额的损失。所以，往往资金规模较为雄厚的大企业愿意进行大量的研发投入，而资金规模较弱的中小企业往往难以承受研发投入失败所带来的损失。在研发投入面临巨大风险的背后，我国的企业往往更倾向于从海外引进先进的生产设备。企业通过从海外引进更先进的生产设备，不仅能够带来企业劳动生产率的提高，也能够使企业生产出更为先进的产品，并在国内市场上获得一定的市场份额。因此，相对于巨额的研发投入，我国的企业，尤其是中小企业更趋向于从发达国家引进生产设备，而非进行大量的研发投入。这便是大多是发展中国家所经历的技术引进、技术追赶路线。这种通过引进先进生产设备的方式带来本国技术进步的方式称为资本体现式技术进步。对我国的技术进步方式而言，这种技术进步也成为推动我国技术进步的主要动力。在我国，资本体现式技术进步率与我国的资本进口量之间密切相关，1999—2012年资本体现式技术进步增长率和机械设备进口金额增长率如图1-3所示。

在图1-3中，自2001年开始，资本体现式技术进步增长率和机械设备进口金额增长率表现出十分强的同周期关系。可见，机械设备进口带来了资本体现式技术进步提高，进而带动了我国整体技术水平的提高。虽然资本体现式技术进步能够有效、快速地带来我国技术水平的提高，但是，其背后的问题也十分严重。首先，对进口国外先进生产设备的国内企业而言，它们拥有的只是高技术设备的使用权，而不具有生产相关设备的核心技术。其次，这些进口的设备只是相对先进，而远未达到世界先进水平。要获得世界先进水平的生产设备只能通过自主研发的道路。最后，对于我国来讲，经过多年的

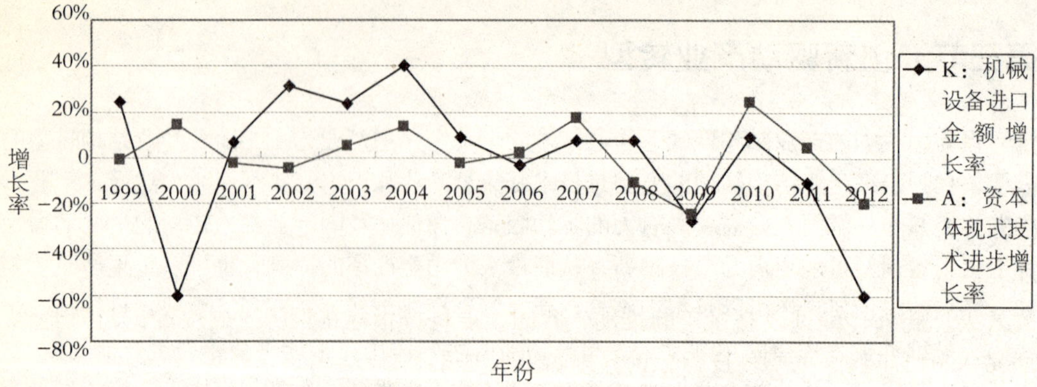

图1-3 1999—2012年资本体现式技术进步增长率和机械设备进口金额增长率

快速发展，表面上，我国基本已实现了对发达国家技术的追赶。然而，我们却没有相关技术的所有权，更是缺乏许多核心的生产技术。以汽车产业为例，目前，我国已经成为汽车产销大国，2014年的汽车年产销量达到2 400万辆，位居世界第一。但是，我国的汽车制造企业却没有汽车生产的核心技术，尤其是发动机生产的核心技术，这些技术仍被外资垄断。由于缺乏核心技术，我国的汽车生产企业也难以拥有具有竞争力的民族汽车品牌，只能通过中外合资的形式不断发展。但是，在新常态下，我国的产业转型目标是重塑我国制造业的国际竞争力，通过提高我国制造业的技术水平求得在国际市场上获得核心竞争力。这种核心竞争力的获得只能通过自主创新的途径实现。然而，正如上文所述，企业研发面临着巨大的风险，对企业而言，只有期望收益大于研发投入，企业才会进行研发投入。此外，研发投入耗费巨大，一般只有大企业才有足够的实力进行研发投入。如果我国要推动产业转型，希望通过创新驱动的模式带动产业转型，使得企业通过自主创新的方式获得核心技术，获得竞争力。那么，首先，政府可以改变企业面临的收益与成本状况，为那些难以承受研发投入的企业提供一定的研发补贴；其次，政府可以增加对高校的研发投入，并将高校的研发成果应用于市场，鼓励高校与企业合作，鼓励高校学术成果共享。近年来，我国不断加大财政科技支出，取得了较好的成果，2007—2013年R&D经费及人员见表1-2。

表1-2 2007—2013年R&D经费及人员情况

项目	2007年	2008年	2009年	2010年	2011年	2012年	2013年
R&D经费（亿元）	3 710	4 616	5 802	7 063	8 687	10 298	11 906
与国内生产总值之比（%）	1.4	1.47	1.7	1.76	1.84	1.98	2.09
企业R&D经费（亿元）	2 682	3 382	4 249	5 186	6 579	7 842	9 049
科技人力资源总量（万人）	4 240	4 700	3 840	5 700	6 300	6 960	7 650
专业技术人员（万人）	2 255	2 310	2 321	2 270	2 357	2 387	2 407
R&D人员（全时当量、万人年）	174	197	229	255	288	325	360
每万名就业人员中R&D人员（人年）	23	26	30	34	38	42	47

数据来源：《科技统计资料汇编》。

从表1-2可以看出，从纵向上来看，2007年以来，无论是国家的R&D经费投入还是企业的R&D经费投入都在不断递增，而且在2011年之后的增幅较大。此外，就R&D经费在国内生产总值中的比例来看，我国R&D经费投入在国内生产总值中的比重也是不断提高的，在2013年，我国R&D经费投入在国内生产总值中的比重也突破了2%。这都说明了政府和企业对研发投入的重视。而且，经计算可以发现，企业R&D经费投入的增长率要高于政府R&D经费投入的增长率。这说明在政府的引导作用下，企业开始逐渐重视研发投入，并且提高研发投入的比例。政府的创新驱动战略取得了一定的效果。此外，经过政府多年的推动，我国主要科技指标在世界上的位置也名列前茅，2006—2012年我国主要科技指标世界排名见表1-3。

表1-3　**2006—2012年我国主要科技指标世界排名**

项目＼年份	2006年	2007年	2008年	2009年	2010年	2011年	2012年
R&D经费占世界的比重（%）	4	4.6	5.7	7.1	8.6	9	11.6
R&D经费的世界排名	6	6	4	4	3	3	3
发明专利授权量占世界的比重（%）	7.7	8.8	12.1	13.5	14.5	18.5	20.7
发明专利授权量世界排名	4	4	3	3	3	2	2
SCI收录我国论文占世界的比重（%）	5.9	7	6.6	8.3	8.6	9.5	12.1
SCI收录我国论文的世界排名	5	5	4	2	2	2	2
EI收录我国论文占世界的比重（%）	14.6	18.9	22.5	22.7	23.3	26.5	27.9
EI收录我国论文的世界排名	2	1	1	1	1	1	1
CPCI-S收录我国论文占世界比重（%）	9	9.6	13.2	12.2	12.6	17.3	21.5
CPCI-S收录我国论文的世界排名	2	2	2	2	2	2	2

数据来源：《科技统计资料汇编》。

从表1-3中可以看出，2006年后，我国R&D经费占世界的比重显著提升，从2006年的4%，上升到2012年的11.6%，增长了近三倍。而且，我国R&D经费的世界排名也从第6位上升到第3位。除了R&D经费投入外，我国的科技研究成果也十分突出，发明专利授权量占世界的比重也突破了20%，在世界排名第2，仅次于美国。SCI、EI、CPCI-S等收录我国的论文数量也都有显著的提高。这都说明在国家创新驱动战略的带动下，我国的研发创新取得了可喜的成果。

除了科研投入外，一定数量的专业技术人员也是不可或缺的。创新的主体是人，只有经过一定程度人力资本投资的主体才能更好地参与到创新工作中来，才能更有效地取得创新成果。所以，从事研发的专业技术人员对创新的推动作用也是十分重要的。这些专业技术人员经过多年的人力资本投资，本身具有较高的研究能力，而且在科研活动中能够有效地利用自己所学到的知识，在有效的时间内取得创新成果。因此，专业技术人员是我国创新驱动产业转型战略实施的主力军。我国一直比较重视人才的培养，重视人力资本的积累，自我国实施“人才强国、科教兴国”战略以来，我国的教育投入不断增加。为了让更多的人接受教育，我国进行免费义务教育投入，让更多的人拥有一定量的人力资本积累。其次，我国十分重视高等教育，每年都会增加高等教育经费投入比例，希望高等院校培养出适合社会发展的高端人才，这些人才能够成为我国创新驱动战略的支柱力量。经过多年的努力，目前，我国从事专业技术研究的人才不断增加。从表1-2中可以看出，自2007年以来，每万名就业人员中R&D人员飞速增长，到2012年为止，基本翻了一番。科技人力资源总量也从2007年的4 240万人增长到2012年的7 650万人。然而，在规模总量不断攀升的背景下，值得注意的是，我国专业技术人员总量的增幅较小，2007年的专业技术人员总数为2 255万人，到2012年，我国的专业技术人员总数为2 407万人。这说明我国从事研究工作的人员虽然量在不断提升，但质却没有发生显著的变化。科研投入不仅需要大量的人才，更需要专业的高端人才。相比于普通人才而言，专业的高端人才可能更为重要。因为这些人员拥有质量更高的人力资本，而且往往是某个领域的专业人才，这些专业技术人员对创新的贡献往往是巨大的。因此，在新常态下，要成功实施创新驱动产业结构转型，我国需重视专业技术人员的培养，吸引更多的人才进入研究领域，并成为专业的技术人员。这不仅需要政府的相关投入，也需要企业的投入。这些投入包括：在人才引进方面，企业加强与高校以及研究机构合作，吸引专业技术人才进入企业从事研究工作；设置一定的激励机制，这些激励机制既可以是一定的科研奖励，也可以是股权激励等等。只有合适的人才引进方式，再加上科学合理的激励机制，才能吸引更多的专业技术人员进入研究领域，推动创新的进行。

第二，知识溢出背景下的产权保护。在创新驱动的大背景下，产权保护也是十分重要的。因为知识具有一定的公共品的性质，或者说知识的排他成本太高，以至于知识具有非排他性、非竞争性的性质。尤其对公共知识而言，某些公共知识的排他性成本过高以至于公共知识拥有公共品的性质。理论上而言，对于具有公共品性质的知识而言，由于私人的边际收益与社会的边际收益相背离，所以私人很少会进行投资。但是，对社会而言，由于知识本身具有溢出性，一种知识，尤其是生产性知识的诞生不仅对企业有利，能够帮助企业提高生产力，给企业带来利润，同时，由于知识能够溢出，不仅生产这种知识的企业能够获益，其他企业也能够在其中获得一定的收益。因此，对整个社会而言，知识的溢出是有益的，有利于推动整个产业的劳动生产率的提高。而且，就我国目前的产业结构而言，我国面临的是产业结构的整体转型而不是产业内某个企业的转型升级。所以，如何在知识溢出效应的背景下，有效地引导企业进行知识生产，在保障生产这种知识的企业获得一定收益的同时，又能使得这种知识被其他企业所吸收、利用，进而推动整个产业劳动生产率的提升和产业转型成了政府工作的关键所在。

为了激发企业生产知识，增加研发投入进而进行创新的动力，政府需要对企业的创新成果进行一定程度的产权保护，保障企业创新的积极性。如果企业的创新成果得不到有效的保护，致使企业在进行高成本的研发投入后，其创新成果被其他企业所共享，该企业只能获得正常利润。那么其他企业的这种“搭便车”行为会严重损害企业进行创新的积极性。所以，政府对企业创新成果的保护将十分重要和必要。由于我国经济起步较晚，在经济起飞阶段，面对着经济的高速增长，我国并没有像许多发达国家一样施行较为严格的产权保护制度。这种非严格的产权保护制度致使许多企业没有在研发创新过程中获得超额收益。所以很多企业并不注重创新，而是像上文所述，通过引进国外先进生产设备进行生产，进而带动生产力的提高。然而，在未来的发展中，要使得我国的产业以及产业中的企业具备国际市场上的竞争力，企业就必须进行创新，尤其是国际领先水平的技术创新。要激发企业创新，政府就必须实施较为严格的知识产权保护制度，保护企业创新的成果，使企业获得一定的超额利润。为了应对知识产权保护等相关问题，我国不断完善、修正知识产权保护领域的相关法律，《中华人民共和国专利法》修正、完善历程见表1-4。

表1-4 **《中华人民共和国专利法》修正、完善历程**

通过诞生	1984年3月12日第六届全国人民代表大会常务委员会第四次会议通过
第一次修正	根据1992年9月4日第七届全国人民代表大会常务委员会第二十七次会议《关于修改〈中华人民共和国专利法〉的决定》第一次修正
第二次修正	根据2000年8月25日第九届全国人民代表大会常务委员会第十七次会议《关于修改〈中华人民共和国专利法〉的决定》第二次修正
第三次修正	根据2008年12月27日第十一届全国人民代表大会常务委员会第六次会议《关于修改〈中华人民共和国专利法〉的决定》第三次修正

经过2008年12月27日第十一届全国人民代表大会常务委员会第六次会议《关于修改〈中华人民共和国专利法〉的决定》的第三次修正，《中华人民共和国专利法》已经比较完善，在专利保护方面发挥了巨大的作用。随着我国《中华人民共和国专利法》的不断完善，企业的创新成果能够得到有效的保护，以及企业的研发投入的不断增加，我国的专利申请数量也实现了飞跃式发展。2009年以来，我国国内外三种专利申请授权年度状况如图1-4所示。

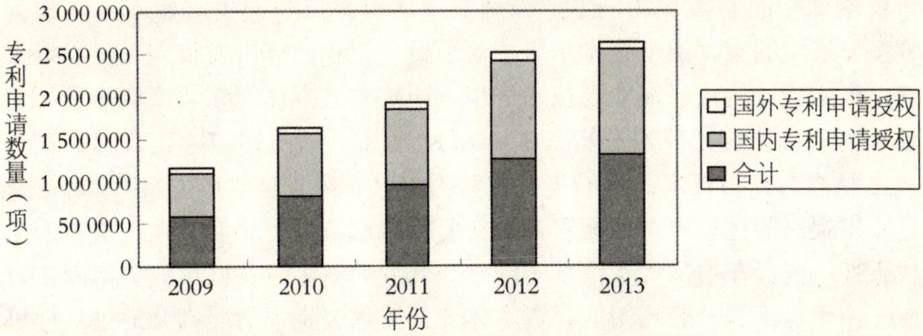

图1-4 国内外三种专利申请授权年度状况

由图1-4可知，2009年以来，我国的专利申请授权数量增长了一倍多。2013年一年的专利申请数量就超过了1984—2008年专利申请数量总和的一半以上。而且，与国际上其他国家相比，我国专利申请数量的增长率远高于其他发达国家，根据2014年世界五大知识产权局关键统计数据可知，2014年，中国国家知识产权局授权的专利数量同比增长了12.5%，欧洲专利局同比增长3.1%，韩国特许厅同比增长2.8%，美国专利商标局同比增长1.3%。

第四节 产业转型与创新驱动热点问题之一：资本深化与就业

近年来，我国经济呈现出快速资本积累和资本深化的趋势。而且，随着我国产业结构的不断调整和转型，我国未来产业结构的发展方向是资本密集型产业和技术密集型产业。在新的产业结构下，企业对劳动力的需求将会不断下降，对资本的需要会不断提高，进而带来企业内部资本替代劳动的现象愈发明显，资本深化对就业的影响也引起社会、学界和政府的广泛关注。因为对于我国的经济发展而言，尽管近年来我国人口红利不断消失，劳动力供给增长不断下降，但我国仍然拥有庞大的人口基数和劳动力供给。随着产业结构转型的不断发展，以及产业内部的资本深化不断发展，这种资本深化过程是否会挤压就业，造成我国严重的失业问题，以及如何在不对就业产生严重不利影响的前提下选择合理的资本深化路径成为目前的一项热点问题。

资本深化是人均资本量随时间推移而增长的过程（Samuelson，1962），通过观察各个国家经济增长和资本积累的历程可知，资本深化对经济增长有着重要的促进作用，也是经济发展的必经阶段。然而，很多学者却认为资本深化是一条资本排斥劳动的道路，尤其对我国而言，过早的资本深化不仅不利于利用我国劳动力众多的资源禀赋优势，甚至还会造成严重的失业问题。但是，从理论上来讲，在资本深化的过程中，虽然会挤出一部分劳动力形成资本深化对就业的挤出效应，但也会从其他方面对就业进行补偿，从而形成补偿效应。因此，要分析资本深化对就业的最终效应，关键在于剖析资本深化对就业的影响机制。可是，资本深化只是经济发展过程中的一个现象，是人均资本量增加的结果，要剖析资本深化对就业的影响机制，就必须要厘清造成资本深化的原因，以及它在造成资本深化的同时又是如何对就业进行挤出和补偿的。

关于资本深化的原因，我们主要强调资本体现式技术进步对资本深化和就业的影响。在许多发展中国家，由于技术水平相对落后，企业内部研发投入不足，绝大多数企业都是通过资本设备的升级来实现技术进步，即技术进步体现在新旧资本更新，这种技术进步被称为资本体现式技术进步（Edward K. Y. Chen，1997）。在我国，资本体现式技术进步已经成为我国技术进步的重要推动力量（林毅夫，2007）。因此，在资本体现式技术进步率提高的过程中，伴随着大量新旧资本设备品的更新替代，资本的生产率提高了，代表性厂商会在增加资本需求的同时降低劳动需求，从而形成资本深化对就业的挤出效应。由于经济是一般均衡的，资本体现式技术进步率的提高会通过其他机制对就业形成一定的补偿，而资本深化对就业的补偿机制依赖于具体的产业结构。当生产部门资本体现式技术进步提升时，生产部门必然增加对新资本设备品的需求，如果本国存在能够满足生产部门需求的资本设备品生产部门。此时，由于资本设备品需求增加，资本设备品生产部门需扩大生产规模，并提高劳动需求，这便形成了一种新的就业补偿机制；但是，如果本国的资本设备品生产部门由于各种原因不能满足生产部门新增的资本设备品需求，那么生产部门只能通过进口的方式获得新资本设备品。此时，本国的资本设备品生产部门并不能对就业形成补偿。但是，进出口部门也需要实现均衡，为实现进出口贸易均衡，本国需要出口更多生产部门的产品。由于海外需求增加，生产部门需要扩张以满足更多的市场需求，从而增加劳动需求，形成对就业的另一种补偿机制。因此，在资本深化过程中，两种不同的产业结构下形成了不同的就业补偿机制，进而形成不同的资本深化路径。由于资本体现式技术进步对资本深化和就业的影响依托于不同的经济产业结构，在不同的产业结构下，其对资本深化和就业的影响机制不同，进而导致产业遵循不同的资本深化路径。因此，为分析资本体现式技术进步对资本深化和就业的影响，需要考虑两种不同的产业结构。

第一，包含资本设备品生产部门的产业结构。对于一个国家或地区而言，其内部的产业结构往往是不同的，但是出于分析的便利，往往都会将其产业结构简化，突出产业中有代表性的特点。一般而言，一个国家的产业结构主要包括两大部门：生产者部门和消费者部门。由于要分析资本深化问题，就需要对资本的来源进行描述。因此，先考虑一个包含资本设备品生产部门的三部门产业结构，这种产业结构包含了消费者、最终产品生产部门和资本设备品生产部门。

首先，消费者作为市场的重要参与者，在劳动力市场上供给劳动力，并在资本市场上出借资本。然后再利用自己在要素市场中获得的收入购买最终产品部门的商品，为最终产品部门的商品提供市场需求。对于包含资本设备品生产部门的产业结构而言，假设社会中存在两类消费者，分别为老年人和年轻人。这两大群体都会在劳动力市场上供给劳动，并获得工资报酬。而且，年轻人在年轻的时候储蓄，并在年老的时候消费掉储蓄。在每一期中，社会中都既有年轻人也有老年人，因此，社会总的劳动供给来自于年轻人和老年人。此外，社会中年轻人的储蓄可以借贷给生产部门用于投资。

其次，对于最终产品生产部门而言，该部门的主要任务便是在劳动要素市场上雇用劳动者提供劳动力，在资本设备品市场中购买用于生产的资本设备品，并将生产的最终产品出售给消费者。其中，在劳动要素市场中，最终产品部门支付给每单位劳动的工资取决于劳动的边际产量。在资本设备品市场中，最终产品部门购买资本设备品而支付的价格为p，p由市场最终的均衡决定。

最后，对于资本设备品生产部门而言，该部门在市场中的主要作用是：一方面，该生产部门将在资本市场上借贷消费者出借的资本用于投资、生产，其中，具体的利率水平由市场均衡决定。并且，该生产部门也需要在劳动力市场上雇用劳动力，并且按照劳动力的边际产量支付工资。另一方面，该生产部门将其生产的资本设备品销售给最终产品生产部门，以便最终产品部门进行相关生产活动。

因此，在上述的产业结构下，市场开始逐步实现均衡。当市场达到一般均衡时，最终产品市场均衡条件为：$Y_1 = C + S + C'$（Y_1 表示最终产品市场的产量，C 表示当期年轻人的消费量，S 表示当期年轻人的储蓄量，C' 表示当期老年人的消费量），最终产品部门的产出等于年轻人的消费、储蓄和老年人的消费；资本设备品生产市场均衡条件为：$Y=K_1$（Y表示资本设备品生产部门当期的产值，K_1表示最终产品部门当期的资本需求量），由于最终产品部门的资本设备品来自于资本设备品生产部门，所以当资本设备品市场处于均衡状态时，资本设备品生产部门生产的资本设备品等于最终产品部门的资本需求；劳动市场均衡条件：$L+L_1=l+l'$，（L表示当期资本设备品生产部门的劳动需求量，L_1表示当期最终产品部门的劳动力需求量，l表示当期年轻人的劳动供给量，l′表示当期老年人的劳动供给量），即两个生产部门的劳动总需求等于消费者的劳动总供给；借贷市场实现均衡的条件为：$K=S$（K表示当期中间产品部门的资本需求），即资本设备品生产部门的资本需求等于借贷市场的资本供给。

第二，包含进出口部门的三部门产业结构。资本设备品生产部门生产的资本设备品能够满足最终产品部门的需求是最终产品部门因资本体现式技术进步而发生资本深化，进而对就业进行补偿的一种机制，然而，这种就业补偿机制与我国的现实状况并不相符。近年来，由于我国的装备制造业研究经费投入不足，2005年，中国装备制造业大中型企业中，R&D经费占销售收入比重最高的专用设备制造业，其值只有1.6%，远小于国际一般水平（陈爱贞，2008）。由于我国装备制造业本身自主创新能力较弱，产品技术水平较低，在全球装备制造产业链中属于中低端水平。较低的装备制造业发展水平使得我国很多的最终产品生产企业从国外直接大量进口装备制造零部件和整套的机械设备（楚明钦，陈启斐，2013）。因此，在我国的经济体中，尽管已经存在为最终产品部门生产资本设备品的中间部门，但这些中间部门却并未发挥相应的作用，不能为发生资本体现式技术进步的最终部门提供先进的资本设备。因此，本文也考虑了包括进出口部门的产业结构。这种产业结构中包含了消费者、最终产品生产部门和进出口部门。在这种产业结构中，经济体中不再有满足最终产品部门资本设备需求的资本设备品生产部门。此时，最终产品部门的资本设备品需求主要来源于进口，通过引进国外先进的生产设备来满足资本需求，这主要通过进出口部门来实现。因此，经济体系中将包括：消费者部门、最终产品生产部门和进出口部门。

首先，对消费者而言，在劳动力市场上，其主要作用与第一种产业结构类似，都是向生产部门提供劳动力。有所不同的是，在第一种产业结构中，年轻人和老年人会向最终产品部门和资本设备品生产部门两个生产部门提供劳动。而在包含进出口部门的产业结构中，两类劳动供给者都只为最终产品生产部门供给劳动力。此外，年轻人仍然有储蓄行为，并在借贷市场上提供资本供给。有所不同的是，此时，在资本市场上从事借贷的不再是资本设备品生产部门，而是最终产品生产部门，最终产品生产部门在资本市场上借贷。

其次，对最终产品生产部门而言，与第一种产业结构不同的是，最终产品部门在劳动力市场雇用劳动力，但是，其用于生产所需的资本设备品不再通过本国的资本设备品生产部门生产，而是通过进口的形式购买其他国家，尤其是发达国家生产的资本设备品。并且在资本市场上从事借贷活动。

最后，对于进出口部门而言，其基本作用在于维持贸易平衡。由于对本国而言，进口的主要商品是国外的资本设备品，那么就必须出口最终产品才能保持国际贸易平衡。

因此，当经济实现一般均衡时，应满足以下条件：最终产品市场均衡时，$Y_1 = C + S + C' + N$，N是出口的最终产品数量。此时，最终产品部门的产品除满足本国需求外，还要出口满足国外需求；当劳动市场实现均衡时，$L_1 = l + l'$，即经济体中当期的年轻人和老年人都在最终产品部门工作；借贷市场实现均衡时，$K_1 = S$。最终产品部门的资本需要靠投资，而投资需要通过借贷市场融资，并购买国外的先进资本设备；进出口部门实现均衡时，$N = E = K_1$，其中N表示出口额，E表示进口额。

第三，资本深化对就业的影响。无论经济处于哪种产业结构，当经济体系实现市场的一般均衡时，随着资本体现式技术进步率的提升，其他相关变量都会发生变化。其中，最显著的变化就是产业中企业对劳动力的需求变化，对资本设备品需求的变化，以及带来的人均资本量（资本深化）的变化。为了分析这种变化，可以运用我国的相关数据进行数值模拟。根据宏观经济理论建模，以及查阅相关文献校准模型参数，我们得出了当资本体现式技术进步率A的取值分别取了A=1.2500，A=1.500，A=1.7500和A=2.0000时，两种产业结构下资本深化程度与就业的相关关系，具体结果可见表1-5和表1-6。

表1-5　**包含资本设备品生产部门的产业结构下资本深化程度与就业的相关关系**

变量	σ =1.2500				σ =1.3000			
A	1.2500	1.5000	1.7500	2.0000	1.2500	1.5000	1.7500	2.0000
L	0.1815	0.2022	0.2209	0.2380	0.1648	0.1866	0.2066	0.2250
L_1	0.6338	0.6726	0.7047	0.7321	0.5997	0.6437	0.6803	0.7114
K_1/L_1	3.6005	3.8266	4.0389	4.2386	2.4597	2.5889	2.7116	2.8288
K/L	24.8424	25.2344	25.6279	26.0164	16.1432	16.0954	16.0924	16.1267

表1-6　**包含进出口部门的产业结构下资本深化程度与就业的相关关系**

变量	σ =1.2500				σ =1.3000			
A	1.2500	1.5000	1.7500	2.0000	1.2500	1.5000	1.7500	2.0000
L_1	1.0619	1.1804	1.2855	1.3814	0.9206	1.0436	1.1511	1.2481
K_1/L_1	5.1660	5.3039	5.4040	5.4760	3.2012	3.2611	3.3010	3.3263

在表1-5和表1-6中，A表示资本体现式技术进步率水平，σ表示资本要素与劳动要素之间的替代弹性。从表1-5和表1-6中的结果可以看出，无论在哪种产业结构下，随着资本体现式技术进步率的提升，在生产部门中，资本深化都是必然现象。然而，反直觉的是，无论在哪个生产部门，就业水平都是在逐渐上升的。这说明在资本深化的过程中，资本深化对就业的补偿效应要超过对就业的挤出效应，最终表现为资本深化有利

于就业的增加。就我国现阶段的经济发展而言，我国主要的技术进步类型是资本体现式的技术进步，因此，在这种资本深化的背景下，我们其实不必过分担忧资本深化对就业的不利影响。

第五节 产业转型与创新驱动热点问题之二：产业结构选择

对于我国目前的产业结构而言，在未来的发展中，产业结构转型是大势所趋，产业结构转型的方向也是资本密集型产业和技术密集型产业。然而，我国经济发展未来的产业结构方向却是值得商榷的。至少就目前而言，我国既可以选择在最终产品部门实现由劳动密集型产业向资本密集型产业、技术密集型产业转型，也可以选择大力发展我国的资本设备品制造部门。前者的转型路径和后者的转型路径将形成不同的经济发展模式、产业发展模式和资本深化模式，其具体的经济结果也可以通过数值模拟的方法模拟出来。

1. 两种产业结构下经济状态的数值模拟

第一，包含资本设备品生产部门的产业结构数值模拟。

在前文分析的基础上，根据宏观经济理论的相关理论模型，以及查阅相关文献校准模型中的经济参数，我们得出了当资本体现式技术进步率A的取值分别取了A=1.2500，A=1.500，A=1.7500和A=2.0000时，与经济相关的变量的变化。包含资本设备品生产部门的产业结构数值模拟结果见表1-7。

表1-7 包含资本设备品生产部门的产业结构数值模拟结果

变量	σ =1.2500				σ =1.3000			
A	1.2500	1.5000	1.7500	2.0000	1.2500	1.5000	1.7500	2.0000
r	2.0182	2.1899	2.3431	2.4821	1.8773	2.0607	2.2257	2.3763
p	5.0606	5.5095	5.9145	6.2853	4.2966	4.7130	5.0904	5.4374
w	13.4861	14.8647	16.1546	17.3731	8.1551	8.9216	9.6369	10.3107
C	9.0178	10.2048	11.3224	12.3839	5.3208	6.0067	6.6493	7.2569
C′	27.2176	32.5527	37.8524	43.1219	15.3094	18.3850	21.4487	24.5019
S = K	4.5089	5.1024	5.6612	6.1919	2.6604	3.0034	3.3247	3.6285
L	0.1815	0.2022	0.2209	0.2380	0.1648	0.1866	0.2066	0.2250
$Y = K_1$	2.2820	2.5738	2.8462	3.1031	1.4751	1.6665	1.8447	2.0124
L_1	0.6338	0.6726	0.7047	0.7321	0.5997	0.6437	0.6803	0.7114
Y_1	45.5218	55.6338	65.9290	76.3986	21.9823	26.9601	32.0265	37.1774

续表

变量	σ =1.2500				σ =1.3000			
L^D	0.8153	0.8748	0.9256	0.9701	0.7645	0.8303	0.8869	0.9364
K_1/L_1	3.6005	3.8266	4.0389	4.2386	2.4597	2.5889	2.7116	2.8288
K/L	24.8424	25.2344	25.6279	26.0164	16.1432	16.0954	16.0924	16.1267
Y_1/L_1	71.8236	82.7145	93.5561	104.3554	36.6555	41.8830	47.0770	52.2595
Y/L	12.5730	12.7290	12.8846	13.0382	8.9508	8.9309	8.9288	8.9440
G	57.0701	69.8142	82.7628	95.9025	28.3202	34.8143	41.4168	48.1196
G/L^D	69.9989	79.8058	89.4154	98.8584	37.0441	41.9298	46.6983	51.3879
ΔA	0.0000	0.2500	0.2500	0.2500	0.0000	0.2500	0.2500	0.2500
Δr	0.0000	0.1717	0.1532	0.1390	0.0000	0.1834	0.1650	0.1506
Δp	0.0000	0.4489	0.4050	0.3708	0.0000	0.4164	0.3774	0.3470
Δw	0.0000	1.3786	1.2899	1.2185	0.0000	0.7665	0.7153	0.6738
ΔC	0.0000	1.1870	1.1176	1.0615	0.0000	0.6859	0.6426	0.6076
ΔC′	0.0000	5.3351	5.2997	5.2695	0.0000	3.0756	3.0637	3.0532
ΔS = ΔK	0.0000	0.5935	0.5588	0.5307	0.0000	0.3430	0.3213	0.3038
ΔL	0.0000	0.0207	0.0187	0.0171	0.0000	0.0218	0.0200	0.0184
$\Delta Y = \Delta K_1$	0.0000	0.2918	0.2724	0.2569	0.0000	0.1914	0.1782	0.1677
ΔL_1	0.0000	0.0388	0.0321	0.0274	0.0000	0.0440	0.0366	0.0311
ΔY_1	0.0000	10.1120	10.2952	10.4696	0.0000	4.9778	5.0664	5.1509
ΔL^D	0.0000	0.0595	0.0508	0.0445	0.0000	0.0658	0.0566	0.0495
$\Delta(K_1/L_1)$	0.0000	0.2261	0.2122	0.1997	0.0000	0.1292	0.1227	0.1172
Δ（K/L）	0.0000	0.3920	0.3935	0.3885	0.0000	−0.0478	−0.0029	0.0342
$\Delta(Y_1/L_1)$	0.0000	10.8909	10.8416	10.7993	0.0000	5.2275	5.1940	5.1825
Δ（Y/L）	0.0000	0.1560	0.1556	0.1537	0.0000	−0.0200	−0.0020	0.0152
ΔG	0.0000	12.7441	12.9487	13.1397	0.0000	6.4941	6.6024	6.7029
$\Delta G/L^D$	0.0000	9.8070	9.6095	9.4430	0.0000	4.8857	4.7685	4.6896

注：L^D 表示均衡时的劳动总需求量，即总就业量；G 表示均衡时的总产值，$G = Y_1 + Y \cdot P$；由于数值模拟的过程中本书对一些参数进行泰勒展开，因此计算过程中会产生一定的误差。

在表1-7中，A表示资本体现式技术进步率水平，r表示资本市场借贷利率，p表示资本设备品的价格，w表示劳动力市场中的工资水平，σ表示资本要素与劳动要素之间的替代弹性。由表1-5可知，当σ=1.25，A值每增加0.25时，经济体系中的利率、工资率和中间资本设备品的价格都会随着资本体现式技术进步的提高而增长；对消费者而言，无论是年轻时的消费还是年老时的消费都是增加的，经济体系当期的总消费也是增加的，而且，年轻人的储蓄也会增加；但是，随着A等幅度递增，上述变量的增长幅度会逐渐下降，这说明尽管A值的提高能够带来消费、储蓄、利率、工资率和中间资本设备品价格提升，但其边际增长是递减的。

对生产部门而言，随着最终产品部门资本体现式技术进步的增长，最终产品部门对资本、劳动的需求是递增的，资本设备品生产部门对资本、劳动的需求也是递增的，经济体系中的劳动总需求是增加的。与对消费者的影响相似，两部门对资本、劳动需求的边际增量是递减的；生产要素需求的增加也会带来两部门产出的增长。随着最终产品部门资本体现式技术进步的增加，最终产品部门和资本设备品生产部门的产出都增长，最终产品部门产出的增长幅度明显大于资本设备品生产部门。而且最终产品部门的人均产出增长幅度也明显大于资本设备品生产部门的人均增长幅度，这说明最终产品部门资本体现式技术进步率的提升对最终产品部门的总产出和人均产出作用明显。然而，值得注意的是，当A增长时，两部门的人均资本量（即资本深化）的变化幅度差别较小。对资本设备品生产部门而言，随着最终产品部门资本体现式技术进步的增长，该部门的人均资本量增加幅度在0.39左右。最终产品部门的人均资本量增长幅度保持在0.22左右。这说明最终产品部门资本体现式技术进步率的提升不会带来两部门资本深化加深程度的明显不同。

如果最终产品部门资本劳动间的替代弹性增加，该部门内发生资本体现式技术进步时，各变量又会发生什么样的变化呢？因此，设σ=1.3000，A值仍取A=1.2500，A=1.500，A=1.7500和A=2.0000。此时，经济体系进入新的均衡状态。与σ=1.2500时的状况相比，可以看出经济体系中的利率变动幅度较小，工资水平和资本设备品价格水平大幅度下降，由此带来社会总体的消费水平、最终产品部门和资本设备品生产部门的产出水平下降，但社会总体的就业水平变动幅度较小。单从资本体现式技术进步增长对各变量的影响来看，随着A的增长，经济体中的利率、工资水平和最终产品价格都是增加的，年轻人的消费、储蓄以及老年人的消费也是增加的，且边际增量递减；两个生产部门对资本、劳动要素的需求递增，进而带来产出、人均产出增长，且最终产品部门的增长幅度较为明显，而资本设备品生产部门的人均产出对A的提升反应并不明显；随着A的增长，经济总体就业水平增加，但就人均资本增长而言，最终产品部门的人均资本量随着A的增长而提高，资本设备品生产部门的人均资本量对A的增长反应也不明显，可以初步认定资本设备品生产部门的人均资本量基本维持在原始水平。

通过对表1-7中数值模拟结果进行分析可知，总体而言，如果最终产品部门的资本体现式技术进步率提高，会带来消费、产出以及就业总量的增加。尽管人均资本量会有所增加，但并不会对就业造成不利影响。而且，随着最终产品部门要素间的替代弹性增加，资本体现式技术进步对经济总体的影响将减弱。

第二，包含进出口部门的产业结构数值模拟。

对于包含进出口部门的产业结构数值模拟，与前文关于包含资本设备品生产部门的产业结构数值模拟的方法类似，本文也通过查阅相关文献，校准理论模型的相关经济参数，然后令A值分别取A=1.2500，A=1.500，A=1.7500和A=2.0000，获得与模型相关的变量的数值变动结果，包含进出口部门的一般均衡模型数值模拟结果见表1-8。

表1-8 **包含进出口部门的一般均衡模型数值模拟结果**

变量	σ =1.2500				σ =1.3000			
A	1.2500	1.5000	1.7500	2.0000	1.2500	1.5000	1.7500	2.0000
r	2.3800	2.8351	3.2641	3.6731	1.8824	2.3126	2.7196	3.1088
p	4.3800	4.8351	5.2641	5.6731	3.8824	4.3126	4.7196	5.1088
w	15.5818	16.9381	18.1504	19.2477	9.0251	9.7498	10.3939	10.9739
C	10.9717	12.5215	13.8939	15.1289	5.0894	6.8066	7.5996	8.3031
C′	37.0846	48.0209	59.2455	70.6997	16.9892	22.5477	28.2676	34.1154
$S=K_1$	5.4858	6.2607	6.9469	7.5645	2.9470	3.4033	3.7998	4.1515
L_1	1.0619	1.1804	1.2855	1.3814	0.9206	1.0436	1.1511	1.2481
Y_1	59.0279	73.0638	87.0332	100.9576	27.9726	36.1609	43.4668	50.7215
K_1/L_1	5.1660	5.3039	5.4040	5.4760	3.2012	3.2611	3.3010	3.3263
Y_1/L_1	55.5871	61.8975	67.7038	73.0835	30.3852	34.6502	37.7611	40.6390
ΔA	0.0000	0.2500	0.2500	0.2500	0.0000	0.2500	0.2500	0.2500
Δr	0.0000	0.4551	0.4290	0.4090	0.0000	0.4302	0.4070	0.3892
Δp	0.0000	0.4551	0.4290	0.4090	0.0000	0.4302	0.4070	0.3892
Δw	0.0000	1.3563	1.2123	1.0973	0.0000	0.7247	0.6441	0.5800
ΔC	0.0000	1.5498	1.3724	1.2350	0.0000	1.7172	0.7930	0.7035
ΔC′	0.0000	10.9363	11.2246	11.4542	0.0000	5.5585	5.7199	5.8478
ΔS=ΔK	0.0000	0.7749	0.6862	0.6176	0.0000	0.4563	0.3965	0.3517
ΔL_1	0.0000	0.1185	0.1051	0.0959	0.0000	0.1230	0.1075	0.0970
ΔY_1	0.0000	14.0359	13.9694	13.9244	0.0000	8.1883	7.3059	7.2547
$\Delta(K_1/L_1)$	0.0000	0.1379	0.1002	0.0719	0.0000	0.0599	0.0399	0.0252
$\Delta(Y_1/L_1)$	0.0000	6.3104	5.8063	5.3798	0.0000	4.2650	3.1109	2.8779

与表1-8数值模拟结果相似，在表1-6中，当σ=1.2500，A值每增加0.25时，经济体系中的利率、工资率和资本价格都会随着资本体现式技术进步的提高而增长；年轻人的消费、储蓄，老年人的消费也增加，且边际增长是递减的；最终产品部门对资本、劳动的需求是递增的，产出都增长，且最终产品部门的资本深化程度增加；当最终产品部门资本要素与劳动要素间的替代弹性增加，且σ=1.3000时，与σ=1.2500时的状况相比，利率，工资水平，年轻人的消费、储蓄，老年人的消费以及最终产品部门的资本需求，都会下降，但就业总体人数基本维持在原来水平。σ=1.3000时，经济体中的利率、工资率和资本价格都会随着资本体现式技术进步的提高而增长；年轻人的消费、储蓄，老年人的消费也相应的增长；生产部门的资本需求增长，产出增长，人均产出增长，且最终产品部门资本深化程度加深。通过对表1-8中数值模拟结果进行分析可知，与包含资本设备品生产部门的一般均衡模型数值模拟结果相似，最终产品部门资本体现式技术进步的增长都会带来经济整体的增长和发展。

2. 两种产业模式下经济变量的比较

通过分析数值模拟的结果可知，在两种不同的产业结构下，随着资本体现式技术进步率的不断提升，经济总体水平在不断提升，各项经济指标都在不断增长，而且，资本深化程度也在不断加深。但是，这两种产业结构下的发展模式却会产生不同的结果，因为经济变量的路径也是不同的。通过比较表1-7和表1-8中的相关数据，可得出以下结论：

第一，无论哪种产业结构，最终产品部门资本体现式技术进步与经济体系中的总产出、总消费都是正相关的。这是因为，资本体现式技术进步不仅代表更先进的资本设备品，也代表了更先进的生产率。当资本体现式技术进步增加时，整个经济体系的生产效率都会增加。生产效率的提高必然带来总产出的增加，进而带来工资水平上涨，刺激消费，并增加劳动需求，进而促进经济的增长与发展。因此，最终产品部门的资本体现式技术进步的提高对整体经济发展都是有利的，是先进生产率的象征。

虽然最终产品部门资本体现式技术进步的提高有利于经济增长，但在两种经济发展模式下，总产出的增长率和人均产出的增长率却有一定的差别。通过比较表1-7、表1-8中的最终产品部门产出增长率$\Delta Y_1/Y_1$可知，当σ=1.2500时，包含进出口部门的模型实现一般均衡时，随着A递增，其最终产品产出增长率保持在16%~23%之间，人均产出增长率保持在8%~11%之间。包含资本设备品生产部门的模型实现一般均衡时，随着A递增，最终产品产出增长率保持在16%~22%之间，人均产出增长率保持在11%~15%之间。进一步观察包含资本设备品生产部门模型的总产值可知，G增长率保持在16%~22%之间，人均总产值的增长率也保持在10%~14%之间。因此，就劳动生产率来讲，包含资本设备品生产部门模型的劳动生产率增长要高于包含进出口部门模型的劳动生产率增长。而且，通过比较两种模型的总产值（包含进出口部门模型的总产值为Y_1，包含资本设备品生产部门模型的总产值为G）可知，包含进出口部门模型的总产值略高于包含资本设备品生产部门模型的总产值，但差别较小。当σ=1.3000时，可得出相似的结论。

第二，就总体就业水平与A的增长关系而言，无论哪种产业结构都能表现出A与总体就业水平的正相关关系。因此，当最终产品部门资本体现式技术进步率提高时，在就业挤出和就业补偿的相互作用下，就业总量都会随A的提高而增加，这说明就业的补偿效应大于就业的挤出效应，资本体现式技术进步的提高不会对就业产生整体不利影响。

然而，尽管在两种不同的产业结构下，最终产品部门的资本体现式技术进步率提升不会对就业产生不利影响，反而会促进就业，但两种产业结构下的就业总量却存在显著差别。当 σ =1.2500时，包含进出口部门的一般均衡模型的总体就业水平较高，其中，两部门的就业总和在1.06~1.38之间。而包含资本设备品生产部门的一般均衡模型的总体就业水平较低，保持在0.81~0.97之间。当 σ =1.3000时，前者的总体就业水平仍高于后者。因此，尽管两种产业结构下的发展模式都能在最终产品部门资本体现式技术进步提高时对就业进行补偿，但从就业总体水平来看，包含进出口部门的产业结构实现一般均衡时，其总体就业水平要高于包含资本设备品生产部门的产业结构的总就业水平，前者是后者的76%。当 σ =1.3000时，可得出类似结论。

第三，就资本深化程度而言，当 σ =1.2500时，随着最终产品部门资本体现式技术进步率的提高，两种产业结构下的最终产品生产部门的资本深化程度都将加深。A值每提升0.25时，包含进出口部门的产业结构，其最终产品部门的人均资本量将增加0.08~0.14，包含资本设备品生产部门的产业结构，其最终产品部门的人均资本量将增加0.20~0.22，资本设备品生产部门的人均资本量增长0.39左右，经济总体人均资本量增长0.39~0.44。因此，随着A的提高，在两种不同的产业结构发展模式下，包含进出口部门的模式的人均资本量增长幅度较低，包含资本设备品生产部门的模式的人均资本量增长幅度较高，即前者的资本深化随A增长而加深的程度小于后者；从人均资本量的总体水平来看，包含进出口部门的产业结构的最终产品部门资本深化程度较高，平均在5.16~5.47，而包含资本设备品生产部门的产业结构的最终产品部门的人均资本量水平较低，保持在3.60~4.00，但其资本设备品生产部门和经济总体的人均资本量水平较高，分别保持在24.84~25.62和8.77~9.58。当 σ =1.3000时，包含进出口部门模式的产业结构最终产品部门的人均资本量增长幅度仍低于包含资本设备品生产部门的模式的产业结构，然而后者的资本设备品生产部门的人均资本量却趋于稳定。

3. 产业结构的选择

通过上文数值模拟和结果比较，笔者认为，最终产品部门资本体现式技术进步率的提升对经济增长是有益的，在加深资本深化的同时，其对就业的补偿效应也大于挤出效应，有利于总体就业水平的提升。因此，在两种不同的产业结构发展模式下，由资本体现式技术进步率提升带来的资本深化并不会挤出就业。然而，包含进出口部门的产业结构发展模式将使经济整体体现出较高就业水平、资本深化程度较低和人均产出较低的特征，而包含资本设备品生产部门的产业结构发展模式将使经济整体展现出较低就业水平、资本深化程度较高和人均产出较高的特征。因此，单纯根据本书所得出的数值模拟结果难以比较出哪种产业结构模式更优越。然而，就我国经济发展和资本深化的路径选择而言，如上文所述，我国由于装备制造业研发投入不足、缺乏核心技术，处于全球产业链的末端，其生产的产品难以满足国内最终产品部门对资本设备的需求。而且，随着经济的发展，消费结构开始向耐用消费品（主要为家用电器设备）等技术含量更高的消费领域转移（袁志刚，夏林峰，樊潇彦，2009）。这也要求最终生产部门提高部门产品的技术含量，引进更先进的资本设备品去替代旧的、技术含量低、生产效率低的资本设备品。因此，我国的最终产品生产部门将加大对国外先进资本设备品的需求，并出口本国的最终产品以获得贸易均衡，这便是出口拉动的经济增长模式，也是许多发展中国家采用的主要增长模式。在这种模式下，随着资本体现式技术进步的提升，其对就业的补偿路径、资本深化和经济发展的路径将是上文所论述的包含进出口部门的一般均衡模式。对我国的经济发展来讲，在经济起步阶段，这种高增长的模式不仅能够实现经济在短期内的迅速增长和快速繁荣，也能够在一定程度上促进资本深化，不损失就业，还能使就业保持在整体较高的水平。尤其对一直处于贸易顺差的我国来讲，海外市场对我国最终产品的需求高于我国工业对资本设备品的需求，所以贸易顺差会带来更多的就业增长。

然而，这种发展模式对海外市场依赖严重，不具有稳定性，一旦海外市场对我国最终产品需求下降，会带来大量的就业损失，引起较为严重的失业问题，此时，该模式下的就业吸纳能力未必高于包含资本设备品生产部门模式。更重要的是，资本体现式技术进步是将技术直接附在资本上的，通过进口先进设备才能带来资本体现式技术进步的提升。对我国来讲，尽管进口先进设备能够带来经济增长，但从长期来看，技术不能一直依赖于海外市场。关于技术引进，汪星明（1999）等人曾有明确的定义："技术引进包括引进、消化、创新和扩散四个过程。在这四个过程中实现生产要素、生产条件的重新组合，获得最大效益"，这种技术引进的方式才是全面的。其技术引进的模式大致可以划分为以下三种：第一种技术引进是以提高生产力为目的的引进，这种技术引进属于最低层次的技术引进，通过进口国外的先进生产设备来提高本国的劳动生产力，在引进过程中，没有体现出技术的消化、创新和扩散；第二种技术引进是以消化吸收先进技术为目的的引进，这种技术引进的目的是消化吸收国外先进技术，并将吸收而来的技术用于本国相应的产业；第三种技术引进是以投资为目的，这类技术引进是引进进口发达国家的先进技术，在此基础上不断消化吸收，进而加以改进，形成更高水平的技术，并出口自主创新的更高水平的技术，这种技术引进的方式是真正全面的技术引进。我国目前的技术引进模式属于第一种，是仅以生产力提高为目的的技术引进。这显然不能保障我国的技术安全。因此，从技术保障角度来看，目前的发展模式并不能保障我国的技术需求。在经济未来的发展中，我国应该促进中间生产部门的发展，帮助其在技术引进的基础上进行消化、创新，进而转变目前的资本深化路径。

林毅夫（1994，1999）、蔡昉（1999）、李周（1999）等通过研究发现，当劳动密集型产业发展到一定程度后，我国产业结构应逐渐从劳动密集型产业向资本密集型产业转移。2008年后，我国开始进行大范围的产业结构升级转型，技术密集型产业和资本密集型产业将逐渐成为经济体系的支柱产业。而本书所构建的资本设备品生产部门从产业属性上来看应属于技术密集型产业、资本密集型产业。因此，产业结构的转型意味着资本深化路径的转变。在我国产业结构升级转型的过程中，如果政府能够通过财政补贴等手段扶植资本设备品生产部门的发展，提高我国资本设备品生产部门产品的技术含量，使其能够发挥"应有的作用"，满足国内最终产品部门对资本设备品的需求，并转变最终产品部门资本设备引进方式。这样虽然会带来最终产品部门产出增长率出现一定程度的下降，但却不会对经济整体的增长率产生影响，还能带来人均产值的大幅度提升。在这个过程中，与原有的发展模式相比，经济体系吸纳的劳动力数量会有一定程度的下降。但对我国的发展现状来讲，近年来，随着我国人口红利的逐渐消失，经济体系的劳动供给数量呈逐渐下降的态势，"用工荒"已经成为很多地区的普遍现象。因此，尽管经济体系的劳动吸纳能力下降，但不会产生严重的失业问题。更重要的是，伴随着资本深化，我国的经济完成了产业结构的升级转型和资本深化的路径转变。

第六节　产业转型与创新驱动热点问题之三：需求冲击对产业结构的影响

经济的发展路径由需求和供给共同决定。产业结构转型研究的主要问题在于供给方面的转型，但是，任何经济体系中的供给转型都需要在一定程度上考虑经济体中的需求转型，因为供给是以需求为支撑的。对我国经济而言，随着经济整体步入了新常态，国家号召生产部门实现产业结构转型，从而更好地适应新常态下的经济发展。然而，在产业结构转型的背景下，需求的变动对产业结构转型也会产生深刻的影响。尤其对我国而言，近年来，随着经济的不断增长，我国居民的收入水平在不断提高，居民的消费需求也在不断变化，居民的需求冲击对产业结构的影响也成了一项重要的热点问题。

需求变动对产业的影响冲击可以来自于多个方面。一般而言，需求冲击可以分为需求的总量冲击和需求的结构冲击两种形式。需求总量冲击是指当影响需求量的外部因素发生变化时对需求造成的冲击，例如税收的增加或减少，政府对居民补贴的变动，因偏好改变导致居民消费增加、储蓄下降等等。此外，随着经济的持续发展，由净出口的变动、政府支出的变动等因素带来的经济总量变动也会影响社会居民的人均可支配收入，进而影响居民的消费。所以，这些需求的变动属于需求量的规模变动，属于需求的总量变动；需求除了总量变动外，需求的结构也会发生变动。需求结构变动是指社会居民所消费产业的种类变动，例如，随着社会居民收入水平的提高，社会居民更倾向于消费高新技术产品（高新电子产品）等。引起社会需求结构变动的因素包括：技术进步引起的产品更新换代，长期收入水平变化使得消费者更倾向于技术密集型、资本密集型产品。无论在结构上还是总量上的变化，消费者需求的改变对产业结构，乃至其他经济变量的冲击都是不可忽视的。

第一，需求的结构冲击。需求结构变动对产业结构的影响主要从产品市场入手。需求的结构冲击是指随着社会居民需求结构的改变对产业结构的冲击。从理论上来讲，需求的结构变化反映了消费者偏好的改变。由于消费者的需求结构属于消费者的一种偏好，影响消费者消费偏好的因素较多，一般而言，影响需求结构的主要因素是收入因素。因为只有消费者的收入水平提升之后，消费者才有能力去购买这些高技术含量的产品。当消费者收入水平较低时，消费者主要偏好生活必需品，而生产这些生活必需品的最终产品部门往往是一些劳动密集型的生产部门，而且这些生活必需品的技术含量较低。对于我国的广大消费者而言，从经济增长历程看，袁志刚、夏林峰、樊潇彦（2009）研究表明：中国城镇居民消费结构的变迁路径很清晰，在计划经济所导致的抑制需求得到释放后，城镇居民的消费结构开始向耐用消费品（主要为家用电器设备）、医疗保健、交通通讯、居住和娱乐教育文化转移，而且消费热点呈现逐次转移的态势。所以，我国居民的消费结构逐步由初级工业产品转向高级工业产品和服务业转变。而且消费者也要求工业产品具有更高的科技含量。因此，我国未来的消费结构将由低技术水平的产品向高技术水平的产品转变。需求结构变动的同时，为了满足新的需求结构，我国的产业结构也要随之调整，由低技术水平的产业向高技术水平的产业转变。这便是需求结构的转变对产业结构的影响。对于我国的经济发展而言，产业结构的转型要与需求结构的转型相同步，这样才能保障经济的总体均衡和健康发展。目前，我国的消费结构正在逐渐转变，所以我国的产业结构在消费结构的带领下逐步实现转型是科学的、合理的。

第二，需求的总量冲击。除了需求结构的影响外，需求量的变动也会对产业结构产生影响。与需求结构对产业结构影响不同的是，需求总量冲击对产业结构影响的路径主要是通过要素市场实现的。一个稳定的经济体系包括要素市场和产品市场。在一般均衡的前提下，消费者部门向生产部门提供劳动和资本等生产要素，并获得要素报酬。之后，消费者将在产品市场上购买产品，用以满足自身的需求。同时，对生产部门的厂商而言，它们一方面在要素市场上雇用劳动者提供的生产要素，另一方面也会在商品市场上销售商品获得收入。此时，经济达到一种稳定的状态。然而，在其他条件不变的前提下，消费者将其获得的要素收入用于消费的比例会决定经济未来的发展方向，即当消费者的消费水平比较低时，消费者的储蓄水平较高，社会资本的供给会较多，资本的价格相对较低。对于生产厂商而言，由于资本价格相对较低，再加上近年来劳动力水平价格不断攀升，作为追求利润最大化的生产厂商而言，增加资本使用量，减少劳动雇用量将成为最优的选择。此时，生产部门人均资本量将会增加，产业结构会逐渐由劳动密集型产业向资本密集型产业过渡。反之，当消费者的边际消费倾向较高，边际储蓄倾向较高时，社会总体的储蓄水平较低，资本供给较少，资本价格相对较高。此时，生产部门的厂商并不会更多地使用资本而较少地雇用劳动力，整个产业结构由劳动密集型产业向资本密集型产业过渡的速度较慢。

然而，虽然消费总量水平较低有利于提高储蓄，进而促进投资的增长，刺激经济快速增长，但是，消费总量的比例却不能长期维持在过低的水平上。如果考虑一个封闭的经济体，在这个封闭的经济体中，由于消费水平较低，储蓄水平较高，所以在资本市场上的资本供给较多，社会投资增长较快。可是，虽然投资在不断增加，但由于社会总体的消费水平偏低，使得在产品市场上企业难以打开销售市场，进而造成生产企业存货积压，库存高涨。面对狭窄的市场需求，企业往往会减少投资需求，减少资本需求。而且，在建设资本需求的同时，企业也许会进一步收缩生产规模，减少劳动需求。此时，社会居民的收入水平会下降，造成社会需求的进一步不足，此后，经济很可能就会逐渐步入衰退阶段。经济体系的产业更难以完成由劳动密集型向资本密集型转变的重任。因此，较低的消费水平不仅不利于企业发展，也不利于整个经济体系的发展。如果考虑一个开放的经济体，在开放经济体中企业的销售不再仅仅局限于国内市场，企业可以通过进出口贸易的形式开拓海外市场。在开放经济体中，如果国内的消费水平较低，国内的有效需求不足，为了生存并取得进一步发展，国内的企业打开国外市场，通过出口的形式消耗本国的商品。然而，如果本国的消费水平过低，而储蓄水平过高，社会的投资需求过高，那么本国的多数企业会实行产业扩张，扩大生产规模。这无形中也要求国内企业要充分开拓海外市场，久而久之便形成了前文中所提到的过度依赖海外市场。随着本国厂商利润的不断增加，生产规模的不断扩大，技术水平的不断进步，再加上本国劳动力成本的不断上升，本国会逐步由劳动密集型产业向资本密集型产业过度，以降低劳动力成本上涨的影响（值得注意的是，产业结构转型并非加大资本投入就可以完成的，还需要技术，尤其是核心技术的支持。没有技术的支撑，增加投资只能实现资本的广化，而无法实现资本的深化。只有技术进步带来劳动生产率的提高，以及设备性能的提高，才会带来人均资本量的增加，进而实现资本深化）。然而，伴随着技术进步、资本深化的发生，不仅整个产业的劳动生产率会增加，而且整个产业的生产能力能够支撑更广阔的市场。此时，一旦海外需求不振，国内又难以形成有效需求，那么整个高生产效率的资本密集型产业的发展也将步入困境。而且，随着产业结构的快速转型，新的产业结构将会生产出新的产品，这些产品往往富集了更多的技术，需要更高的收入水平才能够消费。如果国内的需求结构未能同步转变，那么新的产业结构同先前一样，仍需依赖海外市场，不具备稳定性。因此，在产业结构向更高生产率的方向或更高技术水平方向转变时，必须要有较强的国内需求环境，否则这种转变也是不可持续的。

第三，我国的需求环境。对于一个追求经济均衡发展的国家而言，最理想的发展状态就是本国产业中的企业基本能够满足本国居民的需求。这种发展模式下，本国的发展就不会过度依赖海外市场，产生内外发展不协调的问题。在我国经济高速增长时期，虽然经济也在不断增长，但是却一直处于内外失衡状态，国内需求不足，过度依赖海外市场。因此，在新常态下，如果要实现我国产业结构的顺利转型，并保持经济在新的产业结构下长期、稳定、可持续的发展，那我国的消费也需要随着转变。这不仅要求需求结构的转变，也需要需求量的转变。首先，在新的需求结构下，市场对高技术产品的需求要基本符合产业的规模，不存在过度的超额供给；其次，我国居民的消费不会全部转变为对高技术产品的需求。因此，为了满足社会需求，我国的产业仍需保留一部分低资本密集型、低技术密集型的产业。这样才能实现消费结构与产业结构相协调。

就我国经济而言，长期以来，随着我国经济的不断增长，居民收入水平在不断提高，然而，我国的消费水平却远低于世界其他国家，这便是困扰我国经济增长的内需不足问题。与世界其他各国相比，我国经济增长的主要动力来源于出口拉动和投资驱动，而消费占国民收入的比重却十分低，难以发挥消费对经济的带动作用。1991—2013年各经济变量占GDP比重变动情况如图1-5所示。

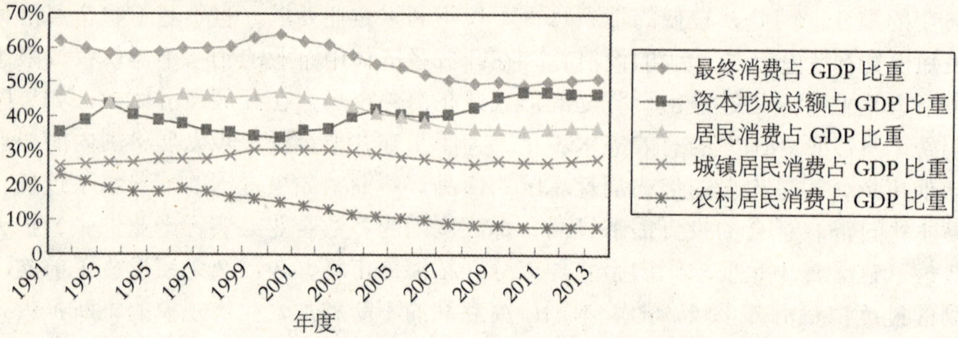

图1-5 1991—2013年各经济变量占GDP比重变动情况

由图1-5可知20世纪90年代中后期，我国最终消费占GDP比重还有略微上升，但2000年之后，最终消费占GDP的比重开始大幅下降，跌破了50%。最终消费中包括居民消费和政府消费，由图1-5可知，居民消费占GDP比重也在持续下降，而且下降幅度与最终消费的下降幅度一致。值得注意的是，在居民消费中，1991年以来，城镇居民消费占GDP比重没有发生较大的波动，而且其比重还出现略微上扬。然而，农村居民消费占GDP比重却出现大幅下降，从1991年占GDP比重为23%，下降到2013年的不足8%。2000年后的下降幅度更加明显。此外，放眼世界其他各国的经济结构，目前，欧美等世界发达国家的消费占GDP比重都普遍在60%以上，甚至70%，而我国消费占GDP比重却只有不足50%，不仅低于发达国家，也低于其他发展中国家的水平。与消费比重持续下降形成对比的便是资本形成总额占GDP比重的不断上升。尤其是2000年之后，我国资本形成总额占GDP比重实现了跨越式增长，成为推动经济增长的重要动力。然而，资本形成总额占GDP比重明显过高。随着我国经济进一步发展，自我国经济进入新常态以来，在政府一系列科学、合理的政策引导下，我国最终消费占GDP比重有所回升，资本形成总额占GDP比重有所下降。但是我国的市场需求仍然十分疲软。

所以，我国目前的消费有以下两大特点：首先，总体消费不足。无论是与发达国家相比，还是与我国前期的发展相比，我国总体的消费水平占GDP比重都处于较低的水平；其次，消费存在结构性差距。对我国的消费而言，城镇居民的收入水平较高，其消费水平也较高。但农村居民的收入水平较低，其消费水平也较低。这就决定了我国城镇居民对高技术产品的需求较高，而农村居民对高技术产品的需求较低。而且，农村居民占我国居民总量的一半以上，是我国总需求的重要组成部分。因此，在目前的需求状态下，如果从经济均衡发展的角度出发，资本密集型产业和技术密集型产业的产品供给主要满足城镇高收入群体，而劳动密集型产业的产品供给主要满足农村的低收入群体。那么，目前的产业结构转型是必然的，但并不是需要实现产业结构的完全转型。

第七节　产业转型与创新驱动热点问题之四：专利保护

知识具有溢出效应，如何在保障企业具有创新动力的前提下使得产业内的其他企业从单个企业的创新中获得收益也是十分重要的。因为转型不是单个企业的转型而是整个产业结构的转型。所以，政府应该在一定程度上发挥知识的溢出效应，使得其他企业的劳动生产率水平得到一定的提升。因此，政府应该在创新成果保护期限问题，以及创新成果流转问题上发挥重要的作用。不合理的产权保护制度容易对经济发展和产业转型造成严重不利影响。这种不利影响主要体现在以下两个方面：

1.形成垄断市场

就创新成果保护期限而言，过度的创新成果保护，或者对创新成果设置的保护期限时间过长，容易让创新企业在长时期内获得一定的市场垄断地位。由于这种市场垄断地位会给创新企业带来丰厚的利润，所以，为了获得丰厚的垄断利润，企业一般都会具有强烈的创新动机。但这种长期的垄断会产生严重的负效应。首先，为了获得垄断地位，以及形成垄断后将要获得的丰厚利润，企业会有强烈的创新动机。但是，一旦企业创新成功，并获得相应的垄断地位，那么企业很可能将失去创新的进一步动机。此时，企业利润最大化的决策很可能不再是进行进一步的创新活动而是如何保持垄断地位。而且，专利保护政策便成了市场进入壁垒，而且是最严重的壁垒。一旦市场进入壁垒形成，那么初始创新企业便成了垄断企业。在经济学领域，垄断一般都是低效率的，这种低效率体现在两个方面：一方面，企业内部低效率。由于产业内缺乏竞争，垄断企业内部会逐渐形成X非效率。X非效率主要是指企业由于缺乏竞争，从而使得企业内部的经营出现效率低下的现象。一旦企业内部形成X非效率，这便形成了一种企业内部资源的浪费。另一方面，如果产业中某家企业凭借专利而长期获得垄断地位，这也十分不利于整个产业发展。因为只有竞争才能带来活力，才能更具效率，才能有助于产业的发展。其次，在市场可进入的状态下，由于担心潜在进入者进入，垄断企业的经营在一定程度上也是有效率的，然而，由于专利制度的保护，很多市场是不可进入的，对其他企业而言是关闭的，所以在位企业往往更加低效率。最后，垄断的存在对社会而言会存在哈伯格福利损失。哈伯格福利损失对社会而言是一种无谓的损失。在长期，为了最小化企业的福利损失，应该设计一种合理的专利保护期限。因此，合理界定创新成果的保护期限将十分重要，一方面，它关系着创新企业能否获得超额利润，进而有动机进行创新；另一方面，它也关系着整个产业的发展以及社会的福利状况。

2.企业的技术释放效应

对于企业而言，如果企业拥有创新的资源并获得了一定的先进技术，那么企业的最优选择并不是在短时期内应用所有的专利技术，而是在长期发展中不断地进行专利技术释放。一般而言，企业都会拥有一定的技术储备，这种技术储备是企业多年来不断发展而形成的创新成果的积累。对企业而言，如果将所有的新技术在短期内全部释放，并将新产品投放市场，这将使得企业获得一定期限的垄断利润，这对企业的经营是十分不利的。因为创新需要巨大的研发投入，而且在短时期内很难取得进一步的创新成果，如果企业释放了所有的专利技术，那么短期内企业能够获利，但在长期，企业就难以获得丰厚的利润。因此，企业的获利能力是非持续的。相反，如果企业采取不断释放技术储备的战略，在企业不断释放技术储备的过程中，企业都能够获得一定期限的垄断利润。更重要的是，企业能够垄断市场的期限被大大延长，企业将获得可持续的垄断利润。所以，在市场中，一旦企业形成技术储备，企业会在长时期内保持垄断地位。如果企业形成长期垄断，那么对整个产业和社会的损失将是显而易见的。

除了垄断形成的损失外，企业在长期逐渐释放技术专利对整个产业的创新活动将产生不利影响。首先，如果国家实行短期的专利技术保护政策，那么创新企业能够获得的垄断期间将会大大降低。而且，为了延长企业所能获得的垄断期限，企业会不断地进行研发投入，并不断地增加创新成果。这样一来，整个产业的创新更新速度就会加快。相反，如果国家实行长期的专利保护政策，那么整个产业的创新更新速度就会较慢。其次，模仿相对于创新的成本是较低的。如果超过专利期，国家便放开对专利的保护，那么其他企业都会加入模仿的行列，带来整个产业技术水平的提高。相反，在专利期内，其他企业要进行新的创新活动将十分困难。这将不利于产业技术水平的整体提高。再次，垄断企业的技术产品较为单一，如果专利期较短，那么其他企业会在专利期过后进行模仿，然后向市场提供多样化的产品，有利于满足消费者多样化的需求，这将有助于社会福利水平的提高。最后，在信息技术时代下，技术的更新速度较快，很可能在专利保护期内，国外已经推出更加先进的技术产品，而国内仍然处于落后的技术状态。这不利于我国企业在国际市场上进行技术竞争。

为了避免专利技术保护带来的种种弊端，政府的主要工作将围绕着如何确立合理的专利保护期限以及如何合理地引导企业创新成果在产业内部流转。对于合理确立专利保护期限的问题，政府应综合考虑专利保护制度为产业技术进步、经济发展做出的贡献以及相应的弊端。这既可以参考国外发达国家的专利保护政策，也必须结合我国的具体国情。因为发达国家虽然在专利保护制度制定方面起步较早，具有一定的经验，但是，发达国家往往具有较高的技术水平，在国际市场上属于技术垄断者，它们更多地依靠严格的专利保护政策保障企业在国际市场中的垄断地位。对此，我国不可全部接受发达国家的专利保护政策，如果接受，将使我国企业长期处于不利地位。其次，在期限决定方面，我国应该结合我国的具体国情。对我国而言，我国企业技术水平整体较低，为了实现产业技术水平的快速提高，并实现创新成果的快速更新换代，我国可以实行期限较短的专利保护政策，这不仅可以减少因专利保护而带来的种种损失，也有利于整个产业的创新发展。

另外，合理地引导创新成果在产业内企业间的流转也是十分重要的。因为创新成果要造福于整个产业。目前，我国的创新成果流转的方式大多是特许经营模式。在特许经营模式下，取得创新成果的企业可以将创新成果授权于特定企业进行经营，并从被授权企业的经营利润中获得一定比例的提成作为特许经营费。这种模式是有利于创新成果在企业间流转的。然而，我国目前的这种流转模式仅仅限于商标、品牌的产权形式。而提高生产效率的特定技术流转却十分少。这背后的原因一方面在于国内的企业很少具有核心的专利技术，另一方面，我国在相关法律法规方面还有待完善。而且，在授权模式上还有待创新。目前，在技术领域，主要的授权方式是合资经营，这种合资经营主要模仿其他发达国家的模式，我国的企业应该根据我国的具体国情发展更适合我国的授权模式。而且，国家也应该鼓励创新成果流转，促进整个产业技术水平的提升。

参考文献

[1]SAMUELSON. The pure theory of public expenditure [J].Review of Economics and Statistics.1962（36）：387-389.

[2]CHEN E K Y，The total factor productivity debate：determinants of economic growth in East Asia[J]. Asian Pacific Economic Literature，1997，11（1）：18-38，54-70.

[3]林毅夫，任若恩.东亚经济增长模式相关争论的再探讨[J].经济研究，2007（8）.

[4]吴敬琏.增长模式与技术进步[J].科技潮，2005（10）.

[5]胡鞍钢.中国城镇失业状况分析[J].管理世界，1998（4）.

[6]姚战琪.技术进步与服务业的融合和互动——基于中国投入产出表的分析[J].财经研究，2008（7）.

[7]张军.增长、资本形成与技术选择：解释中国经济增长下降的长期因素[J].经济学（季刊），2002（1）.

[8]GALENSON W. The American labor movement[M].New York：Greenwood Press，1955.

[9]STONEMAN P. The economic analysis of technological change[M].Oxford：Oxford University Progress，1983.

[10]蒲艳萍，黄怡.我国经济发展中的资本深化过程及其就业效应[J].经济问题探索，2008（3）.

[11]陈剑波.市场经济演进中乡镇企业的技术获得与技术选择[J].经济研究，1999（4）.

[12]张曙光，施贤文.市场分割、资本深化和教育深化——关于就业问题的进一步思考[J].云南大学学报：社会科学版，2003（5）.

[13]蔡昉，都阳，高书文.就业弹性、自然失业和宏观经济政策——为什么经济增

长没有带来显性就业?[J].经济研究，2004（9）.

[14]丁从明，陈仲常.金融深化、资本深化及其互补性研究[J].财经研究，2006（1）.

[15]朱轶，涂斌.财政分权、投资失衡与工业资本深化——基于中国区域特征的经验研究[J].宏观经济研究，2011（11）.

[16]DUNCANK F，THOMAS R M.The production function and productivity.[J].Journal of Economic Perspective，2001，15（3）（Summer）：257-258.

[17]KESSLER D，EDWARD N W. A comparative analysis of household wealth patterns in France and the United States[J]. Review of Income and Wealth，1991，37（3）.

[18]FUNK M，STRAUS J. The Long-run relationship between productivity and capital [J].Economic Letters，2000（69）.

[19]PISSARIDES C A.Equilibrium unemployment theory[M].London：Basil Blackwell，1990.

[20]AHION P，HOWITT P.Growth and unemployment[J].Review of Economic Studies，1994，61：477-494.

[21]MORTENSEN D T，PISSARIDES C A . Technological progress[J].Job Creation and Job Destruction，Review of Economic Dynamics，1998，1：733-753.

[22]FERNANDO del Rio.Embodied technical progress and unemployment[J].Université catholique de Louvain，Institut de Recherches Economiques et Sociales IRES Discussion Paper，2001，No.031.

[23]黄先海，刘毅群.物化性技术进步与我国工业生产率增长[J].数量经济技术经济研究，2006（4）.

[24]陈爱贞.中国装备制造业自主创新的制约与突破——基于全球价值链的竞争视角分析[J].南京大学学报（哲学·人文科学·社会科学），2008（1）.

[25]楚明钦，陈启斐.中间品进口、技术进步与出口升级[J].国际贸易问题，2013（6）.

[26]李世刚，尹恒.寻租导致的人才误配置的社会成本有多大？[J].经济研究，2014（7）.

[27]翁杰，周礼.中国工业部门劳动收入份额的变动研究：1997—2008[J].中国人口科学，2010（4）.

[28]De La Grandville O. In quest of the slutsky diamond[J].The American Economic Review，1989，79（3）：468-481.

[29]陈晓玲，连玉君.资本-劳动替代弹性与地区经济增长——德拉格兰德维尔假说的检验[J].经济学（季刊），2012（10）.

[30]袁志刚，夏林峰，樊潇彦.中国城镇居民消费结构变迁及其成因分析[J].世界经济文汇，2009（4）.

[31]汪星明.技术引进：理论·战略·机制[M].北京：中国人民大学出版社，1999.

[32]林毅夫.战略抉择是经济改革与发展成功的关键[J].经济科学，1994（3）.
[33]林毅夫，蔡昉，李周.比较优势与发展战略——对“东亚奇迹”的再解释[J].中国社会科学，1999（5）.

第二章

区域经济均衡发展

第一节　概述

一、均衡发展相关概念

对于均衡发展的认识，不同学者存在一定的差异。均衡发展的对立面便是不平衡发展，现实中，不平衡存在于各个领域，比如不同地区或人群的收入水平、气候条件、环境状况、居民幸福感等。经济学界更多关注的是经济方面的不平衡。大多数学者认为，不平衡发展是普遍规律。不平衡发展是正常的，而均衡发展是相对的，经济的高速增长难以避免会产生不平衡（郝寿义，2007）。胡鞍钢等（1995）从动态和静态角度认识不平衡：静态看，发展不平衡是指一个经济体内部各区域经济发展水平的差异；动态看，发展不平衡是指各区域经济增长速度的差异性。类似地，卡拉森（L. H. Klassen）认为，动态层面上称为区域经济发展不平衡（regional imbalance），静态层面上称为区域差异（regional disparity）或区域不平等（regional inequality）。覃成林（1997）认为，若某个经济系统中相互联系的若干组成部分未能在相应功能和结构上形成协调，便被认为形成了不平衡。

笔者认为，所谓均衡发展的最终目的是实现各区域社会福利水平的均衡，而福利水平的均衡发展依赖于很多方面，如基础设施建设、教育医疗、收入水平、经济增长的差异等。而这些因素之间彼此相互交织、相互影响。威廉森（Williamson）认为，如果以发展为目标，就必须形成区域经济的不平衡发展；相反，如果以区域均衡发展为目标，就会影响整体的经济增长速度，而区域之间发展差距过大则需要区域协调发展。显然，根据我国实际情况，为避免差距继续扩大，力图实现均衡发展的任务已相当重要。在实现福利水平均衡的目标之前，必须关注且格外关注增长的均衡，静态层面要关注经济增长水平的差异性，动态层面要关注经济增长速度的差异性。在具体研究中，由于不平衡关注的角度不同，其在测算不平衡程度时的具体做法便有所差异。有些人关注经济增长成果的差异，在测算时采用人均GDP和国民收入等（周玉翠等，2002；张馨之和何江，2007；范剑勇，2008）。而有些人关注生活水平的差距，多采用人均收入和人均消费等指标（许召元和李善同，2006）。

二、国内外研究进展

（一）均衡发展的主要理论概述

区域累积因果理论：区域累积因果理论由缪尔达尔于1957年提出。他认为在一个动态的社会过程中，社会经济各因素之间存在着循环累积的因果关系。某一社会经济因素的变化，会引起另一社会经济因素的变化，这后一因素的变化，反过来又加强了前一个因素的那个变化，并导致社会经济过程沿着最初那个因素变化的方向发展，从而形成累积性的循环发展趋势。该理论认为，市场力量是导致区域经济发展不均衡的原因。由于市场力量通常是递增而不是递减的，因而会导致地区不均衡性的加剧。在经济循环累计过程中，存在两种重要的效应："回流效应"和"扩散效应"。前者是指欠发达区域的资本、劳动力等要素向发达区域流动，从而导致欠发达地区更加贫困的过程，它被认为是不平衡的根源。

增长极理论：该理论最初由经济学家佩鲁在1950年提出。该理论认为均衡发展在现实中是无法实现的，相反，经济增长应由一个或多个"增长中心"渐渐向其他部门或地区传导。狭义的增长极有产业、城市、潜在经济增长极。广义的概念认为，凡能促进经济增长的积极因素都被称为增长极。

借鉴增长极理论的思想，赫希曼的非均衡发展理论认为，经济发达地区会对经济落后地区产生一系列直接或间接的影响，其中包括所谓的"涓滴效应"和"极化效应"。在经济发展的初级阶段，增长极的累积性集中（"极化效应"起主导作用）会扩大发达地区与落后地区之间的经济差距。随后，逐渐扩大的"涓滴效应"会减小区域之间的差距，促进地区的均衡。

1966年弗里德曼提出核心边缘理论，用来解释区域间经济发展关系和区域空间结构演变模式。后来，在新的经济背景下，这一理论被经济学家充实和调整（Krugman，1990；Tyrel G.Moore，1994；PuguDiego，1999；Henderson，2003）。Krugman的中心-外围理论认为，行业在地理上主要由以下三种效应驱动："市场接近效应"、"生活成本效应"、"市场拥挤效应"。

关于不平衡的收敛性，新古典经济增长理论假设资本报酬递减，随着时间的推移，不发达地区会逐渐赶超发达地区。这种可能的现象在经济增长理论中被称为经济增长的趋同（convergence）。相反地，内生增长理论认为，发达地区人力资本存量相对于欠发达地区较高，这样发达地区和欠发达地区不可能趋同（Romer，1986；Lucas，1988）。后续研究确实发现一般性的趋同没有得到强有力的证实，但发现趋同现象存在"趋同俱乐部"和"条件趋同"特征（Ben-David，1998；Barro and Sala-I-Martin，1992）。绝对趋同只存在与最富裕的国家或地区之间以及最贫穷的国家之间，最贫穷的趋同俱乐部往往向"贫苦陷阱"趋同。若控制地区间人力资本、储蓄率等禀赋的差异，发展水平不同的地区会存在趋同现象。蔡昉和都阳（2000）研究认为，我国自改革开放以来，不存在普遍的趋同现象，而是形成东、中、西地区三个趋同俱乐部。

（二）我国均衡发展概况

在中华人民共和国成立以前，中国面临着基础薄弱和地区差距巨大的双重困境。中华人民共和国成立至今，我国的区域发展差距变化同国家的区域经济发展战略息息相关。

中华人民共和国成立后直到改革开放前夕：在计划经济以及意识形态思想浓厚的背景下，受马克思主义传统观念影响，认为社会主义应该且能够由国家有计划地均衡配置生产，以避免出现资本主义的经济失衡状况。具体战略布局表现为平衡沿海和内地，集中力量建设内地。“一五”计划将68%的千万元以上的投资项目布局在内地；“二五”期间内地基建投资占比53.9%；“三五”期间重点加强三线建设。可见，这段期间的主脉络是希望通过均衡发展战略来缓解历史遗留的内地与沿海差距问题，并建立独立的地区工业体系和经济体系。经过曲折发展，我国工业取得了长足的发展，并在缩小地区差距上成效显著。但是，它没有充分发挥沿海地区巨大潜在作用，沿海和内地的协调互动没有被充分调动，加上计划经济的弊端愈发明显，所以这段时间中国经济处在低效运行状态，内地经济也没有在根本上摆脱贫困（井雯，2012）。

改革开放到20世纪90年代初期：从1979年开始实施非均衡发展战略，归结为一句话，就是邓小平1988年提出的“两个大局”构想：“一个大局，就是沿海地区加快对外开放，较快地先发展起来，中西部地区要顾全这个大局；另一个大局，就是当沿海地区发展到一定时期，要拿出更多的力量帮助中西部地区加快发展，东部沿海地区也要服从这个大局。”但这个时期的重点只是放在第一个大局上，整个经济发展呈现显著地由东向西逐级递减的梯度分布格局。贫富分化迅速，正如Riskin（2001）所说，我国在20世纪70年代作为世界上最平均主义的社会之一，却在20世纪90年代成为本地区及发展中国家中较不均等的国家之一（林伯强，2003）。改革开放释放出来的巨大经济推力，使得这段时间成为工业发展最为迅速的时期之一，这不仅决定了当时中国的工业总量布局，甚至在长期内决定了全国总体地区发展差距形态。同时有学者认为，不能笼统地认为这期间的收入差距扩大或缩小，而是一些地区间收入差距在扩大，而另一些在不断缩小（魏厚凯，1992）。

20世纪90年代至今：随着改革开放的深入，在经济快速增长的同时，地区间的差距也日益加大。党中央和政府开始向将非均衡发展与协调发展相结合的战略转移。1996年，以江泽民为核心的党中央做出了“坚持区域经济协调发展”的战略决策，提出了统筹规划、因地制宜、发挥优势、分工合作、协调发展的原则，并第一次明确提出实施可持续发展战略。十六届三中全会正式提出东西互动协调发展战略思想。2000年，中国十五届五中全会将实施西部大开发作为一项战略任务，紧随其后的是中部崛起计划（温家宝，2004）、振兴东北老工业基地战略。协调地区发展战略对于加强地区优势互补、缓解地区差距、促进共同发展具有非凡的意义。但其具体的实施路径仍需要在理论和实践上不断摸索。

根据金相郁（2010）对我国地区均衡发展的实证研究的总结，在2000年以后的研究中，第一类以1952年前后作为研究起点（Wu YR，2002；董先安，2004；严汉平和白永秀，2004；徐建华，2005等），发现中国区域经济发展不平衡基本上呈先倒U后U

形趋势，具体大致以改革开放为时间拐点；第二类以改革开放为研究起点（刘强，2001；刘水平和舒元，2001；Fujita M.& Hu D.P.，2001；许召元和李善同，2006；张茹，2008等），这些研究也基本显示改革后我国不平衡趋势呈先缩小、后扩大的态势。

表2-1进一步展示了对我国地区均衡发展的部分实证研究。在这些研究中，可以发现受研究的区间、计算指标、计算方法、区域等因素的影响，不同学者的研究结论差异较大。

表2-1 **中国区域发展差距实证分析的结果比较**

研究者	分析期间(年)	资料	分析方法	分析结果
杨开忠(1989)	1952—1985	国民收入	变异系数	省间发展差距呈倒U形
Lyons,T.P.(1991)	1952—1987	国民纯生产	变异系数	省间发展差距呈倒U形
杨伟民(1992)	1978—1989	人均GDP	变异系数	省间发展差距呈缩小趋势
魏后凯(1992)	1952—1990	国民收入	变异系数	省间发展差距呈倒U形 东中西部地区差距呈S形
李尚晔(1995)(韩)	1978—1993	国民收入 居民收入	变异系数 变异系数	省间发展差距 呈U形 省间发展差距呈扩大趋势
魏后凯(1996)	1985-1995	居民收入	变异系数 泰尔指数	省间发展差距呈扩大趋势 东中西部地区差距呈扩大趋势
宋学明(1996)	1978—1992	居民收入	收敛假说	省间差距收敛
Jian,T.等(1996)	1952—1993	人均GDP	收敛假说	1978—1990年省间收敛 1990—1993年省间发散
Chen,J.等(1996)	1978—1993	人均GDP	收敛假说	省间存在条件收敛
Tsui,K.Y.(1996)	1978—1989	人均GDP	基尼系数 变异系数	省间发展差距呈缩小趋势 省间发展差距呈缩小趋势
魏后凯(1997)	1978—1995	人均GDP	收敛假说	1978—1985年收敛 1975—1995年不收敛
李宗哲等(1998)(韩)	1952—1993	国民收入	变异系数	省间发展差距呈U形
林毅夫等(1998)	1978—1995	居民收入 人均GDP	基尼系数 基尼系数	省间发展差距呈扩大趋势 东中西部地区差距呈扩大趋势
申海(1999)	1978—1996	人均GDP	收敛假说	省间发展差距收敛
Kanbur,R.(1999)	1983—1995	居民收入	基尼系数	省间发展差距呈扩大趋势
Ying,L.G.(1999)	1978—1994	人均GDP	变异系数	省间发展差距呈U形
Zheng,F.(2000)	1978—1995	人均GDP	变异系数	省间发展差距呈U形
蔡昉、都阳(2000)	1978—1998	人均GDP	泰尔指数	省间发展差距呈扩大趋势 东部和中部地区内部呈缩小趋势
			收敛假说	省间不收敛

资料来源：金相郁，武鹏.中国区域经济发展差距的趋势及其特征——基于GDP修正后的数据[J].南开经济研究，2010（1）：79-96.

第二节　中国省际地区发展不平衡演进及其收敛机制

一、问题提出

我国自改革开放以来，经济的增长取得了举世瞩目的成就，与此同时，经济增长非均衡性也成为社会及政府关注的一个重要问题。对此，国内外学者不断地进行各种争论：中国的地区不平衡是扩大了还是缩小了？发展的不平衡是否存在所谓的“收敛”现象？针对不同形式的不平衡，政府应该采取何种对策？其中关于不平衡的收敛性问题关系到政府干预的合理性。我国经济增长的不均衡是否存在收敛的性质以及收敛的条件，都决定着应该如何去矫正不均衡。

区域发展不均衡的收敛性问题一直是相关学者争论的焦点之一。早在1955年Kuznets提出的倒U形曲线理论对此影响重大。该理论认为，地区发展不平衡在发展初期将会提高，而在不平衡水平达到顶点之后，会逐渐下降。扩散效应理论认为，发达地区先发展到一定程度后，会增加其他地区商品和服务的需求，进而对其他地区形成技术和知识的扩散（扩散效应），最后，其他地区由于这种扩散效应而受益，不均衡将被矫正（Golley，2002）。内生增长理论认为，对于资本、人力资本等要素，相对富裕的地区虽然增长速度会快于相对贫乏的地区，但是由于地区间贸易和要素的流动，地区间的经济将有收敛的可能。围绕这一假说是否在中国成立，国内进行了许多实证研究，通常的做法是使用省际的GDP、人均GDP或人均GDP增长率等指标计算Theil指数、基尼系数以及变加权系数等，而后进行实证研究。一些经济学者的实证结果支持这一假说（石磊和高帆，2006；林毅夫和刘培林，2003），而另一些学者的实证研究结果则恰好相反（万广华，2004；沈坤荣和马俊，2002；彭国华，2005）。

其实，由于数据来源、测算指标的选取、不同样本区间、不同的方法等原因，关于演变趋势的结论势必会不统一。因此，区分所谓“绝对收敛”和“条件收敛”将会更有意义。绝对收敛意味着收入差异会自行减少，这种情况下我们只需关注收敛的速度。条件收敛则指收敛的发生依赖于区域结构性因素，如人力资本、自然资源、FDI等。这便为政府制定相应的区域政策改善贫穷地区结构性条件提供了依据（刘夏明等，2004）。在对我国经济差距的研究中，蔡昉和都阳（2000）发现，我国东、中、西三个地区各自存在内部趋同，但区间的差距却扩大了，而在控制了人力资本、投资率变量后，各地区存在有条件的趋同（王小鲁和樊纲，2004）。

为了在现有研究基础上进一步探究我国地区发展不平衡的演进情况及其收敛性问题，本节的内容如下：第一，本节将研究范围划定为省份，基于286个地级市经济增长与人口数据对省际空间发展不平衡情况进行测算；第二，采用横截面数据、双向固定效应模型与面板数据半参数模型对地区发展不平衡收敛机制进行分组估计，实证检验了地区发展不平衡与经济增长之间是否满足倒U形关系；第三，基于库兹涅茨假说与威廉姆森假说，创新性地提出将产业结构划分为自然资源依赖型和资本依赖型，按照“生产要素禀赋差异→产业结构依赖→地区发展不平衡收敛机制→强化生产要素禀赋差异”路径分析中国地区发展不平衡收敛机制。

通过研究发现：(1) 全国地区发展不平衡程度在1990—2012年期间的演进轨迹整体呈现上升趋势，2003年之前增速较快，之后逐渐趋于平缓，这与以往的研究结论并不一致。(2) 采用横截面数据和双固定效应模型方法对各组样本进行检验，均未发现地区发展不平衡与经济增长之间满足倒U形关系的实证证据；而采用半参数固定效应模型估计的实证结果显示，东部省份样本的拟合曲线呈现“先下后上再下”波动，样本分布也与拟合曲线形状符合度较高。(3) 地区发展不平衡收敛机制与产业结构密切相关，因此，自然资源和资本均有可能对地区发展不平衡收敛机制发挥关键影响，但由于“自然资源诅咒”假说的存在，具有资本依赖型产业结构的省份更易于形成倒U形收敛机制。

二、地区发展不平衡测算与结果分析

(一) 地区发展不平衡测算公式

衡量地区发展不平衡的基本思路是对地区间产出差异进行测算。借鉴已有研究，我们采用加权变异系数法对地区发展不平衡程度进行测算，计算公式如下：

$$wcv = \frac{1}{\bar{y}}[\sum_{i=1}^{n} p_i(\bar{y} - y_i)^2]^{1/2} \tag{2-1}$$

其中，$\bar{y}$是全省人均GDP；y_i是第i个地级市的人均GDP；p_i是第i个地级市人口占全省人口的比重，代表权重。与以往研究不同的是，我们测算采用的是各省地级市数据，因此，衡量范围是一省而非全国的地区发展不平衡程度。这样处理的原因在于：第一，与全国范围相比，省内地区发展不平衡问题往往容易被忽略，但巨大的资源禀赋与经济发展水平差异往往使省与省之间的地区发展不平衡收敛轨迹截然不同。虽然存在大量讨论地区发展不平衡问题的研究，但对上述问题进行系统讨论的文献尚不多见。第二，使用省际数据衡量地区发展不平衡，很难排除不同省份之间政府管理、人文民俗等非经济因素对测算结果的影响，而使用地级市数据则能够有效克服上述问题，因为相同省份地级市所面临的非经济性外部环境更加接近。

(二) 测算结果分析

在对数据进行筛选之后[①]，我们从历年《中国城市统计年鉴》中采集了286个地级市人均GDP和人口数据，测算了25个省份1990—2012年的wcv值（最终测算结果见表2-2）。从表2-2中看到，25个省份的wcv均值为0.556，上述结果与Lessmann采用省份数据的测算结果大致相当。其中，wcv值最高的5个省份分别是黑龙江、广东（上述两个省份均超过了1）、四川、云南和陕西；最低的5个省份分别是河北、河南、海南、山西和宁夏（在0.3和0.4之间）。值得一提的是，除广东之外，大多数东部省份如辽宁、山东、江苏、浙江、福建等的wcv值均在0.5~0.6之间，初步判断可能存在俱乐部收敛特征。进一步地，与Lessmann的测算结果进行对比之后发现，中国省际地区发展不平衡问题是比较严重的，这与直观感受基本一致。

① 剔除了4个直辖市、西藏以及青海。

表2-2 **25个省份的wcv值（1990—2012年均值）**

省份	wcv	省份	wcv
河北	0.312	河南	0.348
山西	0.372	湖北	0.530
内蒙古	0.439	湖南	0.567
辽宁	0.485	广东	1.099
吉林	0.487	广西	0.556
黑龙江	1.264	海南	0.370
江苏	0.439	四川	0.781
浙江	0.484	贵州	0.426
安徽	0.595	云南	0.691
福建	0.511	陕西	0.614
江西	0.548	甘肃	0.568
山东	0.537	宁夏	0.407
新疆	0.473	均值	0.556

通过wcv与人均GDP均值散点图以及回归曲线（如图2-1所示）可以看到，人均GDP与wcv之间呈正比关系，即人均GDP越高，地区发展不平衡水平越高。进一步地，我们将图2-1中的散点按坐标中值线（如虚线所示）分别划分为四个区间，即高wcv高人均GDP、高wcv低人均GDP、低wcv高人均GDP和低wcv低人均GDP（下面简称为I、II、III、IV类）。其中，只有黑龙江是I类；而II类中只有广东；大多数中西部省份是III类；除内蒙古以外，大多数经济相对发达的东部省份是IV类。

进一步地，通过wcv与人均GDP全样本散点图以及初步的二次拟合曲线（如图2-2所示）可以看到，wcv与人均GDP整体上呈现微弱的倒U关系。最后，我们分别给出四种类型测算结果的时间序列（如图2-3、图2-4、图2-5所示）。在图2-3中，黑龙江和广东两省相对于其他省份来说，wcv初始值是偏高的，特别是黑龙江，1990年的wcv值就已达到1，远高于其他省份；广东稍低，但也在0.8左右。从上述两省wcv曲线的动态演进来看，黑龙江的wcv曲线整体上呈现“钟”形，从1990年开始持续上升，在2000年达到顶点之后，又开始逐渐回落至初始水平；广东的wcv曲线从1990年之后则一直呈现上升趋势，同样在2010年之后开始出现平缓的迹象，但回落速度不及黑龙江。

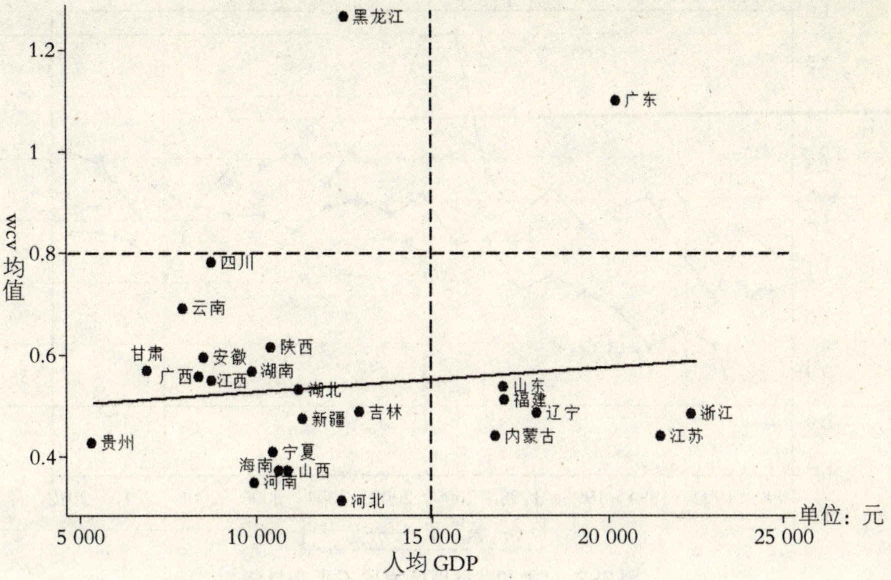

图 2-1　wcv与人均GDP的散点图（均值）

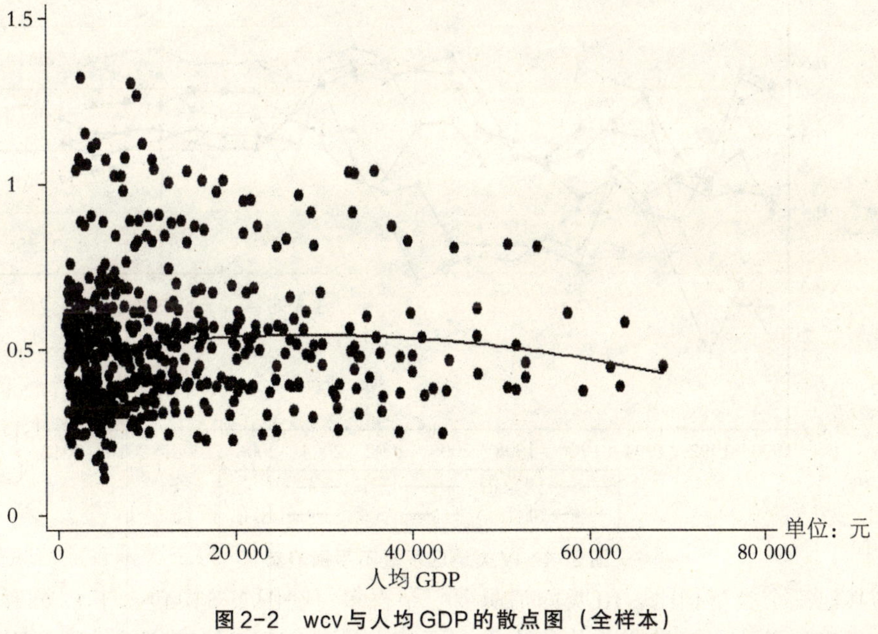

图 2-2　wcv与人均GDP的散点图（全样本）

在图2-4中，内蒙古、辽宁、浙江等6个省份的wcv初始值均在0.2～0.6之间，且省份之间初始值差异相当明显。其中，辽宁和内蒙古的wcv初始值较低；福建和山东的wcv初始值较高。随着经济发展，IV类中6个省份的wcv值在2003年以前呈现不同的演进路径。其中，内蒙古和辽宁的wcv曲线持续上升且波动较小；浙江的wcv曲线则是大幅波动上升；江苏的wcv曲线的演进轨迹则是先降后升的U形；虽然福建和山东的wcv曲线变化趋势并不明显，但波动却很大。2003年之后，上述省份wcv曲线演进轨迹趋于平稳。

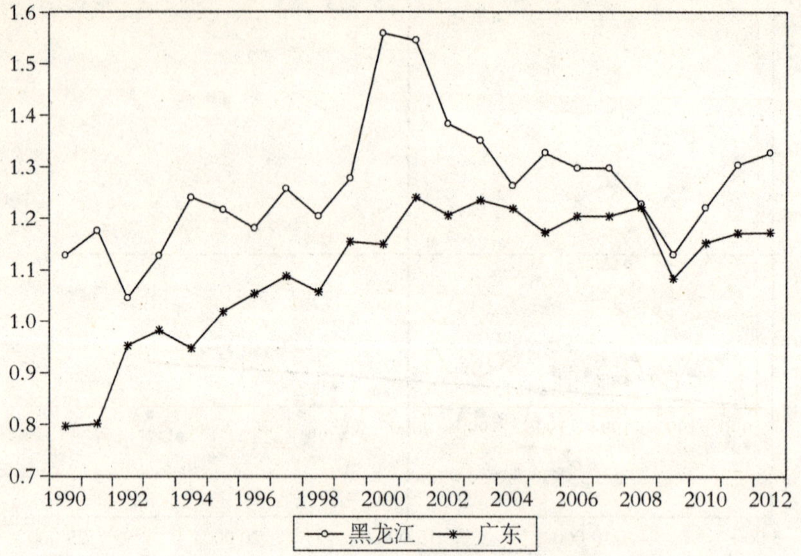

图2-3 I类和II类地区发展不平衡趋势

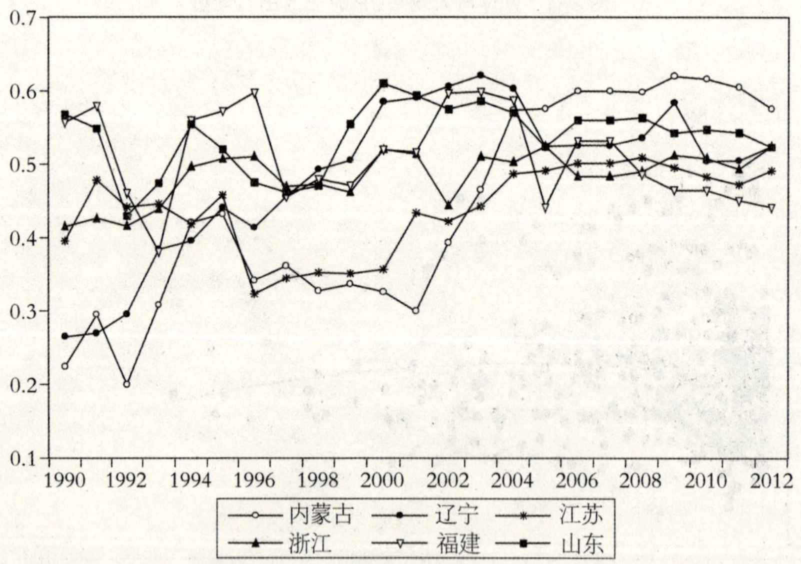

图2-4 IV类地区发展不平衡趋势

与其他三个类型相比，III类的情况要复杂得多。在图2-5中包含了17个省份，除广西、海南以外，大多数省份均集中于中西部，虽然wcv初始值的差异并不明显，但二十余年经济发展所勾画的wcv曲线轨迹却截然不同，呈现出明显的发散性特征。其中，湖北、湖南、安徽、河北、山西、四川、江西、宁夏等省份的wcv曲线波动上升；云南、河南、新疆等省份的wcv曲线的变动趋势不明显，但波动较大；海南、贵州等省份的wcv曲线则呈现波动下降的情况；吉林、陕西两省的wcv曲线呈现倒U形。

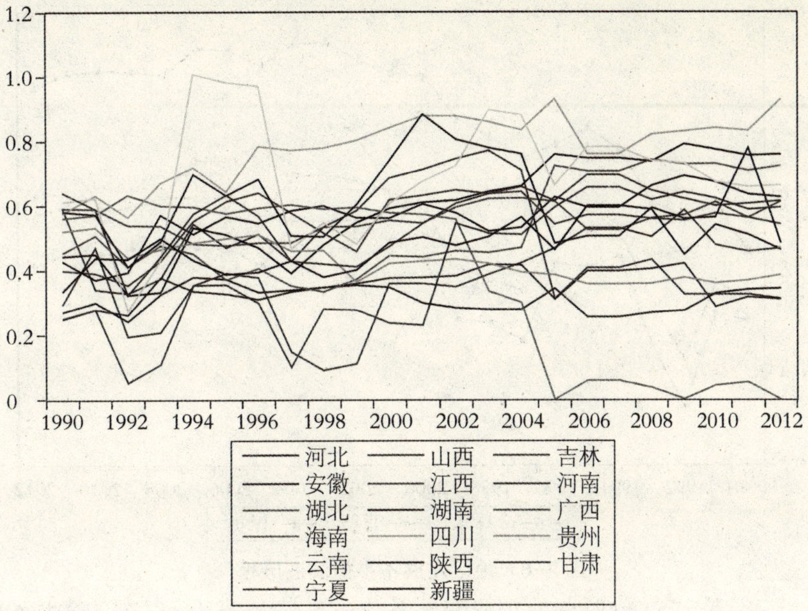

图2-5　III类地区发展不平衡趋势

（三）中国地区发展不平衡演进轨迹

我们采用地级市数据估计得到的wcv曲线演进轨迹与以往一些实证研究得到的地区发展不平衡呈现下降趋势的结论并不一致。如图2-6所示，按照之前的分组情况，全样本、III类省份和IV类省份的wcv曲线演进轨迹比较接近，虽然在1991—1992年、1995—1996年期间出现下降，但整体上呈现明显的上升趋势，在2003年之后才趋于平缓。这表明过去20年随着经济增长，各个省份地区发展不平衡程度均有所提高，近年来随着中央政府一系列区域协调发展战略的提出，各省份纷纷出台了符合自身经济特点的协调发展战略并付诸实施，地区发展不平衡程度逐渐趋于稳定，这与覃成林等、Lessmann等的研究结论类似。从各组样本的wcv曲线演进轨迹来看，首先，III类省份与全样本的wcv曲线演进轨迹非常接近，这是因为在计算全样本wcv曲线时，III类省份比重较高；其次，IV类省份地区发展不平衡程度明显高于其他两组，表明经济发达省份所面临的地区协调发展问题更加突出，这很可能是经济发达省份经济活动集聚水平较高的结果；最后，IV类省份wcv曲线波动幅度相对平缓，根据之前的分析，IV类省份的wcv曲线在2003年之后趋于一致，而III类省份的wcv曲线则一直呈现发散状态，导致III类省份wcv值曲线的波动幅度高于IV类省份。

三、计量模型、指标选取与研究方法

（一）检验倒U形关系的计量模型设定及若干说明

借鉴已有研究，本书所使用的模型如下：

$$wcv_{i,t} = \alpha_i + f(Y_{i,t}) + \gamma X_{i,t} + \mu_t + \varepsilon_{i,t} \quad i=1,2,\cdots,N \quad t=1,2,\cdots,T \tag{2-2}$$

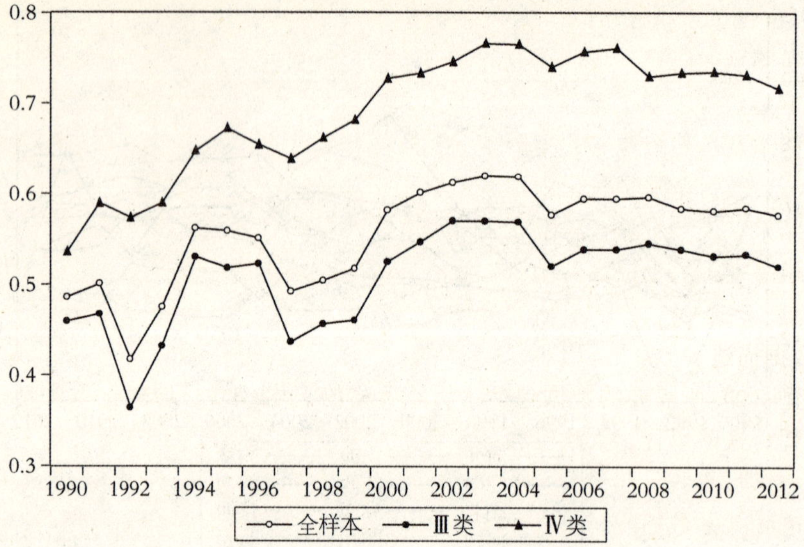

图2-6 地区发展不平衡演进历程

其中：$wcv_{i,t}$ 是i省份t时刻的加权变异系数；$Y_{i,t}$ 为i省份t时刻的人均GDP；f是关于Y的非线性函数；X为控制变量；μ_t 是时间固定效应；α_i 是个体固定效应；$\varepsilon_{i,t}$ 是扰动项。

接下来，我们对公式（2-2）的设定与估计方法做进一步解释：

为了衡量地区发展不平衡与经济增长，我们在计量模型中放入非线性函数f。需要说明的是，本书将采用横截面数据、面板数据双固定效应模型、面板数据半参数固定效应模型三种估计方法进行分析，因此，非线性函数f的形式并非是一致的，最终目的是检验地区发展不平衡与经济增长之间是否满足倒U关系。当采用横界面模型、双固定效应模型和面板数据半参数固定效应模型估计时，我们设定 $f=\beta_1 Y+\beta_2 Y^2$，而当采用面板数据半参数固定效应模型估计时，我们将采用Baltigi & Li的方法。这里对上述半参数估计方法做简单介绍，假设存在以下面板数据半参数线性模型：

$$y_{it}=x_{it}'\gamma+g(z_{it})+u_{it}, i=1,\dots,N \quad t=1,\cdots,T \tag{2-3}$$

其中：$u_{it}=\mu_i+\nu_{it}$；μ_i 是固定效应；ν_{it} 是扰动项（ν_{it}~i.i.d）；x_{it} 和 z_{it} 均为外生变量。将公式（2-3）进行差分计算，得到：

$$y_{it}-y_{i,t-1}=(x_{it}-x_{i,t-1})\gamma+[g(z_{it})-g(z_{it-1})]+u_{it}-u_{i,t-1} \tag{2-4}$$

进一步用矩阵形式表示为：

$$Y=X\gamma+G+U \tag{2-5}$$

其中：Y是NT×1的向量，我们用 Y_{it} 表示向量的元素；X、G和U也是同理。在满足若干假设的情况下，可以得到以下一些非参数估计量：

（a）$\sup|\hat{g}(z)-g(z)|=O_p(\zeta_o(K))(\sqrt{K}/\sqrt{N}+K^{-\delta})$

（b）$N^{-1}(\hat{g}(z)-g(z))^2=O_p(K/N+K^{-2\delta})$

（c）$\int(\hat{g}(z)-g(z))^2 dF(z)=O_p(K/N+K^{-2\delta})$

其中：F(·)是Z累积分布概率函数。

另外，参照以往研究，我们在控制变量中加入了劳动力、资本、自然资源、教育年限、基础设施建设等变量。通常来说，在转型经济体（或发展中国家）中，投入要素，如劳动力、资本及自然资源等，集聚水平越高，则地区发展水平就越高；相应地，基础设施建设越高、教育年限越长，则地区发展水平就越低。这里需要说明的是，根据之后的实证分析结果，人均受教育年限这一控制变量对实证结果的影响非常明显，这在一定程度上印证了陈钊等关于提高劳动者的受教育水平在消除地区发展不平衡过程中具有重要意义的观点。

（二）数据描述

估计模型（2）所需要的数据包括：历年各省的人均GDP、城镇化率、对外直接投资、公路里程、铁路里程、人均受教育年限、自然资源以及贷款余额。上述指标均来自于历年的《中国城市统计年鉴》以及笔者的估计。数据描述见表2-3。此外，我们给出了变量之间的相关系数矩阵，见表2-4。

表2-3 数据描述

	Variable	Obs	Mean	Std. Dev.	Min	Max
加权变异系数	wcv	528	0.5136516	0.2053314	0.1099705	1.321829
人均GDP	LGDP	528	8.949911	1.011215	6.697034	11.13235
城镇化率	urbanization	528	0.352083	0.1364894	0.1226	0.674
对外直接投资	FDI	528	0.0034305	0.0035413	0.0000306	0.0257355
公路里程	lhighway	484	11.01728	0.8974639	7.158359	12.58963
铁路里程	lsubway	484	7.891673	0.7389209	6.042633	11.43304
人均受教育年限	education	368	7.804753	0.8143451	5.43834	9.898007
自然资源	na	391	0.0477431	0.0442995	0.000812	0.2485594
贷款余额	loan	528	0.9224474	0.2273368	0	1.706107

四、地区发展收敛性的实证检验结果

本节的研究目的是，对地区发展收敛性进行实证分析，检验地区发展不平衡与人均GDP之间是否满足倒U形关系。我们将采用横截面数据、面板数据双固定效应模型、面板数据半参数固定效应模型三种估计方法进行检验，其中，在横截面数据估计中，我们将分别采用横截面数据（均值）与横截面数据（全样本）两组样本进行分析；而在面板数据双向固定效应模型和面板数据半参数固定效应估计中，在对wcv样本点按中西部区域分组后，我们将分别进行检验。

表2-4 相关系数矩阵

	wcv	l_GDP	l_GDP2	urbanization	FDI	l_highway	l_subway	education	na	loan
wcv	1									
LGDP	0.0639	1								
LGDP^2	0.0605	0.998	1							
urbanization	0.1297	0.2093	0.2091	1						
FDI/GDP	0.065	0.2349	0.2372	0.3689	1					
lhighway	0.1925	−0.0462	−0.0452	0.1548	−0.191	1				
lsubway	0.0345	0.1139	0.1105	0.2589	0.1588	−0.3523	1			
education	−0.075	0.1255	0.1239	0.8061	0.2099	0.2858	0.2849	1		
na	0.0747	−0.0607	−0.0642	0.0498	−0.331	0.0762	0.1071	0.1494	1	
loan	−0.002	−0.0679	−0.0643	0.0725	−0.09	−0.183	−0.3192	−0.1142	0.0206	1

（一）横截面数据

我们分别采用横截面数据（均值）与横截面数据（全样本）两组样本进行分析，实证结果分别见表2-5和表2-6。第一，采用横截面数据（均值）的回归结果显示，在加入控制变量education之前，LGDP和LGDP^2的函数形状是U形的，而在加入控制变量education之后，函数形状变为倒U形。但LGDP的估计系数在各组中均是不显著的，而LGDP^2在加入控制变量education之后在10%水平上显著。第二，采用横截面数据（全样本）的回归结果显示，LGDP和LGDP^2的函数形状是倒U形的，但LGDP和LGDP^2在各组模型中均是不显著的。因此，采用横截面数据的实证结果表明中国地区发展不平衡与经济增长之间不满足倒U形关系。

表2-5 横截面数据（均值）回归结果

VARIABLES	(1)	(2)	(3)	(4)	(5)	(6)	(7)
LGDP	−1.235	−2.853	−1.627	−0.404	6.161	6.974	6.772
	(4.555)	(4.743)	(4.205)	(4.559)	(3.629)	(4.052)	(4.392)
LGDP^2	0.0687	0.149	0.0748	0.00268	−0.358*	−0.401*	−0.392
	(0.255)	(0.263)	(0.230)	(0.252)	(0.203)	(0.227)	(0.247)
urbanization		1.036	1.056	1.071	2.324**	1.843*	2.112*

续表

VARIABLES	(1)	(2)	(3)	(4)	(5)	(6)	(7)
		(1.039)	(1.094)	(1.077)	(1.044)	(0.908)	(1.167)
FDI/GDP			18.01	36.51*	39.02*	55.29**	53.69*
			(16.69)	(18.45)	(18.52)	(22.96)	(26.30)
lhighway				0.133***	0.166***	0.184***	0.171***
				(0.0425)	(0.0355)	(0.0395)	(0.0442)
lsubway				−0.0120	0.00444	−0.0282	−0.0533
				(0.0643)	(0.0598)	(0.0561)	(0.0710)
education					−0.324***	−0.333***	−0.343***
					(0.0855)	(0.0929)	(0.0992)
na						1.501	1.583
						(1.617)	(1.655)
loan							−0.181
							(0.323)
Constant	6.053	13.74	8.640	2.035	−26.17	−29.82	−28.26
	(20.32)	(21.28)	(19.08)	(20.36)	(16.04)	(17.97)	(19.48)
Observations	23	23	23	23	23	23	23
R-squared	0.004	0.106	0.139	0.317	0.590	0.620	0.630

注：*、**、***分别表示在0.1、0.05、0.01的水平上显著，后表中标记的含义相同。

（二）面板数据双向固定效应模型

首先，我们使用面板数据双固定效应模型（不分组）进行检验。从表2-7中可以看到，根据LGDP和LGDP^2系数的正负关系，地区发展水平与经济增长之间满足倒U形关系，但LGDP^2均未通过显著性检验。具体来说，LGDP在加入控制变量education之前，在10%水平上是显著的，且估计系数符号为正；但在加入控制变量education之后，系数仍然为正，但未能通过10%显著性检验。而LGDP^2虽然系数为负值，但均未能通过10%显著性检验。因此，采用面板数据固定效应模型的实证结果同样表明，中国地区发展不平衡与经济增长之间不满足倒U形关系。

表2-6　横截面数据（全样本）回归结果

VARIABLES	(1)	(2)	(3)	(4)	(5)	(6)	(7)
LGDP	0.0977	0.0979	0.0961	0.0811	0.215	0.202	0.206
	(0.126)	(0.126)	(0.127)	(0.131)	(0.135)	(0.132)	(0.132)
LGDP^2	−0.00464	−0.00480	−0.00483	−0.00364	−0.0119	−0.0111	−0.0113
	(0.00704)	(0.00708)	(0.00712)	(0.00737)	(0.00766)	(0.00750)	(0.00749)
urbanization		0.128	0.109	−0.0140	1.000***	0.996***	0.968***
		(0.0778)	(0.0795)	(0.0893)	(0.173)	(0.165)	(0.186)
FDI/GDP			4.890*	7.471***	3.214	7.139	7.607
			(2.611)	(2.534)	(4.765)	(5.042)	(5.227)
lhighway				0.0479***	0.0843***	0.0849***	0.0875***
				(0.00861)	(0.0103)	(0.0104)	(0.0126)
lsubway				0.0173*	0.0602***	0.0564***	0.0604***
				(0.0101)	(0.0132)	(0.0124)	(0.0148)
education					−0.190***	−0.197***	−0.195***
					(0.0223)	(0.0234)	(0.0242)
na						0.671*	0.665*
						(0.379)	(0.385)
loan							0.0252
							(0.0570)
Constant	0.0155	−0.0186	−0.00938	−0.604	−0.802	−0.708	−0.818
	(0.554)	(0.561)	(0.564)	(0.598)	(0.623)	(0.606)	(0.647)
Observations	528	528	528	484	331	331	331
R-squared	0.006	0.013	0.020	0.062	0.224	0.239	0.240

表2-7 双固定效应模型（不分组）分析结果

VARIABLES	(1)	(2)	(3)	(4)	(5)	(6)	(7)
LGDP	0.243*	0.244*	0.232*	0.283**	0.177	0.164	0.181
	(0.127)	(0.127)	(0.127)	(0.137)	(0.149)	(0.149)	(0.149)
LGDP^2	−0.000259	−0.000281	−0.000403	−0.00208	−0.00125	−0.00133	−0.00208
	(0.00622)	(0.00622)	(0.00624)	(0.00674)	(0.00728)	(0.00727)	(0.00727)
urbanization		−0.0111	−0.00306	0.0824	0.195	0.173	0.147
		(0.0385)	(0.0389)	(0.0933)	(0.135)	(0.136)	(0.137)
FDI/GDP			2.564	2.062	1.838	1.922	1.982
			(1.907)	(2.102)	(3.305)	(3.297)	(3.291)
lhighway				−0.00760	−0.0156	−0.0178	−0.0136
				(0.0132)	(0.0167)	(0.0168)	(0.0170)
lsubway				−0.0213	−0.0111	−0.0123	−0.00954
				(0.0175)	(0.0217)	(0.0217)	(0.0217)
education					−0.0104	−0.00591	−0.00664
					(0.0196)	(0.0197)	(0.0197)
na						0.365	0.399*
						(0.240)	(0.241)
loan							0.0476
							(0.0322)
Constant	−1.276**	−1.272**	−1.235**	−1.250*	−0.458	−0.372	−0.556
	(0.627)	(0.628)	(0.628)	(0.706)	(0.780)	(0.781)	(0.789)
Observations	528	528	528	484	331	331	331
R-squared	0.165	0.165	0.169	0.173	0.199	0.206	0.212
Number of id	23	23	23	23	23	23	23
Country FE	YES	YES	YES	YES	YES	YES	YES
Year FE	YES	YES	YES	YES	YES	YES	YES

其次，采用不同区域面板数据双固定效应模型进行分析，结果见表2-8。我们分别给出横截面数据和面板数据双向固定效应模式两种方法的实证结果。可以看到，从估计

系数符号来看，东部省份采用OLS或面板数据双向固定效应模型的结果均满足倒U形状，西部省份采用两种方法的估计结果恰好相反。但是，除了纵列（2）中的LGDP^2在5%水平上显著之外，GDP和LGDP^2均未同时通过10%的显著性检验。因此，我们采用区域面板数据的研究结果表明，无论是东部还是中西部，地区发展不平衡与人均GDP之间均不满足倒U形关系。

表2-8 分地区面板数据分析结果

	中西部		东部	
	（1）	（2）	（3）	（4）
VARIABLES	OLS	Fixed Effects	OLS	Fixed Effects
LGDP	0.0218	−0.233	0.00928	0.0775
	（0.173）	（0.242）	（0.295）	（0.208）
LGDP^2	−0.000304	0.0263**	−0.000856	−0.000686
	（0.0100）	（0.0124）	（0.0159）	（0.00958）
urbanization	1.242***	0.176	0.614**	0.176
	（0.230）	（0.295）	（0.297）	（0.115）
FDI/GDP	−3.546	0.347	14.65**	−0.243
	（7.538）	（5.852）	（6.513）	（3.682）
lhighway	0.0547**	−0.0221	0.145***	0.0219
	（0.0236）	（0.0289）	（0.0307）	（0.0193）
lsubway	0.0997**	−0.0319	0.117***	0.0345
	（0.0421）	（0.0651）	（0.0303）	（0.0212）
education	−0.218***	0.00766	−0.192***	−0.0599**
	（0.0301）	（0.0284）	（0.0682）	（0.0251）
na	0.412	0.287	−1.420	−0.796
	（0.452）	（0.291）	（1.000）	（0.651）
loan	−0.00372	0.0723	0.0953	−0.00393
	（0.0729）	（0.0442）	（0.105）	（0.0555）
Constant	0.143	1.082	−0.756	−0.125
	（0.822）	（1.320）	（1.366）	（1.127）
Observations	230	230	101	101
R-squared	0.266	0.318	0.288	0.266
Number of id		16		7
Country FE		YES		YES
Year FE		YES		YES

（三）面板数据半参数固定效应模型

最后，采用不同区域面板数据半参数固定效应模型进行分析。参考之前横截面数据和面板数据双固定效应模型的处理方式与实证结果，我们将样本分别按以下四组进行估计，即控制education的全样本、未控制education的全样本、控制education的中西部省份样本以及控制education的东部省份样本。简便起见，我们这里直接给出wcv与人均GDP之间拟合函数 $f(Y_{i,t})$ 的图形，分别如图2-7、图2-8、图2-9和图2-10所示。从图2-7可以看到，当未加入控制变量education时，$f(Y_{i,t})$ 的函数曲线接近于线性，而当加入控制变量education时，$f(Y_{i,t})$ 函数拟合曲线形状趋近于二次三项式。图2-8中的函数 $f(Y_{i,t})$ 的拟合曲线波动趋势并不明显，通过进一步观察样本分布情况，我们认为，很难通过函数拟合曲线将其认定为地区发展不平衡与人均GDP之间满足倒U形关系的证据。进一步地，我们将样本点按区域进行归类，如图2-9所示，我们发现东部地区函数 $f(Y_{i,t})$ 的拟合曲线呈现“先下后上再下”波动，样本分布也与拟合曲线形状相符（R^2较高），因此，我们认为东部地区在人均GDP达到一定水平之后，地区发展不平衡与经济增长之间将呈现倒U形关系；如图2-10所示，西部地区函数 $f(Y_{i,t})$ 的拟合曲线虽然整体上呈现倒U形关系，但变动趋势并不平滑，进一步观察样本分布情况，不难看到，样本点分布比较分散，因此，我们认为，虽然图中的拟合曲线呈现倒U形关系，但这一结果可能与非参数模型估计设定有关，并不能表明中西部省份地区发展不平衡与人均GDP之间呈现倒U形关系。

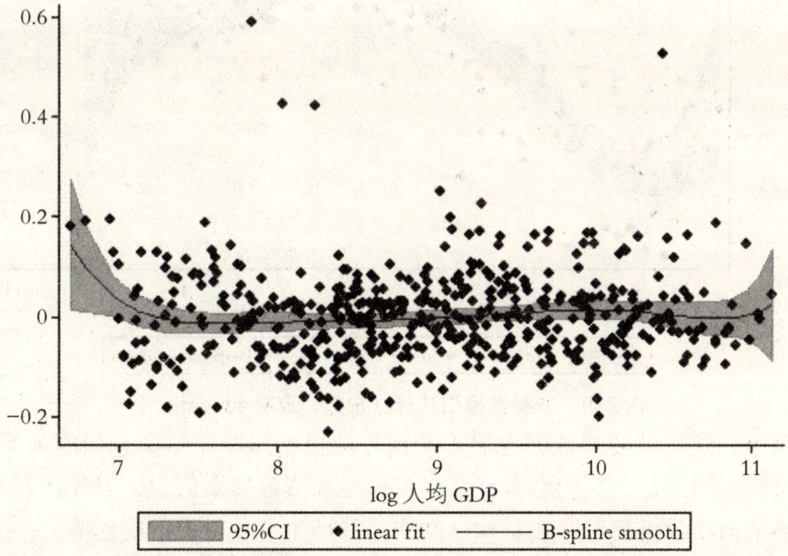

图2-7 非参数模型估计（全样本，未控制education）

五、产业结构依赖性与地区发展不平衡收敛机制

那么，为什么不同省份的wcv曲线轨迹会存在如此明显的差别呢？为什么东部省份的经济增长与地区发展不平衡之间能够形成倒U形关系，而中西部省份则没有呢？要

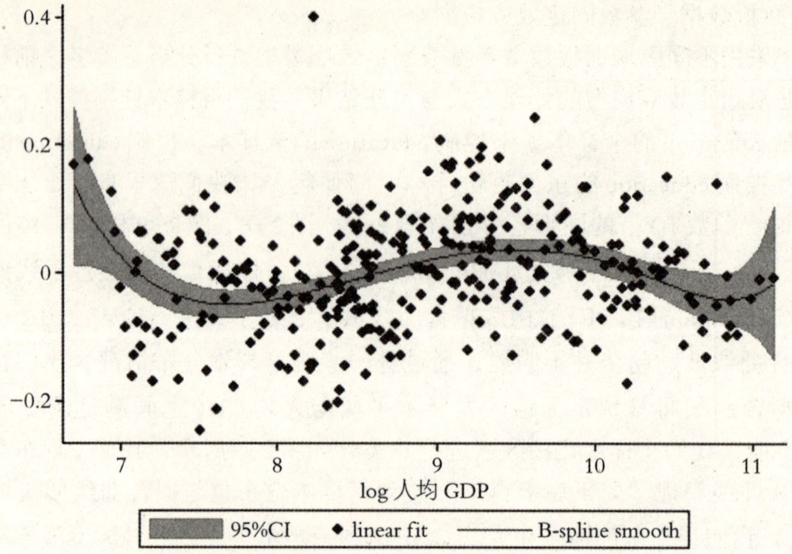

图 2-8　非参数模型估计（全样本，控制 education）

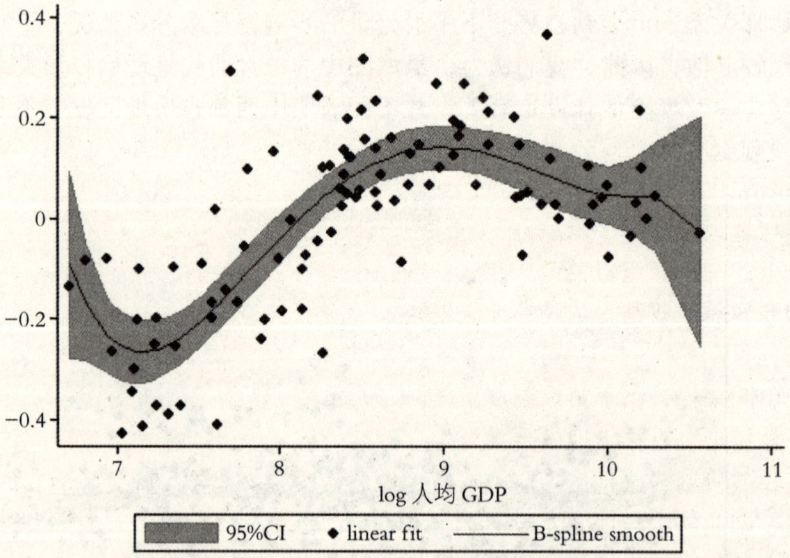

图 2-9　非参数模型估计（东部，控制 education）

回答上述两个问题，就要对地区发展不平衡收敛机制与产业结构之间的关系进行讨论，而与以往研究不同的是，我们结合库兹涅茨假说和威廉姆森假说，发现生产要素禀赋对地区发展不平衡收敛机制与产业结构之间的关系产生了非常重要的影响。

在中国“二元经济结构”与较大的区域禀赋差异的影响下，不同省份 wcv 曲线演进路径存在明显差异。而作为经济生产函数的集合，产业结构与地区发展不平衡的关系毫无疑问是非常密切的。但是，目前文献中讨论的产业结构均是在事后形成的，并未将产业结构的形成纳入分析过程中。然而，如果结合库兹涅茨假说和威廉姆森假说中关于资本与自然资源对地区发展不平衡的影响，不难发现，生产要素配置与产业结构是一个内

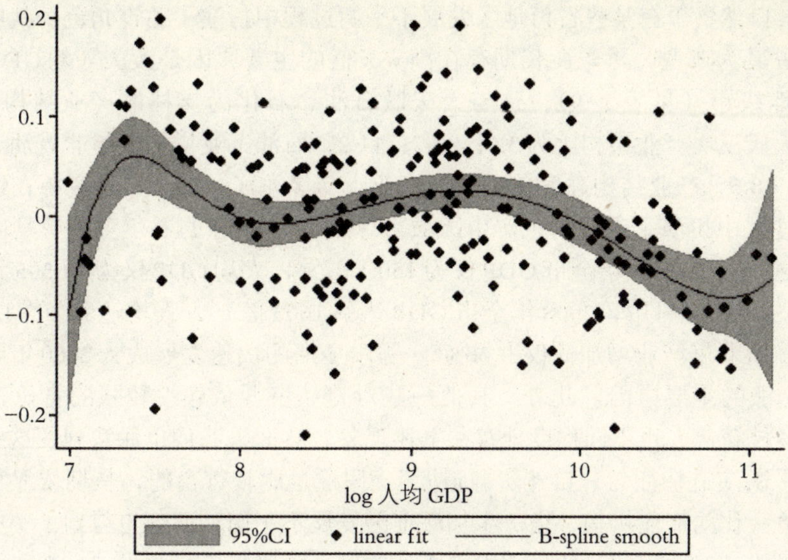

图 2-10 非参数模型估计（中西部，控制 education）

在统一的过程。在经济发展过程中，生产要素的初始禀赋在产业结构形成过程中发挥了关键作用，不同地区的生产要素禀赋决定了形态各异的产业结构，而产业结构的形成同样依赖于不同地区的生产要素配置，同时也决定了不同地区发展的比较优势。随后，不同比较优势下的企业生产安排最终决定了不同地区的产出差异，反过来，地区间产出差异又会不断强化生产要素配置方式，如此循环。因此，我们认为，生产要素配置、产业结构形成与地区发展不平衡演进三方面是内在逻辑统一的过程。在稳定的生产要素禀赋下，基于上述三方面逻辑关系，经济系统通常能够形成稳定的内生循环，并遵循“生产要素禀赋差异→产业结构依赖→地区发展不平衡收敛机制→强化生产要素禀赋差异”的发展路径。

对于中国来说，由于市场制度不完善、幅员辽阔和生产要素禀赋的诸多差异，情况就变得更加复杂，直接表现就是省与省之间差异巨大的产业结构以及由此产生的地区发展不平衡收敛机制，这是由当前中国所处发展阶段决定的。制度安排不完善增加了生产要素配置、产业结构与地区发展不平衡三方之间关系的不确定性。具体来说，就是处于变革中的市场制度使生产要素配置模式存在较强的不确定性，进而形成了不稳定的产业结构，最终导致地区发展不平衡收敛机制差异，这是各省 wcv 曲线轨迹存在较大差异的另一个主要原因。经过上述分析，我们可以得到以下结论，在中国目前的市场制度安排下，生产要素禀赋决定了产业结构，通常表现为形成依赖某类生产要素的产业集聚或产业链，进而形成相应的比较优势。因此，资本与自然资源均有可能成为对地区发展不平衡收敛机制发挥决定性的影响因素，而具体哪个因素发挥作用则取决于该地区的生产要素禀赋与配置方式。接下来，我们从生产要素依赖性角度，将产业结构划分为自然资源依赖型和资本依赖型，分别讨论这两种产业结构对地区发展不平衡收敛机制的影响。

第一，自然资源依赖型产业结构对地区发展不平衡收敛机制的影响。从本书的测算结果来看，自然资源在某些省份地区发展不平衡过程中扮演了关键角色。其中，以黑龙江与内蒙古最为典型，黑龙江长期存在高wcv值的主要原因是大庆人均GDP长期显著高于其余地级市（见表2-9），这与大庆以石油、石化为支柱的产业结构密切相关。2006年，大庆三次产业结构比为3.1：85.7：11.2，石油工业增加值与非石油工业增加值比为81.5：18.5，产业结构高度偏向石油产业。与黑龙江一样，自然资源在影响内蒙古经济发展过程中扮演了重要角色。中国城市综合实力50强的鄂尔多斯曾是内蒙古最贫困的地区之一，在2000年全市GDP仅为150.1亿元，人均GDP仅为11 505元。但随着煤炭资源的开采与利用，2008年全市GDP达到1603亿元，人均达到102 128元[①]。目前，鄂尔多斯非煤产业增加值仅占30%[②]。鄂尔多斯的快速发展成为2000年以后内蒙古wcv持续上涨的主要原因。此外，其他一些对自然资源依赖性较强的省份，如陕西榆林、四川攀枝花等，也不同程度地存在上述现象。然而，我们也注意到，这些省份的地区发展不平衡演进特征与“自然资源诅咒”[③]假说是比较符合的，长期依靠自然资源发展会导致单一化的产业机构，进一步加深地区发展不平衡。而这也得到了一些学者的经验研究结果的证实。因此，从目前中国所处的发展阶段来看，由于“自然资源诅咒”假说的成立，依赖自然资源发展的省份，其地区发展不平衡收敛机制是很难实现收敛的。

表2-9 **黑龙江和内蒙古组内均值比较** 单位：元/人

年份	黑龙江人均GDP（不含大庆）	黑龙江人均GDP（含大庆）	均值差	内蒙古（不含鄂尔多斯）	内蒙古（含鄂尔多斯）	均值差
2001	8 970.723	15 910.59	−6 939.87	−	−	−
2002	10 070.55	16 362.83	−6 292.28	−	−	−
2003	11 249.45	17 960.17	−6 710.72	14 429.75	15 966.89	−1 537.14
2004	12 937.27	19 983.42	−7 046.15	18 788.63	20 632.11	−1 843.48
2005	12 784.3	21 521.45	−8 737.15	23 029.25	24 997.33	−1 968.08
2006	14 440.64	23 502	−9 061.36	28 017.63	30 725.56	−2 707.93
2007	17 067.64	26 956	−9 888.36	35 542.88	40 007	−4 464.12
2008	20 348.36	32 103.17	−11 754.8	41 420.88	47 413.78	−5 992.9
2009	21 712	32 096.33	−10 384.3	51 647.5	58 959.33	−7 311.83
2010	28 164.45	42 455.5	−14 291.1	58 860	79 991.11	−21 131.1
2011	31 605.73	49 929.58	−18 323.9	72 871.5	79 058	−6 186.5
2012	33 980.09	53 058.58	−19 078.5	76 191.75	83 427.11	−7 235.36

① 资料来源：内蒙古统计局.新中国系列报道：盟市篇之鄂尔多斯市[EB/OL].[2015-01-30]. http：//www.nmgtj.gov.cn/Html/lszn/2009-10/20/09102014213237462.shtml.

② 资料来源：佚名.调结构转方式 鄂尔多斯非煤产业工业占比将提至50%以上[EB/OL]. [2015-03-23]. http：//www.cnr.cn/2013zt/2013lh/qlz/201303/t20130310_512119390.shtml.

③ 这一假说的微观机理在于，资源富集地区偏好发展资源依赖型产业，这会对人力资本、技术创新、外向经济等产生挤出效应，逐渐消耗经济长期发展动力。

第二，资本依赖型产业结构对地区发展不平衡收敛机制的影响。与自然资源依赖型产业结构相比，资本依赖型产业结构具有更多元化的生产函数和与全要素生产率联系更加紧密的因素，例如更加依赖法律制度、产权保护、技术、企业家精神等。因此，资本依赖型产业结构对产出结构的影响机制更加复杂，但无论作用机制如何复杂，均是围绕市场供求这对关系形成的。具体来说，资本依赖型产业结构对地区发展不平衡的收敛机制可以划分为扩张效应与集中效应，而收敛方向则取决于上述两种效应的耦合。当某地区市场中的某产品出现供大于求的局面时，扩张效应大于集中效应，该地区生产该产品的企业将寻求向其他地区拓展市场，因此，能够通过资本流动所产生的溢出效应降低地区发展不平衡；相应地，当某地区市场出现供不应求的局面时，扩张效应小于集中效应，资本流动趋于集中，从而加剧地区发展不平衡程度。在上述过程中，不同地区通过产业结构调整实现了市场一体化和生产专业化。借助市场机制，资本依赖型产业结构所形成的地区发展不平衡具有更具弹性的收敛机制，所形成的轨迹也更接近倒U形。因此，我们认为，市场机制作用的发挥是保证地区发展不平衡与经济增长之间满足倒U形关系的重要前提。

六、研究结论

如何缩小地区发展不平衡问题，使中国经济走上区域协调发展的道路是政府与学术界非常关心的一个重大问题。虽然已有大量相关研究，但我们在地区不平衡演进路径以及收敛机制等问题上仍然存在许多争议。基于286个地级市的经济发展与人口数据，本节首先采用加权变异系数法测算了全国各省份地区发展不平衡水平。然后，在对测算结果分组的基础上，采用横截面数据、面板数据双固定效应模型、面板数据半参数固定效应模型三种方法实证检验了地区发展不平衡与经济增长之间是否满足倒U形关系。最后，对中国地区发展不平衡的收敛机制做了进一步讨论。

本节的主要研究结论总结如下：

（1）按照样本分组，全样本、III类省份和IV类省份的wcv曲线在1990—2012年的演进轨迹均呈现上升趋势，2003年之后才逐渐趋于平缓。这表明在过去20年，随着经济增长，全国各省份地区发展不平衡程度均有所提高。这与以往的一些研究结论并不相同。

（2）采用横截面数据和面板数据双固定效应模型方法对各组样本进行检验，均未发现地区发展不平衡与经济增长之间满足倒U形关系的实证证据；而采用半参数固定效应模型估计的实证结果显示，东部省份样本的拟合曲线呈现“先下后上再下”波动，样本分布也与拟合曲线形状相符。因此，在对结果进行比较分析之后，我们认为半参数固定效应模型估计更为可信，东部省份在人均GDP达到一定水平之后，地区发展不平衡与经济增长之间呈现倒U形关系，但其余组别的样本分析结果均未能给出相似的结论。

（3）地区发展不平衡收敛机制与其产业结构密切相关，因此，自然资源和资本均有可能对地区发展不平衡收敛机制发挥关键影响。但由于“自然资源诅咒”假说的存在，资本依赖型产业结构比自然资源依赖型产业结构更易于形成倒U形收敛机制，这是由中国当前发展阶段决定的。

由此可以看到，如果从产业结构依赖视角出发，生产要素配置、产业结构形成与地区发展不平衡演进三方面是内在逻辑统一的过程，并遵循“生产要素禀赋差异→产业结构依赖→地区发展不平衡收敛机制→强化生产要素禀赋差异”的发展路径。虽然东部省份地区发展不平衡水平高于中西部省份，但东部省份依靠地域、资本禀赋、政策等优势，经过多年发展，已形成了相对稳定的产业结构，地区发展不平衡与经济增长之间形成了倒U形关系，而经济欠发达的中西部省份由于尚未形成稳定可靠的产业结构，目前地区发展不平衡仍处于发散状态。因此，形成稳定的产业结构对于消除地区发展不平衡是非常重要的。为了逐渐解决地区发展不平衡问题，在产业政策的制定过程中，应在以下方面予以侧重：打破区域市场之间要素配置与流动壁垒，鼓励资本向自然资源富集地区流动，规避“自然资源诅咒”假说，推进资本依赖型产业结构的形成；进一步加强资本市场体系建设，促进资本“由东向西”和“由城市向农村”的跨区流动，扩大资本空间配置范围；对资源依赖型产业结构省份，稳妥推进产业结构优化升级，纠正现有的资源依赖型产业政策；保持产业政策制定的稳定性与连贯性，减小政治周期等外部冲击对产业政策制定过程的影响，避免出现跳跃性产业政策。

第三节 基于中心-外围模型的发展不平衡测算及其空间分解

一、地区发展不平衡的测算

在对地区发展不平衡的研究中，第一步也是非常关键的一步便是对于不平衡的测算，测算方法的合理性、准确性直接关乎研究结论的合理性、准确性。截止到目前，常用的方法有统计分布法、基尼系数法、泰尔指数法等。虽然方法多样，但人们基本认为不平衡测算方法的分解性非常重要。可分解性有利于更详细地揭示不平衡现状和探究其成因。目前在学术界形成了比较流行的产业分解和空间分解两条路径（覃成林，2011）。在产业分解中，用得较多的是基尼系数分解法（邓翔，2002；段景辉，陈建宝，2009）；在空间分解法中，主要采用泰尔指数分解法（张藕香，张军政，2007；刘学良，2008）。

1.按收入来源划分

这种划分方法顾名思义就是将居民按照来源不同细分为不同收入因子，以便考察不同的收入因子对总不平衡的贡献大小，进而探究不平衡成因。下面大概介绍了两种具有代表性的实证研究，前者的做法是以住户为单位，将居民的收入（如人均可支配收入）分解为不同组成部分；后者则是以区域为单位，将该区域的收入如GDP按照来源（产业）分解，这有利于揭示产业因素对于区域发展差异的影响。

万广华（1998）运用基尼系数分解法，将农村居民纯收入细分为工资收入、家庭经营收入、其他收入，得到1984—1996年收入因子对于总不平衡的贡献程度。他发现工资收入虽然只构成总纯收入的17%~24%，但其对于总基尼系数的贡献率却达到40%~55%，并且这一结果同Rozelle（1994）及魏后凯等（1997）的推论相符。

范剑勇（2008）运用基尼系数，采用省际人均GDP得出我国1978—2004年间我国地区差距的变化趋势（如图2-11所示）。他进一步按三次产业进行产业分解，得到不平衡的产业构成及其产业贡献度（如图2-12所示）。

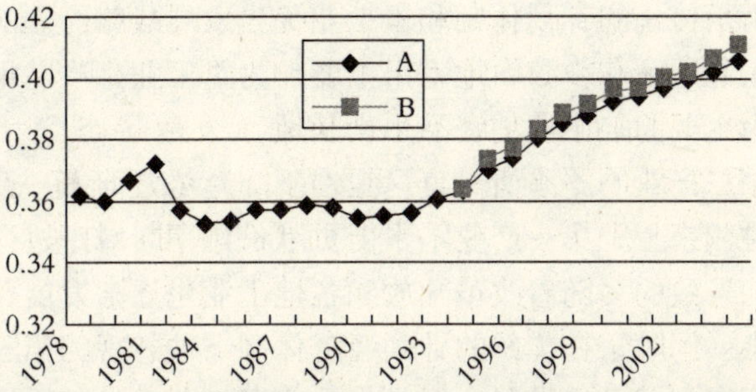

图2-11 自改革开放以来31省市的地区差距总体趋势

资料来源：范剑勇. 产业结构失衡、空间集聚与中国地区差距变化[J]. 上海经济研究，2008（2）：3-13.

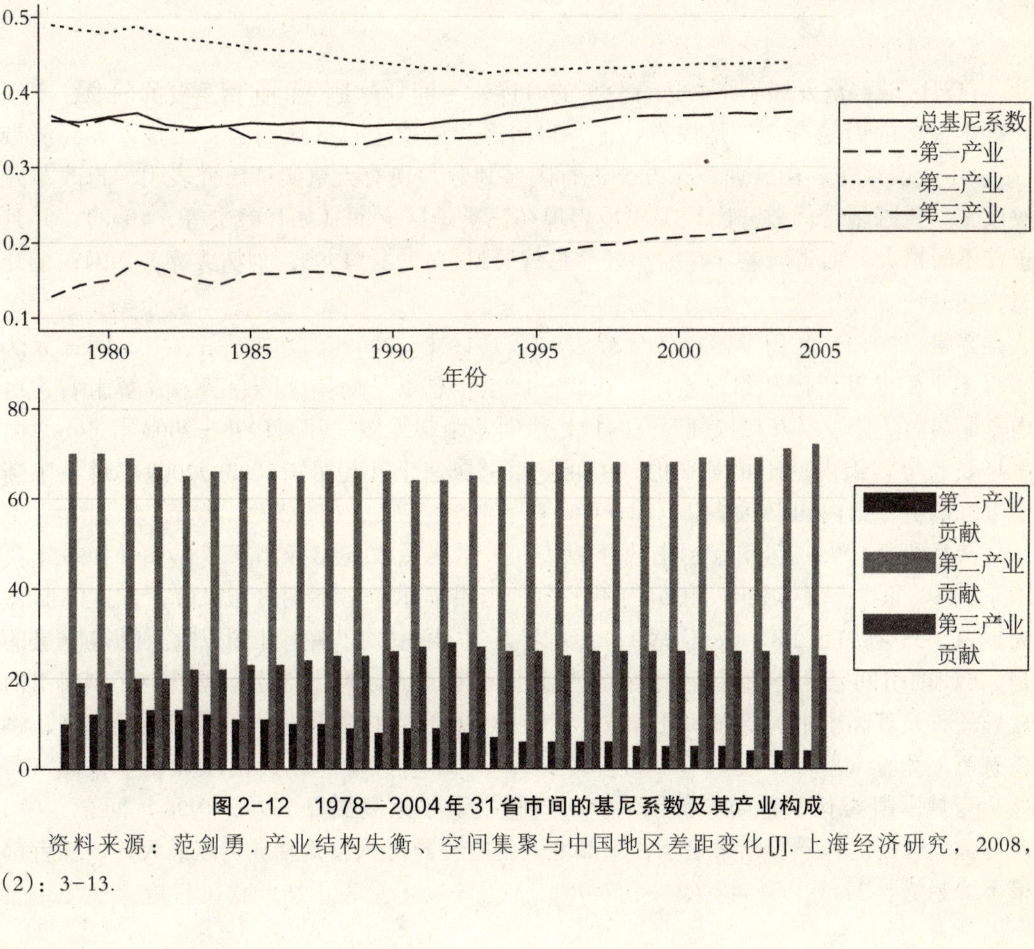

图2-12 1978—2004年31省市间的基尼系数及其产业构成

资料来源：范剑勇. 产业结构失衡、空间集聚与中国地区差距变化[J]. 上海经济研究，2008，（2）：3-13.

图2-11报告了改革开放以来31个省市的地区不平衡变化趋势。可以看出，自改革开放以来，不平衡的总体趋势呈上升状态，尤其是在20世纪90年代，其上升势头明显加速。

图2-12反映了样本区间内总基尼系数和分行业不平衡变化趋势及贡献比例。无论是绝对额还是相对额，都可以清晰地看出第二产业不平衡程度远高于第一和第三产业。范剑勇认为，这是由于传统的计划体制和重工业优先发展战略的影响导致第二产业地区分布极大不平衡：东北地区和少数内地省市主要作为重工业生产基地和主要矿产采掘基地，三大直辖市作为主要的轻工业消费品生产基地。

同时可以看出第二产业的不平衡一直呈缓慢下降趋势，而第一产业和第三产业却呈上升趋势。但从相对额来看，第一产业不平衡贡献份额不断减小，这应该主要是第三产业不平衡贡献度增加导致的。随着改革开放和各地工业化逐渐发展，地区间的第二产业发展不平衡逐渐缩小。同时，在传统的计划经济体制下被忽视的第三产业，在改革开放后市场的巨大推力下得到了迅速发展，但是由于第三产业自身的属性，其发展最终取决于第二产业的发展水平、城市化水平、基础设施建设水平、人口等因素，所以在一些经济基础较好的地区发展较快。因此，第三产业的不平衡步了第二产业的后尘，呈现不平衡分布。

2.空间分解

在对区域经济发展不平衡进行分析的时候，空间划分是一个非常重要的问题。空间分解中最多的做法有：一是按省、市、自治区为单位进行区域划分；二是以大经济带（东、中、西或东、中、西、东北）进行区域划分。现有大量实证研究表明，自改革开放以来，我国地带间差异比较突出地表现在三类地区之间（如林毅夫等，1998），并且正在不断扩大，而省际差异在缩小（参见魏后凯，1992，1995；刘树成等，1994；杨开忠，1994）。

高帆（2012）利用泰尔指数分解法测算了1978—2009年间中国东、中、西三大区域总不平衡以及组间和组内差距。1978—1990年总不平衡呈下降趋势。分解来看，组内差距显著下降，从0.1212降至0.0417，组间差距却缓慢上升。1990—2003年总不平衡呈增长趋势，组内差距相对平稳，组间差距呈快速上升趋势。2003—2009年总不平衡呈下降趋势，组内和组间差距也均开始下降。

魏后凯（1996）运用泰尔指数分解法，采用居民收入指标测算了1985—1995年我国东、中、西三大区域组间和组内不平衡。结果显示，考察期内居民收入差距不断扩大，从1.35增加到2.81（一倍多）；组间差距也由0.37急剧上升到1.31。值得一提的是，64%的组间差异是由东西差异扩大导致的。在三大区域内部省际差异中，东部组内差异一直显著高于中、西部，且区域扩大，而中西部组内差异基本维持在较低水平，略微有所上升。

与魏厚凯类似，蔡昉和都阳（2000）利用泰尔指数测算1978—1998年间东、中、西三大地区间的差异，结果显示，东部地区组内差异对于总体差异贡献最大，但三者都呈下降趋势。

二、"中心-外围"空间分解法及其测算结果分析

透过上文的介绍，不难发现，对不平衡测算空间划分的研究非常丰富和深入，无论在区域不平衡的演变趋势方面，还是在其成因方面，虽然争论颇多，但同时也达成了诸多一致的结论，并且提出了很多有益的政策建议。然而，值得讨论的是，在这些空间划分的研究中，一般都是以省或经济带作为单位测算全国的不平衡系数，却鲜有人更细致地测算省级的不平衡度。另外，同一省份下的地级市面临的外部环境将更加接近，这是在不平衡空间分解中不得不考虑的因素之一。因此，笔者认为，在不平衡的研究路径中，增加更细致的划分方式来研究更微观层面的不平衡现状是值得的，其对于从更细微的角度提出均衡发展的政策建议具有重要意义。

克鲁格曼的新经济地理学理论（NEG）将国际贸易理论和经济地理学再度结合起来。空间的异质性（历史文化、要素禀赋、政策环境等差异）既是区域分工的基本要素，也是产业集聚的原因。产业的集聚带动经济活动本身的空间不对称，空间的不对称进一步促进区域的不平衡（循环累积因果）。如此形成了经济相对发达的"中心区域"和相对落后的"外围区域"。以一个省为例，通常省会城市的经济发达程度远高于周边非省会城市，省会可以看做"中心"，其他城市可以看做"外围"。毋庸置疑，研究这种"中心"和"外围"的组内差异和组间差异同研究大经济地带的组内、组间差异是一样重要的。

综上所述，本节将利用加权变异系数，采用"中心-外围"空间分解法测算省级不平衡程度及其组内、组间差异。

1.区域划分方式及数据来源

采用空间分解法的必要步骤之一是进行区域划分，划分方式将对测算结果产生显著影响。因此，合理的划分方法是准确衡量地区发展不平衡的重要前提。本节将按照省会城市（包括计划单列市）与非省会城市的划分，将所有地级市划分为中心城市和外围城市。具体来说，就是将某省的地级市按省会（计划单列市）以及人均GDP排名第一的地级市（如果省会人均GDP排名第一，则选择人均GDP第二的地级市）划分为中心城市，以下简称为I类区域，其余地级市划分为外围城市，以下简称为II类区域。与覃成林等（2011）以及Akita & Miyata（2010）的划分方式相比，本节所采取的方式贴近中心-外围模型的设定环境。按照中心-外围模型，中心城市在资本方面存在比较优势，而外围城市在劳动力或自然资源方面存在比较优势，两类城市是异质性的，导致资本流动和劳动力流动的因素就是地区发展不平衡的诱因。就区域经济发展现状以及历史沿革来说，中国省域经济存在单核经济和双核经济的区别。双核经济省份如辽宁（沈阳和大连）、山东（济南和青岛）、福建（福州和厦门）、广东（广州和深圳）等，单核经济省份如河南（郑州）、吉林（长春）、湖北（武汉）等。此外，还有一些围绕自然资源发展起来的城市，如鄂尔多斯、大庆等。按照本书提出的划分方式，能够将依靠不同生产要素发展起来的地级市都纳入分析框架当中，所得到的地区发展不平衡测算结果也较为准确。最后，按照上述划分方式测算省份地区发展不平衡，必须要有至少4个地级市统计

数据。基于历年《中国城市统计年鉴》中286个地级市的GDP与人口数据，本节首先对数据进行筛选，剔除了3个以下地级市统计数据的省份以及直辖市[①]，最终筛选出了23个省份，时间区间为1990—2012年。

2.测算结果分析

首先，本节对测算结果进行横向比较，从表2-10中可以看到，23个省份的wcv_W均值为0.219，wcv_B均值为0.091；大多数省份wcv_W值高于wcv_B，仅有山西、陕西、江西、贵州和宁夏的wcv_B高于wcv_W。这说明大多数省份I类区域和II类区域内部不平衡程度要高于I类区域和II类区域之间不平衡程度。这与人们直观感觉是不一致的。根据上述结果，中国地区发展不平衡主要是由I类区域和II类区域内部发展不平衡造成的。目前，仅有少数学者注意到上述问题，郑炎成、鲁德银（2012）采用县级数据发现，东、中、西部地区之间总的经济发展差距主要源于三者之间县域经济发展不平衡。

表2-10　**23个省份的地区发展不平衡程度（1990—2012年均值）**

省份	wcv_W	wcv_B	省份	wcv_W	wcv_B
河北	0.052	0.019	河南	0.077	0.048
山西	0.048	0.051	湖北	0.121	0.069
内蒙古	0.132	0.075	湖南	0.187	0.090
辽宁	0.127	0.030	广东	0.677	0.076
吉林	0.062	0.053	广西	0.210	0.147
黑龙江	1.040	0.082	四川	0.375	0.082
江苏	0.093	0.090	贵州	0.026	0.143
浙江	0.103	0.043	云南	0.399	0.178
安徽	0.371	0.121	陕西	0.095	0.125
福建	0.120	0.085	甘肃	0.272	0.138
江西	0.114	0.118	宁夏	0.086	0.177
山东	0.243	0.053	均值	0.219	0.091

资料来源：本研究测算得到。

进一步地，通过对wcv_W的计算结果进行对比，本节发现II类区域发展不平衡值远高于I类区域，主要原因是II类区域内所包含的城市数量远高于I类区域。由于衡量地区发展不平衡的方法通常隐含了不平衡程度是可加的假设，所以按照wcv_W的计算公式，每增加一个城市，就要计算该城市与区域内所有城市发展平均水平之间的差异，并进行累加。除非I类区域中两个城市发展不平衡情况特别严重（如山西、江西、贵州、山西以及宁夏），否则，所得到的II类区域发展不平衡值显然比只计算两次的I类区域高。这就得到了造成地区经济发展不平衡的最主要原因是I类区域和II类区域内部的发展不平衡，而非两者之间的发展不平衡的研究结论。

① 剔除了所有直辖市以及西藏、海南、青海、新疆四个省份。

三、计量模型构建、指标选取与数据描述

1.倒U形关系的计量模型设定及若干说明

借鉴已有研究（Lessmann，2014；钱敏泽，2007；林毅夫，刘培林，2003；万广华，1998），本书所使用的模型形式如下：

$$wcv_{i,t}=\alpha_i+f(Y_{i,t})+\gamma X_{i,t}+\mu_t+\varepsilon_{i,t}\quad i=1,2,\ldots,N\quad t=1,2\ldots,T \tag{2-6}$$

其中：$wcv_{i,t}$ 是加权变异系数，包括地区内发展不平衡（wcv_W）、地区间发展不平衡（wcv_B）以及两者之和（wcv_{WB}）；Y为i省份t时刻的人均GDP；f是关于Y的非线性函数；X为控制变量；μ_t 是时间效应；α_i 是个体效应；$\varepsilon_{i,t}$ 是扰动项。

接下来，对公式（2-6）的设定与估计方法做进一步解释：

第一，为了衡量地区发展不平衡与经济增长之间的关系，本书在计量模型中放入关于人均GDP的非线性函数f。参照以往研究中的常见设定，将f设定为Y的二项式，具体形式为 $f=\beta_1 Y+\beta_2 Y^2$。

第二，参照以往研究（Lessmann，2014；钱敏泽，2007；林毅夫，刘培林，2003；陈钊等，2005；范剑勇，2005），本书在计量模型中加入了劳动力、资本、自然资源、人均受教育年限、基础设施建设等控制变量。其中，加入loan和FDI是参照郭玉清、姜磊（2010）和张军等（2007）关于资本以及政治制度安排对地区发展不平衡影响的研究，控制资本市场规模、外资规模以及地方政府竞争对地区发展不平衡所产生的影响；加入urbanization是参照王小鲁、樊纲（2004）和陈钊、陆铭（2009）等研究，控制人口流动对地区发展不平衡所产生的影响；加入l_highway和l_subway是为了控制冰山成本中交通便利程度的影响，通常来说，基础设施建设越好，两地之间进行贸易的物理损耗越低（范剑勇，2008）。

第三，需要说明的是，本节实证分析所使用的数据包括1997—2012年中国23个省级地区。由于部分数据缺失，模型估计使用的是非平衡面板数据。

2.数据描述

在衡量计量模型非线性关系时，分析结果对于异常值非常敏感，因此，本节对分布两边5%的样本值进行了控制。另外，模型所需数据包括：历年各省的人均GDP、城镇化率、FDI、公路里程、铁路里程、人均受教育年限、自然资源以及贷款余额。上述指标的所有数据均来自历年的《中国市场化指数》、各省份《统计年鉴》以及笔者的估计（数据描述见表2-11）。变量之间的相关系数矩阵见表2-12。结果表明：第一，人均GDP、城镇化、对外直接投资以及公路建设里程与地区发展不平衡相关性较强，相关系数在0.15以上。第二，由于wcv_W和wcv_B的相关系数非常高，几乎达到1，因此，上述变量与地区间发展不平衡的相关系数值也比较高。地区间不平衡与城镇化、对外直接投资、教育以及铁路建设里程等变量是负相关的。第三，相同影响因素对分解之后的wcv_W和wcv_B产生的效应很可能是相反的，所以如果不考虑省际差异，所得到的实证结果很可能是不稳健的。这有可能是导致不同学者的实证分析结果不同的原因之一。

表2-11 数据描述

	变量	样本点	均值	标准差	最小值	最大值
加权变异系数（地区内）	wcv_W	524	7.849	17.790	0.000	147.265
加权变异系数（地区间）	wcv_B	524	0.281	0.281	0.013	4.547
加权变异系数（总和）	wcv_{WB}	524	8.130	17.825	0.032	147.883
人均GDP	l_gdp	524	8.958	1.011	6.697	11.132
城镇化	urbanization	524	0.353	0.137	0.123	0.674
对外直接投资	FDI	524	0.003	0.004	0.000	0.026
公路里程	l_highway	480	11.027	0.886	7.158	12.590
铁路里程	l_subway	480	7.902	0.730	6.043	11.433
人均受教育年限	education	366	7.811	0.812	5.438	9.898
采矿投资	Na	389	0.048	0.044	0.001	0.249
贷款余额	loan	524	0.920	0.226	0.000	1.706

表2-12 相关系数矩阵

	wcv_wb	wcv_w	wcv_b	l_gdp	urbanization	FDI	l_highway	l_subway	education	na	Loan
wcv_{WB}	1										
wcv_W	0.9999	1									
wcv_B	0.172	0.1597	1								
l_gdp	0.3926	0.3947	−0.1019	1							
urbanization	0.2601	0.2631	−0.1998	0.2052	1						
FDI	0.2128	0.2152	−0.1499	0.233	0.3673	1					
l_highway	0.1503	0.1497	0.0683	−0.0531	0.1512	−0.1939	1				
l_subway	−0.0187	−0.0179	−0.0732	0.1073	0.2541	0.1566	−0.3684	1			
education	0.1176	0.1214	−0.2863	0.1178	0.8055	0.2067	0.2822	0.2769	1		
na	−0.0795	−0.0781	−0.122	−0.0575	0.0531	−0.3304	0.0818	0.1125	0.1559	1	
loan	0.0242	0.0243	−0.0083	−0.0625	0.0785	−0.0874	−0.1804	−0.3146	−0.1057	0.0173	1

3.研究设计与内生性问题

除了变量自身的问题之外，实证分析方法选择也将对最终结果产生明显影响。原因是地区发展不平衡与经济增长之间存在“滚雪球”式的双向因果关系，而以往研究所采用的数据大多是截面小、时间长（N小、T大）的动态面板，选择的方法基本以双固定效应模型为主，工具变量的选择困难导致计量模型中的内生性问题很难得到有效控制，所得到的估计结果存在比较严重的有偏问题。在这种情况下，比较好的替代方案是采用差分广义距（FD-GMM）或者系统广义距（SYS-GMM），具体采用哪种方法，则要取决于计量模型是否满足相关假设、工具变量过度识别检验（Sargent Test）以及残差相关性检验。然而，进行系统GMM要满足一个重要前提，即外生地假定差分之后被解释变量与个体效应不相关。由于该假设无法进行严格的统计检验，只能根据经济常识判断经济变量是否处于稳态附近（陈强，2014）。本书的样本考察期是1990—2012年，在这期间，中国经济制度处于剧烈的变革过程当中，很明显不满足上述假设。因此，本节将采用差分GMM进行实证分析。此外，由于东部与中西部在经济发展、制度建设、资源禀赋等方面存在较大差异，地区发展不平衡与经济增长之间的关系可能会有所不同，所以，除了进行全样本估计以外，本节还分区域进行了分组估计。

四、实证结果与分析

1.全样本面板数据实证分析结果

首先，表2-13给出了采用全样本的估计结果。可以看到，当wcv_B和wcv_{WB}作为被解释变量时，非线性函数f的一次项和二次项的估计系数分别在10%和5%显著性水平上通过了检验，并且根据系数结果，非线性函数f曲线是U形的。从估计系数值来看，f_{wcv_b}和$f_{wcv_{wb}}$是非常接近的。当wcv_B作为被解释变量时，非线性函数f的估计系数均是不显著的。上述结果表明，在样本考察期内，首先，中国地区发展不平衡与经济增长之间是不满足倒U形关系的，而是存在U形关系，即随着经济增长，地区发展不平衡程度将逐渐递减，在达到最低点后，又会逐渐增加；其次，根据f_{wcv_b}和$f_{wcv_{wb}}$的估计系数值，不难看到，地区发展不平衡是否收敛几乎只取决于中心城市和外围城市内部的发展不平衡是否收敛，结合表2-10以及之前的讨论，这一结果并不令人意外，再次印证了不同区域内部发展不平衡是导致地区发展不平衡的主要原因；最后，f_{wcv_w}估计系数不显著，表明中心城市与外围城市之间的发展不平衡与经济增长之间的关系尚不清楚，这是一个比较令人意外的实证结果。通常来说，由于中心城市和外围城市之间发展不平衡是经济增长的直接后果，所以人们很容易建立经济增长是造成地区发展不平衡主要原因的认识，但这种认识并未得到实证结果的支持，原因很可能在于不同地区两者关系存在差异。

除了经济增长之外，计量模型中的其他一些因素也会对地区发展不平衡产生影响。首先，urbanization在10%显著性水平上通过了检验，且估计系数均为正值。这表明在20世纪90年代城镇化进入高速发展期之后，地区发展不平衡程度加剧，并且wcv_W和wcv_B

同时受到影响。但通过系数值比对，不难发现，urbanization关于wcv_W的估计系数远大于对wcv_B的估计系数，这说明城镇化对地区内部发展不平衡的影响更为明显。因此，现实中很可能存在以下过程：外围城市是推进城镇化的主要区域，随着城镇化水平提高，农村劳动力逐渐转化为城镇劳动力，这部分人口主要从事的行业由农业变为工业或服务业，其家庭收入与支出结构发生很大变化，地区经济得以发展，然后地区经济发展又进一步推动了城镇化，如此循环，直至农村劳动力和城镇劳动力达到新的均衡。在上述过程中，由于诸多原因，不同地区的城镇化推进情况必然存在差异，从而导致地区内部发展不平衡。

其次，除了表2-13纵列（2）中的l_subway之外，l_highway和l_subway的估计系数均在5%显著性水平上通过了检验，且估计系数为负值。这表明，在过去20年间，交通基础设施建设在消除地区发展不平衡方面发挥了积极作用，而通过系数值比较，不难发现，交通基础设施检验对地区内发展不平衡的影响是最大的，这很可能是因为从全国范围来看，交通设施建设对于消除外围城市之间的发展不平衡发挥了更为明显的边际效应。

再次，na的估计系数在1%显著性水平上通过了检验，系数符号为正且数值也比较大，这表明自然资源是导致地区发展不平衡的重要原因。目前，国内学者发现一些“自然资源诅咒”假说在中国成立的证据，即自然资源丰富的地区，发展不平衡问题反而越严重，但并未出现Williamson（1965）所描述的收敛情况。从中国地级市经济发展历程来看，就曾经出现过依靠资源发展起来，而在资源消耗殆尽之后，成为贫困地区的现象。因此，自然资源也是导致地区发展不平衡的主要因素之一。

最后，比较出人意料的是，在所有估计模型中education的估计系数均是不显著的，这与以往的研究结论是不一致的，原因很可能是表2-13中本节所采用的是全样本数据，在不同地区省份当中，教育对地区发展不平衡所发挥的影响是不同的，不同效应混合导致估计系数不显著。

2.分区域动态面板数据实证分析结果

首先，与全样本分析的结果一致，东部地区发展不平衡关于经济增长的非线性函数f曲线也是U形的。这说明，东部省份地区发展不平衡不但未随着经济增长的推进趋于收敛，反而趋于发散，并且仅有表2-14纵列（4）和纵列（6）中的l_gdp和l_gdp2的估计系数是显著的，纵列（5）是不显著的。这说明wcv_W而非wcv_B是导致东部省份地区发展不平衡的主要原因。进一步地，通过与表2-10中f_{wcv_b}和$f_{wcv_{wb}}$的估计系数值比较可以看到，东部省份函数f曲线的曲率有所提高，曲线更弯曲，所以经济增长对东部省份地区发展不平衡的影响是大于全国的。也就是说，在相同的经济增长速度下，东部地区发展不平衡发散速度更快。此外，表2-14的分析结果以及系数显著性再次表明，东部省份在经济收敛方面存在“俱乐部效应”。

其次，表2-14给出中西部地区（包含东北三省）的实证分析结果。可以看到，非线性函数f曲线中仅有二次项的估计系数显著，而一次项并不显著。这表明中西部省

表2-13　动态面板数据差分GMM模型全样本实证分析结果

	(1)	(2)	(3)
VARIABLES	DIF GMM	DIF GMM	DIF GMM
L. wcv_W	0.159		
	(0.103)		
L. wcv_B		0.0548	
		(0.0862)	
L.wcv_{WB}			0.159
			(0.101)
l_gdp	−21.89*	−0.121	−20.64*
	(12.79)	(0.578)	(12.04)
L.l_gdp	−6.644	−0.0613	−6.830
	(7.692)	(0.124)	(7.601)
l_gdp2	1.771**	−0.00120	1.678**
	(0.792)	(0.0303)	(0.783)
urbanization	8.123*	0.244*	9.539**
	(4.373)	(0.128)	(4.727)
FDI	51.24	2.269	42.70
	(61.19)	(3.277)	(58.90)
l_highway	−1.188**	−0.0266**	−1.231**
	(0.565)	(0.0111)	(0.564)
l_subway	−1.434**	−0.0164	−1.507**
	(0.628)	(0.0135)	(0.641)
education	−0.0460	−0.00957	−0.189
	(0.431)	(0.0140)	(0.414)
na	28.97***	0.0156	28.20***
	(6.584)	(0.189)	(6.777)
loan	1.327	−0.0303	1.210
	(0.965)	(0.0375)	(1.040)
Constant	134.8	2.625	135.4
	(94.89)	(3.128)	(94.49)
AR（1）	0.0725	0.0624	0.0678
AR（2）	0.1703	0.1080	0.1736
Sargan Test	0.1130	0.1565	0.1161
Observations	180	180	180
Number of id	23	23	23

注：（1）*、**、***分别表示参数在10%、5%和1%的显著性水平下显著。（2）表中所报告的标准差结果是稳健型的，由一步法差分GMM估计得到。下同。

份地区发展不平衡与经济增长之间是存在非线性关系的，但两者之间的关系并不明朗。这可能与中西部包含省份较多，“俱乐部效应”不明显有关。从非线性函数 f 的二次项系数值来看，中西部省份地区发展不平衡与经济增长之间的曲线形状仍是U形。

表2-14 **动态面板差分GMM模型东部地区实证分析结果**

	东部地区			中西部地区		
	(4)	(5)	(6)	(7)	(8)	(9)
VARIABLES	DIF GMM	DIF GMM	DIF GMM	DIF GMM	DIF GMM	DIF GMM
L. wcv_W	0.285***			0.122		
	(0.0809)			(0.120)		
L. wcv_B		0.158			−0.001	
		(0.129)			(0.0724)	
L.wcv_{WB}			0.287***			0.137
			(0.0776)			(0.118)
l_gdp	−27.30***	−0.621	−30.09***	−29.85	0.898	−28.52
	(9.033)	(0.820)	(9.554)	(21.12)	(0.922)	(21.16)
L.l_gdp	2.305	−0.0622	2.117	−4.109	0.386	−3.270
	(2.578)	(0.229)	(2.407)	(11.57)	(0.313)	(11.49)
l_gdp2	1.828***	0.0547	2.001***	2.103*	−0.0809	1.986*
	(0.563)	(0.0385)	(0.593)	(1.138)	(0.0556)	(1.137)
urbanization	8.291***	0.263*	8.973***	8.412	0.374	8.385
	(2.747)	(0.140)	(2.707)	(9.327)	(0.238)	(9.114)
FDI	121.8***	2.810	132.2***	165.6*	9.593**	176.4*
	(39.01)	(3.181)	(37.70)	(99.47)	(4.539)	(101.4)
l_highway	0.507**	0.0102	0.516**	−1.872	−0.0271	−1.906
	(0.203)	(0.0214)	(0.210)	(1.166)	(0.0235)	(1.168)
l_subway	0.226	0.0142	0.224	−2.439	−0.0275	−2.333
	(0.201)	(0.0213)	(0.206)	(1.618)	(0.0368)	(1.601)
education	−0.720***	−0.00627	−0.775***	0.546	−0.0421**	0.459
	(0.210)	(0.0111)	(0.219)	(0.382)	(0.0206)	(0.329)
na	32.55***	0.149	32.28***	24.90**	0.115	24.67**
	(8.203)	(0.735)	(8.513)	(9.777)	(0.202)	(9.870)
loan	−1.525**	−0.0762*	−1.524**	0.506	−0.0718	0.247
	(0.624)	(0.0415)	(0.619)	(1.248)	(0.0492)	(1.316)
AR（1）	0.062	0.058	0.065	0.1191	0.0449	0.1113
AR（1）	0.179	0.689	0.153	0.1928	0.9663	0.1987
Sargan Test	0.1245	0.0763	0.1273	0.2017	0.2417	0.2277
Observations	56	56	56	124	124	124
Number of id	7	7	7	16	16	16

接下来，讨论控制变量对不同区域地区发展不平衡的影响。第一，东部地区 urbanization的估计系数通过了显著性检验，且系数符号为正，而中西部地区 urbanization的估计系数则未通过10%显著性检验。上述结果表明，城镇化进程加剧了东部地区发展不平衡情况，而对中西部省份产生的效应并不明显。原因很可能在于：（1）如上面提到的，东部省份经济收敛存在“俱乐部效应”，而中西部则不存在，因此，中西部省份经济增长与地区发展不平衡之间的关系比较模糊，需要做进一步区分；（2）东部省份城镇化进程普遍速度较快，而中西部省份之间城镇化进程速度差异明显。除此以外，从表2-14的估计系数值来看，城镇化影响最大的是地区内部发展不平衡水平，这与采用全样本的分析结果是一致的。

第二，除了纵列（5）之外，东部地区 FDI的估计系数在1%水平上通过了显著性检验，且估计系数为正值，表明外商直接投资加剧了东部省份中心城市和外围城市内部的发展不平衡；而中西部地区 FDI的估计系数均在10%水平通过了显著性检验，表明外资同时增加了中西部省份中心城市和外围城市内部以及之间的发展不平衡。在采用全样本分析时，FDI变量的估计系数是不显著的。因此，在对样本进行更细致的区分之后，就能够区分 FDI在东部与中西部对 wcv_W和 wcv_B所产生的影响。本节认为，不同地区外资流向不同很可能是导致上述结果的原因。由于东部省份经济发展普遍发达，外围城市在基础设施、制度建设、工业配套等方面已具备一定基础，甚至不弱于中心城市，很容易得到外资的青睐，因此，外资不会过度地向中心城市集中。而中西部地区中心城市和外围城市之间的经济发展差距比较明显，外资存在向中心城市集中的现象。但是，无论是东部还是中西部地区，FDI均是导致地区发展不平衡的重要原因。

第三，交通设施对地区发展不平衡影响的估计系数出现了比较明显的变化。根据表2-14的显示结果，仅纵列（4）和纵列（6）的l_highway在5%水平上通过了显著性检验，且估计系数值为正，纵列（7）~纵列（9）的l_highway和l_subway均未通过显著性检验。上述结论是比较令人意外的。从直观感觉上来说，交通设施建设能够通过促进商品市场一体化，从而在缓解地区发展不平衡方面发挥积极作用。然而，以下原因可能导致相反的结果：一是由于不同城市在制度建设、经济发展等方面存在差异，一些城市能够更充分地利用基础设施推进本地经济发展，导致地区发展不平衡扩大；二是交通基础设施大多是围绕中心城市建设的，更有利于中心城市的发展，通过辐射效应，导致地区发展不平衡扩大。

第四，除了纵列（5）以外，东部地区 education的估计系数在1%水平上通过了显著性检验，且系数符号为负值，表明东部省份人均受教育年限提高能够减少中心城市和外围城市内部的发展不平衡，进而改善地区发展不平衡程度，但不能对中心城市与外围城市之间的发展不平衡产生影响。仅有纵列（8）的估计系数在1%水平上通过了显著性检验。采用中西部省份样本的分析结果表明，虽然人均受教育水平提高能够改善中心城市和外围城市之间的发展不平衡，但由于对中心城市和外围城市内部的发展不平衡不能产生影响，因此，也就无法改善地区发展不平衡。

第五，金融发展在不同地区对地区发展不平衡的影响也是不同的。东部地区 loan的估计系数在10%水平上通过了显著性检验，且符号为负，表明金融发展能从各个方面改善地区发展不平衡；而中西部地区loan的估计系数均是不显著的。按照以往关于金融发展与经济增长关系的研究，经济发展与制度建设两方面的差异是导致上述结果出现的原因。此外，表2-14中各组na的估计结果与表2-13中是相同的，表明无论在东部还是中西部，自然资源都是导致地区发展不平衡的重要原因。

3.稳健性检验[①]

最后，本节对实证结果从以下两方面进行了稳健性检验。第一，采用面板数据非参数模型估计，发现所得到的非线性函数 f 的曲线形状均近似于U形，与采用GMM方法估计所得到的结果是一致的。并且，由于 wcv_W 和 wcv_B 具有很强的相关性，因此，所估计出来的非线性函数 f 的曲线形状非常接近。第二，采用面板数据双固定效应模型进行估计。虽然采用固定效应分析动态面板时，估计系数会出现偏差，但最终结果显示，估计所得到的非线性函数 f 的曲线形状仍然是U形的，同样与采用GMM方法估计所得到的结果是一致的，仅有一些控制变量的符号发生了变化。上述稳健性检验表明，采用FD-GMM方法所得到的非线性函数 f 的曲线形状是可信的。

五、主要研究结论

地区发展不平衡问题一直是学术界研究的热点问题，也是中国经济发展过程中需要予以重点关注的经济学问题。学术界围绕区域发展不平衡的来源以及收敛性进行了大量研究。然而，已有研究大多未将经济收敛理论与微观机理联系起来，并在实证研究中忽视了对地区发展不平衡与经济增长之间“滚雪球”式双向因果关系的控制。本节基于新古典经济收敛理论与新地理经济理论，按照中心-外围模型的基本思想，尝试对上述不足进行修正。研究结果显示：（1）与人们的直观感受不同，造成地区发展不平衡的主要原因并非是中心城市与外围城市之间的发展不平衡，而是中心城市与外围城市内部，特别是外围城市内部的发展不平衡。（2）在对内生性问题以及动态面板数据特征进行控制之后，地区发展不平衡变量与经济增长之间呈现U形关系，并且实证结果非常稳健。这表明中国地区发展不平衡收敛性并不满足Kuznets曲线，而是趋于发散，表明中国未来将面临愈加严重的地区发展不平衡问题。（3）受教育年限、FDI、交通基础设施建设、金融发展等因素在东部地区和中西部地区对中心城市与外围城市发展不平衡的影响是不同的。

从上述研究结论可以看到，解决地区发展不平衡问题的关键并非是消除中心城市与外围城市之间的发展不平衡，而在于缩小外围城市之间的发展不平衡。原因在于人类活动具有聚集的天性，因此，不应将中心城市与外围城市之间的发展差异过度地理解为发展不平衡，而是资源在空间层面配置所呈现的基本规律。相应地，消除外围城市之间的发展不平衡才是真正需要关注的问题。基于研究结论，本节提出一项有效的地区发展规划必须着眼于消除外围城市之间的发展不平衡，并且政府在制定发展政策的时候应充分

① 详细结果请向作者索取。

考虑不同地区的情况。然而，目前围绕上述问题的研究还并不常见的学术观点与政策主张，这也是未来应主要关注的研究方向。

第四节　资本市场发展对地区发展不平衡的影响分析

一、问题提出

在对地区均衡发展演变趋势、收敛性等问题研究之后，自然有必要对不平衡产生的原因进行进一步分析。在这方面，很多学者从不同的角度给出了自己的猜想或研究，无论是理论机制还是实证分析。

王小鲁和樊纲（2004）分析了资本、劳动力、人力资本地区分布和流动及市场化程度、城乡工业化程度差异对于地区差距的影响。高帆（2012）利用要素核算法等方法测度不同驱动因素对中国地区差距演变的影响程度。将泰尔指数分解为资本产出比、资本劳动比和劳动参与率，并计算它们对泰尔指数的影响程度。他发现资本产出比的贡献度远超过后两者，资本产出比（以及劳动生产率）是导致地区不平衡的主要因素，但该比率自1990年之后逐渐下降。蔡昉和都阳（2000）讨论了1978—1998年间人力资本、投资率、就业系数、开放程度（进出口总额占GDP比重）、市场化程度（政府消费份额）和投资效率对于不平衡的影响，并进一步考虑东、中、西三大地区固定效果的情况，以考察“俱乐部趋同效应”和“条件趋同效应”。许召元和李善同（2006）选择了1990—2004年的样本，研究分析固定资产投资率、人力资本（受教育程度）、基础设施（公路密度和铁路密度）、市场化程度（国有工业总产值份额）、城市化水平（非农业人口比重）对于不平衡（基尼系数）的影响程度。Demurger等（2002）研究了地理因素（参与贸易的能力）和优惠政策指数（Preferential Policy Index）对中国区域发展的影响。Chen和Feng（2000）在对1978—1989年中国29个省的经验研究中指出，中国的非国有企业由于自发进入符合比较优势行业，从而影响地区差距。Young（2000）认为地区性保护政策会使本地企业的资源配置状况偏离本地的比较优势，从而成为拉大区域差异的关键。林毅夫和刘培林（2003）认为，自改革开放以来，重工业优先发展的赶超战略造成生产要素配置结构与各省市比较优势相悖，产生一系列影响，最终造成区域差异。

综上所述，不难发现资本要素在地区均衡发展中担任着重要角色，已成为学者关注的焦点之一。一些文献在对发达国家、亚洲新兴国家与中国地区经济发展收敛路径进行比较分析之后，发现一国经济发展水平越高，资本市场就越发达，资本因素在产业结构中所占的比例就越高，地区间经济发展就越易于收敛（Lessmann，2014；Kuznets，1955）。国内大多数学者（李萍，张道宏，2004；尹希果等，2005；樊纲，王小鲁，2004）基于新古典经济收敛理论，从资本流动角度进行分析，认为资本是影响地区经济发展不平衡的重要因素。事实上，自2005年实施全面改革以来，作为中国资本市场核心的银行业一直保持着高速增长的态势，各项存款和贷款余额一直呈现高速上涨趋势，分别由2005年1月的245 368.6亿元和181 083亿元增长至2012年12月的917 368.11亿元和629 906.60亿元，涨幅分别达到2.74倍和4.07倍。然而，中国资本市场在近年来经历高速发展之后，并未像发达国家那样，在缓解地区间经济发展不平衡问题上发挥积极作用。这说明，除了规模之外，效率也是重要的影响因素。但受二元经济结构影响（Allen et al.，2005），配置效率一直是中国资本市场的弱项（韩立岩、王哲兵，2005；李青原等，2013）。然而，我们对于资本配置效率会对地区经济发展收敛路径产生何种影响仍然知之甚少。本节从资本市场一体化与商品市场一体化协调发展的角度，发现资本市场配置效率是地区经济发展不平衡收敛的必要条件，只有当资本市场配置达到效率并且与商品市场流通损耗（即冰山成本）达成一定比例关系时，地区经济才会趋于收敛。

另外，区域市场一体化以及由其引发的经济活动集聚是转型期中国经济发展的突出特征。因此，学术界也一直较为关注市场一体化对地区经济发展不平衡的影响。范剑勇（2004）讨论了地区间市场一体化与地区专业化对地区发展不平衡的影响，发现中国国内市场一体化水平总体上仍较低，且滞后于对外市场的一体化水平，因此，绝大多数制造业向东部地区集聚，而中西部地区成为低效率的农业与采掘业外围区域，造成了地区经济发展不平衡问题。范子英（2010）对1994年分税制改革之后实施的地区性发展战略进行了研究，发现“西部大开发”等战略的提出在一定的程度上促进了区域市场一体化建设，缓解了地区保护主义。但他又指出，过于激进的产业转移政策恶化了内陆地区的环境污染，有损于中国的产业升级。柯善咨、郭素梅（2010）对市场一体化与区域经济增长互动效应进行测算，发现区域市场一体化显著促进了地区经济增长，两者存在明显的内生关系，并且经济越不发达的省份，上述关系就越明显。大多数研究已逐渐认识到区域市场一体化与地区经济发展不平衡之间存在一定的内生关系，一些研究开始从市场化改革角度讨论地区经济发展差异问题（刘瑞明，2011；樊纲等，2003；孙海刚，2007）。

然而，在上述关于区域市场一体化对于不平衡的影响中，并未考虑资本因素的影响。事实上，在发育完全一体化市场中，资本会在区域市场需求度达到饱和时自然地向周边区域进行扩张，而扩张所产生的溢出效应会通过影响资本相对价格的方式对产业结构进行优化使其更符合资本扩张要求，最终在空间层面实现地区平衡发展的目标，使上述过程在市场制度下，由商品市场与资本市场配合完成。与以往研究不同的是，本节我们将试图将区域市场一体化与资本市场发展两个过程联系起来，共同考虑对地区经济发展不平衡所产生的影响。

二、模型分析与研究假设

借鉴Fujita et al.（1990）、Combes et al.（2008）所设定的模型环境，考虑在一个2×2×2经济体中存在2个地区（A和B）、2个部门（工业部门I和农业部门C）、3种生产要素（自然资源、资本和劳动力）。整个经济体中共包含K单位资本存量和L单位劳动力，其中，资本由全体劳动者所有，劳动力能够满足区域生产需求。假设劳动力都是同质的低技能劳动力且能够跨区自由流动，同时，在初始阶段劳动力有$\theta \in (0, 1)$的份额住在A地区，即$L_A = \theta L$，且A地区有较高的劳动力份额（即$\theta > 0.5$）。出于衡量区域市场一体化与资本市场发展之间关系的目的，我们假设资本流动是受限的，为了消除初始禀赋差异所产生的影响，假定资本有θ的份额分布于A地区（$K_A = \theta K$）。此外，我们还引入了自然资源，假设B地区自然资源丰富，而A地区资源相对匮乏，自然资源储量为S，$\lambda > 0$表示自然资源在B地区的比重，且自然资源是不可流动的。假设产品在区域间进行贸易时存在运输成本（即冰山成本），用于衡量区域市场一体化程度，因此，只有商品跨区运输时，才会出现冰山成本，在区域内部的运输成本为0。具体来说，一单位的某种商品从A地区运输到B地区后，只有$1/\tau$（$\tau > 1$）单位的数量到达。例如，p_A为这种商品在A地区的出厂价格，则在B地区的销售价格为$p_B = \tau p_A$。最后，假设两地自然资源价格满足公式$t_A = \tau t_B$。

（一）生产者行为

农业部门C生产同质产品，市场是完全竞争的。简便起见，假设一单位产出需要一单位低技能劳动力，因此，产品价格等于工资w。进一步地，假设$p_c = w = 1$。两地区都存在农业部门，并且两地区的农业部门技术水平相同，因此，两地区农业部门工资水也是相同的。工业部门I生产差异化产品，生产第*i*种产品需要投入f单位固定成本、m单位劳动力和h单位自然资源，厂商的总生产成本为：

$$C[q(s)] = r_A f + t_A h + w_A mq(s) \tag{2-7}$$

其中：r_A是A地区资本价格，由于我们假设资本的跨区流动受到限制，因此，不同地区资本价格是不同的；t_A是A地区自然资源价格。基于消费者多样性偏好的考虑，任何一个厂商都生产差异化产品，地区的厂商数与它的产品种类数相同。

（二）消费者行为

假设两地消费者具有相同的消费偏好，A地区消费者效应函数形式为：

$$U_A = M^{\mu} C^{1-\mu} \tag{2-8}$$

其中：M是工业部门产品的消费量；C是农业部门产品的消费量；μ是消费者在现代部门的支出份额。M中包含本地生产的产品以及从B地区运输的产品：

$$M_A = [\sum_{s=0}^{N_A} q_{AA}(s)^{\frac{\sigma-1}{\sigma}} + \sum_{s=0}^{N_B} q_{BA}(s)^{\frac{\sigma-1}{\sigma}}]^{\frac{\sigma}{\sigma-1}} \tag{2-9}$$

其中：N是差异化产品的种类；σ是任意两种差异化产品之间的价格替代弹性。我们采用Dixit-Stiglitz方法最大化公式（2-8）。假设$E = \mu Ly$是消费者在工业部门产品上的支出。在E给定的情况下，满足$p_A q_{AA} + p_{BA} q_{BA} \leqslant E$的约束，可以得到拉格朗日方程为：

$$L = M + \lambda[E - p_A(s)q_{AA}(s) - p_{BA}(s)q_{BA}(s)] \tag{2-10}$$

对公式（2-10）求导，得到一阶条件：

$$\frac{\partial L}{\partial q_{AA}} = \frac{\partial M}{\partial q_{AA}} - \lambda p_{AA}(s) = 0 \tag{2-11}$$

$$\frac{\partial L}{\partial \lambda} = E - p_A(s)q_{AA}(s) - p_{BA}(s)q_{BA}(s) = 0 \tag{2-12}$$

由公式（2-11）可以得到：

$$M^{1/\sigma}q_{AA}^{-1/\sigma}=\lambda p_{AA} \tag{2-13}$$

进一步整理，可以得到：

$$q_{AA}=M\lambda^{-\sigma}p_{AA}^{-\sigma} \tag{2-14}$$

在公式（2-14）两边同时乘以 p_{AA}，然后两边再进行加总，并将其带入公式（2-12）中，得到：

$$M\lambda^{-\sigma}=\frac{E}{P_A} \tag{2-15}$$

其中：$P_A=\{\int_{s\in N_A}[p_{AA}]^{1-\sigma}ds+\int_{s\in N_B}[\tau p_{BA}]^{1-\sigma}s\}^{1/1-\sigma}$，将公式（2-15）带入公式（2-14），可以得到产品 $q_{AA}(s)$ 的需求函数，同理，可以得到 $q_{BA}(s)$ 的需求函数：

$$q_{AA}(s)=[\frac{p_A(s)}{P_A}]^{-\sigma}\frac{E}{P_A}\quad q_{BA}(s)=[\frac{\tau p_A(s)}{P_A}]^{-\sigma}\frac{E}{P_A} \tag{2-16}$$

（三）市场均衡

简便起见，假设资本存量K等于全部的劳动力规模L。由于每个厂商需要使用f单位的资本，因此，市场出清时，A地区和B地区厂商总数为：

$$n_A=\frac{\theta K}{f}\quad n_B=\frac{(1-\theta)K}{f} \tag{2-17}$$

相应地，我们还可以采用自然资源来表示厂商数量，由于假设资本和自然资源均是不可流动的，而企业的生产函数要素投入比例（S/K）是给定的，按照木桶理论，厂商数量是由投入最少的那种要素决定的，因此，无论从资本或是自然资源角度来看，厂商数量均是一样的，于是得到：

$$n_A=\frac{(1-\lambda)S}{h}\quad n_B=\frac{\lambda S}{h} \tag{2-18}$$

其中：$\lambda>0$ 表示自然资源在B地区的比重。进一步地，公式（2-17）和公式（2-18）相等，可以得到：

$$\frac{\theta K}{f}=\frac{(1-\lambda)S}{h}\quad \frac{(1-\theta)K}{f}=\frac{\lambda S}{h} \tag{2-19}$$

整理之后，可以得到：①

$$\lambda=\theta \tag{2-20}$$

接下来，计算均衡时不同地区的收入水平。根据假设，地区收入主要有以下三个来源：出售自然资源的收益、生产产品获得的工资以及提供资本所产生的利息。因此，区域人均收入水平表达为以下公式：

$$Y_A=r_A\theta K+(1-\lambda)t_AH+\delta w_AL\quad Y_B=r_B(1-\theta)K+\lambda t_BH+(1-\delta)w_BL \tag{2-21}$$

其中：δ是处于均衡时A地区所占的劳动力份额。根据之前的假设，均衡时两地区的名义工资水平是相同的，即 $w_A=w_B$，并且 $r_A\neq r_B$ 以及 $t_A\neq t_B$。由公式（2-21）可以看到，因为引入了自然资源，如果我们仅放松假设，允许资本和劳动力自由流动，两个地区的人均收入水平是不可能相同的，仍然需要通过调整自然资源价格来实现。经过整理，可以得到：

① 由于之前假设B地区的自然资源比重较高，所以排除了另一个结果 $\lambda+\theta=1$。

$$\Delta Y=[\theta r_A-(1-\theta)r_B]K+[(1-\lambda)t_A-\lambda t_B]H+(1-2\delta)w_A L \tag{2-22}$$

进一步对公式（2-22）进行讨论与整理，并根据公式（2-20）所得到的条件，不难得到两地区收入水平相等的条件为：

$$r_A/r_B=1/\tau \quad \delta=0.5 \tag{2-23}$$

命题：在模型假设给定的情况下，当满足 $r_A/r_B=1/\tau$ 且 $\delta=0.5$ 时，A地区和B地区的收入水平相同。

根据上述命题，可以看到，在模型给出的假设下，要消除地区之间的发展不均衡，必须要达成以下两个条件：第一，不同地区间的利率价格之比要是冰山成本的倒数，即 $r_A/r_B=1/\tau$；第二，劳动力在不同地区的比例相同。第一个条件是因为我们假设资本与自然资源均是不可流动的，因此厂商在生产时，要根据 $t_A=\tau t_B$ 这一条件所给出的自然资源使用成本与资本进行权衡。借助自然资源和劳动力自由流动两项重要假设，我们在区域市场一体化与资本市场发展之间建立了联系。由于冰山成本 τ 是外生给定的，两地区的利率水平 r_A 和 r_B 是内生变量。因此，我们能够有效地将影响区域市场一体化和资本市场发展的因素进行区分。此外，由于假设劳动力能够自由流动，所以当处于均衡时，A地区劳动力比例由 $\theta\rightarrow\delta=0.5$，即劳动力由A地区流入B地区。原因在于，按照理论假设，B地区在初始阶段劳动力规模较小、资本存量较低，但自然资源存量较高，因此，B地区企业的策略是降低资本使用、吸引劳动力以及增加自然资源使用量。其中，在劳动力能够自由流动的情况下，增加名义工资是吸引A地区的劳动力流入的主要方式。相应地，A地区企业的策略则是增加资本使用，减少劳动力和自然资源的使用。

（四）对命题结论的进一步讨论

然而，现实中很难满足命题所给出的两个条件。第一，正如之前所提到的，影响地区间利率水平与冰山成本的因素存在结构差异。前者的主要影响因素是资本市场化程度，市场化程度越高，则 r_A 和 r_B 就越接近；后者的主要影响因素是区域市场一体化程度，包括软件和硬件两部分，软件主要是市场发育水平、地方保护、管理水平等，硬件主要是公路、铁路等基础设施建设，两者很难达到命题中的要求。第二，出现地区间劳动力比例相同的条件的原因在于，我们为了讨论区域市场一体化与资本市场发展之间的关系对地区经济发展不平衡的影响，给出了劳动力能够自由流动的理论假设。由于只考虑了自然资源、资本和劳动力三种生产要素，所以，当地区经济发展水平相同时，劳动力必然是平均分配的。但现实中，除了工资以外，影响劳动力流动的还有教育、医疗等诸多因素，不同地区劳动力很难出现平均分配的情况。

最后，我们对命题中均衡条件的收敛情况进行讨论。将命题中的公式稍做整理（如图2-13中的坐标轴所示），进一步放松资本不可流动与自然资源不可流动的限制。随着地区间市场一体化程度的提高和资本市场发展，地区间的贸易壁垒将逐渐消失，τ 越来越小，相应地，地区间利率水平的差异也将越来越小，$r_A/r_B=1/\tau$ 两边均向1收敛，这是长期收敛情况。我们通过图2-13和图2-14，对以下三种非均衡情况进行分析：第一种情况——B地区与A地区的利率之比高于冰山成本（如a点位置所示），则A地区人口比例 δ

将高于B地区；第二种情况——B地区与A地区的利率之比低于冰山成本（如b点位置所示），则A地区人口比例δ将低于B地区；第三种情况——B地区与A地区的利率之比等于冰山成本，但不在长期均衡点上（如c点位置所示），虽然此时A地区人口比例δ等于B地区，但并不稳定，由于影响 $r_A/r_B=1/\tau$ 左右两边的因素存在结构差异，两者很难按照相同速度收敛，c点随时会出现偏离。通过对均衡条件的收敛性进行分析，可以看出，在劳动力自由流动的情况下，区域市场一体化与资本市场发展将成为影响地区经济发展平衡的主要因素，无论哪个地区在资源禀赋方面存在优势或劣势，其均能够通过区域市场一体化与资本市场发展被逐渐化解，地区间经济发展差异趋向于收敛。

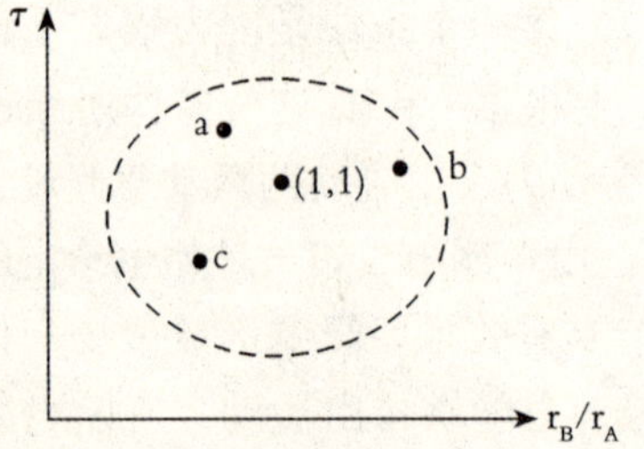

图2-13 地区间利率比例与冰山成本

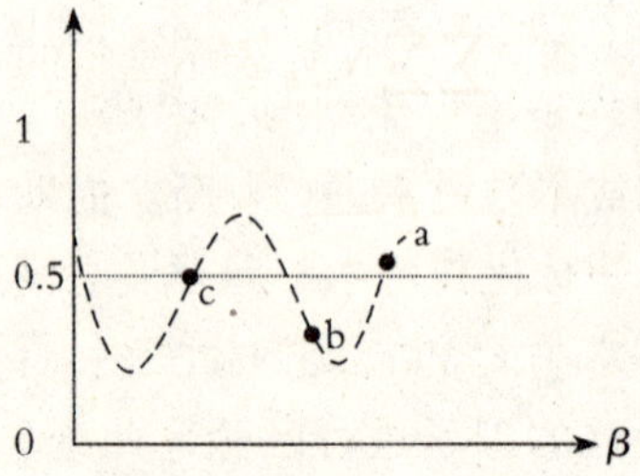

图2-14 对应δ的情况

综上所述，我们提出以下三项理论假设：

H_0：区域市场一体化能够对地区经济发展不平衡产生影响。

H_1：资本市场发展能够对地区经济发展不平衡产生影响。

H_2：区域市场一体化与资本市场发展的共同作用能够对地区经济发展不平衡的改善产生积极影响。

三、地区经济发展不平衡测算及空间分解

（一）地区经济发展不平衡测算公式与空间分解法

借鉴已有研究（Lessmann，2014；Akita & Miyata，2010；万广华，1998；覃成林等，2011），我们采用加权变异系数法对地区经济发展不平衡程度进行测算，并对其进行空间分解，分为区域内不平衡和区域间不平衡两部分。与以往研究直接采用省份数据测算区域经济发展不平衡不同，为了实现对地区经济发展不平衡的空间分解，我们将采用地级市数据测算省份经济发展不平衡程度。具体来说，我们将按照省会城市（包括计划单列市）与非省会城市的划分，将省内所有地级市划分为中心和外围两个区域。这样处理的原因在于：首先，已有研究大多将关注点放在中西部与东部经济发展不平衡问题上，关注省内经济发展不平衡的相关研究较为少见；其次，与省际或区域经济发展相比，地级市经济发展对区域市场一体化与资本市场发展的变化更敏感，能够更准确地验证之前所提出的理论假设；再次，使用省份数据测算区域经济发展不平衡程度，很难排除不同省份间经济规模、资源禀赋以及政府管理等差异对测算结果的影响，而使用地级市数据则能够有效克服上述问题，同省份地级市所面临的外部环境更加接近；最后，这样处理符合Akita & Miyata（2010）的要求，能够对加权变异系数进行空间分解。具体

来说，借鉴Akita & Miyata（2010），我们所使用的加权变异系数公式如下：

$$wcv^2 = \frac{1}{\bar{Y}^2}\sum_{i=1}^{m}\sum_{j=1}^{h_i}\frac{N_{ij}}{N}(\bar{y}_{ij} - \bar{Y})^2 \tag{2-24}$$

其中：假设全省有i个区域，且i包含了h_i个地级市，因此，全省共有$\sum_{i=1}^{m}h_i$个地级市。$\bar{y}_{ij}$表示i区域j地级市的人均GDP，N_{ij}表示i区域j地级市的人口，N_i表示i区域的总人口，Y_i表示i区域的GDP，$\bar{Y}_i = Y_i/N_i$表示i区域的人均GDP；$N = \sum_{i=1}^{m}\sum_{j=1}^{h_i}N_{ij}$表示全省人口，$N = \sum_{i=1}^{m}\sum_{j=1}^{h_i}N_{ij}\bar{y}_{ij}$表示全省的GDP，$\bar{Y} = Y/N$表示全省人均GDP。

根据公式（2-24），可以进一步将加权变异系数公式分解为区域内不平衡和区域间不平衡之和，得到：

$$wcv^2 = \sum_{i=1}^{m}(\frac{N_i}{N})(\frac{\bar{Y}_i}{\bar{Y}})^2 wcv(Y_i)^2 + wcv(\bar{Y})^2 = wcv_W + wcv_B \tag{2-25}$$

其中：$wcv(Y_i)^2 = \frac{1}{\bar{Y}_i^{\,2}}\sum_{j=1}^{h_i}\frac{N_{ij}}{N_i}(\bar{y}_{ij} - \bar{Y}_i)^2$是第$i$个区域内的不平衡程度；$wcv_W = \sum_{i=1}^{m}(\frac{N_i}{N})(\frac{\bar{Y}_i}{\bar{Y}})^2 wcv(Y_i)^2$表示m个区域内的不平衡程度之和；$wcv_B = wcv(\bar{Y})^2 = \frac{1}{\bar{Y}^2}\sum_{i=1}^{m}\frac{N_i}{N_i}(\bar{Y}_i - \bar{Y})^2$表示m个区域间的不平衡。

（二）区域划分以及数据来源

采用空间分解法的必要步骤之一是进行区域划分，划分方式将对最终测算结果产生非常明显的影响。结合之前的模型分析以及本书所采用的数据结构，我们将按中心-外围法进行区域划分。具体来说，就是将某省的地级市按省会（计划单列市）以及人均GDP排名第一的地级市（如果省会人均GDP排名第一，则选择人均GDP第二的地级市）划分为中心城市，以下简称为I类区域，其余地级市划分为外围城市，以下简称为II类区域。这与覃成林等（2011）采用省份数据按区域划分的做法是不同的。但按照上述划分方式，就要求一省必须要有至少4个地级市的统计数据才能进行测算以及分解。基于历年《中国城市统计年鉴》中286个地级市的GDP与人口数据，我们首先对数据进行筛选，剔除了3个（包括3个）以下地级市统计数据的省份以及直辖市①，最终筛选出了23个省份，时间区间为1990—2012年。

（三）测算结果分析

首先，我们对测算结果进行横向比较，从表2-15中看到，23个省份的wcv_W均值为0.219，wcv_B均值为0.091，大多数省份wcv_W值高于wcv_B，仅有山西、陕西、江西、贵州和宁夏的wcv_B高于wcv_W，说明地区内不平衡水平要高于地区间不平衡水平，而根据公式（2-25），我们就不难得到这样的判断，造成各省地区发展不平衡主要原因是中心城市和外围城市内部发展不平衡造成的，而两者之间的发展不平衡则是次要原因。这一

① 剔除了4个直辖市以及西藏、海南、青海、新疆四个省份。

结论是比较出人意料的。从直观感觉来说，人们通常会认为地区经济发展不平衡是由I类区域和II类区域间的经济发展不平衡造成的，而非地区内经济发展不平衡造成的。事实上，这与郑炎成、鲁德银（2012）的研究结论是一致的，他们发现中国东、中、西部地区之间总的经济发展差距主要源于三者之间县域经济发展不平衡。

表2-15　23个省份的地区发展不平衡程度（1990—2012年均值）

省份	(1) wcv_W	(2) wcv_B	(1)-(2)	省份	(1) wcv_W	(2) wcv_B	(1)-(2)
河北	0.052	0.019	0.033	河南	0.077	0.048	0.029
山西	0.048	0.051	-0.003	湖北	0.121	0.069	0.052
内蒙古	0.132	0.075	0.057	湖南	0.187	0.090	0.097
辽宁	0.127	0.030	0.097	广东	0.677	0.076	0.601
吉林	0.062	0.053	0.009	广西	0.210	0.147	0.063
黑龙江	1.040	0.082	0.958	四川	0.375	0.082	0.293
江苏	0.093	0.090	0.003	贵州	0.026	0.143	-0.117
浙江	0.103	0.043	0.060	云南	0.399	0.178	0.221
安徽	0.371	0.121	0.250	陕西	0.095	0.125	-0.030
福建	0.120	0.085	0.035	甘肃	0.272	0.138	0.135
江西	0.114	0.118	-0.004	宁夏	0.086	0.177	-0.091
山东	0.243	0.053	0.190	均值	0.219	0.091	0.128

我们根据公式（2-25）对上述结果进行解释，通过对 wcv_W 计算结果的进一步分解，我们发现II类区域的地区内经济发展不平衡值远高于I类区域，主要原因是II类区域内所包含的城市数量众多，每增加一个城市，就要计算一次这个城市与区域内所有城市发展平均水平之间的差异，这些差异不断积累之后，所得到的地区发展不平衡值明显是比只计算两次的I类区域高的。这就好像从N个人随机抽两组计算身高差异，一组只抽2个人，另一组抽10个人，前一组计算2次差异，后一组则要计算10次差异，在多数情况下，后一组所计算的差异值要高于前一组。由于公式（2-25）隐含了地区经济发展不平衡程度是可加的假设，因此，就不难得到这样的结论，东部与中西部之间的经济发展不平衡是这些区域内部省份经济发展不平衡累积的结果，而各省经济发展不平衡是这些省份内部各地级市经济发展不平衡累积的结果。从上述角度就不难解释，为何II类区域的 wcv_W 远高于I类区域。基于上述讨论，不难得到这样的判断，对于大多数省份来说，造成地区经济发展不平衡的主要原因是中心城市和外围城市内部经济发展不平衡，而两者间经济发展不平衡则是次要原因。

最后，我们观察一下地区经济发展不平衡的动态演进轨迹，如图2-15所示。可以看到由于 wcv_B 曲线在大多数时期相对较为平缓，因此，地区发展不平衡的形状主要是由 wcv_W 决定的。从演进轨迹来说，wcv_W 在1994—1996年出现了一次大幅增加，而后逐年下降，2000年之后，逐渐趋于稳定，这与1999年以后实施的“西部大开发”等一系列针对内陆地区的优惠政策有关（范子英，2010）。

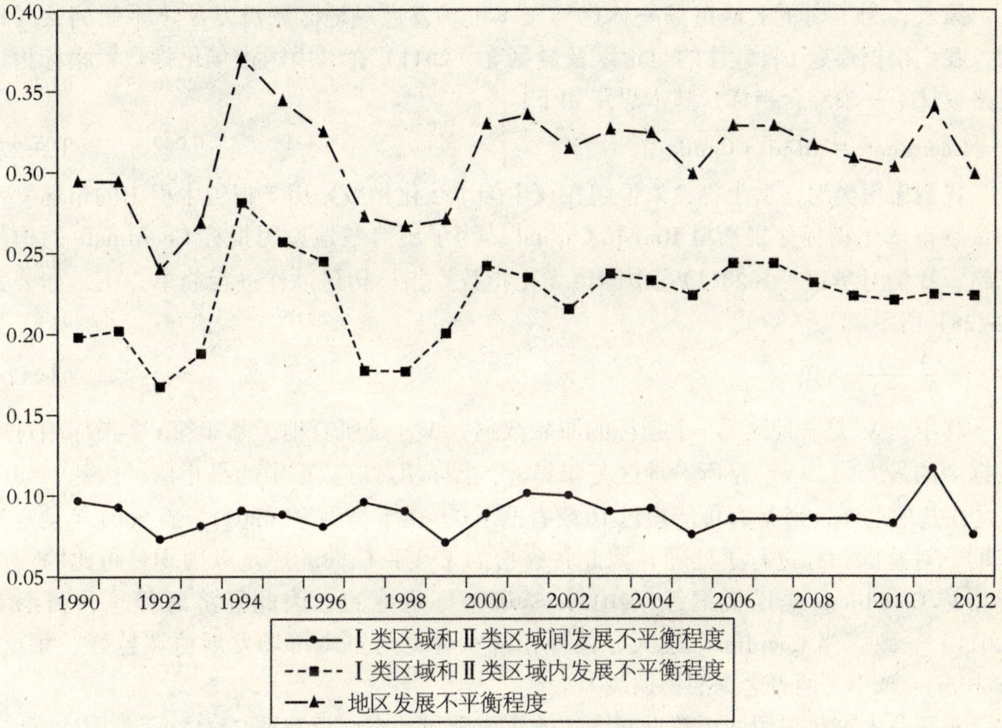

图2-15　Ⅰ类区域与Ⅱ类区域发展不平衡情况

四、计量模型、指标选取与数据描述

（一）计量模型

进行实证研究的目的是检验区域市场一体化与资本市场发展是否会对地区经济发展不平衡改善产生积极影响。借鉴已有研究（Lessmann，2014；钱敏泽，2007；林毅夫，刘培林，2003；万广华，1998），本书所使用的实证模型形式如下：

$$wcv_{i,t} = \alpha_i + f(Y_{i,t}) + \beta_1 Rmi + \beta_2 Capital + \beta_3 Coordinate + \gamma X_{i,t} + \mu_t + \varepsilon_{i,t} \quad (2-26)$$

其中，$i = 1, 2, ..., N$　$t = 1, 2..., T$，$wcv_{i,t}$ 是 i 省份 t 时刻的加权变异系数，包括 wcv_W、wcv_B 以及 wcv 三项指标；$Y_{i,t}$ 为 i 省份 t 时刻的人均GDP；f 是关于 Y 的非线性函数；Rmi 表示区域市场一体化程度；Capital 表示资本市场发展；Coordinate 表示区域市场一体化与资本市场发展的共同作用；$X_{i,t}$ 是控制变量；μ_t 是时间固定效应；α_i 是个体固定效应；$\varepsilon_{i,t}$ 是扰动项。接下来，我们对公式（2-26）的设定与估计方法做进一步解释：

第一，为了控制地区经济发展不平衡与经济增长之间的关系，结合之前关于地区经济发展不平衡收敛性的实证研究（Lessmann，2014；石磊、高帆，2006；林毅夫、刘培林，2003；万广华，2004；沈坤荣、马俊，2002；彭国华，2005），我们对地区经济发展不平衡与经济增长之间关系进行控制，在计量模型中放入非线性函数 f，并将 f(Y) 设定为 $\beta_1{}'Y + \beta_2{}'Y^2$。

第二，为了衡量区域市场一体化与资本市场发展对地区经济发展不平衡的共同作用，我们根据命题 1 收敛性的讨论以及樊纲等（2011）在《中国市场化指数》指标构建思路设计了一项综合指标，基本思路如下：

$$Coordinate = \sqrt{Rmi^2 + Capital^2} \tag{2-27}$$

我们采用樊纲、王小鲁、朱恒鹏在《中国市场化指数》历年报告中提出的市场发育和金融市场化指标分别衡量 Rmi 和 Capital。为了更清楚地说明指标 Coordinate 的构建思路，我们对樊纲等（2011）《中国市场化指数》指标构建过程进行简单介绍，如公式（2-28）所示。

$$V = \frac{V_i - V_{min}}{V_{max} - V_{min}} \times 10 \tag{2-28}$$

其中，V_i 是某地区第 i 个指标的原始数据，V_{max} 是所有地区基年第 i 个指标相对应数据中的最大值，V_{min} 是所有地区基年第 i 个指标相对应数据中的最小值。因此，如果 V 是在基期之外，则 V 有可能超过 10 或者低于 0。由于樊纲等（2011）将 2001 年设定为基期，对基础指标进行了处理，因此各省份的 V 无论横向，还是纵向均是可比的。由于指标 Coordinate 是以樊纲等（2011）基础指标构建的，因此经济解释也与樊纲等（2011）一致，当 Coordinate 越大，区域市场一体化与资本市场发展协调越好，相反，Coordinate 越小，两者之间的协调越差。

第三，本书将采用面板数据双固定效应模型与动态面板数据 GMM 两种估计方法进行分析。以往研究显示，当期增长率更多地取决于本地影响因素的变化，大多数情况下，这些影响因素在时间和个体两个层面都是固定的，适宜采用双固定效应模型进行估计。除此之外，采用固定效应模型的另一个优势在于能够在一定程度上缓解一些没有被观察到的内生性问题。为了进一步解决潜在的内生性问题及进行稳健性检验，我们还采用系统广义矩方法（SYS-GMM）对模型进行估计。Arellano & Bond（1991）在传统 GMM 估计基础上，进一步提出了差分广义矩估计法（DIF-GMM）处理内生性问题。然而，DIF-GMM 估计量较易受弱工具变量的影响而产生向下的大的有限样本偏差。之后，Blundell & Bond（1998）进一步结合差分方程和水平方程，提出了系统广义矩方法（SYS-GMM），并增加了一组滞后的差分变量作为水平方程相应变量的工具。目前，SYS-GMM 估计已成为较为有效解决潜在内生性问题的实证计量方法。

（二）指标变量与数据描述

实证分析所使用的主要数据指标如表 2-16 所示，除了被解释变量 wcv_W 和 wcv_B 以及核心解释变量 Coordinate 以外，我们还引入了其他控制变量。

表2-16 **数据描述**

变量	变量含义	Obs	Mean	Std. Dev.	Min	Max
wcv_W	区域内发展不平衡	288	0.222	0.251	0.004	1.616
wcv_B	区域间发展不平衡	288	0.088	0.053	0.009	0.295
wcv	地区发展不平衡	288	0.310	0.260	0.012	1.711
Lgdp	ln（人均GDP）	299	9.213	0.641	7.703	10.698
Capital	金融市场化程度	253	6.646	2.773	0.680	12.840
Rmi	区域市场一体化	299	7.367	1.726	1.850	10.610
Coordinate	冰山成本与资本市场的共同作用	253	4.509	2.512	0.2404	10.316
Urbanization	城镇化水平	299	0.346	0.136	0.123	0.634
FDI	外商直接投资水平	299	0.003	0.003	0.000	0.023
Lhighway	ln（高速公路里程）	276	11.018	0.852	7.282	12.554
Lsubway	ln（铁路里程）	276	7.890	0.702	6.043	11.433
Loan	年末贷款余额 /国内生产总值	299	0.920	0.229	0.000	1.706

（1）被解释变量。区域内发展不平衡（wcv_W）和区域间发展不平衡（wcv_B）：我们将地区经济发展不平衡程度进行了空间分解，得到了区域内经济发展不平衡和区域间经济发展不平衡两项指标，作为实证研究两个主要被解释变量。

（2）核心被解释变量。区域市场一体化与资本市场发展的共同作用（Coordinate）：用于衡量区域市场一体化与资本市场发展之间的协调情况。我们已在之前对指标构建过程进行了详细介绍，这里不再累述。

资本市场发展（Capital）：这一指标取自樊纲等历年的《中国市场化指数》，其中包含了以下两方面内容，金融业竞争与信贷资金分配市场化。按照理论分析，金融市场化程度越高，则 r_A 和 r_B 越接近，两者比例就越接近于1。

区域市场一体化（Rmi）：取自樊纲等历年的《中国市场化指数》，其中包含了以下两方面内容，价格决定市场程度与减少商品地方保护。按照理论分析，区域市场一体化程度越高，则地区间贸易的物流损耗就越低，冰山成本 τ 就越接近于1。

（3）控制变量。参照以往研究（Lessmann，2014；钱敏泽，2007；林毅夫，刘培林，2003；陈钊等，2006；刘瑞明，2011；范剑勇，2008），我们在控制变量中分别加入了资本市场规模发展（Loan）、城镇化水平（Urbanization）、外商直接投资（FDI）、基础设施建设（Lhighway和Lsubway）。其中，加入Loan和FDI是参照郭玉清、姜磊（2010），张军等（2007）文献的研究，控制资本市场规模、外资规模以及地方政府竞争对地区发展不平衡所产生的影响；加入Urbanization是参照王小鲁、樊纲（2004），陈钊、陆铭（2009）等文献的研究，控制人口流动对地区发展不平衡所产生的影响；加入Lhighway和Lsubway是为了控制冰山成本影响因素中交通便利程度的影响，通常来说，基础设施建设越好，两地之间进行贸易的物理损耗越低（范剑勇，2008）。

本书实证分析所使用的数据包括1997至2009年中国23个省级地区，由于部分数据缺失，我们所使用的是非平衡面板数据。所有数据均来自历年《中国市场化指数》以及各省《统计年鉴》。

五、实证结果与分析

按照研究设计，我们首先采用双固定效应模型实证检验区域市场一体化与资本市场发展对区域内经济发展不平衡的影响，结果如表2-17所示。通过观察，不难发现，在各个回归模型中，Rmi、Capital和Coordinate三个主要解释变量均通过了在1%显著性水平上的检验，并且在加入不同的控制变量之后系数值稳定。其中，Rmi和Capital的估计系数均为负值，表明各省份区域市场一体化以及资本市场化改革有效地降低了区域内经济发展不平衡程度，实证结果有力地支持了理论假设 H_0 和 H_1 。一方面，由于发展混合所有制经济需要，中国形成了以四大国有银行为核心的金融系统，基本特征是封闭、监管强度高，对区域间资本配置效率造成了很强的扭曲（李青原等，2013；尹希果等，2005），这是导致区域发展不平衡的重要原因；另一方面，由于长期以GDP为主的政绩考核方式的存在，地方政府竞争使得区域市场一体化进程受阻，地方保护主义和区域间贸易壁垒问题一直较为突出（雷明，刘敬波，2005），使得不同区域资源配置受到影响，这也是造成区域发展不平衡的重要原因。因此，推进上述两方面改革确实能够有效降低区域经济发展不平衡。

更重要地，Coordinate的估计系数在1%显著性水平上通过了检验，这表明，区域市场一体化与资本市场发展的共同作用能对区域内经济发展不平衡产生影响，部分验证了理论假设 H_2 。但是，在本书样本考察期内，Coordinate的估计系数为正，表明区域市场一体化与资本市场发展的共同作用扩大了区域内经济发展不平衡程度，这与理论假设 H_2 恰恰相反。事实上，如果仔细回顾一下过去十几年区域市场一体化与资本市场化改革进程，就不难发现，上述实证结果的出现并不意外。具体来说，在1994年实施财政分权改革以来，地方保护主义和贸易壁垒问题越来越严重的情况下，中央出台了“西部大开发”等一系列侧重中西部发展的扶持政策，推进区域市场一体化，一定程度上缓解了地区保护主义和贸易壁垒问题。然而，资本市场在2005年完成一系列重大改革之后，相当长一段时间内再无较大动作，特别是利率市场化进程推进非常迟缓，直到2012年，央行才宣布正式放开存款利率浮动区间。不难发现，两方面改革进程存在脱节现象，这是造成Coordinate系数为正的主要原因之一。除此之外，由于本书理论分析采用的是中心-外围模型，重点关注的是拥有不同资源禀赋之间差别对区域发展不平衡的影响，而区域内城市所拥有的资源禀赋往往是相同的，比如I类区域作为中心城市，通常资本市场比较发达，II类区域城市通常自然资源比较丰富，这与理论假设所描述的情况有所不同。综上所述，实证结果与理论假设不同也就不那么令人意外了。

表2-17　　区域内发展不平衡的固定效应分析结果

解释变量	(1) Fixed Effect	(2) Fixed Effect	(3) Fixed Effect	(4) Fixed Effect	(5) Fixed Effect
Lgdp	1.409***	1.410***	1.430***	1.520***	1.525***
	(0.306)	(0.306)	(0.307)	(0.337)	(0.342)
Lgdp^2	−0.0544***	−0.0544***	−0.0551***	−0.0586***	−0.0589***
	(0.0155)	(0.0155)	(0.0155)	(0.0170)	(0.0172)
Capital	−0.0745***	−0.0737***	−0.0726***	−0.0721***	−0.0719***
	(0.0199)	(0.0200)	(0.0200)	(0.0216)	(0.0217)
Rmi	−0.0710***	−0.0700***	−0.0688***	−0.0701**	−0.0701**
	(0.0255)	(0.0255)	(0.0256)	(0.0283)	(0.0283)
Coordinate	0.108***	0.107***	0.105***	0.103***	0.103***
	(0.0330)	(0.0331)	(0.0331)	(0.0370)	(0.0371)
Urbanization		0.0353	0.0452	0.142	0.137
		(0.0524)	(0.0531)	(0.138)	(0.147)
FDI			3.112	2.665	2.690
			(2.841)	(3.170)	(3.188)
Lhighway				−0.0118	−0.0113
				(0.0196)	(0.0203)
Lsubway				−0.0243	−0.0238
				(0.0253)	(0.0259)
Loan					0.00411
					(0.0403)
Constant	−8.036***	−8.059***	−8.186***	−8.391***	−8.431***
	(1.566)	(1.568)	(1.572)	(1.769)	(1.817)
Observations	248	248	248	230	230
R-squared	0.223	0.224	0.229	0.238	0.238
Number of id	23	23	23	23	23
Province FE	YES	YES	YES	YES	YES
Year FE	YES	YES	YES	YES	YES

注：*、**、***分别表示参数在10%、5%和1%的显著性水平上显著，下同。

接下来，继续研究区域市场一体化与资本市场发展对区域间经济发展不平衡的影响，我们依然采用面板数据双固定效应模型进行估计，结果如表2-18所示。按照之前对I类和II类区域的划分，区域间发展不平衡更接近模型分析的情况。按照理论假设，如果Coordinate的符号为负值，则就能够证明区域市场一体化与资本市场发展的共同作用对改善区域间发展不平衡能够发挥积极作用，这意味着，通过系统推进上述两个领域改革能够有效解决中心城市与外围城市之间发展不平衡问题。

表2-18 **区域间发展不平衡的固定效应分析结果**

	(1)	(2)	(3)	(4)	(5)
解释变量	Fixed Effect	Fixed Effect	Fixed Effect	Fixed Effect	Fixed Effect
Lgdp	-0.742***	-0.744***	-0.736***	-0.802***	-0.792***
	(0.0936)	(0.0918)	(0.0917)	(0.0986)	(0.0998)
Lgdp^2	0.0370***	0.0371***	0.0368***	0.0398***	0.0394***
	(0.00474)	(0.00465)	(0.00464)	(0.00498)	(0.00502)
Capital	0.00852	0.00745	0.00793	0.00628	0.00651
	(0.00610)	(0.00599)	(0.00598)	(0.00632)	(0.00633)
Rmi	0.0205***	0.0190**	0.0195**	0.0190**	0.0191**
	(0.00779)	(0.00766)	(0.00764)	(0.00826)	(0.00828)
Coordinate	-0.0200**	-0.0177*	-0.0185*	-0.0155	-0.0156
	(0.0101)	(0.00992)	(0.00990)	(0.0108)	(0.0108)
Urbanization		-0.0471***	-0.0430***	-0.105**	-0.114***
		(0.0157)	(0.0159)	(0.0403)	(0.0428)
FDI			1.283	0.330	0.380
			(0.849)	(0.927)	(0.931)
Lhighway				0.0123**	0.0132**
				(0.00574)	(0.00593)
Lsubway				0.00755	0.00864
				(0.00739)	(0.00757)
Loan					0.00802
					(0.0118)
Constant	3.717***	3.748***	3.696***	3.855***	3.777***
	(0.479)	(0.470)	(0.470)	(0.517)	(0.531)
Observations	248	248	248	230	230
R-squared	0.313	0.342	0.349	0.379	0.381
Number of id	23	23	23	23	23
Province FE	YES	YES	YES	YES	YES
Year FE	YES	YES	YES	YES	YES

通过观察表2-18中的实证结果，不难发现，与我们之前预期一致，Coordinate系数符号为负值，并且在模型（1）~（3）中在10%显著性水平上通过了检验，初步验证了理论假设 H_2。但是，Capital未能通过显著性检验，Rmi虽然通过了显著性检验，但估计系数为负，出现上述结果的原因在于区域市场一体化和资本市场发展对I类和II类区域间所产生的影响存在正、负两种效应，最终效应很可能是非对称的。具体来说，由于中心城市与外围城市在政府管理、公共服务、商业模式、资源禀赋等方面存在差异，区域市场一体化和资本市场发展对其所产生的影响是不同的。在某些情况下，区域市场一体化和资本市场发展会扩大了中心城市的市场规模，所增加的需要将使得资源由外围城市向中心城市流动，进一步提升地区间经济发展不平衡程度。这就好像同时给能力不同的两个人一笔现金用于投资，能力强的人往往能够获得更高的收益，而能力差的人往往获得的收益较低，甚至得到负收益。根据上述分析，Capital估计系数不显著表明资本市场发展对地区间经济发展不平衡的影响尚不清晰，还需要在未来研究中更细致地对解释变量进行分解，而区域市场一体化会提高中心城市和外围城市之间经济发展不平衡程度，并且中心城市能够更快地将区域市场一体化所产生的政策利好转化为生产力。

进一步观察各个控制变量，我们发现，城镇化进程估计系数为负值，并且在1%显著性水平上通过检验，表明城镇化进程有效改善了区域间发展不平衡问题，这可能是因为II类区域劳动力向I类区域流动，人口基数减少，在产出不变或小幅增加的情况下，人均产出增长速度较快，相应地，I类区域由于劳动力流入增加，产出势必增加，但同时人口基数也将增加，人均产出增长速度相对较慢，区域间经济发展差异区域变小。高速公路里程的估计系数为正且通过了显著性检验，表明区域间公路建设对区域间发展不平衡改善发挥负面影响，这可能是由以下原因造成的：第一，中心城市能够更充分地利用基础设施推进本地经济发展；第二，基础设施大多集中于中心周边，更有利于中心城市发展。其余控制变量均是不显著的。

为了克服潜在的内生性问题，我们采用系统广义矩方法（SYS-GMM）对表2-17和表2-18中的模型进行了二次估计，结果如表2-19和表2-20所示。其中，对序列相关检验显示，一阶序列相关但二阶序列不相关，而采用两步法估计后，模型均通过工具变量过度识别检验，表明我们所使用的工具变量是有效的。核心解释变量的符号和显著性均与双固定效应模型的估计结果一致，说明模型结论具有较强的稳健性。进一步观察表2-19和表2-20中的系数估计结果，可以看到，一阶滞后的被解释变量 wcv_W 和 wcv_B 均是显著的，且系数为正值，表明前一期的区域发展不平衡程度对当期区域发展不平衡程度具有非常显著的影响，一旦地区发展不平衡形成，则随着经济不断增长，就会存在逐渐拉大的趋势，进一步验证了我们的逻辑。

六、研究结论

地区发展不平衡以及如何解决是中国经济发展过程中需要重点予以关注的复杂经济学问题。学术界围绕劳动力、资本、自然资源等地区发展不平衡的若干影响因素进行了

表2-19　　区域内发展不平衡的SYS-GMM分析结果

	(1)	(2)	(3)	(4)	(5)
解释变量	SYS GMM	SYS GMM	SYS GMM	SYS GMM	SYS GMM
L.WCV_w	0.845***	0.829***	0.825***	0.811***	0.819***
	(0.0187)	(0.00908)	(0.0103)	(0.0269)	(0.0278)
Lgdp	0.114	0.316	0.347	0.340	0.497
	(0.146)	(0.204)	(0.220)	(0.360)	(0.486)
Lgdp^2	-0.00633	-0.0165	-0.0180	-0.0152	-0.0236
	(0.00776)	(0.0107)	(0.0113)	(0.0188)	(0.0256)
Capital	-0.0595***	-0.0615***	-0.0627***	-0.0551***	-0.0532***
	(0.00471)	(0.00539)	(0.00440)	(0.00839)	(0.00963)
Rmi	-0.0508***	-0.0528***	-0.0539***	-0.0375***	-0.0354***
	(0.00532)	(0.00660)	(0.00539)	(0.0113)	(0.0135)
Coordinate	0.0800***	0.0809***	0.0822***	0.0605***	0.0578***
	(0.00817)	(0.00974)	(0.00696)	(0.0143)	(0.0163)
Urbanization		0.0105	0.00946	-0.0513	-0.0837**
		(0.00824)	(0.0118)	(0.0400)	(0.0421)
FDI			0.429	2.925*	3.355
			(0.834)	(1.566)	(2.106)
Lhighway				0.00894	0.0122*
				(0.00578)	(0.00639)
Lsubway				0.0158***	0.0200***
				(0.00540)	(0.00607)
Loan					0.0332*
					(0.0177)
Constant	-0.509	-1.498	-1.645	-1.986	-2.809
	(0.685)	(0.970)	(1.047)	(1.728)	(2.301)
Sargan	1	1	1	1	1
AR（1）	0.0238	0.0286	0.0291	0.0343	0.2144
AR（2）	0.1034	0.1042	0.1015	0.2144	0.2191
Observations	245	245	245	228	228
Number of id	23	23	23	23	23

表2-20　　区域间发展不平衡的SYS-GMM分析结果

	(1)	(2)	(3)	(4)	(5)
解释变量	SYS GMM	SYS GMM	SYS GMM	SYS GMM	SYS GMM
L.WCV_b	0.494***	0.419***	0.486***	0.385***	0.556***
	(0.0476)	(0.0593)	(0.0726)	(0.0968)	(0.0980)
Lgdp	−0.0952	−0.331**	−0.253**	−0.358*	−0.0478
	(0.112)	(0.137)	(0.108)	(0.209)	(0.242)
Lgdp^2	0.00573	0.0184**	0.0139**	0.0186*	0.00171
	(0.00602)	(0.00728)	(0.00590)	(0.0111)	(0.0132)
Capital	0.00479*	0.00344	0.00671*	0.0131***	0.0127***
	(0.00247)	(0.00341)	(0.00393)	(0.00341)	(0.00366)
Rmi	0.00779***	0.00784***	0.00907***	0.0118***	0.0107***
	(0.00210)	(0.00301)	(0.00327)	(0.00331)	(0.00391)
Coordinate	−0.0118***	−0.0117**	−0.0135***	−0.0191***	−0.0158***
	(0.00317)	(0.00471)	(0.00430)	(0.00496)	(0.00575)
Urbanization		−0.0194***	−0.0153**	0.0943**	0.122***
		(0.00520)	(0.00612)	(0.0460)	(0.0425)
FDI			2.945**	5.807*	9.433***
			(1.177)	(3.202)	(3.493)
Lhighway				−0.0139**	−0.0168***
				(0.00590)	(0.00486)
Lsubway				−0.0177**	−0.0225***
				(0.00792)	(0.00595)
Loan					0.0218***
					(0.00717)
Constant	0.456	1.568**	1.206**	2.022**	0.592
	(0.525)	(0.643)	(0.509)	(1.009)	(1.145)
Sargan	1	1	1	1	1
AR（1）	0.0253	0.0353	0.0306	0.0080	0.0018
AR（2）	0.9701	0.6652	0.5155	0.6274	0.4259
Observations	245	245	245	228	228
Number of id	23	23	23	23	23

大量研究，认为除劳动力流动以外，区域市场一体化和资本市场发展是造成地区发展不平衡的两个主要原因。然而，目前大多数研究均是分别讨论两种因素的影响，并没有考虑两者之间的相互联系。基于中国二元经济结构演进的基本特征，本书借助一个假设劳动力流动的中心-外围模型，试图找到区域市场一体化和资本市场发展的理论关系与经验证据。研究发现，在给定劳动力自由流动，而资本和自然资源流动受限的假设下，当区域市场一体化和资本市场发展共同发挥作用时，地区经济发展不平衡程度才会趋于收敛。实证研究发现，区域市场一体化和资本市场发展的共同作用在缩小地区间地区发展不平衡程度的同时，增加了地区内发展不平衡程度，这很可能是区域市场一体化和资本市场发展对不同区域的影响存在非对称性造成的。上述研究结论为未来中国区域经济发展政策提供了一个可行的思路：即想要实现“经济收敛”就需要推进资本市场化与区域市场一体化两者之间的协调发展。

从本书的研究可以看到，地区发展不平衡影响因素之间的关系并非是割裂的，而是相互依存的。因此，解决地区发展不平衡问题的关键在于，在政策制定过程中，应重视劳动力、资本、自然资源、制度建设等多方面的协调发展，切忌过于侧重某一方面，忽视其他。具体来说，就是要打破区域市场之间要素配置与流动壁垒，推进区域市场一体化进程，鼓励资本向自然资源富集地区流动，规避“自然资源诅咒”假说，推进资本在地区经济增长中发挥更大作用；进一步加强资本市场制度建设，促进资本“由东向西”和“由城市向农村”的跨区流动，扩大资本空间配置范围，提高资本配置效率。

参考文献

[1]蔡昉，都阳.中国地区经济增长的趋同与差异——对西部开发战略的启示[J].经济研究，2000：30-37.

[2]陈钊，陆铭，金煜.中国人力资本和教育发展的区域差异：对于面板数据的估算[J].世界经济，2005，（12）.

[3]陈钊，陆铭. 在集聚中走向平衡：中国城乡与区域经济协调发展的实证研究[M].北京：北京大学出版社，2009.

[4]邓翔.中国地区差距的分解及其启示[J].四川大学学报：哲学社会科学版，2002：31-36.

[5]董先安.浅释中国地区收入差距：1952—2002[J].经济研究，2004（9）：48-59.

[6]段景辉，陈建宝.基于家庭收入分布的地区基尼系数的测算及其城乡分解[J].世界经济，2010（1）：100-122.

[7]樊刚，王小鲁，朱恒鹏.中国市场化指数[M].北京：经济科学出版社，2011.

[8]樊纲，王小鲁.中国各地区市场化相对进程报告[J].经济研究，2003（3）：9-18.

[9]范剑勇，谢强强.地区间产业分布的本地市场效应及其对区域协调发展的启示[J].经济研究，2010（4）：107-119.

[10]范剑勇，张雁.经济地理与地区间工资差异[J].经济研究，2009（8）：73-84.

[11]范剑勇，朱国林.中国地区差距演变及其结构分解[J].管理世界，2002（7）：37-44.

[12]范剑勇.产业结构失衡、空间集聚与中国地区差距变化[J].上海经济研究，2008：3-13.

[13]范剑勇.产业集聚与地区间劳动生产率差异[J].经济研究，2006（11）：72-81.

[14]范剑勇.产业集聚与中国地区差距研究[M].上海：格致出版社，2008.

[15]范剑勇.市场一体化、地区专业化与产业集聚趋势——兼谈对地区差距的影响[J].中国社会科学，2005（6）：39-51.

[16]范子英.地区经济战略与区域经济融合[J].经济社会体制比较，2010（6）：64-73.

[17]干春晖，郑若谷.中国地区经济差距演变及其产业分解[J].中国工业经济，2010（6）：25-34.

[18]高帆.中国地区经济差距的“空间”和“动力”双重因素分解[J].经济科学，2012：5-17.

[19]郭玉清，姜磊.中国地区经济差距扩散的源泉：资本深化还是效率改进?[J].数量经济技术经济研究，2010（7）：38-52.

[20]国家计委经济研究所课题组，王建.中国区域经济发展战略研究[J].管理世界，1996（4）：175-189.

[21]韩王岩，王哲兵.我国实体经济资本配置效率与行业差异[J].经济研究，2005（1）：77-84.

[22]郝寿义.区域经济学原理[M].上海：上海人民出版社，2007.

[23]胡鞍钢，王绍光，康晓光.中国地区差距报告[M].沈阳：辽宁人民出版社，1995.

[24]金相郁，武鹏.中国区域经济发展差距的趋势及其特征——基于GDP修正后的数据[J].南开经济研究，2010（1）：79-96.

[25]金煜，陈钊，陆铭.中国的地区工业集聚：经济地理、新经济地理与经济政策[J].经济研究，2006（4）：79-89.

[26]井雯.关于建国后中国区域经济发展战略的思考[J].经济研究导刊，2012（31）：120-122.

[27]柯善咨，郭素梅.中国市场一体化与区域经济增长互动：1995—2007年[J].数量经济技术经济研究，2010（5）：62-72.

[28]柯善咨，赵曜.城市规模，集聚经济与资本的空间极化——基于我国县级以上城市面板数据的实证研究[J].财经研究，2012（9）：92-102.

[29]雷明，刘敬波.地方保护主义和地区间贸易壁垒的检验性分析[J].北京大学学报：哲学社会科学版，2005（1）：92-100.

[30]李萍，张道宏.金融发展与地区经济差距[J].统计研究，2005（12）：18-22.

[31]李青原，李江冰，江春.金融发展与地区实体经济资本配置效率——来自省级

工业行业数据的证据[J]. 经济学（季刊），2013（1）：527-548.

[32]李天籽. 自然资源丰裕度对中国地区经济增长的影响及其传导机制研究[J]. 经济科学，2007（6）：66-76.

[33]梁琦，李晓萍，吕大国. 市场一体化、企业异质性与地区补贴——一个解释中国地区差距的新视角[J]. 中国工业经济，2012（2）：16-25.

[34]林伯强. 中国的经济增长、贫困减少与政策选择[J]. 经济研究，2003：15-25.

[35]林毅夫，刘培林. 中国的经济发展战略与地区收入差距[J]. 经济研究，2003（3）：19-25.

[36]刘强. 中国经济增长的收敛性分析[J]. 经济研究，2001：70-77.

[37]刘瑞明. 所有制结构、增长差异与地区差距：历史因素影响了增长轨迹吗?[J]. 经济研究，2011（S2）：16-27.

[38]刘夏明，魏英琪，李国平. 收敛还是发散?——中国区域经济发展争论的文献综述[J]. 经济研究，2004：70-81.

[39]刘学良. 中国收入差距的分解：1995—2006[J]. 经济科学，2008：5-19.

[40]陆铭，陈钊. 分割市场的经济增长——为什么经济开放可能加剧地方保护?[J]. 经济研究，2009（3）：42-52.

[41]彭国华. 中国地区收入差距，全要素生产率及其收敛分析[J]. 经济研究，2005（9）：19-29.

[42]钱敏泽. 库兹涅茨倒U字形曲线假说的形成与拓展[J]. 世界经济，2007，30（9）：56-63.

[43]权衡. 中国区域经济发展战略理论研究述评[J]. 中国社会科学，1997：44-51.

[44]邵帅，杨莉莉. 自然资源丰裕、资源产业依赖与中国区域经济增长[J]. 管理世界，2010（9）：26-44.

[45]沈坤荣，马俊. 中国经济增长的“俱乐部收敛”特征及其成因研究[J]. 经济研究，2002（1）：33-39.

[46]石磊，高帆. 地区经济差距：一个基于经济结构转变的实证研究[J]. 管理世界，2006（5）：35-44.

[47]史修松，赵曙东. 中国经济增长的地区差异及其收敛机制（1978—2009年）[J]. 数量经济技术经济研究，2011（1）：51-62.

[48]孙海刚. 市场化进程中的中国地区经济差距成因研究[J]. 财经研究，2007（9）：101-111.

[49]覃成林，张华，张技辉. 中国区域发展不平衡的新趋势及成因——基于人口加权变异系数的测度及其空间和产业二重分解[J]. 中国工业经济，2011（10）：37-45.

[50]覃成林. 中国区域经济差异研究[M]. 北京：中国经济出版社，1997.

[51]万广华. 解释中国农村区域间的收入不平等：一种基于回归方程的分解方法[J]. 经济研究，2004（8）：117-127.

[52]万广华. 中国农村区域间居民收入差异及其变化的实证分析[J]. 经济研究，1998

(5)：36-41.

[53]万广华.转型经济中的收入不平等和经济发展——非线性模型是否必须?[J].世界经济文汇，2004（4）：1-13.

[54]王小鲁，樊纲.中国地区差距的变动趋势和影响因素[J].经济研究，2004（1）：33-44.

[55]魏后凯.论我国区际收入差异的变动格局[J].经济研究，1992：61-65.

[56]魏后凯.中国地区间居民收入差异及其分解[J].经济研究，1996：66-73.

[57]魏后凯.中国地区发展：经济增长、制度变迁与地区差异[M].北京：经济管理出版社，1997.

[58]魏后凯.中国地区经济增长及其收敛性[J].中国工业经济，1997（3）：31-37.

[59]徐建华，鲁凤，苏方林，等.中国区域经济差异的时空尺度分析[J].地理研究，2005，24（1）：57-68.

[60]徐康宁，王剑.自然资源丰裕程度与经济发展水平关系的研究[J].经济研究，2006，41（1）：78-89.

[61]许召元，李善同.近年来中国地区差距的变化趋势[J].经济研究，2006（07）：106-116.

[62]严汉平，白永秀.中国区域差异变化轨迹及区域差异系统分析[J].嘉兴学院学报，2005（17）：105-114.

[63]杨开忠.中国区域经济差异变动研究[J].经济研究，1994（12）：28-33.

[64]尹希果，陈刚，潘杨，等.我国金融发展与地区经济收敛[J].当代经济科学，2006（5）：18-25.

[65]张军，高远，傅勇，等.中国为什么拥有了良好的基础设施?[J].经济研究，2007（3）：4-19.

[66]张藕香，张军政.我国区域不均等：分解方法与实证分析[J].北京理工大学学报：社会科学版，2007（9）：65-70.

[67]张茹.中国经济增长地区差异的动态演进：1978—2005[J].世界经济文汇，2008（2）：69-83.

[68]张馨之，何江.中国地区经济发展差距的空间分析[J].地域研究与开发，2007（26）：35-39.

[69]郑若谷.产业聚集，增长动力与地区差距——入世以来我国制造业的实证分析[J].经济管理，2009（12）：14-22.

[70]郑炎成，鲁德银.县域经济发展不平衡对地区差距的解释力分析[J].财经研究，2004（7）：121-129.

[71]周玉翠，齐清文，冯灿飞.近10年中国省际经济差异动态变化特征[J].地理研究，2002，21（6）：781-790.

[72]Akita T，Miyata S. The bi-dimensional decomposition of regional inequality based on the weighted coefficient of variation[J]. Letters in Spatial and Resource Sciences，2010，3，

(3): 91-100.

[73]Allen F, Qian J, Qian M. Law, finance, and economic growth in China[J]. Journal of Financial Economics, 2005, 77 (1): 57-116.

[74]Amos J O M. Unbalanced regional growth and regional income inequality in the latter stages of development[J]. Regional Science and Urban Economics, 1988, 18, (4): 549-566.

[75]Arellano M, Bond S. Some tests of specification for panel data: Monte Carlo evidence and an application to employment equations[J]. The Review of Economic Studies, 1991, 58 (2): 277-297.

[76]Barrios S, Strobl E. The dynamics of regional inequalities[J]. Regional Science and Urban Economics, 2009, 39, (5): 575-591.

[77]Barro R T, Sala-I-Martin X. Regional growth and migration: a Japan-United States comparison[J]. Journal of the Japanese & International Economies, 1992, 6 (4): 312-346.

[78]Blundell R, Bond S. GMM estimation with persistent panel data: an application to production functions[J]. Econometric Reviews, 2000, 19 (3): 321-340.

[79]Combes P P, Mayer T, Thisse J F. Economic geography: the integration of regions and nations[M]. Princeton University Press, 2008.

[80]Démurger S, Sachs J D, Woo W T, et al. The relative contributions of location and preferential policies in China's regional development: being in the right place and having the right incentives[J]. China Economic Review, 2002, 13: 444-465.

[81]Fan C C, Casetti E. The spatial and temporal dynamics of US regional income inequality, 1950—1989[J]. The Annals of Regional Science, 1994, 28, (2): 177-196.

[82]Fujita M, Hu D. Regional disparity in China 1985—1994: the effects of globalization and economic liberalization[J]. Annals of Regional Science, 2001, 35 (1): 3-37.

[83]Fujita M, Krugman P R, Venables A J. The spatial economy: cities, regions, and international trade[M]. MIT Press, 2001.

[84]Galor O. Convergence? inferences from theoretical models[J]. The Economic Journal, 1996, 106, (437): 1056-1069.

[85]Golley J, Transition T E O, Aghion P, et al. Regional patterns of industrial development during China's economic transition[J]. Economics of Transition, 2002, 10 (3): 761-801.

[86]Kanbur R, Venables A J. Rising spatial disparities and development[R]. World Institute for Development Economic Research (UNU-WIDER), 2005.

[87]Kanbur R, Zhang X. Fifty years of regional inequality in China: a journey through central planning, reform, and openness[J]. Review of Development Economics, 2005, 9, (1): 87-106.

[88]Krugman P R. Geography and Trade[M]. MIT Press, 1991.

[89]Kuznets S. Economic growth and income inequality[J]. The American Economic Review，1955（1）：1-28.

[90]Lessmann C. Spatial inequality and development—is there an inverted-U relationship?[J]. Journal of Development Economics，2014（106）：35-51.

[91]Lucas R E. Some macroeconomics for the 21st Century[J]. The Journal of Economic Perspectives，2000，14，（1）：159-168.

[92]Moore，Tyrel G. Core-periphery models，regional planning theory，and appalachian development[J]. Professional Geographer，1994，46（3）：316-331.

[93]Pritchett L. Divergence，big time[J]. The Journal of Economic Perspectives，1997，11，（3）：3-17.

[94]Riskin C，Zhao R，Li S. China's retreat from equality：income distribution and economic transition[M]// M.E. Sharpe，2001：730.

[95]Rozelle S. Rural industrialization and increasing inequality：emerging patterns in China's reforming economy[J]. Journal of Comparative Economics，1994，19（3）：362-391.

[96]Terrasi M. Convergence and divergence across italian regions[J]. The Annals of Regional Science，1999，33，（4）：491-510.

[97]Williamson J G. Regional inequality and the process of national development：a description of the patterns[J]. Economic Development and Cultural Change，1965，13，（4）：1-84.

[98]Wu Y. Regional disparities in China：an alternative view[J]. International Journal of Social Economics，1974，29（7）：575-589.

[99]Young A. The razor's edge：distortions and incremental reform in the People's Republic of China[J]. Quarterly Journal of Economics，2000，115（4）：1091-1135.

第二篇

城镇化、财政与收入分配

第三章

财政与收入再分配政策

第一节　概述

一、财政政策介入收入分配的依据

财政或者政府介入收入分配领域最主要的理论依据是市场失灵，即市场机制在调节收入分配差距方面存在缺陷，市场的自然运行会导致收入分配不公，社会贫富分化。市场经济条件下，收入分配中的公平主要包括几层含义：第一，收入分配的机会均等；第二，收入分配的规则统一；第三，分配结果的对称性。市场经济主要按照平等交换的原则，保证生产要素投入和要素收入的对称性，并通过市场供求的变化、要素价格的调整对居民收入产生调节作用。这种机制最大的优点是能够保证分配的规则公平和过程公平。但由于客观存在的个体劳动能力和拥有的资产数量的差别，会导致居民参与市场竞争的机会不均等，再加上非竞争因素的存在，在价值规律作用下，市场经济的运行必然带来结果的不平等，导致社会分化和贫富悬殊。而收入差距过大会带来严重的社会问题，导致社会不稳定因素增加，并最终使得经济效率低下。因此，政府有必要介入收入分配领域，对市场经济发展带来的收入差距进行调节。

由市场运行导致的收入分配不公，在一定的范围和程度上也可以由私人部门和社会力量来加以调节，这种调节被称作“第三次分配”。它是指：“独立于市场和政府之外的收入分配调节机制，是个人或企业基于社会责任自愿将一部分可支配收入捐赠出去，用于社会救助、慈善公益等事业的重新分配社会财富的机制。”进行第三次分配的主体主要包括营利机构、非营利机构（宗教组织、民间团体、各种基金会、慈善机构等）和居民个人。这种分配方式在发达国家发挥的“济贫”效应较为明显。但由于我国相关政策缺失，组织公信力不足以及公民意识淡薄等原因导致其调节效果不明显。另外，这种分配方式本身具有的自愿性、不稳定性和偶然性也决定了其难以成为调节收入分配的主要依靠力量。而政府作为社会管理者，拥有公共权力，如立法权和司法权，因此具有合法的强制力和权威性，这是其他任何个人和机构都不具备的。这些都决定了政府能够在收入再分配领域发挥其他私人机构所无法替代的作用，能够更好地满足社会对公平收入分配的要求：长期性、系统性、稳定性和规范性。

二、财政的收入再分配职能

财政职能是指财政本身所固有的，不以人们意志为转移的职责和功能，是财政本质的具体体现。它通过与国民经济各部门之间相互作用来表现自身功能，并获得一定的效果。关于财政职能的具体内容，学者们观点有所差异。具有代表性的是西方现代财政学的代表人物马斯格雷夫，他认为财政的主要职能包括资源配置职能、收入分配职能和经济稳定与发展职能三个方面。

从我国财政职能历史沿革来看，经历了计划经济体制下的分配和监督两大职能，计划的商品经济时期的分配、调节和监督三项职能，社会主义市场经济条件下的资源配置、收入分配、经济调控和监督管理四大职能。由此可见，虽然财政职能在不同经济发展阶段和经济体制条件下的侧重有所不同，但财政的收入分配职能从未丢失。收入分配职能是财政的最基本的职能。具体来说，它是指政府为了实现公平分配，将收入差距保持在社会可以接受的范围内，而对市场经济形成的收入分配格局予以调整的职责和功能。

财政收入分配职能的目标是实现收入的公平分配。收入分配领域中的公平，可以相对地区分为社会公平和经济公平。经济公平强调要素投入和要素收入相对称（即平等交换），获取收入的过程公平以及规则统一，同时承认机会平等前提下分配结果的差别，它主要在初次分配阶段实现；社会公平不仅要求参与分配的机会平等，同时强调分配结果的相对平等，使社会成员的收入差距保持在一定范围内，消除贫富悬殊和两极分化，主要在再分配阶段实现。经济公平更注重效率，而社会公平更侧重于公平原则。财政收入分配职能的发挥应坚持公平与效率相协调的原则，划清政府与市场的界限，初次分配发挥市场机制的作用注重效率，让那些有知识、有能力和踏实肯干的人得到更多的回报；再分配注重公平，政府应利用财政手段帮助贫困群体，建立全面、系统和有效的社会保障体系，实现社会公平。

三、财政促进收入公平分配的方式和手段

在社会主义市场经济条件下，政府主要利用财政手段对居民在初次分配阶段形成的收入不公进行调节，具体包括财政收入手段和财政支出手段。前者的主要作用是对过高

收入者进行调节，在“劫富”方面功效显著，其中起主要作用的是税收制度，包括税种设置、税收要素设计和税收结构的调整等；后者侧重于提高低收入群体的收入水平，解决贫困问题，在“济贫”方面功效显著，主要包括政府的社会保障支出、转移支付制度、公共教育支出和支农支出等。

（一）税收手段

税收是政府财政收入制度中调节收入分配最主要的手段。税收调节作用的发挥主要通过税制要素的设计（如课税对象、税目、税率、减免税等）、具体税种的设置和税制结构的调整来实现对纳税人可支配收入的调节，而且在相当程度上也决定了政府通过财政支出对居民收入进行调节的力度。税收调节收入分配，主要是通过宏观税负、税制要素、税制结构和税种设置四个方面来实现的。

第一，宏观税负对居民收入分配的影响。宏观税负通常是指一个国家在一定时期税收收入占国内生产总值（GDP）的比重，是反映一个国家税收的总体负担水平的重要指标。宏观税负在一定程度上决定了一个国家的收入分配格局，即国民收入在国家和个人之间的宏观分配状况。宏观税负水平高，表明国家占有的国民收入比重高，总体上减少居民的可支配收入。宏观税负水平低，表明国家对收入分配的调节力度小，政府的干预作用较弱。确定合理的税负水平体现了国家对效率与公平的权衡选择，我国自1995年开始，宏观税负持续上升，尤其是在2005到2007年增速较快，平均每年增长一个百分点。2014年我国宏观税负为37%，达到发达国家水平。

第二，税制要素对居民收入分配的影响。税制要素主要包括：纳税人、课税对象、税目、税率、纳税环节、纳税期限、减税免税、违章处理等，其中纳税人、课税对象和税率为税收制度的基本因素。它们对收入分配的影响表现在：各要素决定了纳税人的税收负担，从而改变税收的可支配收入。其中最能够反映税收对收入分配调节力度的是税率结构和形式的选择，同时它也是反映税负水平的主要指标。中国现行的税率主要有比例税率、超额累进税率、超率累进税率、定额税率。相比较而言，由于累进税率形式更能够体现纵向公平和能力原则，对收入分配的调节作用显著，故各国所得税和财产税一般采用这种形式。累进税率的级次越多，边际税率越高，对纳税人收入调节就越强。

第三，税制结构对收入分配的影响。税制结构是指构成一个国家税制体系的各个税种之间的比重关系。其核心是主体税种的选择和主体税与辅助税的配合等问题，一般分为以直接税为主的结构模式和以间接税为主的结构模式。税制结构的选择与收入分配具有密切的联系，一般研究表明间接税具有一定的累退性，而以直接税尤其是所得税为主的税制结构更有利于缩小收入差距。但目前我国仍是以间接税为主，2014年我国直接税与间接税比例为0.59，表明前我国当前的税制结构在调节收入分配、促进社会公平方面功能较弱。

第四，税种设置对收入分配的影响。对收入分配起调节作用的税种主要有：

（1）个人所得税。个人所得税的调节功能主要是通过累进税率和免征额的设定来实现的。一方面通过设定超额累进税率的形式，选择合理的级距和边际税率可以起到对高收入者收入的调节作用；另一方面通过设定合理的免征额和其他减免措施给予低收入阶层一定的税收优惠。2011年6月，个人所得税法及其实施条例经过向社会公众征求意见和全国人大审议，进行了较大修改，其主要内容是，将工资、薪金所得项目减除费用标准由每月2 000元提高到每月3 500元；税率由9级调整为7级，取消了15%和40%两档税率，将最低税率由5%改为3%，并拉大了6个税率档次的级距。

另外，个人所得税的税制模式选择也在一定程度上影响了其收入调节效果。从各国的征收实践来看，个人所得税的征收模式主要包括综合所得税、分类所得税，以及综合与分类相结合三种类型。综合税制模式要求纳税人就其全年全部所得，按照相同税率统一征收；分类税制模式要求根据个人收入的来源和性质，分别扣除不同的费用，按不同的税率课税。综合与分类相结合的税制模式则要求以一定数额为标准，部分所得分类征收，另一部分综合征收。世界上大部分发达国家都选择了综合征收模式，因为它更能够体现税收的公平与效率原则。目前我国实行的是分类个人所得税制，严重削弱了个税的收入调节功能，亟需改革。鉴于我国目前征管水平不高的事实，多数学者建议现阶段以混合模式作为过渡。

（2）财产税。作为对社会财富存量课征的税种，财产税属于直接税的范畴，税负较难转嫁，在一定程度上弥补了所得税不能对资产增值和财富存量征税的不足，是阻止财富向少数富有者过度集中的重要手段。当今世界各国开征的财产税种主要有:房屋税、土地税、土价税、土地增值税、固定资产税、流动资产税、遗产税和赠与税等。在我国现行税制中，财产税种类较少，主要包括房产税、土地增值税、契税和车船使用税四大税种，且在税收收入中占比很小，属于辅助税类。国内学术界形成的一致意见是应尽快完善财产税制，适时开征遗产与赠与税、物业税以控制财富的集中程度。

（3）消费税。它是以特殊消费品的流转额作为课征对象的各种税收的统称，属于间接税范畴。适用这种税收的商品大多为奢侈品和国家不鼓励消费（如容易造成环境污染和高能耗）的商品。消费税对居民收入分配的调节主要体现在：一方面，对低收入群体消费中占比较大的日用消费品课征低税或免税，降低他们的税收负担；另一方面，对高收入群体消费较多的奢侈品征收高税率，将这部分收入转化为转移支付的资金，同样可以引导居民的消费方向，提高储蓄和投资水平，促进经济增长。目前我国消费税目中包括15大类商品，采用比例税率。

（4）社会保障税。也称“社会保险税”，是指以用人单位的工资支付额为征税对象，由员工和企业分别缴纳，所征税款主要用于社会福利开支的一种目的税。由于社会保障税一般采用比例税率，无免征额也不考虑纳税人的特殊情况，因此具有一定的累退性。但通过这种税征收来的收入具有专款专用性质，按照保障类别用于社会成员的养老、失业、医疗和生育等方面的救济和保险，受益者主要为中低收入群体，从而可以保障劳动者的最低生活需要，达到公平收入分配的目的。

（二）财政支出手段

财政支出是指国家为实现其职能，满足社会的公共需要，将筹集的财政资金用于经济建设和各项事业的过程。按照经济性质，财政支出可分为转移性支出和购买性支出两大类。其中，转移性支出对收入分配的调节起到直接作用，这主要是通过转移支出增加弱势群体和低收入群体的收入水平，如社会保障支出、财政补贴等；购买性支出则起到间接作用，如通过增加支农资金，科教文卫支出等提供公共产品和公共服务，以间接缩小收入差距。能够起到调节收入分配的财政制度主要包括：社会保障支出制度、转移支付制度和教育支出制度。

1.社会保障支出制度。财政社会保障支出是指政府用于向面临生活困难、丧失劳动能力或工作机会的社会成员提供基本生活和基本医疗保障的财政支出。前面讲到的税收制度主要作用在于调节社会成员的过高收入，起到“劫富”的作用；而社会保障的主要作用是保障低收入群体的基本生活，起到“济贫”的作用。社会保障制度作为一种社会安全制度，本身就具有收入再分配功能。它主要由社会保险、社会福利、社会救济和优抚安置四大模块组成。其中，社会保险和社会救济具有较强的收入分配调节功能。社会保险是较高层次的社会保障，它主要通过成立社会保险基金的形式将分散资金集中起来，并在一定范围内统筹使用，用于保障社会成员的养老、医疗支出，或为暂时失去收入来源的成员提供补偿，从而实现收入在社会成员之间的再分配，体现了社会同代互助和代际互助。而社会救济中的最低生活保障制度通过为生活在最低收入水平以下的人提供必要的生活补助，实际上是以政府为主导的收入再分配活动，增加了贫困群体的转移性收入，体现了由高收入者向低收入者的转移支付。另外，这种制度能够保障劳动力的再生产和社会稳定，从而促进经济效率的提高，为实现社会公平奠定基础，提高社会整体生活水平。目前我国针对低收入者的社会保障制度主要有：最低工资制度、社会保险制度和社会救济制度等，对城乡困难户、农村“五保户”和灾民建立了完善的救济体系。

2.转移支付制度。转移支付是为解决政府间财政失衡，平衡经济发展而在各级政府间通过一定的形式无偿转移财政资金的活动，体现了非市场性质的分配关系，具体包括政府间转移支付和政府对个人或企业的转移支付。政府对居民的转移支付包括政府的各项福利支出，如失业救济和各种补贴等，通过对贫困群体和地区进行财政补贴来改善收入分配状况，对公平收入分配具有较强的直接作用。政府间转移支付以实现公共服务均等化为目标，有利于缩小地区间收入差距，从而改变不同地区居民获得收入的客观条件，为缓解地区间收入差距奠定基础。目前我国政府间转移支付包括三种形式：税收返还、一般性转移支付和专项转移支付。

3.教育支出制度。财政教育支出是指财政预算中实际用于发展各类教育事业的支出，主要包括教育事业费和教育基本投资。教育是一种准公共物品，政府财政应该承担一部分支出责任，尤其是在基础教育方面，发达国家在教育上的投入一般占GDP的4%以上。教育对居民收入的影响体现在人力资本投资方面，教育可以提高人力资本，能够为拥有它的人带来未来收益。人力资本理论认为：教育程度与收入成正比例关系。但由于教育准公共物品的性质，教育投入的一部分要由居民个人承担，这样父母收入水平的高低会通过子女教育体现出来，造成教育不平等，进而导致就业机会不平等，收入差距拉大。如果政府承担足够的教育支出责任，提高教育的普及程度，居民的就业机会将趋于均等，从而收入差距将缩小。另外，学者普遍认为，教育是从根本上解决贫困的一种方式。对落后地区和贫困群体而言，只要通过教育或培训提高自己的技能，就会改善其就业和收入水平，使他们从根本上摆脱贫困。

第二节 财政调节收入分配的效果、存在的问题及相关对策

一、我国居民收入分配现状及其财税成因

改革开放以来，随着我国经济的快速发展，城乡居民收入持续增加，生活水平明显改善。2014年，全国实际GDP达到636 139亿元，人均GDP达到46 628元。全年居民人均可支配收入达到20 167元，实际增长8.0%。其中城镇居民人均可支配收入达到28 844元，与上年相比，实际增长6.8%。农村居民人均可支配收入达到10 489元，实际增长9.2%，人均纯收入为9 892元。从消费支出水平来看，2014年全国居民人均消费支出达到14 491元，实际增长7.5%。其中城镇居民人均消费支出19 968元，实际增长5.8%；农村居民人均消费支出8 383元，实际增长10.0%。

但与此同时，居民收入和财产差距仍然较大，社会分化严重，对经济发展和社会稳定造成不利影响。现阶段居民收入差距的具体表现是居民总体收入差距较大、城乡居民间和内部差距较大、区域和地区间居民收入差距较大、不同行业间职工收入差距仍很大。在经济进入新常态、经济增速下滑、经济机构继续调整的大背景下，通过财税政策和制度的安排缩小居民收入差距具有重要意义。为此有必要对我国居民收入分配现状及其财税成因有所了解。

（一）居民总体收入差距

以反映收入差距的基尼系数[①]来看，我国居民收入的基尼系数，从1978年的0.16迅速增长到2008年的最大值0.491，随后，自2009年开始逐年回落，分别为：2009年0.490，2010年0.481，2011年0.477，2012年0.474，2013年0.473，2014年0.469，但一直高于警戒线水平0.4。从国际比较来看，我国与发达国家、发展中国家相比，基尼系数也明显偏高。根据世界银行WDI数据库披露的世界部分国家居民收入分配情况可以看出，世界上市场机制较为完善的发达经济体的基尼系数一般低于或接近0.4，如英国为0.361，美国为0.4，德国为0.28，意大利为0.36，日本为0.25，加拿大为0.33；而发展中国家基尼系数有的也比较低，如巴基斯坦为0.31，印度为0.37，印度尼西亚为0.39等。而同期我国的基尼系数为0.47，可见我国居民收入分配差距之大。

---

① 基尼系数（Gini coefficient），是1943年德国经济学家阿尔伯特·赫希曼根据洛伦兹曲线所定义的判断收入分配公平程度的指标，是国际上用来综合考察居民内部收入分配差异状况的一个重要分析指标。其具体含义是在全部居民收入中，用于进行不平均分配的那部分收入所占的比例。基尼系数的实际数值只能介于0～1之间，基尼系数越小收入分配越平均，基尼系数越大收入分配越不平均。国际上通常把0.4作为贫富差距的警戒线，大于这一数值容易出现社会动荡。

衡量居民收入差距的另一种常用方法是收入等分组法，如五等分组、十等分组等。它通过把样本按收入高低等分为若干组，各组人数相等，然后比较各组间收入绝对额或倍数差距，以及各组占总收入的比重，以此来评判收入差距水平。根据五等分组法，将居民按收入高低分成五组，即最高收入组、次高收入组、中间收入组、较低收入组和最低收入组。据国家统计年鉴的统计数据显示：20世纪90年代初，我国居民最高收入组的收入相当于最低收入组收入的4.7倍，2000年达到8.2倍，2003年达到10.6倍，到2012年则达到20倍以上，可见我国高低收入组之间的差距在逐年拉大，两极分化日益严重。另据相关数据显示，我国收入最高的10%群体和收入最低的10%群体的收入差距，已经从1988年的7.3倍上升到目前的23倍。中国经济改革研究基金会国民经济研究所副所长王小鲁2010年给出的结论是，中国收入最高的10%家庭与收入最低的10%家庭的人均收入相差65倍。

（二）城乡间及内部居民收入差距

我国是一个具有典型二元经济结构的国家，城市与农村经济发展速度差异很大，造成了城乡间居民收入差距的扩大，而且这已成为我国整体收入差距扩大的主要原因。近年来，随着政府“三农”政策的实施和经济结构的优化，农村居民收入水平大幅提高，收入增长速度超越城市居民，但由于基数差异较大，城乡之间居民收入差距仍然较大。收入是决定消费的主要因素，收入水平低直接导致了农村居民消费需求不足，经济结构失衡，国民经济发展后劲乏力，不利于经济的可持续发展和社会的和谐稳定。

从表3-1反映的城乡收入差距情况来看，2000年以来，我国城乡居民收入之比经历了一个先扩大、再缩小的过程，从2000年的2.8增加到2009年最高的3.3，然后再下降到2014年的2.9。这样的收入差距水平相当于说，我国城镇1个人的收入约等于农村3个人的收入。从收入绝对差额来看，从2000年的4 027元持续扩大到2014年的18 952元。而实际上这还不足以反映城乡居民收入差距的真实水平，因为城镇居民的可支配收入并没有涵盖城镇居民所享有的各种补贴和福利性收入，而农村居民纯收入中也没有扣除相关生产资料费用。如果考虑到城镇居民享受的公共设施便利、公费医疗和实物补贴，再扣除农民必须支付而城镇居民一般不用支付的生产资料费用，城乡实际收入差距还将扩大。

另外，城乡居民收入差距也可以由城市与农村居民人均收入在人均GDP中的比例来反映。从图3-1反映的城乡居民家庭人均收入占人均GDP的比重变化趋势来看，自20世纪90年代以后，尽管城乡居民家庭人均收入在人均GDP中的分配比重都有不同程度的下降，但城乡居民的收入差距还是在逐步扩大。城镇居民家庭人均收入占人均GDP的比重由1990年的92%下降到2013年的64%，而农村居民家庭人均收入占人均GDP的比重则由42%下降到21%，两者的差距达到43个百分点。

表3-1 **城乡收入差距情况** 金额单位：元

年份	城镇居民家庭人均可支配收入	农村居民家庭人均纯收入	城乡收入之差	城乡收入之比
2000	6 280	2 253	4 027	2.8
2001	6 860	2 366	4 494	2.9
2002	7 703	2 476	5 227	3.1
2003	8 472	2 622	5 850	3.2
2004	9 422	2 936	6 486	3.2
2005	10 493	3 255	7 238	3.2
2006	11 759	3 587	8 172	3.3
2007	13 786	4 140	9 646	3.3
2008	15 781	4 761	11 020	3.3
2009	17 175	5 153	12 022	3.3
2010	19 109	5 919	13 190	3.2
2011	21 810	6 977	14 833	3.1
2012	24 565	7 917	16 648	3.1
2013	26 955	8 896	18 059	3.0
2014	28 844	9 892	18 952	2.9

资料来源：根据各年《中国统计年鉴》相关数据整理。

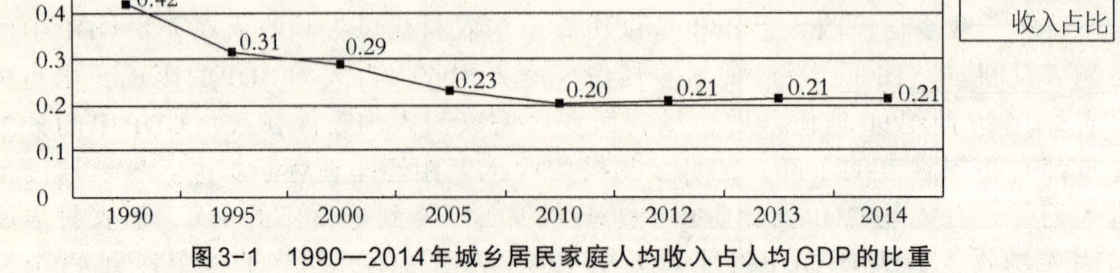

图3-1 1990—2014年城乡居民家庭人均收入占人均GDP的比重

根据宏观经济消费理论，收入是消费的主要决定因素，个人的消费水平和消费结构能够反映居民的收入状况，因此城乡居民的消费结构和消费支出水平差异能够从侧面反映其收入差距。从消费水平来看，虽然农村与城镇居民的人均生活消费支出都在不断增加，但差距相当大。由表3-2反映的城乡居民消费水平及变化情况来看，2014年城镇居民人均生活消费支出为19 968元，而农村居民仅为8 383元。从反映消费结构的恩格尔系数来看，2014年农村居民食品支出占个人消费支出总水平的40%，达到小康水平，而城市居民食品支出占个人消费支出总水平的36%，达到富裕水平。

表3-2 城乡居民消费水平及变化情况 金额单位：元

年份	农村家庭人均生活消费支出	城镇居民人均生活消费支出	城乡之差	城乡支出之比	农村恩格尔系数（%）	城市恩格尔系数（%）
1990	584.63	1 278.89	694.26	2.19	58.8	54.2
2000	1 670.13	4 998.00	3 327.87	2.99	49.1	39.4
2010	4 381.82	13 471.45	9 089.63	3.07	41.1	35.7
2011	5 221.13	15 160.89	9 939.76	2.90	40.4	36.3
2012	5 908.02	16 674.00	10 765.98	2.82	39.3	36.2
2013	6 625.00	18 022.00	11 397.00	2.72	37.7	35.0
2014	8 383.00	19 968.00	11 585.00	2.38	40.0	36.0

资料来源：根据各年《中国统计年鉴》的相关数据整理。

从城镇和农村居民内部情况来看，收入差距也相当大。由表3-3显示的2012年按收入五等分农村居民家庭的基本情况来看，农村收入最高的20%人口的人均纯收入相当于最低收入户的8.2倍。由表3-4显示的按收入等级分城镇居民家庭的基本情况来看，城镇收入最高的10%的人口的人均可支配收入相当于最低收入户的7.77倍。

表3-3 2012年按收入五等分农村居民家庭的基本情况 单位：元

指标	最低收入户	中等偏下户	中等收入户	中等偏上户	最高收入户
	(20%)	(20%)	(20%)	(20%)	(20%)
人均总收入	4 878.32	6 823.00	9 468.63	13 171.03	25 037.18
现金收入	3 948.61	5 679.72	8 207.59	11 851.54	23 575.41
人均总支出	6 573.27	6 859.81	8 402.90	10 685.38	17 718.03
现金支出	5 933.30	6 188.47	7 738.08	10 042.95	17 130.57
人均纯收入	2 316.21	4 807.47	7 041.03	10 142.08	19 008.89

资料来源：根据《中国统计年鉴2013》相关数据整理。

表3-4　　**2012年按收入等级分城镇居民家庭的基本情况**　　单位：元

指标	全国	按收入等级分							
		最低收入户 (10%)	困难户 (5%)	较低收入户 (10%)	中等偏下户 (20%)	中等收入户 (20%)	中等偏上户 (20%)	较高收入户 (10%)	最高收入户 (10%)
人均总收入	26 959	9 209.5	7 520.9	13 724.7	18 374.8	24 531.4	32 758.8	43 471.0	69 877.3
人均可支配收入	24 564.7	8 215.1	6 520	12 488.6	16 761.4	22 419.1	29 813.7	39 605.2	63 824.2
人均总支出	22 341.4	9 164.9	7 976.5	12 134.8	15 806.6	20 447.7	26 670.7	35 705.6	54 192.7
现金消费支出	16 674.3	7 301.4	6 366.8	9 610.4	12 280.8	15 719.9	19 830.2	25 796.9	37 661.7

资料来源：根据《中国统计年鉴2013》相关数据整理。

由表3-5反映的城镇和农村居民收入基尼系数变化趋势来看，农村基尼系数呈扩大趋势，由1978年的0.21增长到2010年的0.38。2012年农村居民人均纯收入的基尼系数为0.3867，比2011年的0.3897缩小0.003，但相比于2010年有较大幅度的增加。从城镇居民收入基尼系数变化来看从1978年的0.162上升到2010年的0.33，历经20世纪90年代初期快速上升后城镇基尼系数进入缓慢下降时期；从1995年开始一直上升至2009年的0.34。

（三）区域和地区间居民收入差距

由于自然地理环境和历史原因形成的发展差异以及国家区域发展政策等因素，导致我国区域经济发展很不平衡。经济发展的差距也体现到居民收入差距上，一方面我国东、中、西、东北区域居民收入差距较大，另一方面各省际间居民收入差距明显。适度的地区收入差距有其存在的必然性，但过大的收入差距将不利于地区经济的协调发展。

改革开放以来，我国地区间居民的收入差距状况总体上呈现出不断扩大趋势。为了呈现我国地区间收入差距状况，首先应对区域加以界定。本报告对地区的划分按两个标准进行：一是将全国划分为东部、中部、西部和东北部四大区域；二是以省级行政区域为单位来进行分析。东部地区包括北京市、天津市、上海市、河北省、山东省、江苏省、浙江省、福建省、广东省、海南省10个省市；中部地区包括山西省、河南省、湖北省、安徽省、湖南省、江西省6个省；西部地区包括内蒙古自治区、新疆维吾尔自治区、宁夏回族自治区、陕西省、甘肃省、青海省、重庆市、四川省、西藏自治区、广西壮族自治区、贵州省、云南省12个省区；东北地区包括黑龙江省、吉林省、辽宁省3个省。

表3-5　　**1978—2010年城镇与农村居民基尼系数变化**

年份	农村居民基尼系数	城镇居民基尼系数
1978	0.21	0.16
1985	0.23	0.19
1990	0.31	0.23
1991	0.31	0.24
1992	0.31	0.25
1993	0.32	0.27
1994	0.33	0.30
1995	0.34	0.28
1996	0.32	0.28
1997	0.33	0.29
1998	0.34	0.30
1999	0.34	0.30
2000	0.35	0.32
2001	0.36	0.32
2002	0.37	0.32
2003	0.37	0.33
2004	0.37	0.33
2005	0.38	0.34
2006	0.37	0.34
2007	0.37	0.34
2008	0.38	0.34
2009	0.39	0.34
2010	0.38	0.33

资料来源：《中国居民收入分配年度报告2011》。

总体上来说，无论是从绝对数还是相对于全国的平均水平，无论是城镇居民还是农村居民，四大区域之间的差距都很明显，具体来说，东部地区居民收入远远高于中、西、东北部地区。

由表3-6可以发现，东部地区城镇居民人均可支配收入超出全国平均水平21个百分点，农村居民人均纯收入更是超出50个百分点。而其他地区城镇居民人均可支配收入却严重低于全国平均水平。就农村居民人均纯收入来看，只有东北地区高于平均水平。从绝对差距来看，2013年，东、中、西和东北部地区城镇居民人均可支配收入分别为32 490元、22 694元、21 945元和22 483元，收入比为1.48:1.03:1:1.02，中西部及东北部城镇居民收入差距不大，东西部城镇居民收入差距缩小。

表3-6 **2013年东、中、西、东北四大区域间的收入情况**

指标	东部地区	中部地区	西部地区	东北地区
城镇居民人均可支配收入（元）	32 490	22 694	21 945	22 483
相当于全国水平（%）	121%	84%	81%	83%
农村居民人均纯收入（元）	13 357	8 291	6 816	9 926
相当于全国水平（%）	150%	93%	77%	112%

资料来源：根据《中国统计年鉴2013》相关数据整理。

从图3-2和图3-3反映的东、中、西城镇与农村居民收入对比情况变化趋势来看，地区间收入差距并没有缩小的趋势，尤其是东部地区的比较优势反而越来越明显。

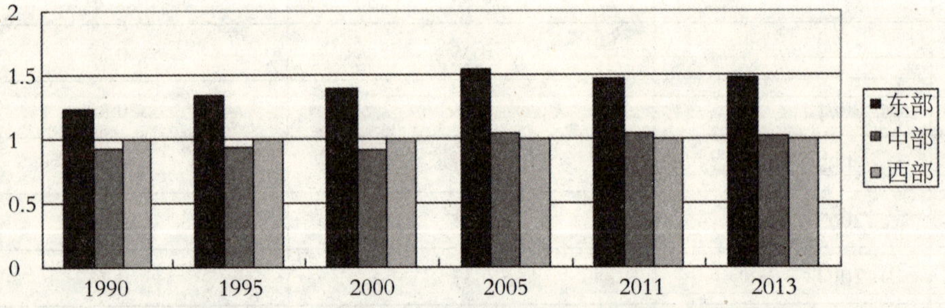

图3-2 东、中、西部城镇居民收入对比变化情况

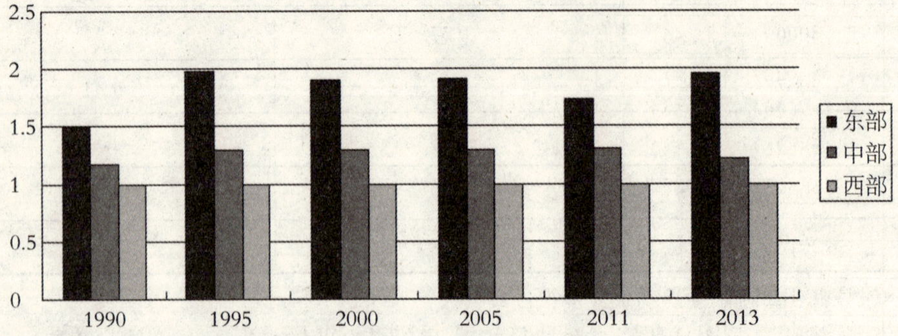

图3-3 东、中、西部农村居民收入对比变化情况

省际收入差距是我们分析地区间收入差距状况的一个重要方面。从表3-7反映的各省区1990—2010年主要年份城乡居民收入状况来看，我国省际间居民收入差距也较大，以2010年为例，当年城镇居民收入最高的上海市是最低省份甘肃省的2.41倍，农村居民收入极差值更是达到4倍。而且排名靠前的前9位全部位于东部沿海地区，倒数后3位全部位于西部地区。

表3-7 **各省区主要年份城乡居民收入** 单位：元

城镇					农村				
位次	省份	年份			位次	省份	年份		
		2010	2000	1990			2010	2000	1990
1	上海（09）	31 838	11 718	2 183	1	上海（01）	13 978	5 596	1 907
2	北京（13）	29 073	10 350	1 787	2	北京（03）	13 262	4 605	1 297
3	浙江（04）	27 359	9 279	1 932	3	浙江（05）	11 303	4 254	1 099
4	天津（20）	24 293	8 141	1 639	4	天津（02）	10 075	3 622	1 069
5	广东（01）	23 898	9 762	2 303	5	江苏（04）	9 118	3 595	884
6	江苏（02）	22 944	6 800	1 464	6	广东（07）	7 890	3 654	1 043
7	福建（12）	21 781	7 432	1 749	7	福建（10）	7 427	3 230	764
8	山东（03）	19 946	6 490	1 466	8	山东（09）	6 990	2 659	680
9	辽宁（07）	17 713	5 358	1 551	9	辽宁（08）	6 908	2 356	836
10	内蒙古（15）	17 698	5 129	1 155	10	吉林（11）	6 237	2 023	717
11	重庆（23）	17 532	6 176	1 691	11	黑龙江（16）	6 211	2 148	760
12	广西（21）	17 064	5 834	1 448	12	河北（12）	5 958	2 479	622
13	湖南（11）	16 566	6 219	1 591	13	湖北（13）	5 832	2 269	671
14	河北（06）	16 263	5 661	1 397	14	江西（25）	5 789	2 135	670
15	云南（24）	16 065	6 325	1 515	15	湖南（21）	5 622	2 197	664
16	湖北（10）	16 058	5 525	1 427	16	内蒙古（06）	5 530	2 038	647
17	河南（05）	15 930	4 766	1 268	17	河南（20）	5 524	1 986	527
18	安徽（14）	15 788	5 294	1 355	18	安徽（27）	5 285	1 935	539
19	陕西（17）	15 695	5 124	1 369	19	重庆（14）	5 277	1 892	587
20	山西（21）	15 648	4 724	1 291	20	海南（23）	5 275	2 231	778
21	海南（28）	15 581	5 358	1 650	21	四川（24）	5 087	1 904	558
22	江西（19）	15 481	5 104	1 188	22	山西（18）	4 736	1 906	604
23	四川（08）	15 461	5 894	1 490	23	宁夏（17）	4 675	1 724	594
24	吉林（22）	15 412	4 810	1 230	24	新疆（19）	4 643	1 618	684
25	宁夏（29）	15 345	4 912	1 421	25	广西（26）	4 543	1 865	639
26	贵州（26）	14 143	5 121	1 399	26	陕西（15）	4 105	1 470	530
27	黑龙江（16）	13 857	4 913	1 211	27	云南（29）	3 952	1 479	540
28	青海（30）	13 855	5 170	1 336	28	青海（22）	3 863	1 490	560
29	新疆（25）	13 644	5 645	1 314	29	贵州（30）	3 472	1 374	435
30	甘肃（27）	13 189	4 916	—	30	甘肃（28）	3 425	1 429	431
	全国	19 109	6 280	1 510		全国	5 919	2 253	686
	省份极值比	2.41	2.48	1.99		省份极值比	4.08	4.07	4.43

注：表中城镇省份的括号内为2010年GDP排序的位次，农村省份的括号内为2010年人均GDP排序的位次；表中全国数据不是各省份的简单平均，数据来源于《中国统计摘要2011》；省份极值比是最大值与最小值的比值。

从2014年的情况来看，在31个省市自治区中，城镇居民可支配收入位居全国前5位的省（市、区）分别是：上海、北京、浙江、江苏、广东；居最后5位的是贵州、青海、新疆维吾尔自治区、西藏自治区、甘肃。可支配收入最高的上海市与最低的甘肃省分别为47 710元与20 804元，其比例是2.29:1（见表3-8）。就农村居民可支配收入来看，省际间居民的收入差距也较大。2014年，农村收入最高的上海市与最低的甘肃省分别为21 192元和5 736元，其比例是3.69:1（见表3-9）。

表3-8　**2014年全国各省（市、区）城镇居民人均可支配收入对比表**　金额单位：元

排名	地区	2014年总额	增速（%）	2013年排名	2000年排名
	全国	28 844	9		
1	上海	47 710	8.8	1	1
2	北京	43 910	8.9	2	2
3	浙江	40 393	8.9	3	4
4	江苏	34 346	8.7	6	8
5	广东	32 148	8.8	4	3
6	天津	31 506	8.7	5	5
7	福建	30 722	9	7	6
8	山东	29 222	8.7	8	9
9	辽宁	29 082	7	9	19
10	内蒙古	28 350	9	10	22
11	湖南	26 570	9.1	12	12
12	重庆	25 133	9	11	11
13	湖北	24 852	9.6	17	17
14	安徽	24 839	9	15	20
15	广西	24 569	8.7	13	14
16	海南	24 487	9.3	16	18
17	河南	24 391	6.8	21	30
18	四川	24 381	9	22	13
19	陕西	24 365	9	18	23
20	江西	24 309	9.9	24	25
21	云南	24 299	8.2	14	10
22	河北	24 220	9	19	15
23	山西	24 069	8.1	20	31
24	宁夏	23 285	8.4	25	28
25	吉林	23 218	8.8	23	29
26	黑龙江	22 609	8.4	29	27
27	贵州	22 548	9.6	26	24
28	青海	22 307	9.6	30	21
29	新疆	22 160	11.5	28	16
30	西藏	22 026	8	27	7
31	甘肃	20 804	9.7	31	26

资料来源：根据历年《中国统计年鉴》相关数据整理。

表3-9　**2014年全国各省（市、区）农村居民人均可支配收入对比表**　金额单位：元

地区	总额	总额排名	增长	增长排名	地区	总额	总额排名	增长	增长排名
全国	10 489		11.2		内蒙古	9 976	16	16	1
上海	21 192	1	10.6	26	安徽	9 916	17	12	8
北京	20 226	2	10.3	29	海南	9 913	18	12.6	6
浙江	19 373	3	10.7	24	重庆	9 490	19	11.7	11
天津	17 014	4	10.8	22	河南	9 416	20	11	18
江苏	14 958	5	10.6	26	山西	8 809	21	10.8	22
福建	12 650	6	10.9	20	四川	8 803	22	11.5	13
广东	12 246	7	10.6	26	广西	8 683	23	11.4	14
山东	11 882	8	11.2	17	宁夏	8 410	24	10.7	24
辽宁	11 191	9	10.1	31	新疆	8 296	25	13.7	3
湖北	10 849	10	11.9	9	陕西	7 932	26	11.8	10
吉林	10 780	11	10	30	西藏	7 471	27	14	2
黑龙江	10 453	12	11.6	12	云南	7 456	28	11	18
河北	10 186	13	10.9	20	青海	7 283	29	12.7	5
江西	10 117	14	11.3	16	贵州	6 671	30	13.1	4
湖南	10 060	15	11.4	16	甘肃	5 736	31	12.3	7

资料来源：根据历年《中国统计年鉴》相关数据整理。

（四）行业职工收入差距现状

《中国统计年鉴》依据行业门类这一标准，给出了19个行业门类的相关数据。19个行业门类包括:（1）农、林、牧、渔业；（2）采矿业；（3）制造业；（4）电力、燃气及水的生产和供应业；（5）建筑业；（6）交通运输、仓储和邮政业；（7）信息传输、计算机服务和软件业；（8）批发和零售业；（9）住宿和餐饮业；（10）金融业；（11）房地产业；（12）租赁和商务服务业；（13）科学研究、技术服务和地质勘查业；（14）水利、环境和公共设施管理业；（15）居民服务和其他服务业；（16）教育；（17）卫生、社会保障和社会福利业；（18）文化、体育和娱乐业；（19）公共管理和社会组织。

根据《中国统计年鉴》数据，2000年人均收入最高的金融业和收入最低的农、

林、牧、渔业收入相差8 564元，前者是后者的2.63倍；而到2010年两者收入差距上升到53 429元，前者收入为后者的4.20倍。2013年的数据显示，收入最高的金融业人均收入99 653元，为全国平均水平的1.94倍，而最低的农、林、牧、渔业人均收入为25 820，仅为全国平均水平的一半，相差73 839元，前者为后者3.86倍。前三位与后三位职工平均工资之差为58 321元，前者是后者的2.89倍。表3-10反映了近十年全国平均工资，工资排名前三位的行业及人均工资和工资排名后三位的行业及人均工资，从中可以看出行业收入差距之大。

表3-10 近十年不同行业工资差距情况

年份	全国平均工资（元）	工资排名前三位的行业	前三位行业人均工资（元）	工资排名后三位的行业	后三位行业人均工资（元）	前三位与后三位平均工资之差	前三位与后三位平均工资之比
2003	13 969	信、金、科	24 040	农、批、住	9 659	14 381	2.49
2004	15 920	信、金、科	27 033	农、建、住	10 898	16 135	2.48
2005	18 200	信、金、科	31 728	农、住、建	12 065	19 663	2.63
2006	20 856	信、金、科	36 858	农、住、水	13 378	23 480	2.76
2007	24 721	信、金、科	43 381	农、住、水	15 425	27 956	2.81
2008	28 898	信、金、科	51 438	农、住、水	17 661	33 777	2.91
2009	32 244	金、信、科	56 232	农、住、水	19 458	36 774	2.89
2010	36 539	金、信、科	63 653	农、住、水	21 881	41 772	2.90
2011	41 799	金、信、科	72 093	农、住、水	25 274	46 819	2.85
2012	46 769	金、信、科	79 836	农、住、水	28 766	51 070	2.77
2013	51 483	金、信、科	89 056	农、住、水	30 735	58 321	2.89

资料来源：根据《中国统计年鉴》相关数据整理。

近十年来，信息传输、计算机服务及软件业，金融业，以及科学研究、技术服务和地质勘查业一直占据行业工资收入的前三名，而行业工资收入后三名一开始是农、林、牧、渔业，建筑业，以及住宿和餐饮业，后来水利、环境和公共设施管理业取代了建筑业。从工资高低比的变动情况看，近些年来工资差距呈现出先扩大再缩小的趋势。随着金融业的快速发展，金融业取代了原来的信息传输、计算机服务和软件业，成为平均工资最高的行业，而农、林、牧、渔业一直是收入最低的行业。收入最高行业与收入最低行业极差比变化情况如图3-4所示。

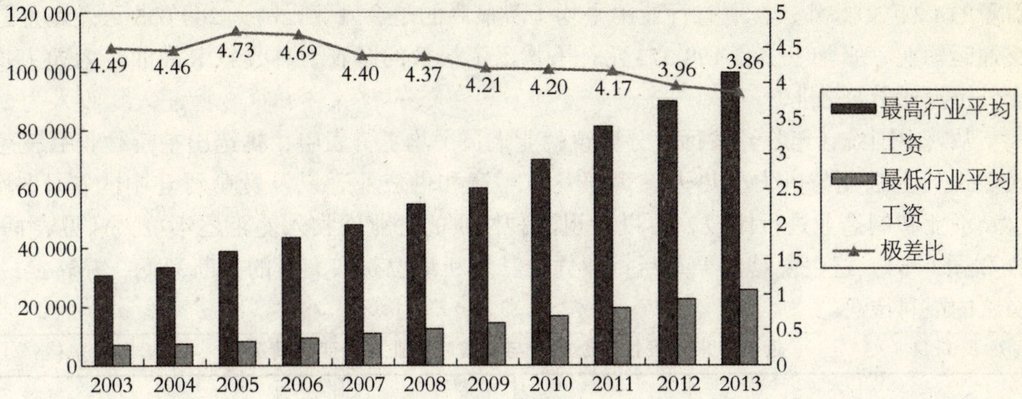

图3-4 2003—2013年行业收入极差表

从图中可以看出，在2003—2005年的几年里行业收入极值差不断扩大，呈逐步上升趋势，并在2005年达到峰值，之后逐步减小。虽然近年来行业收入极差比呈波动趋势，但是大都在4倍以上，说明行业收入差距非常之大。

根据《中国统计年鉴》的数据，2003年到2010年这八年间计算得到的行业间基尼系数增幅都较大。加权情况下2010年行业间基尼系数为0.1380，与2003年的0.1184相比，增长较为明显，增幅达16.55%。不加权情况下2010年的基尼系数达0.1836，比2003年上升0.0165，涨幅为9.87%，这表明自2003年以来我国行业收入差距扩大趋势明显。

另据国家统计局2011年公布的全国职工平均工资资料显示，城镇非私营单位在岗职工年平均工资为42 452元，而私营单位就业人员年平均工资为24 556元。其中，私营单位平均工资最高的信息传输、计算机服务和软件业是最低的公共管理和社会组织的3倍多，前者达35 562元，而后者只有1万多元。非私营单位中平均工资最高的金融业是最低的农、林、牧、渔业的4倍多，前者达9万元以上，而后者只有2万元左右。如果用非私营单位金融业的平均工资与私营单位的公共管理和社会组织相比，前者是后者的8倍。城镇非私营单位最高与最低行业平均工资之比是3.86，与2012年的3.96相比差距有所缩小。

此外，从行业性质来看，垄断行业与非垄断行业差距也十分明显。根据2011年《中国劳动统计年鉴》提供的数据，2010年我国银行、电信、烟草制造、航空运输等国有垄断行业的职工平均工资分别为81 533元、54 785元、78 675元、91 913元，收入最低的农、林、牧、渔业仅有16 717元，前者分别是后者的4.88、3.28、4.71和5.5倍，而同年度的全国职工平均工资仅为36 539元。这些数字也仅仅体现了“工资条”上的差距，其他如奖金、福利、股权分红、隐性收入等工资外收入方面的差距并没有真正得到体现。

2012年8月，网易财经发布了《2011年中国央企工资报告》，报告称对国内117家央企及其上市子公司在岗职工年平均工资进行整理后发现：2011年央企员工平均工资为102 965元，对比当年城镇私企员工年平均工资24 556元，央企在岗职工平均工资是后者的4.2倍。此外，在所有行业中平均工资最高的是金融业，高达260 035元；其次是交通运输业，平均工资是158 373元；平均工资最低的是农、林、牧、渔业，为71 082元，远远低于金融业。

从《中国统计年鉴》按行业分城镇就业人员平均工资表中，挑选出垄断行业中最具代表性的金融业与电力、热力、燃气及水生产和供应业，以及竞争行业中的农、林、牧、渔业和制造业进行比较，可以发现两种性质的行业间收入差距逐年拉大（见表3-11和图3-5）。这主要是由于垄断行业凭借其垄断地位获取大量的垄断利润，并转换成员工的福利待遇。

表3-11 **近十年来代表性垄断行业与非垄断行业工资变化情况** 单位：元

年份	行业平均工资	农、林、牧、渔业	制造业	电力、热力、燃气及水生产和供应业	金融业
2003	13 969	6 884	12 671	18 574	20 780
2004	15 920	7 497	14 251	21 543	24 299
2005	18 200	8 207	15 934	24 750	29 229
2006	20 856	9 269	18 225	28 424	35 495
2007	24 721	10 847	21 144	33 470	44 011
2008	28 898	12 560	24 404	38 515	53 897
2009	32 244	14 356	26 810	41 869	60 398
2010	36 539	16 717	30 916	47 309	70 146
2011	41 799	19 469	36 665	52 723	81 109
2012	46 769	22 687	41 650	58 202	89 743
2013	51 483	25 820	46 431	67 085	99 653

资料来源：根据《中国统计年鉴》相关数据整理。

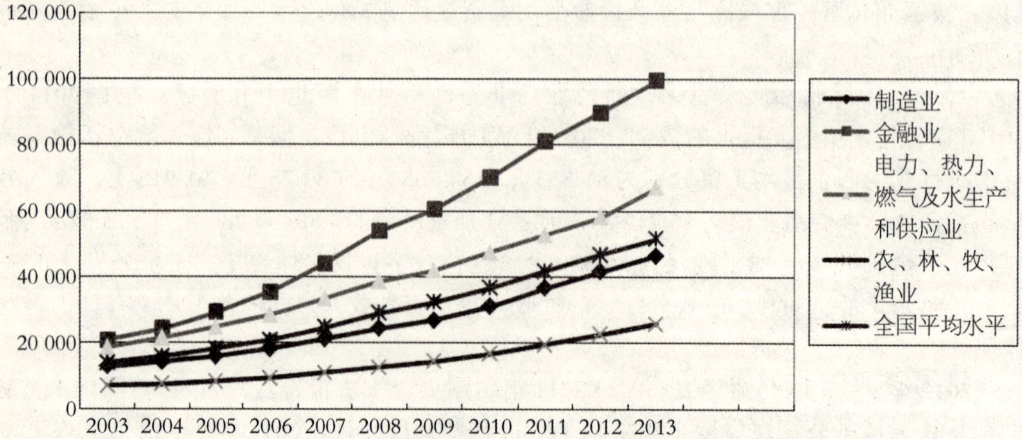

图3-5 2003—2013年代表性垄断行业与非垄断行业工资变化情况

此外，垄断行业职工工资收入的增长速度也远远快于非垄断性行业。资料显示，1978—2008年间，金融保险业职工工资的平均增长率达到6.47%，而同期全国职工平均工资的增长率只有5.41%。近十年来全国平均工资增长了12.81%，其中增长最快的是金融业、文化体育娱乐业、科研技术服务和地勘业，公共管理和社会组织等，增幅在14%~16%，而农业增幅值仅为8.96%，相差近2倍。

（五）居民收入差距的财税成因分析

造成我国城乡居民收入差距扩大的原因很多，但最主要的是我国长久以来形成的"城乡分割，重城市，轻农村，重工业，轻农业"的二元经济结构和分配格局。而这种经济结构和分配格局的形成在一定程度上是由政府的财税政策造成的，具体表现为二元财政投入机制、二元社会保障制度、财政支农不足等方面。首先，在财政投入方面，财政对农村基础设施建设投资不足，如农村道路、供水设施和农业水利设施建设严重滞后，极大地制约了农业和农村经济发展。其次，在农村教育和社会保障方面，农村中小学师资不足，办学条件差，升学率低，制约了农村居民人力资本的提高，造成了受高等教育和就业机会的不均等；城乡分立的医疗保障和公共卫生体系，造成医疗资源数量和质量都与城市差距巨大，这些都体现了财政在农村公共产品供给方面的不足，致使农村居民收入增长缓慢，与城市居民收入差距拉大。

为了加快经济发展，我国政府采取了优先发展东部沿海地区的倾斜政策，造成了地区间经济发展的不均衡。经济发展的差距也被反映到居民收入上，地区间居民收入差距持续扩大。这些地区倾斜政策中很大一部分属于财税政策。为了促进对外开放，国家设立了一批经济特区、保税区、经济开发区等，其中绝大部分位于东部地区。如全国56个国家级的经济技术开发区中，东部地区就有31个，东北沿海地区的沿海开放城市、沿海经济开放区（地带）和保税区就只有1个。国家财政中用于平衡地区间财力差距的转移支付比例较低，而对发达地区较为有利的税收返还比例很大，从而无法充分发挥财政对于地区间财力差距的平衡作用。另外，财政投资的重点，如大型基础设施和一些重点项目，都集中在发达地区，从而改善了当地的投资环境，有利于吸引外资和经济结构升级，进而带动就业和居民收入增长。而这些在贫穷的西部地区则无法实现，从而加剧了居民收入差距扩大的现实。

垄断行业与自由竞争行业职工收入差距的扩大，既有垄断行业自身特殊地位的原因，也有财政政策性因素。国有垄断性企业上缴财政比例小，国有资本经营预算与公共财政预算衔接不良，造成了国有经济发展的成果无法转化为公共利益，反而在企业内部循环，肆意投资并购，为员工发放福利，引起垄断行业职工工资增长过快，拉大了与其他行业职工的收入差距。

二、我国财政的收入再分配现状分析

（一）我国财政的收入再分配体系

经过三十多年的探索，我国收入分配体制的改革在不断深入，特别是近十多年的发展，我国初步形成了具有中国特色的财政收入再分配制度。我国财政的收入再分配体系是由对收入再分配具有直接和间接作用的税收制度、社会保障制度和转移支付制度构成。

税收是我国财政收入的主要来源，负责为收入再分配筹集资金。在我国主体税系中，与调节收入分配有直接关系的主要有个人所得税、财产税和消费税。2011年6月30日，十一届全国人大常委会第二十一次会议6月30日表决通过了个税法修正案，将个税免征额由2 000元提高到3 500元，适用超七级超额累进税率，边际税率由3%递增至45%。我国目前的财产税类主要有房产税、土地增值税、车船使用税、车辆购置税、契税和印花税。消费税共设置了15个税目，在其中的3个税目下又设置了13个子目，列举了25个征税项目。实行比例税率的有21个，实行定额税率的有4个。共有13个档次的税率，最低3%，最高56%。

社会保障体系是促进收入公平分配的"调节器"，是社会稳定和国家长治久安的重要保证。我国的社会保障体系主要由社会保险、社会福利、社会救助、优抚安置和住房保障五个部分组成。社会保险属于较高层次的社会保障，经过20年的努力，中国建立起了以城镇职工为主要保障对象的社会保险制度体系，主要项目有社会统筹与个人账户制度相结合的社会养老保险制度（以下简称统账制度）、社会统筹与个人账户制度相结合的社会医疗保险制度、失业保险制度、工伤保险制度和生育保险制度。社会福利是指政府和社会向老人、儿童、残疾人等社会中特别需要关怀的人群，提供必要的社会援助，以提高他们的生活水准和自立能力。目前在中国，社会福利主要包括老年人福利、儿童福利、残疾人福利等。社会救助包括社会救济和社会互助。目前在中国，社会救助主要包括城市居民最低生活保障、灾害救助、流浪乞讨人员救助、社会互助等。此外，中国政府还积极推进以住房公积金制度、经济适用住房制度、廉租住房制度为主要内容的城镇住房保障制度建设，不断改善城镇居民的住房条件。具体参见图3-6。

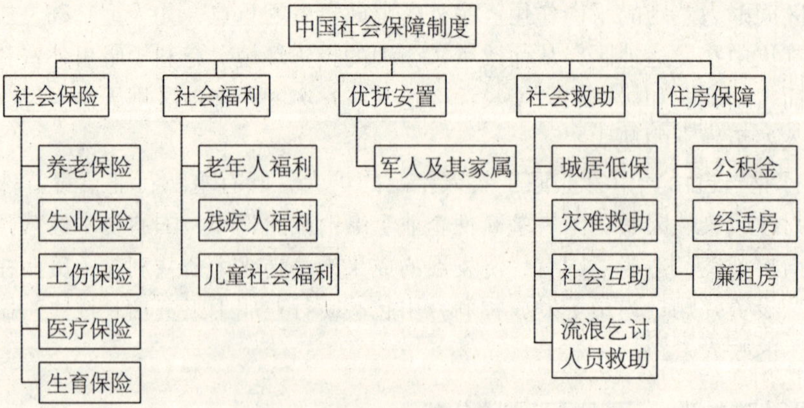

图3-6 中国社会保障制度结构

财政转移支付制度是平衡地区经济发展，缩小地区间收入差距的重要手段。我国的财政转移支付制度是在1994年分税制的基础上建立起来的。1995年，为缓解地方政府财政运行压力与困难，中央开始实施过渡期转移支付方案，主要成果是推动了纵向转移支付制度的建设。2002年财政部将过渡期转移支付方案变更为一般性转移支付，2003年加大对县乡的财政转移支付力度，随后改革的推进逐渐形成了一套由税收返还、一般性转移支付和专项转移支付三部分构成的、以中央对地方的转移支付为主的且具有中国特色的转移支付制度。其中，对收入分配起到较好调节效果的是一般性转移支付和专项转移支付制度。

2001—2012年，中国公共财政教育投入从约2 700亿元增加到约21 994亿元，高于同期财政收入的年均增长幅度；中国财政教育支出（指财政性教育经费支出中的公共财政预算部分）占财政支出的比重从14.3%提高到15.8%，教育已经成为中国公共财政的第一大支出。且自1993年《中国教育改革与发展纲要》提出国家财政性教育经费占国内生产总值比例应达到4%的目标以来，我国教育投入水平首次“达标”，从此，中国教育投入进入“后4%”时代（见图3-7）。

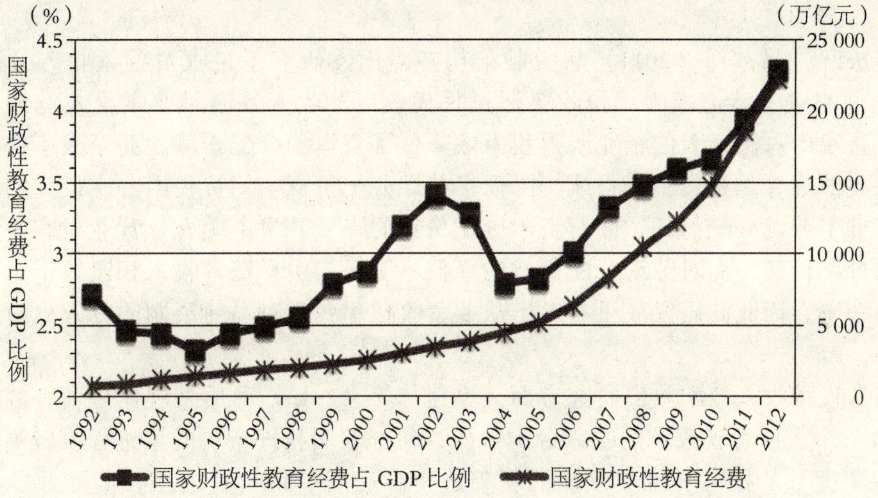

图3-7 国家财政性教育经费占GDP的比重（1992—2012年）

此外，财政支农是缩小城乡收入差距、提高农民收入的重要途径，我国先后出台实施了以“四减免”（农业税、牧业税、农业特产税和屠宰税）、“四补贴”（种粮直补、农资综合直补、良种补贴和农机具购置补贴）为主要内容的支农惠农政策。

（二）财政对收入分配的调节效果分析

从理论上讲，财政收入制度尤其是税收制度，以及财政支出制度，尤其是财政支农支出、公共教育支出、社会保障制度和转移支付制度对收入分配具有明显的公平效应。如果财政制度安排合理、财政政策措施得当，通过财政的调节，收入差距能够被控制在一个较为合理的范围内。我国现有的财政政策对居民收入差距调节的效果如何呢？国内学者主要运用现代经济学方法对此进行了研究分析。

首先，税收作为财政调节收入分配的最主要手段，在“劫富”方面发挥重要作用。税收的收入分配效应，通常以税收累进（退）性加以衡量，如果平均税率（税负对收入的比率）随收入的上升而提高，则为累进性税收，反之则为累退性税收。累进性税收改善收入分配的公平，累退性税收扩大收入差距。一国的税制通常是由不同的税种和税系组合而成的，总体税制的累进（退）性取决于其主体税种的累进程度。一般认为，由于间接税主要以商品和服务为征税对象，其税负极易转嫁，而且它的税基是消费支出而非收入，再加上边际消费倾向递减规律的存在，导致间接税的平均税率与收入水平之间呈现负相关关系。因此，间接税具有明显的累退性。直接税，如所得税、财产税，一般采用累进税率形式，更倾向于呈现累进性。另外一种研究方法是比较居民纳税前后基尼系数，如果税后基尼系数大于税前，则表明此税种不利于缩小收入差距，反之则具有明显的公平收入分配效应。

岳希明等（2014）使用具有全国代表性的住户调查数据和资金流量表，计算每个家庭承担的税负总额，观察它与收入水平之间的关系，结果显示：中国税制整体是累退的，个人所得税等累进性税收，在一定程度上减弱了间接税的累退性，但因其规模小，不足以完全抵消间接税的累退性，而且税收的累退性在农村较城镇表现得更为明显。

郭庆旺、吕冰洋（2011）从税制结构特点出发研究了税收对要素收入分配的影响，他们的研究结论表明：税收会通过替代效应和收入效应对要素收入份额产生影响。直接税中占比最大的企业所得税有效降低了资本的分配份额，而个人所得税中对劳动征税部分，如基本工资报酬，降低了劳动分配份额。间接税中占比最大的增值税有效降低了劳动分配份额，而对资本分配份额的降低效果不明显，营业税有效降低了资本的分配份额，而对劳动分配份额的降低不明显。由于资本收入相比较于劳动收入更加不公平，因此此研究成果有助于从要素收益率角度对当前税制的收入分配效应加以理解。

在各税种收入分配效应研究方面，徐建炜等（2013）利用微观住户调查数据分析了2011年个人所得税改革的收入分配效应，研究表明我国个税的累进程度较高，2011年个税免征额的提高和税率级次的调整进一步提高了税收累进性，但降低了平均税率。由于在我国目前居民收入水平和征管模式下，平均税率的高低是个税收入分配效应大小的主要决定因素，而非税收累进性程度，因此，尽管税收累进性有所提高，但平均税率的降低反而弱化了个税的收入分配效应（岳希明等，2012）。刘怡、聂海峰（2004）利用城市居民收入与支出的相关调查资料，考察了我国间接税对收入不平等的影响。他的主要方法是通过对增值税、消费税和营业税这三项主要的间接税在不同收入群体间的负担情况的分析，以及税后和税前基尼系数的比较，来确定间接税的影响效果。研究结论显示：高收入家庭承担的增值税和消费税税负低于低收入家庭，而承担的营业税税负则重于低收入家庭，间接税整体上加大了收入分配差距。万莹（2012）通过对我国增值税、消费税和营业税三大流转税在城镇居民不同收入户间的分布情况进行综合分析后，得出三点结论：一是增值税表现出明显的累退性，且累退的症结在于适用低税率商品的消费需求缺乏收入弹性；二是不同消费品的调节效果相互抵消，消费税对收入分配的整体影响并不明显，但呈逐步向累进性发展的趋势；三是营业税表现出稳定的累进性，从流转税整体来看，呈现轻微的累退性，决定其收入公平分配效果的主导因素是各消费品的需求收入弹性大小。这一研究与刘怡、聂海峰（2009）的结论相一致，营业税的累进性较稳定，但增值税具有较强的累退性。近年来进行的“营改增”改革对税收的收入分配效应有一定的影响，葛玉御、田志伟、胡怡建（2015）的研究表明，“营改增”不仅提高了城乡居民的收入水平，而且还具有缩小城乡收入差距的作用。

在企业所得税公平效应方面的研究文献较少，大多关注于企业所得税负担分布方面。例如，万莹（2013）通过对我国企业所得税负担在不同资本规模上市企业间的分布情况进行分析，来判定企业所得税对居民收入分配的影响。其研究结论表明：如果税负全部由社会资本承担，企业所得税呈现出微弱的累退性，如果仅由公司资本承担，则呈现一定的累进性。更进一步地，考虑到我国资本要素大部分被高收入者持有，企业所得税应该表现出一定的累进性，其整体上应有助于缩小居民收入差距。关于财产税的收入分配效应的观点较为一致，它具有明显的累进性，尤其是遗产税和赠与税，但我国至今仍未征收。

其次，社会保障也是政府促进居民收入分配公平的调节器，在“济贫”方面发挥重要作用，尤其是社会保险和社会救济。关于政府社会保障支出水平与居民收入分配的关系，国内学者存在不同观点。丁少群、许志涛（2013）利用我国1978—2010年的年度时间序列数据，将社会保障水平纳入库兹涅茨计量模型，对社会保障收入分配和经济增长的互动关系进行了实证分析。结果发现当前社会保障在收入分配领域起到的调节作用很小，甚至存在一定程度的逆向调节效应，即“损不足、补有余”。这与高文书（2012）的研究结论相似，他通过对社会保障转移支出前后的城乡居民基尼系数进行比较，发现由于城镇高收入者获得的社会保障净收益反而多于农村低收入者，因而认为社会保障转移支出扩大了城乡居民收入分配差距。而丁煜、朱火云（2013）的研究则表明社会保障转移支出对城乡居民收入分配的影响并不显著，并且我国社会保障制度的收入分配正效应的“时间窗口”已经出现。这主要是由于我国城镇社会保障制度的扩面（农民工是主要受益者）以及农村社会保障制度建设的全面启动。

另外，一些学者研究了个别保险机制对居民收入分配的影响。侯慧丽（2011）的研究表明，当前我国的养老保险制度发挥的收入再分配效果较不明显，而且主要以代际和性别间的再分配为主，随着社会平均工资的上升，再分配程度有增加的趋势。李亚青（2014）的研究发现，我国城镇职工医保存在明显的穷人补贴富人的“逆向再分配现象”。

财政教育支出是促进教育公平、缩小因教育不平等导致的居民收入差距的重要手段。金双华（2003）认为，财政教育支出占GNP的比例与收入基尼系数成反比关系，支出比例的提高有助于缩小收入差距。周波、苏佳（2012）的研究发现，我国县级教育财政支出的增加能够提高收入的代际流动性，有助于机会均等的实现，从而会缩小居民收入差距。但邱伟华（2008）的研究表明，财政教育支出结构对其收入公平分配效应的发挥同样重要。由于当前我国的公共教育支出在城乡之间分配不平衡，从而削弱了其作为收入差距调节手段的有效性。冯云、王维国（2011）的实证研究表明，我国地区教育投入差距与地区居民收入差距之间存在高度的正相关关系，缩小地区教育投入差距有助于缩小居民收入差距。

最后，财政支农支出对于农民增收、缩小城乡居民收入差距具有重要作用。刘桂珍、徐春骥（2009）通过研究发现，财政农业支出与农民收入增长之间具有极大的关联性，这与涂维亮（2000）的研究结论相似。梁耀盛（2010）运用我国1983—2006年间的财政农业投入与农民收入变化数据分析现实，财政农业投入每增长1个百分点，农民收入将增长0.45个百分点，财政农业支出对增加农民收入效果明显。沈坤荣、张璟（2007）的研究表明，国家财政农村支出与农民收入之间也呈正相关关系；从农村经费支出结构来看，生产性支出和基本建设支出占比过高，而农业科研和社会福利等方面的支出过低，这些因素导致财政支农支出在调节城乡收入差距方面的效果不明显，不利于城乡协调发展。

（三）财政调节收入分配功能弱化的原因

通过以上分析可以看出，我国现阶段财政政策调节居民收入分配的作用并不十分显著，有些手段的实施甚至带来相反的效果。这说明，我国现行的调节收入分配的财政制度存在功能弱化的现象，未能达到公平收入分配的目标。那么其原因是什么呢？按照以上的分析思路，我们从税收和财政支出两个方面来寻找原因。

1.税收制度不完善

西方发达国家运用税收手段调节收入分配的经验表明，通过设置比较合理的税制结构、完善所得税、财产税和消费税制度、加强税收征管来调节收入分配。而现阶段，由于我国税制结构的不合理、税负分布不均衡，调节收入分配主要税种制度的不完善以及税收征管措施不健全，导致税收调节收入分配的功能弱化。

（1）税制结构不合理

所谓税制结构，是指在一国税收体系中，不同税类、税种的地位以及相互关系，如直接税与间接税各占税收总收入的比重、税种结构和主体税种的选择等。从调节收入分配的角度来看，以所得税为主体的直接税具有较好的收入分配效果，而以间接税为主体的税收结构对收入分配的作用较为间接，甚至起到“逆调节”的效果。西方发达国家基本都建立了以直接税为主体的税制结构，因而税收更好地发挥了调节收入分配的功能。表3-12反映了2000—2012年OECD国家税收收入比重。可以看出，所得税类尤其是个人所得税和社会保障税占到的比重最大，总体在60%以上；货物与劳务税在32%左右；财产税类在5.5%左右；资源税类在6.6%左右。

我国目前是以增值税为核心的间接税和以企业所得税为核心的直接税这一双主体的税制结构。直接税的构成主要有所得税和财产税，能够起到调节收入分配的税种包括：个人所得税、企业所得税、房产税、土地增值税、车船税、契税等。间接税有增值税、营业税、消费税、关税和城市建设维护税五大税种。

表3-12　**2000—2012年OECD成员国税收收入比重**　单位：%

年度	2000	2001	2002	2003	2004	2005	2006	2007	2008	2009	2010	2011	2012
所得税类	60.6	60.9	60.4	60.2	60.1	60.5	61.1	61.54	61.8	61.2	60.6	60.8	60.9
个人所得税	25.3	25.8	24.9	24.5	24.1	23.9	4	24.6	24.8	24.7	23.8	24.1	24.9
公司所得税	9.6	8.9	8.9	8.9	9.4	10.1	10.5	10.6	10	8.4	8.5	8.7	8.5
社会保障税	24.6	25.3	25.6	25.7	25.5	25.1	24.8	24.6	25.4	26.6	26.5	26.2	26.9
货物与劳务税类	33	32.7	33.2	33.4	33.5	33.2	32.5	32	32.1	32.5	33.1	32.9	32.7
增值税	19	19	19.4	19.5	19.5	19.5	19.2	19	19	19.2	19.8	19.1	19.4
消费税	8.5	8.5	8.8	8.8	8.7	8.4	7.9	7.8	7.6	8	8.1	7.9	7.8
关税	1.1	0.9	0.8	0.8	0.6	0.5	0.5	0.5	0.5	0.5	0.5	0.5	0.4
财产税类	5.5	5.4	5.5	5.5	5.5	5.6	5.6	5.6	5.4	5.5	5.5	5.4	5.5
资源环境税类	7.5	7.6	7.7	7.5	7.4	7.2	6.8	6.8	6.4	6.8	6.9	6.6	6.6

注：因为四舍五入的原因，表中数字之和略有出入。

从表3-13反映的我国税制结构的演变可以发现，自1994年分税制改革以来，我国间接税比重呈不断下降趋势，从1994年的76.01%下降到2013年的61.40%，下降了约14.6个百分点。其中国内增值税由41.39%上升到2013年的63.80%，上升了22.41个百分点。直接税的比重呈不断上升的趋势，从1994年的17.52%上升到2013年的35.46%，上升了约18个百分点。其中对收入分配起到较大作用的个人所得税由2001年的6.08%下降到5.40%。从变动趋势上来说，我国税制结构的变动朝着有利于调节收入分配的方向发展，但从绝对数上来看，间接税在税制结构中仍然占有绝对的优势，直接税比重虽有所上升，但只占到总税收收入的30%左右，与西方发达国家水平差距较大。由以上对各税种税收累进性的分析可知，间接税尤其是增值税比例过大势必导致整体税制的累退性，不利于缩小收入差距。

另外，我国的税制结构不合理还体现在税负分布不均衡上。例如，在改革开放以来较长时间内，我国国有企业税负高于集体企业，集体企业高于外商投资企业，以矿产资源、原材料为主的西部地区和以重工业为主的东北地区税负偏高等。这都加重了地区间居民收入差距水平。

我国税制结构特征，一方面与我国经济发展所处阶段、人均收入较低有关；另一方面与我国较低的税收征管水平有关，流转税在征管上更简单易行，具有一定的合理性。但在我国居民收入差距不断拉大的背景下，合理调整税制结构，提高直接税的征收比例更符合未来发展的需要。

表3-13　　我国税制结构的演变

序号	税种	1994年	2001年	2007年	2013年
1	国内增值税	41.39%	32.70%	30.18%	63.80%
2	国内消费税	8.74%	5.68%	4.31%	6.80%
3	进口两税	5.83%	10.08%	12.01%	11.57%
4	营业税	12.01%	12.60%	12.84%	14.24%
5	城市维护建设税	3.15%	2.35%	2.26%	2.83%
6	关税	4.89%	5.13%	2.79%	2.17%
7	资源税	0.81%	0.41%	0.51%	0.83%
8	车辆购置税	—	1.62%	1.71%	2.14%
9	流转税合计	76.82%	70.57%	66.60%	64.38%
10	企业所得税	12.70%	16.06%	17.13%	18.53%
11	个人所得税	1.30%	6.08%	6.21%	5.40%
12	所得税合计	14.00%	22.14%	23.34%	23.92%
13	房产税	1.08%	1.40%	1.12%	1.31%
14	城镇土地使用税	0.58%	0.40%	0.75%	1.42%
15	车船税	0.20%	0.15%	0.13%	0.39%
16	耕地占用税	0.65%	0.23%	0.36%	1.49%
17	契税	—	0.96%	2.35%	3.18%
18	土地增值税	—	0.06%	0.79%	2.72%
19	印花税	1.11%	2.06%	4.41%	1.03%
20	其他税收	5.56%	2.03%	0.13%	0.16%
21	税收总收入	100%	100%	100%	100%

资料来源：《中国财政政策报告2014/2015》。

（2）个人所得税制本身存在的问题

从理论上来说，个人所得税是税制中调节收入分配最有力的税种，但其本身存在的税制设计缺陷使得调节功能大打折扣。首先，课税模式难以体现公平原则。我国现行个人所得税采用分类征收的模式，这种模式虽然简单、透明，但难以体现量能负担原则。这是因为，分类征收模式对不同种类的所得采用不同的扣除标准和税率，从而有可能造成相同收入的人承担的税负不同，即横向不公平，收入来源越多、分项收入少、综合收入高的人反而少交税。而且还会使纳税人通过改变收入来源进行避税，不利于发挥个人所得税调节高收入，缓解个人收入差距的作用。其次，税率设置不公平。这体现在个人所得税在对工资、薪金所得征税方面，税率设计不合理，级次过多、最低税率和边际税率高，致使税负主要集中于工薪阶层，且工薪所得所取得的税收占整个税收收入比重过高，不符合公平原则。最后，费用扣除难以体现公平。现有个人所得税法将居民薪金所得免征额统一定为3 500元，没有考虑到纳税人实际具体情况，如具体家庭负担和地区间物价水平差异等，从而不能体现公平原则。

（3）财产税系不健全

财产税作为对居民财富存量和财产持有征收的税种，能够有效弥补所得税只对收入流量征税的缺陷。而且在我国，财产性收入越来越成为高收入阶层的主要收入来源，再加上财产本身具有的累积效应，财产税的征收可以有效改善收入分配不公现象。但目前我国具有调节收入分配功能的财产税体系尚未建立。财产税调节收入分配功能弱化的原因体现在现有财产税税种少、税基窄，调节收入分配功能存在“缺位”现象。现行的财产税体系严格来说只有房产税、契税、车船税和土地增值税。国际上普遍征收的遗产税和赠与税还未开征，造成居民财产累积和转移环节出现了税收调节的真空，忽视了对财产的代际分配的调控，削弱了对高收入群体的收入调控效果。而现有税种能力有限，税基过窄，如房产税只对城镇房产征税，而将农村房产排除在外，再加上计税依据不科学、改革滞后结果造成税负不公平。

（4）消费税征收范围不合理

随着经济社会的发展，居民生活水平的提高，消费倾向和范围正在发生变化，而消费税改革滞后，使得它对收入分配的间接调节作用弱化。一方面，社会消费状况的改变使高收入群体出现了新的消费热点，如豪宅、高档保健品、高档时装等，然而这些都还未纳入到消费税目，另外还有一些消费行为无法征税，如个人包机、游艇出游等；另一方面，一些消费品的性质发生了变化，如护肤类化妆品、普通白酒等已成为普通消费品，且主要受众是中低收入人群，但依然被征收消费税。

（5）税收征管制度不健全

税收征管作为税务管理的重要组成部分，是指税务机关根据有关的税法的规定，对税收工作实施管理、征收、检查等活动的总称，又称“税收稽征管理”。税收征管存在的漏洞，弱化了税收对偷税漏税等非法收入的调控力度。我国目前收入分配领域存在不规范问题，致使地下收入、灰色收入、隐性收入大量存在，而这部分收入成为一些人暴富的手段，加重了社会不公平的程度。对这部分收入的监管不利，导致税源流失，从而弱化了税收的调节功能。税收征管制度的不健全主要表现在：个人收入监控体系不完善，难以掌握个人的真实收入，征管手段不科学，对偷逃税者的惩罚力度较轻，以权代法、以补代罚、以罚代刑。

2.公共教育投入不足，支出结构不合理

教育是促进人力资本和劳动能力提高的主要途径，教育水平与居民收入成正相关关系。教育的准公共产品性质决定了促进教育公平的责任主体在政府。充足的经费投入和合理的支出结构是保障全社会教育水平提高和教育均衡发展的重要条件。

长期以来，我国财政性教育投入严重不足。早在1993年，党中央、国务院在《中国教育改革和发展纲要》中，第一次提出，到2000年国家财政性教育经费占国内生产总值比例应达到4%。由于我国财政收入占GDP的比例一直很低，2000年并没有达到4%。2006年，党的十六届六中全会第二次提出要逐步达到4%。2010年，党中央、国务院颁布《国家中长期教育改革和发展规划纲要（2010—2020年）》，明确提出2012年实现4%的目标，限期完成。2012年，全国国内生产总值为518 942.11亿元，国家财政性教育经费支出21 994亿元，国家财政性教育经费占国内生产总值比例为4.28%，比上年的3.93%增加了0.35个百分点。自1993年《中国教育改革和发展纲要》提出国家财政性教育经费占国内生产总值比例应达到4%的目标以来，我国教育投入水平首次"达标"。实现4%的投入比例是我国教育事业发展的里程碑，但整体保障水平仍然偏低，特别是各级各类教育生均经费远低于中上收入国家平均水平。而且在每年2万多亿元的财政性教育经费支出中，70%是教师工资和学校运转支出等刚性支出，有一部分用于化解债务、补历史欠账，有的用于军校、党校等非国民教育，有的用于离退休人员等社会支出。因此，为努力办好人民满意的教育，仍需要各级政府严格落实教育经费法定增长要求，依法加大财政投入力度，巩固4%的成果，进一步提高教育经费保障水平。努力到2020年财政教育经费投入占GDP比重达到4.5%~5.0%。

促进教育公平，推进基本公共教育服务均等化，合理分配教育经费是政府提高教育发展质量的重要方向。长期以来，我国教育经费在城乡、地区间和教育层次分配方面存在不均衡现象，严重阻碍了教育的公平发展。例如，2013年农村各级教育生均公共经费支出均低于全国平均水平，北京市与贵州省普通小学生均预算内公用经费支出相差达到7倍以上。而从教育经费支出层次上来看，义务教育教育经费所占比重偏低，教育投资明显向高等教育倾斜。这些都不利于发挥教育的公平收入分配作用。

另外，我国中央政府承担的财政性教育经费比例过小，以2013年为例，中央政府仅承担了全国财政性教育经费的18%。这同样会带来教育资源分配的不均衡，因为在分税制财政体制下，地方政府财力相对薄弱，原本就存在财力与事权不匹配的情况，地方政府承担大部分的教育经费投入会导致贫困地区教育投入缺口扩大，从而削弱教育支出手段调节居民收入分配差距的有效性。

3.社会保障支出存在的问题

社会保障的功能在于通过社会保险、社会福利、社会救助等方式的开展，提高社会弱势群体和低收入群体的生活水平，具有重要的"济贫"作用。然而，我国现有的社会保障体系在筹资模式、运作机制及基金管理、监督等方面已经很不适应形势发展的要求。

首先，社会保障经费投入不足，覆盖面太窄。财政社会保障支出总额占GDP的比重和社会保障支出占财政支出总额的比重是衡量一个国家社会保障支出的水平的主要指标。以2011年为例，这一年财政社会保障支出占财政支出的比例为10.17%，远远低于世界部分发达国家和发展中国家水平。发达国家如丹麦、瑞典和法国的这一比重均在40%以上；中等收入发展中国家如乌拉圭、哥斯达黎加、智利都超过了30%；甚至有些低收入发展中国家如斯里兰卡，这一比重也达到12%以上。这说明我国财政社会保障支出水平还很低，政府对社会保障的支持力度不够。再以财政社会保障支出占GDP的比例来看，2011年这一比例为6.18%，而西方国家的这一指标大约为20%，由此可见，我国社会保障支出水平同世界各国相比存在较大差距。

其次，财政社会保障支出结构不合理。目前我国财政社会保障支出重点在对各项社会保险基金（尤其是养老保险基金）的补助和行政事业单位离退休费，两者合计达到了总支出的50%以上。而与此同时，作为对居民收入差距起主要调节作用的最低生活保障支出的占比则明显偏低。以2010年为例，我国财政社会保障支出用于全国城乡最低生活保障的总支出为986.12亿元，仅占当年财政总支出总额的1.1%，占社会保障和就业支出总额的10.8%。这导致了城镇和农村地区最低生活保障月人均补助水平占人均可支配收入比例过低，严重弱化了财政社会保障支出对收入分配差距的调节作用。

4.财政支农支出存在的问题

提高农民收入是缩小当前城乡居民收入差距过大问题的主要途径，而相关研究表明，财政支农支出是影响农民收入的重要因素。通过充足的“三农”投入和合理的支农经费分配能够提高农业生产效率和农民生活保障水平，降低农民生活成本，改善农民生活质量。但当前我国财政支出总量的不足和支出结构的不合理，致使农民增收缓慢。从支出总量来看，我国财政农业支出由改革开放初期的150亿元增长到2010年的8 579亿元，增长了约56倍，但财政支农总额占财政支出总额的比重却呈下降趋势，截至2010年支农支出占财政总支出的比例仅为9.5%左右。从支出结构来看，按比重高低排序依次为支农支出、农村基本建设支出、农业科技三项经费支出和农村救济费。支农支出比例占到60%以上，但其大部分用于农村各项事业费支出，如相关部门的人员经费和办公经费等，这些支出严重挤占了用于农业补贴和农业生产的比重，导致财政支农支出的重点不突出、着力点不够集中，因而促进农民增收的效果大打折扣。

（四）完善财政收入再分配政策措施

通过前面的分析，我们已经明确了财政促进收入分配的理论依据和作用机理，明确了我国收入差距的现状以及财税成因，并从财政收入与支出两个方面对我国现阶段促进收入公平分配的财政政策作用效果和功能弱化的原因进行了探讨，下面我们将按照以上分析思路，提出完善财政收入再分配政策的建议。

1.完善促进收入公平分配的税收制度

首先，应完善税种体系，适时开征与调节收入相关的税种，如社会保障税、遗产和赠与税等。构成我国居民财富的私人财产比重愈来愈大，高收入群体中财政产性收入占主要构成，而且这部分群体的收入还会伴随着我国经济的增长而快速地增加。对高收入、超高收入群体的调节，现有的税收作用有限。随着我国第一代富裕群体正进入中老年化，应适时开征遗产税与赠与税，进行居民收入的代际间调节。另外，适时开征社会保障税，以有利于建立可靠、稳定的社会保障基金，促进我国完善社会保障制度的完善。其次，完善财产税和消费税。一方面，应整合现有以房地产为征收对象的税种，简化税制，适时开征物业税；另一方面，调整消费税目和征收范围，加大对高收入的调控力度。此外，完善个人所得税。首先，应以综合征收模式为最终方向，在现阶段改革条件尚未成熟的条件下，逐步推行分类与综合的混合税制，并尽早实现以家庭为课税单位。其次，实行更为公平、合理的费用扣除制度。例如，针对劳动所得，采用定率扣除方法，且扣除比率及限额年随物价作调整。同时允许纳税人扣除为取得劳动报酬而付出的相关成本，允许家庭生计扣除，可根据家庭结构或支出类型设置不同的扣除额。最后，完善税收征管体系，落实双向申报制度，征集纳税人收入与财产信息。

2.健全社会保障制度

我国社会保障制度的目标是以社会保险、社会救助、社会福利为基础；以基本养老、基本医疗、最低生活保障制度为重点；以慈善事业、商业保险为补充，完善我国的社会保障制度，到2020年基本建立覆盖城乡居民的社会保障体系。具体来说，首先应以“低水平，广覆盖”为原则，逐步增加财政社会保障支出占财政支出的比重，提高社会保障覆盖范围。其次，优化财政社会保障支出结构，完善城乡最低生活保障制度，提高社会保险基金运营收益。应缩小城乡、地区间居民社会保障支出差距，增加对农村和西部地区的社会保障资金的转移支付，促进城乡和地区间的协调发展。最后，应尽快实现省级统筹，为最终实现全国统筹做好准备。此外，还要加强对社会保险基金的管理和监督。

3.完善教育支出政策

政府应该在增加财政教育经费投入和优化教育支出结构两个方面努力完善教育支出制度。4%仅是初步达到基本标准，未来政府需要在此基础上不断提高教育经费投入水平，最终到2020年占GDP比重达到4.5%~5.0%。从长远来看，政府还应建立健全财政性教育经费投入稳定增长机制，使我国财政教育经费支出占GDP的比重逐步达到世界平均水平。

在优化财政性教育经费支出结构方面，中央政府应致力于构建地区之间和城乡之间教育均衡发展的格局，以促进教育公平为目标，健全家庭经济困难学生资助体系，构建利用信息化手段扩大优质教育资源覆盖面的有效机制，逐步缩小区域、城乡、校际差距。在教育经费投入上将重点定位在中西部和农村地区。深化教育领域综合改革过程中，要在教育公平上多想办法、多做实事，用教育公平重新审视体制、机制，重新评估政策措施，通过规则调整和制度创新，不断提高教育公平水平。以有效保障中西部地区、农村地区居民公平地享受良好教育的权利，从而不断提高中西部地区、农村地区的教育发展水平，在此基础上促进我国居民收入分配差距的缩小。最后在教育经费分担体制上，应合理划分中央政府和地方政府的支出比例，逐步扩大中央政府在基础教育经费中的支出比例，以解决经济最不发达地区教育经费投入缺口较大的问题。

4.加大财政支农力度

政府应该按照公共财政的要求，加大财政对“三农”的投入，完善农村公共产品的供给机制，使政府成为农村公共产品供给的主体。首先，应加大财政对农业的投入，提高财政资金的使用效益，逐步建立健全支农资金稳定增长的投入机制。以县为单位通过规划引导、统筹安排、明确责任、项目带动等方式全面整合支农资金，围绕优势产业，突出重点项目、重点区域进行规划和落实，保证财政支农资金的规模增长。此外，还要创新工作方式、方法，强化管理，以提高财政支农的投资效益。其次，完善农村公共产品的供给体制，使政府成为农村公共产品供给的主体，加大公共财政对农村医疗公共卫生和教育经费的投入力度，提高农村居民社会保障水平。继续开展新农村建设，加大农村基础设施，如道路、供水等的建设，支持土地流转，培养高水平的师资和医务工作者，加大农业科技创新和研发投入。最后，应优化财政支农资金支出结构。从各国实践来看，财政对农业的补贴支出是提高农村居民收入的重要来源，也是支农支出中用以增加农民收入的最直接与灵活的手段。因此，在财政支农支出中应安排更多的资金，重点向可以使农民直接受益的农业补贴倾斜，稳步提高财政农业补贴的总体水平。

5. 完善相关的财政转移支付制度

财政转移支付制度是促进地区经济协调发展、实现社会公共服务均等化的重要手段，对居民收入分配差距的调节可起到间接作用。应明确财政转移支付的主要目标在于缩小各地财力差距和实现基本公共服务均等化，故应该逐步提高一般性转移支付比重，降低税收返还，健全横向转移支付制度，规范健全转移支付标准和省级以下转移支付制度。

第三节　热点问题："中等收入陷阱"与收入分配

一、中等收入陷阱的含义、特征和本质

"中等收入陷阱"（middle income trap）最早出现在世界银行发布的《东亚的复兴——经济增长的思路》报告中，它是指当发展中国家的人均收入达到中等水平以后，经济增长动力不足，经济长期停滞不前，难以跨入高收入国家行列的一种状态。世界银行专家印德米尔特·吉尔和霍米·卡拉斯指出："各经济体在摆脱了贫困状态，进入中等收入状态后，长期以来所制定的经济政策和遵循的经济增长模式在前期快速发展中积累的各种矛盾开始凸显和爆发，甚至威胁到社会的稳定，从而已无法继续支持其发展以达到更高的收入水平，最终使经济增长陷入停滞。"

"中等收入陷阱"的特征包括：经济增长停滞或回落、贫富分化、民主乱象、腐败多发、社会公共服务短缺、就业困难、过度城市化、社会动荡、信仰缺失和金融体系脆弱。尽管其表现是多方面的，但主要特征是经济增长停滞不前。另外，许多专家和学者认为，收入差距扩大和收入分配结构不合理可能是掉入"中等收入陷阱"的一个最重要诱因。经济发展的主要目的在于提高人们的消费水平和生活质量，收入差距的扩大会挫伤人们工作的积极性，消费需求不足，最终导致经济增长失去动力。因此，解决好收入分配问题是成功跨越"中等收入陷阱"的关键。

由"中等收入陷阱"的含义和特征可以看出，它本质上是在描述居民收入完成由低水平向中等水平转变后，经济发展停滞的一种状态，因此"中等收入陷阱"本质上是经

济增长问题，研究如何跨越或跳出“中等收入陷阱”就是研究如何保持经济可持续增长的问题。

二、我国面临“中等收入陷阱”的现实分析

随着我国经济进入“新常态”，经济增长速度由高速转变为中低速，我国正处在由上中等收入向高收入国家行列迈进的关键时期，中国经济也将要面临着“中等收入陷阱”这一重大的现实问题。同其他发展中国家一样，我国在快速实现低收入到中等收入阶段迈进的过程中，也积累了不少问题，并不断凸显和爆发，如居民收入差距扩大、人口红利逐渐消失、劳动力成本快速上升、企业转型与产业结构面临调整、通货膨胀长期化和环境恶化等。

世界银行每年都根据世界各经济体前一年的人均国民总收入（GNI）将各国分为低收入、中等收入和高收入三个组别，并于每年7月1日对上年度的估算进行修改。2014年7月1日，世界银行做出的收入组分类如下：低收入为1 005美元以下；下中等收入为1 006至3 975美元；上中等收入为3 976至12 275美元；高收入为12 276美元以上。而当年中国人均国民收入为7 476美元，达到上中等收入国家行列，处于向高收入国家跨越的关键时期。

从收入分配状况来看，我国居民收入的基尼系数，自2003年以来一直处于0.4以上，并不断上涨到2008年最大值的0.491，随后自2009年开始逐年回落，分别为：2009年0.490、2010年0.481、2011年0.477、2012年0.474、2013年0.473、2014年0.469，但一直高于国际警戒线水平0.4。从财产状况来看，我国家庭净财产的基尼系数于2012年就已达到0.73，最高水平的1%家庭占有全国1/3以上的财产，而最低水平的25%家庭拥有 财产总量仅占1%。由此可见，我国居民收入和财产差距都较大，这将可能成为阻碍经济发展的重要因素。人口是经济增长的核心变量，但我国目前面临着人口老龄化和人口红利逐渐消失的现实挑战。根据联合国教科文组织的界定，一个国家或地区60岁以上的人口占其人口总数的10%以上，或者65岁以上的人口占其人口总数的7%以上，那么该国家或者该地区就进入了老龄化社会。资料显示，2013年中国65岁以上人口占总人口比重从上一年的9.4%升到9.7%，完全进入老龄化社会；老年人口赡养比（老龄人口与劳动年龄人口的比例）为13.1%。但就经济发展与人口结构变化关系来看，与发达国家相比，我国存在明显的“未富先老”现象，即人口老龄化速度过快，在经济发展水平较低的情况下已进入老龄化社会。人口结构转变过快，提前跨越刘易斯拐点、劳动力成本上升、人口红利逐渐消失，这些都增加了经济发展的压力。

转变经济发展方式是跨越“中等收入陷阱”的关键。长期以来，中国经济的高速增长伴随着以高能耗、高污染、高成本为特征的粗放经济发展方式，经济增长严重依赖投资和出口，内需不足。社会经济结构不合理，面临需求结构、要素供给结构、二元经济结构、区域经济结构、产业结构和收入分配结构的大调整。另外，创新能力不足，人力资本增长缓慢、人才外流等问题也成为我国实现创新驱动经济增长方式的主要障碍。根据中国人民大学经济研究所的测算结果，过去30年，我国全要素生产率总体呈上升态

势，但近年来全要素生产率增长已呈现下降趋势。1979—2007年间，资本、劳动和全要素生产率对经济增长的贡献分别为53.5%、25.3%和21.2%。20世纪80、90年代，全要素生产率的贡献率呈现上升趋势，90年代比80年代提高了20个百分点；但进入21世纪以来，全要素生产率的贡献率出现明显下降，今后要保持全要素生产率上升趋势的难度将明显加大。

进入中等收入阶段以后，社会问题增多，社会矛盾激化，容易造成经济增长的不稳定。一方面，持续走高的房价和一路看涨的物价使得人们的实际可支配收入有所下降，教育、医疗以及社会保障等领域的不健全又给人们的生活增加了不便，日益恶化的环境污染以及人们对食品卫生的担忧无疑又增添了人们的焦虑，贫富差距的悬殊衍生出来的仇富、仇官现象也日益增多；另一方面，我国的社会事业发展相对滞后，公共建设和服务与人们的期望存在较大差距，许多涉及民生的问题还没有得到很好解决，这些因素都使得当前我国的社会矛盾明显增多。

三、“中等收入陷阱”与收入分配

按照上面的分析，“中等收入陷阱”的本质是经济发展问题，那么“中等收入陷阱”与收入分配的关系可以理解为经济发展与收入分配的关系。而收入不平等会通过社会不稳定机制、人力资本投资机制、教育-生育决策等影响经济增长，在许多国家进入中等收入阶段后，收入差距的扩大成为阻碍经济发展的主要障碍，从而使经济增速下滑，陷入“中等收入陷阱”。

从国际经验来看，公平收入分配对于各国跨越“中等收入陷阱”至关重要。作为陷入“中等收入陷阱”的典型国家，拉美地区的阿根廷、巴西和墨西哥在20世纪六七十年代就进入了中等收入国家行列，但由于各种社会矛盾的激化和经济结构调整缓慢，经过了近40年的发展，经济发展很不稳定，从而长期徘徊在这一水平上。相反，日本和亚洲四小龙作为跨越“中等收入陷阱”的成功案例，则很好地解决了收入分配问题。日本于20世纪60年代实施了“国民收入倍增计划”；韩国于20世纪70年代推行“新社区运动”，不仅缩小了城乡和居民收入差距，使收入分配的结构更趋均衡，而且通过实施有效的教育政策，积累了人力资本，调整了收入的再分配。从基尼系数看，日本的基尼系数为0.249，收入分配比较平均；韩国的基尼系数为0.316，处于收入相对合理的区间。日本构建了适合本国国情的社会福利体系，基本完成了社会保障体系的建设，为抗衡经济衰退积聚了能量，为跨越“中等收入陷阱”提供了较为稳定的社会环境。

陷入“中等收入陷阱”国家的共同特征主要有：收入分配结构的不合理以及国内贫富差距的拉大引发社会稳定程度下降和导致需求不足、经济增长乏力。例如，阿根廷、墨西哥等至今仍陷在“中等收入陷阱”之中的国家，在其人均收入达到4 000美元后的基尼系数都高于0.45。而美日韩等顺利跨越“中等收入陷阱”的国家在中等收入阶段的基尼系数大都维持在0.25～0.37之间。

四、政策建议

中国社会科学院专家蔡昉认为，我国规避“中等收入陷阱”的关键在于有效地解决好收入分配不公和收入分配差距问题。具体来说，应以保障和改善民生、维护稳定和促进和谐为根本出发点，坚持“完善市场经济体制”和“加快转变政府职能”两个根本方向，坚持按劳分配为主体、多种分配方式并存的基本分配制度，初次分配和再分配都要处理好效率和公平的关系，再分配要更加注重公平，以“完善市场，转型政府，促进参与，补低、拓中、调高”为基本思路，努力提高劳动报酬在初次分配中的比重，提高居民收入在国民收入分配中的比重；创造条件增加居民财产性收入；健全扩大就业、增加劳动收入的发展环境和制度条件，提高人力资本参与率；规范分配秩序，加强税收对收入分配的调节作用，有效调节过高收入，努力扭转城乡、区域、行业和社会成员之间收入差距扩大趋势。让最广大的人民群众公平分享改革和经济发展的成果，调动和发挥全体人民的积极性和能动性，为实现民富国强和全面建成小康社会释放出强大的活力和动力。

参考文献

[1]赵兴罗.促进收入公平分配的财政制度研究[M].北京：经济科学出版社，2009.

[2]中华人民共和国国家统计局.中国统计年鉴[M].北京：中国统计出版社，1992—2014.

[3]张东生.中国居民收入分配年度报告[M].北京:中国财政经济出版社，2011—2013.

[4]高培勇.中国财政政策报告2014/2015[M].北京:中国财政经济出版社，2014.

[5]刘乐山.财政调节收入分配差距的现状分析[M].北京:经济科学出版社，2006.

[6]岳希明，张斌，徐静.中国税制的收入分配效应测度.[J].中国社会科学，2014（6）.

[7]岳希明，徐静.我国个人所得税的居民收入分配效应[J].经济学动态，2012（5）.

[8]刘怡，聂海峰.间接税负担对收入分配的影响分析[J].经济研究，2004（5）.

[9]徐建炜，等.个人所得税改善中国收入分配了吗?基于对1997—2011年微观数据的动态评估[J].中国社会科学，2013（6）.

[10]崔军.调节居民收入分配的财政制度安排[M].北京:经济科学出版社，2011.

[11]闫坤，程瑜. 促进我国收入分配关系调整的财税政策研究[J].税务研究，2010.

[12]高霖宇.社会保障对收入分配的调节效应研究[M].北京：经济科学出版社，2009.

[13]白景明，周雪飞.我国居民收入分配状况及财税调节政策[J].财经论丛，2003（3）.

[14]贾康.政府对收入分配的分类调控[J].求是，2007（12）.

[15]李实，罗楚亮.中国收入差距究竟有多大—对修正样本结构偏差的尝试[J].经济研究，2011（4）.

[16]王小鲁.我国国民收入分配现状、问题及对策[J].国家行政学院学报，2010（6）.

第四章

城镇化、市民化与城乡收入分配

第一节 概论

收入差距过大严重阻碍了我国的经济发展，是困扰我国经济运行的顽疾。其中，城乡收入差距则长期被认为是造成我国收入差距过大的主要因素。如何缩小城乡收入差距是摆在当前学界和政府面前的重要问题。为此，我国中央和地方政府颁布实施了一系列的政策，旨在解决这一问题，如通过转移支付增加对农业的投入或直接给予农民更多的补贴以增加农民的收入等。但是实践证明，这些措施仅能在一定程度上缓解日趋加大的城乡收入差距，并不能从根本上解决这一问题。所以，近年来政府和相关学者也在不断寻求和探索新的城乡分配政策改革方向。

一、城乡收入分配改革的背景

城乡收入差距根据使用指标的差异而有不同的解释。从狭义上来说，城乡收入差距仅指城乡居民收入上的差距。但从广义来说，城乡收入差距不仅包括工资性收入的差距，而且还包括消费、投资、教育、医疗、卫生、公共设施以及社会福利等各方面的差异。虽然城乡居民收入差距是由多方面的因素构成的，但从根本上来说，城乡收入差距是经济发展不平衡的必然结果，这是由于工业与农业部门在生产方式、组织效率及发展进程上的差异所造成的不可避免的现象。古典经济学家李嘉图早在19世纪就试图通过工业与农业部门之间生产方式与产品需求方式来解释城乡差距的根源。他认为农业部门过度依赖土地资源，存在边际收益递减的规律；而城市则依赖工业部门中技术进步带来的工业高速增长，在一定时期内呈现出边际收益递增的趋势。再加上农业产品的收入需求弹性较工业产品低得多，因此，城乡之间的收入差距是不可避免的结果。另一方面，由于存在地理环境、历史形成条件等差异，城市和农村存在着天然的差别。在《辞海》中，“城市”是指“人口集中、工商业发达的地区，通常是周围地区的政治、经济文化中心”。而对农村广泛的共识就是“群体中的人员主要以农业为生，该地域内通常不具备生产、生活、服务，特别是贸易等功能，同时也没有完备的卫生、教育、娱乐等设施，居民频繁交往的范围也限于村庄之内”。由“城市”和“农村”的定义可以看出，城乡之间一开始就存在着自然差距。城市居民在享受公共服务的便利程度以及生活的便捷等方面都显著地高于农村居民。因此，城乡居民的生活质量以及收入水平的差距也就客观存在了。

当然，城乡收入差距也是经济发展不平衡的必然结果，从经济社会发展的规律及世界各国的经验来看，无论是增长理论还是非均衡发展理论都表明，在一定时期，特别是工业化阶段，城乡收入差距是各国经济发展过程中普遍存在的现象。但是，与一般国家“城市”和“农村”地区的客观差距不同的是，我国城乡收入差距具有其独特的历史原因。新中国成立后，为了建立独立的国民经济，赶超西方国家，我国的领导人选择了重工业优先发展的战略。在计划经济的体系下通过农工业产品的“剪刀差”来压低农产品价格，抬高工业产品价格，为工业的发展提供有力的支持。然后过大的“剪刀差”削弱了农村的发展，使得农业发展的后劲不足，农民的生活水平提高缓慢。而与此相反，城镇居民由于获得了较多的补贴和福利，其生活水平比农村居民高。与此同时，我国还制定了户籍制度，限制农村居民向城镇地区流动，由此所造成的城乡二元结构进一步深化了城乡的收入差距。

二、居民收入不均等的程度严重

国家统计局的数据显示，自2009年以来，虽然我国居民收入的基尼系数在持续下降，但截至2014年，我国的居民基尼系数仍高达0.469。从表4-1的统计数据来看，单独就城市或农村而言，城乡内部的基尼系数并没有超过0.4。我国是一个具有典型的城乡二元结构的国家，城乡之间隔离，农村地区发展持续落后于城市地区，是导致我国基尼系数一直维持在高位的主要原因。我国居民收入不均等的程度仍十分严重，时刻威胁着社会的和谐发展以及经济的可持续运转。

城乡之间、地区之间甚至城乡内部的收入差距过大，意味着不同人群得益于经济发展的成果不同，一部分人并没有合理地享受到经济发展的成果。合理的收入分配制度在调节不同群体的收入差距上具有重要意义。目前国家针对收入分配问题，出台了《关于深化收入分配制度改革的若干意见》，明确了收入分配制度改革的方向和相关步骤。

表4-1 **1978—2008年城乡居民家庭人均收入及基尼系数变化情况**

年份	基尼系数	城镇居民家庭人均可支配收入	农村居民家庭人均纯收入	城镇地区	农村地区
		绝对数(元)	绝对数(元)	基尼系数	基尼系数
1978	0.30	343.4	133.6	0.16	0.21
1979	0.30	405.0	160.2	0.16	0.22
1980	0.29	477.6	191.3	0.16	0.24
1981	0.27	500.4	223.4	0.15	0.24
1982	0.24	535.3	270.1	0.15	0.24

续表

年份	基尼系数	城镇居民家庭人均可支配收入	农村居民家庭人均纯收入	城镇地区	农村地区
		绝对数(元)	绝对数(元)	基尼系数	基尼系数
1983	0.30	564.6	309.8	0.15	0.24
1984	0.32	652.1	355.3	0.16	0.24
1985	0.33	739.1	397.6	0.19	0.23
1986	0.34	900.9	423.8	0.19	0.30
1987	0.36	1 002.1	462.6	0.20	0.30
1988	0.34	1 180.2	544.9	0.23	0.30
1989	0.37	1 373.9	601.5	0.23	0.31
1990	0.39	1 510.2	686.3	0.23	0.31
1991	0.42	1 700.6	708.6	0.24	0.31
1992	0.43	2 026.6	784.0	0.25	0.31
1993	0.42	2 577.4	921.6	0.27	0.33
1994	0.42	3 496.2	1 221.0	0.30	0.32
1995	0.40	4 283.0	1 577.7	0.28	0.34
1996	0.41	4 838.9	1 926.1	0.28	0.32
1997	0.41	5 160.3	2 090.1	0.29	0.33
1998	0.41	5 425.1	2 162.0	0.30	0.34
1999	0.42	5 854.0	2 210.3	0.30	0.34
2000	0.42	6 280.0	2 253.4	0.34	0.36
2001	0.45	6 859.6	2 366.4	0.36	0.37
2002	0.43	7 702.8	2 475.6	0.36	0.37
2003	0.44	8 472.2	2 622.2	0.37	0.38
2004	0.47	9 421.6	2 936.4	0.35	0.37
2005	0.49	10 493.0	3 254.9	0.35	0.38
2006	0.49	11 759.5	3 587.0	0.36	0.38
2007	0.48	13 785.8	4 140.4	0.34	0.37
2008	0.49	15 780.8	4 760.6	0.32	0.34

资料来源：作者根据《中国统计年鉴》相关数据整理。

由于历史等诸多原因，城乡居民之间的收入水平存在较大差距，而这种差距居高不下一直是我国收入分配不均的重要体现。采取合理的城乡收入分配制度，不仅能有效地缩小城乡居民的收入差距，而且能合理调整我国整体的收入分配格局，有利于社会的长治久安，促进国民经济的可持续发展。因此，如何完善我国的收入分配制度，缩小城乡收入差距，减少收入的分配不公，是摆在我们面前的一项重要工作。

第二节　我国城乡收入分配的现状、问题和原因分析

一、城乡收入差距的现状

改革开放之后，我国经济持续快速发展，人均收入持续增加，生活水平也得到了明显的改善。尤其在党的十六大以来，政府充分发挥了收入再分配的调节功能，加大社会保障和改善民生的投入。特别地，针对农村地区，建立了新型农村合作医疗体系以及新型农村社会保险制度。彻底免除了农业税，大幅度增加涉农补贴，全面实施免费义务教育，大力加强保障性住房的建设，大幅提升扶贫标准和城乡最低生活保障标准。这使得农民居民的收入增长开始快于城镇居民的收入增长，但是，我国的城乡收入差距仍然十分严峻，不容忽视。

（一）城乡居民收入现状

自1978年以来，我国城乡居民的收入虽然都在稳步增加，城镇居民家庭人均可支配收入从1978年的343.4元上涨到2014年的28 844元，增长了近83倍，年均增长率达到12.69%；农村居民家庭人均纯收入从1978年的133.6元上涨到2014年的9 892元，增长了约73倍，年均增长率达到12.29%。从2003年开始，随着国家在“三农问题”上采取一系列的积极举措，如免除农业税、实行涉农补贴，农村居民的收入有了明显的提高。与此同时，城镇居民的收入也持续增加，且其增加的幅度大于农村地区。这导致城乡居民的收入比不但没有收窄，反而有拉大的趋势（参见图4-1），具体变化情况见表4-2。

一般选用城镇居民的人均可支配收入和农村居民的人均纯收入之比来测度城乡收入差距。从动态发展的角度来看，20世纪80年代初到90年代中期城乡收入差距呈现出了先缩小后拉大的趋势。城乡居民人均实际收入的比率，1983年为2.15，1987年其比率已恢复到1978年的水平，并于1994年达到最高点2.93。自1998年以后，我国经济持续高速增长，居民收入有了大幅度的提高，但城镇居民人均可支配收入的增长速度却明显快于农村居民人均纯收入的增速。这致使1998年之后城乡收入差距呈现逐年增大的态势。2002—2013年，我国城乡收入比一直在“3”以上（参见图4-2）。2014年城乡收入比有所回落，为2.92。上述分析说明，进入21世纪以来，城乡收入差距并没有出现缩小的趋势。

表4-2 1978—2014年城乡居民家庭人均收入及比值

年份	城镇居民家庭人均可支配收入(元)	农村居民家庭人均纯收入（元）	城乡收入之差（元）	城乡收入比
1978	343.4	133.6	209.8	2.57
1979	405.0	160.2	244.8	2.53
1980	477.6	191.3	286.3	2.50
1981	500.4	223.4	277	2.24
1982	535.3	270.1	265.2	1.98
1983	564.6	309.8	254.8	1.82
1984	652.1	355.3	296.8	1.84
1985	739.1	397.6	341.5	1.86
1986	900.9	423.8	477.1	2.13
1987	1 002.1	462.6	539.5	2.17
1988	1 180.2	544.9	635.3	2.17
1989	1 373.9	601.5	772.4	2.28
1990	1 510.2	686.3	823.9	2.20
1991	1 700.6	708.6	992	2.40
1992	2 026.6	784.0	1 242.6	2.58
1993	2 577.4	921.6	1 655.8	2.80
1994	3 496.2	1 221.0	2 275.2	2.86
1995	4 283.0	1 577.7	2 705.3	2.71
1996	4 838.9	1 926.1	2 912.8	2.51
1997	5 160.3	2 090.1	3 070.2	2.47
1998	5 425.1	2 162.0	3 263.1	2.51
1999	5 854.0	2 210.3	3 643.7	2.65
2000	6 280.0	2 253.4	4 026.6	2.79
2001	6 859.6	2 366.4	4 493.2	2.90
2002	7 702.8	2 475.6	5 227.2	3.11
2003	8 472.2	2 622.2	5 850	3.23
2004	9 421.6	2 936.4	6 485.2	3.21
2005	10 493.0	3 254.9	7 238.1	3.22
2006	11 759.5	3 587.0	8 172.5	3.28
2007	13 785.8	4 140.4	9 645.4	3.33
2008	15 780.8	4 760.6	11 020.2	3.31
2009	17 174.7	5 153.2	12 021.5	3.33
2010	19 109.4	5 919.0	13 190.4	3.23
2011	21 809.8	6 977.3	14 832.5	3.13
2012	24 564.7	7 916.6	16 648.1	3.10
2013	26 955.0	8 896.0	18 059	3.03
2014	28 844.0	9 892	18 952	2.92

资料来源：作者根据《中国统计年鉴》相关数据整理。

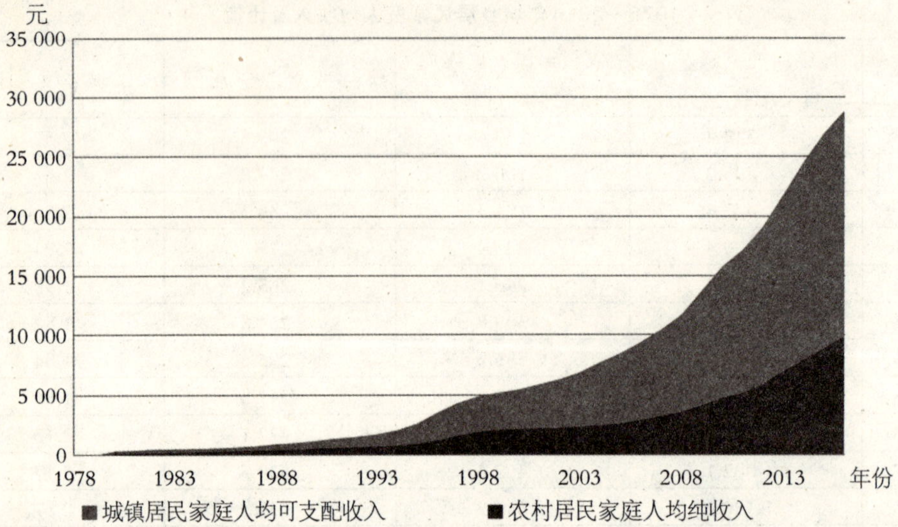

资料来源：作者根据各年《中国统计年鉴》相关数据整理。

图4-1 1978—2014年我国城乡收入的变化情况

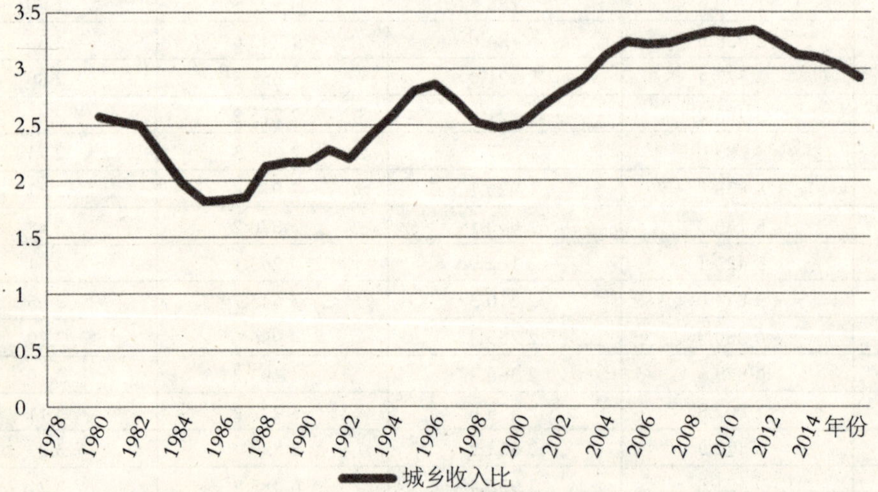

资料来源：作者根据各年《中国统计年鉴》相关数据整理。

图4-2 1978—2014年我国城乡收入之比变化情况

（二）城乡人均收入占人均GDP比重的差异

近年来，随着国民经济分配格局的变化，城乡居民收入占人均GDP的比重发生了显著变化，城乡收入差距也在一定程度上反映了这种变化。自1990年以来，城乡居民人均收入占人均GDP的比重都有不同程度的下降，但是两者之间比重的差距却没有明显的缩小趋势。城镇居民家庭人均收入占人均GDP的比重由1990年的0.91下降到2014年的0.62；农村居民家庭的人均纯收入占人均GDP的比重由1990年的0.41下降到2014年的0.21。两者占人均GDP比重的差异由1990年的0.5（0.91-0.41）下降到2014年的0.41（0.62-0.21），仅减小了10%左右。这说明从国民经济分配的格局来看，自90年代以来，中国的城乡收入差距有所减小，但是减小的幅度十分小，平均每年仅减小0.4%（参见图4-3）。

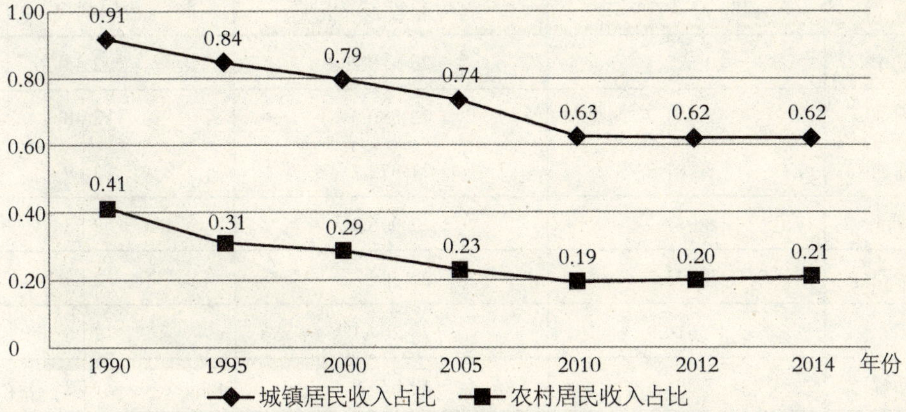

资料来源：作者根据各年《中国统计年鉴》相关数据整理。

图4-3 1990—2014年城乡居民家庭人均收入占人均GDP的比重

（三）城乡收入差距的区域性

我国的城乡收入差距不仅随着时间推移呈现出一定的变化趋势，而且不同的地区也具有很强的差异性。表4-3给出了2013年我国各省（自治区、直辖市）城乡居民的收入情况以及城乡收入比，按照城乡收入比的升序排序后发现：东部地区的城乡收入差距明显小于中部地区；而中部地区的城乡收入差距又明显小于西部地区。黑龙江省的城乡收入差距最小，约为2.03:1；贵州省的城乡收入差距最大，达到了3.8:1，其次是云南、甘肃和陕西省。城乡收入差距最接近全国平均水平的是重庆市，约为3.03:1。这种现象说明了越发达的地区，城乡收入差距越小，城乡收入分配政策越为合理。

表4-3 2013年我国31个省（自治区、直辖市）城乡收入及比值

地区	农村居民家庭人均纯收入（元）	城镇居民家庭人均可支配收入（元）	城乡居民收入水平对比（农村居民=1）
0全国总计	8 895.9	26 955.1	3.03
1黑龙江	9634.1	19 597	2.03
1天津	15 841	32 293.6	2.04
1北京	18 337.5	40 321	2.2
1上海	19 595	43 851.4	2.24
1吉林	9 621.2	22 274.6	2.32
1浙江	16 106	37 851	2.35
1江苏	13 597.8	32 538	2.39

续表

地区	农村居民家庭人均纯收入（元）	城镇居民家庭人均可支配收入（元）	城乡居民收入水平对比（农村居民=1）
1辽宁	10 522.7	25 578.2	2.43
1河北	9 101.9	22 580.3	2.48
2江西	8 781.5	21 872.7	2.49
2湖北	8 867	22 906.4	2.58
2河南	8 475.3	22 398	2.64
1山东	10 619.9	28 264.1	2.66
3新疆	7 296.5	19 873.8	2.72
1海南	8 342.6	22 928.9	2.75
1福建	11 184.2	30 816.4	2.76
2湖南	8 372.1	23 414	2.8
3四川	7 895.3	22 367.6	2.83
1广东	11 669.3	33 090	2.84
2安徽	8 097.9	23 114.2	2.85
3内蒙古	8 595.7	25 496.7	2.97
3重庆	8 332	25 216.1	3.03
3西藏	6 578.2	20 023.4	3.04
2山西	7 153.5	22 455.6	3.14
3宁夏	6 931	21 833.3	3.15
3青海	6 196.4	19 498.5	3.15
3广西	6 790.9	23 305.4	3.43
3陕西	6 502.6	22 858.4	3.52
3甘肃	5 107.8	18 964.8	3.71
3云南	6 141.3	23 235.5	3.78
3贵州	5 434	20 667.1	3.8

资料来源：《中国统计摘要2014》。

注：省份前面为“1”表示东部省份，前面为“2”表示中部六省，前面为“3”表示西部省份（包括西南部和西北部），前面为“0”表示全国。表中按照城乡比升序排列。

（四）城乡居民消费现状

城乡居民之间的消费水平和消费结构的差异能在一定程度上间接反映城乡收入水平的差距。根据宏观经济消费理论，收入是消费的主要决定因素。从消费水平上来看，城乡居民的消费支出都在不断增加，从消费结构上来看，城乡居民消费的恩格尔系数都在不断下降，说明人们的生活水平和生活质量都有了一定的提高。由表4-4可以发现，2014年城镇居民的人均消费支出为26 864元，而农村居民的人均消费支出为11 228元，城镇居民的消费水平是农村居民的2.39倍。虽然近几年来，城乡居民的人均消费支出比例有所下降，但是两者的差距仍然很大。这也从另一个侧面反映了城乡收入水平的差距。

表4-4　**城乡居民消费水平及变化情况**

年份	城镇居民家庭		农村居民家庭		城乡支出之差	城乡支出之比
	人均消费支出（元）	恩格尔系数（%）	人均消费支出（元）	恩格尔系数（%）		
1990	1 278.9	54.2	584.6	58.8	694.3	2.19
2000	4 998	39.4	1 670.1	49.1	3 327.9	2.99
2010	13 471.5	35.7	4 381.8	41.1	9 089.7	3.07
2011	15 160.9	36.3	5 221.1	40.4	9 939.8	2.90
2012	16 674.3	36.2	5 908	39.3	10 766.3	2.82
2013	18 022.6	35	6 625.5	37.7	11 397.1	2.72
2014	26 864	31.4	11 228	33.3	15 636	2.39

资料来源：作者根据各年《中国统计年鉴》相关数据整理。

二、城乡收入差距原因分析

（一）城乡二元经济结构

城乡二元经济结构是导致城乡居民收入分配差距持续扩大的主要原因。新中国成立初期，在当时的历史经济条件下，为迅速发展经济，国家推行了赶超型发展战略，优先发展重工业。在此战略的指引下，为了有效降低工业成本，政府通过一系列制度安排调配资源，实现资源和收入分配由农业向工业、由农村向城市倾斜，再加上严格的户籍制度和以此为依托的城乡隔离制度，如劳动就业制度、教育制度、医疗和保险制度等，都进一步固化和深化了城乡分割的二元经济结构。国家一方面通过控制工农业产品的价格，形成工农业产品价格的“剪刀差”，将农业剩余转移给城市工业；另一方面通过征地制度偏向城市的设计，将农民失地的损失转化为城市工业部门的收益。城乡二元经济结构决定了城乡居民劳动生产率方面的巨大差异，而城乡居民劳动生产率方面的差异进一步导致了城乡居民收入分配的差距。而且在城乡分割的二元经济结构下，城乡收入分配差距也决定了农村居民在接受教育与其他方面机会的不平等，这些不平等更进一步导致了农村居民在以后获取收入的能力与机会方面与城镇居民的差距。

（二）农村产业结构层次低

农村的产业结构是指农村中各产业部门之间的比例和相互的关系，具体体现在农村劳动力、固定资产配比等方面。目前，我国的农业产业结构过于单一，正处于经济结构的转轨时期。但是，由于农业投入不足，使得我国农村产业中的流通业发展滞后。加之农村加工业不发达，农业长期占据主导地位，农产品加工水平低，产业化链条短，产品附加值低，农村的发展更为滞后了。另外，农村投资和资产的回报率通常很低。

（三）户籍制度限制劳动力自由流动

户籍制度一方面将农民束缚在有限的土地之上，严重制约了农村剩余劳动力的转移，加之农业生产率十分低下，农业的生产收入极少；另一方面使得在进入城市务工的农民工遭到了工资收入的歧视，大大减少了农民从事非农生产所得到的收入。到目前为止，农业就业者所占比重仍然较大，与世界发达国家的差距较大。与户籍相联系的社会保障福利的差距也较大。

（四）城乡居民人力资本差异

人力资本理论认为，个人能力决定收入，而个人能力很大程度上取决于教育水平。教育水平的提高可以提高个人的收入水平，城乡教育水平的全面综合提高有助于缩小收入差距。但是，我国城乡居民在接受教育方面的机会上就存在不平等，这就直接决定了人力资本禀赋上的差异。进一步，收入分配差距存在“马太效应”，这些人力资本水平和收入水平相对较高的居民的后代教育一般要高于人力资本水平和收入水平较低的居民的后代。因此，由人力资本禀赋差异导致的收入分配差距存在较强的代际效应，从而使这种差距逐步拉大，最终直接导致城乡居民收入差距不断扩大。根据亚洲开发银行发布的《2012年亚洲发展展望》报告，中国城乡收入差距不断扩大，仅教育就能解释中国城乡收入差距的25%左右。

综上所述，虽然近两年城乡收入差距有逐渐缩小的趋势，但这个趋势的时间长短及影响因素仍是值得考察的问题。因此，缩小我国的城乡收入差距不但要考虑加大对农村地区的转移支付，加强农村地区的社会保障体系建设，而且要重视城乡二元结构的影响。因为二元经济结构才是我国城乡居民收入差距扩大的深层次影响因素。正是城乡分割制度造成了我国目前城乡福利方面的巨大差异，而这样的巨大差异也导致制度设计和政策制定的重要性和紧迫性更为凸显。另外，加快农村地区的产业结构升级、逐步弱化户籍对就业市场上相关岗位的影响作用、增加对农村地区的教育投入、提高农村居民的人力资本水平，都能对缩小城乡收入差距产生积极的影响。

第三节　城乡收入分配政策的改革趋势

在讨论城乡收入分配政策时，我们有必要从城乡二元结构以及由此所形成的差异迥然的城乡收入分配体制角度切入对城乡收入差距的本质做深刻剖析，在此基础上，再提出切实可行的政策建议。本节，我们所遵循的研究逻辑可以概括如下：首先，我们将收入分配的过程分解为初次分配和再分配；再次，我们从城乡二元结构角度入手，来分别探析城市和农村在初次分配和再分配过程中所具备的显著特点；最后，我们来探讨通过哪些政策手段可以对城乡初次分配和再分配环节进行调整，从而达到缩小城乡收入差距的目标。

一、城乡二元体制下的收入分配体制

在城乡二元体制的束缚下，我国城乡居民的收入分配体制存在较大差异。城市居民可以从事企事业单位所提供的薪酬较高的城市就业岗位，从而获得较高的工资性收入，城市居民的主要收入即来源于工资性收入；而农村居民受到户籍身份的限制，他们很大程度上被局限在农村从事农林牧副渔等农业生产活动，他们的收入主要来源于上述以家庭为生产经营单位的经营性收入。农村居民即使可以从事城市所提供的就业岗位，也属于较为低端的建筑业、服务业等部门，只能获得较低的工资性收入。从社会保障来看，城市居民享有单位所提供的各种保险和住房公积金等社会保障和福利待遇，而农村居民虽然现在也能享受新农合医疗保障制度和农村养老保险，但从目前实际情况观察，其保障力度和覆盖面远低于城镇居民。

上述讨论从一些既有事实角度对城乡居民的收入分配机制做了简要分析，为了更为细致地探讨收入分配体制，我们有必要借助城乡居民的住户调查数据。在进行实质性探讨之前，需对我国统计核算体系中所提供的城乡住户收入指标进行系统了解。为了客观反映城乡在收入分配体制上所存在的显著差异，在我国的统计核算体系中，涉及城乡的住户收入调查是分开进行的。反映城镇居民收入的指标是城镇居民人均可支配收入，反映农村居民收入的指标是农村居民人均纯收入。城镇居民人均可支配收入和农村居民人均纯收入都可以分解为如下的四个部分：工资性收入、经营性收入、财产性收入以及转移性收入。其中，工资性收入、经营性收入以及财产性收入属于初次分配的范畴。在初次分配中，劳动、资本、技术、管理等要素按贡献参与分配。初次分配是收入分配体制中最为根本性和基础性的环节，它决定了收入分配体制的公平性和合理性。转移性收入属于再分配范畴。在再分配中，主要包括以税收、社会保障、转移支付为主要手段的再分配调节机制。再分配环节对初次分配中所存在的收入分配不公问题进行调节。

下面，我们将详细研究城乡居民在初次分配收入和再分配收入来源上的差别，以系统探究城乡居民在收入分配体制上的差别。

在表4-5的第2—6列中我们详细给出了2000—2013年城镇居民初次分配收入、再分配收入以及初次分配收入中三个收入分项的数据。为了考察初次分配和再分配在收入分配格局中的地位的变动，我们在表4-5的第7—8列还分别计算了城镇居民初次分配收入以及再分配收入占总收入的比重。由于初次分配在收入分配总体格局中占有至关重要的作用，我们还更为细致地计算了工资性收入、经营性收入以及财产性收入这三个分项在初次分配收入中所占有的比重，以此来研究初次分配收入中不同收入来源的变动特征（见图4-4）。

表4-5 **城镇居民收入来源及结构**

年份	初次分配收入（元）	再分配收入（元）	工资性收入（元）	经营性收入（元）	财产性收入（元）	初次分配收入占总收入比重（%）	再分配收入占总收入比重（%）
2000	4 855.12	1 440.78	4 480.50	246.24	128.38	77.12	22.88
2001	5 238.53	1 630.36	4 829.86	274.05	134.62	76.26	23.74
2002	6 174.24	2 003.16	5 739.96	332.16	102.12	75.50	24.5
2003	6 949.02	2 112.20	6 410.22	403.82	134.98	76.69	23.31
2004	7 807.78	2 320.73	7 152.76	493.87	161.15	77.09	22.91
2005	8 670.07	2 650.70	7 797.54	679.62	192.91	76.59	23.41
2006	9 820.53	2 898.66	8 766.96	809.56	244.01	77.21	22.79
2007	11 524.01	3 384.60	10 234.76	940.72	348.53	77.30	22.7
2008	13 139.55	3 928.23	11 298.96	1 453.57	387.02	76.98	23.02
2009	14 342.63	4 515.45	12 382.11	1 528.68	431.84	76.06	23.94
2010	15 941.52	5 091.90	13 707.68	1 713.51	520.33	75.79	24.21
2011	18 270.62	5 708.58	15 411.91	2 209.74	648.97	76.19	23.81
2012	20 590.87	6 368.12	17 335.62	2 548.29	706.96	76.38	23.62
2013	22 536.78	7 010.26	18 929.79	2 797.11	809.88	76.27	23.73

资料来源：国家统计局国家数据网，http://data.stats.gov.cn/index.htm。

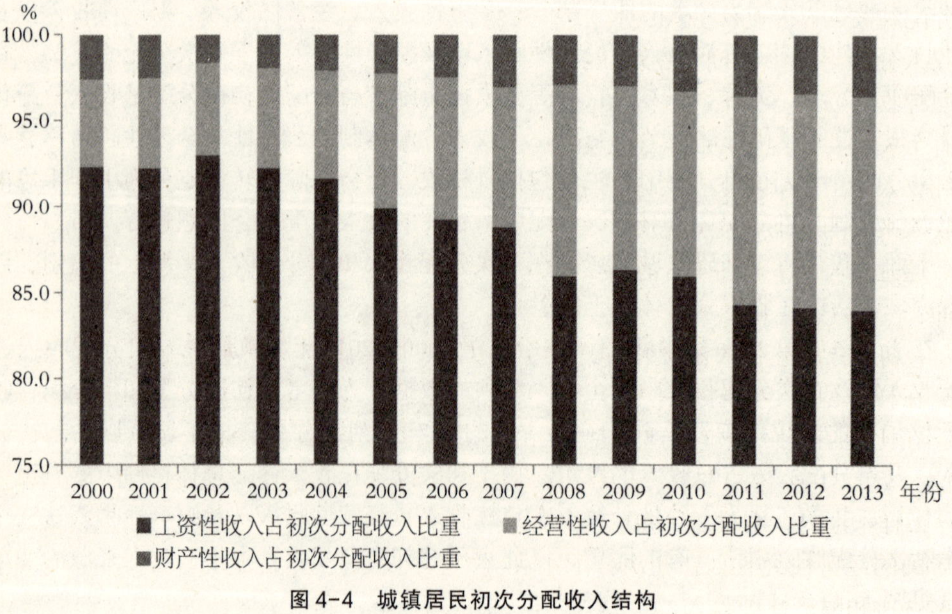

图4-4 城镇居民初次分配收入结构

通过对表4-5和图4-4的初步分析，我们可以总结出关于城镇居民收入分配的几个特征：

1.初次分配收入在城镇居民总收入中占有绝对优势地位，再分配收入约占初次分配收入的1/3，且这个结构关系在考察期内较为稳定。在样本期内，城镇居民初次分配收入占总收入的比重一直维持在一个较为稳定的区间，在75%～78%的范围内小幅波动。这说明，在城镇居民收入分配格局中，已经形成相对稳定的模式，初次分配的作用也已相对固定。

2.从结构性特征来看，城镇居民在初次分配中获取收入的主要来源是工资性收入，经营性收入和财产性收入占比还很低。城镇居民工资性收入占初次分配收入的比重在样本期内的所有年份都超过了80%，在较早的一些年份，甚至超过了90%。经营性收入和财产性收入在初次分配收入中的比重较低。经营性收入的占比在2000年时仅为5%，直到2008年才首次突破10%，近年来一直在12%左右波动。财产性收入在初次分配收入中的占比最低，一直在2%～3%的较低水平上。

3.从动态特征来看，工资性收入在城镇居民初次分配收入中的比重在不断下降，而经营性收入和财产性收入的比重在连续增加。图4-4给出了工资性收入、经营性收入以及财产性收入这三个分项在初次分配收入中所占比重的动态变化趋势。可以看出，虽然工资性收入在城镇居民初次分配结构中一直占有最为重要的位置，但其影响程度在不断下降，并和经营性收入的作用呈现出此消彼长的态势。工资性收入占初次分配收入的比重在2000—2004年间均超过90%，在此之后，呈现出一路下滑的趋势，到2011—2013年这段时期，这一比重已下降到低于85%。而经营性收入占比则呈现出不断增加的态势。从2000年的5.07%增加至2013年的12.41%。

在表4-6的第2—6列中我们详细给出了2000—2013年农村居民初次分配纯收入、再分配纯收入以及初次分配纯收入中三个收入分项的数据。为了考察初次分配和再分配在收入分配格局中地位的变动，我们在表4-6的第7—8列还分别计算了农村居民初次分配纯收入以及再分配纯收入占总纯收入的比重。由于初次分配在收入分配总体格局上占有至关重要的作用，我们还更为细致地计算了工资性纯收入、经营性纯收入以及财产性纯收入这三个分项在初次分配纯收入中所占的比重，以此来研究初次分配纯收入中不同收入来源的变动特征（见图4-5）。

通过对表4-6和图4-5的初步分析，我们可以总结出关于农村居民收入分配的几个特征：

1.初次分配纯收入在农村居民纯收入中占有根本性地位，再分配所占的比重相对很低。在样本期内，农村居民初次分配收入占总收入的比重一直维持在非常高的水平线上。在比重值较低的年份都超过了90%，在比重值较高的年份，甚至达到了96.5%的高位。

2.样本期内，农村居民在初次分配中的收入结构发生了根本性变化。2000年时，农村居民的经营性纯收入在初次分配纯收入中占比最高，为65.63%，远高于工资性纯收入32.30%和财产性纯收入2.07%的比重。但随着时间推移，工资性纯收入和经营性纯收

表 4-6　　农村居民收入来源及结构

年份	初次分配纯收入（元）	再分配纯收入（元）	工资性纯收入（元）	经营性纯收入（元）	财产性纯收入（元）	初次分配纯收入占总纯收入比重（%）	再分配纯收入占总纯收入比重（%）
2000	2 174.61	78.81	702.30	1 427.27	45.04	96.50	3.50
2001	2 278.50	87.90	771.90	1 459.63	46.97	96.29	3.71
2002	2 377.44	98.19	840.22	1 486.54	50.68	96.03	3.97
2003	2 525.41	96.83	918.38	1 541.28	65.75	96.31	3.69
2004	2 820.86	115.54	998.46	1 745.79	76.61	96.07	3.93
2005	3 107.51	147.42	1 174.53	1 844.53	88.45	95.47	4.53
2006	3 406.26	180.78	1 374.80	1 930.96	100.5	94.96	5.04
2007	3 918.11	222.25	1 596.22	2 193.67	128.22	94.63	5.37
2008	4 437.37	323.24	1 853.73	2 435.56	148.08	93.21	6.79
2009	4 755.23	397.95	2 061.25	2 526.78	167.20	92.28	7.72
2010	5 466.10	452.92	2 431.05	2 832.80	202.25	92.35	7.65
2011	6 413.98	563.32	2 963.43	3 221.98	228.57	91.93	8.07
2012	7 229.88	686.70	3 447.46	3 533.37	249.05	91.33	8.67
2013	8 111.59	784.32	4 025.37	3 793.17	293.05	91.18	8.82

资料来源：国家统计局国家数据网，http://data.stats.gov.cn/index.htm。

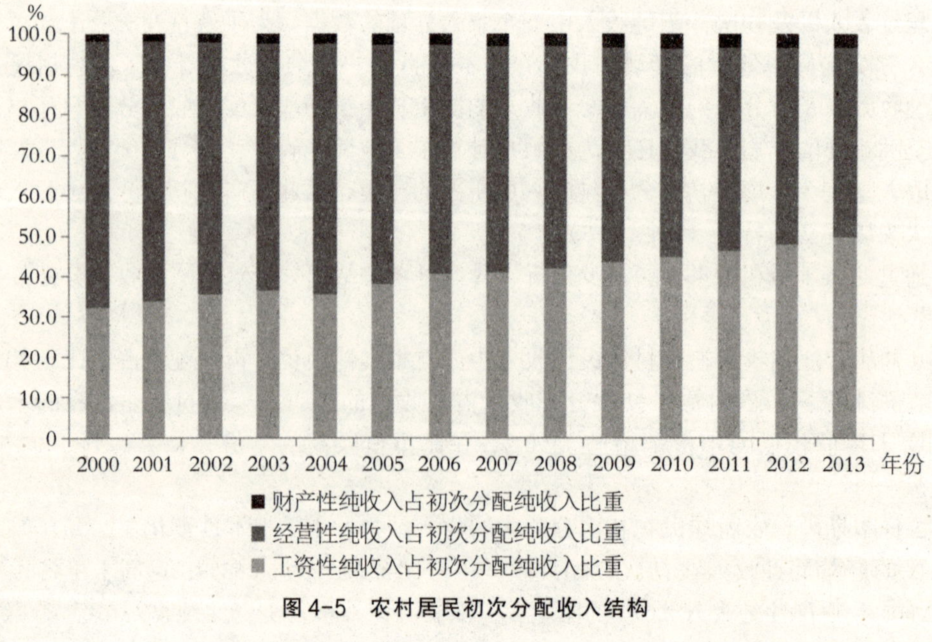

图 4-5　农村居民初次分配收入结构

入的比重发生了显著的此消彼长，直到2013年，工资性纯收入的占比首次超过了经营性纯收入的占比，成为初次分配纯收入中占比最高的收入项目。这表明，在2000—2013年的这14年间，农村居民初次分配收入结构发生了本质性的变化。

3.从动态特征来看，工资性收入在农村居民初次分配纯收入中的比重不断上升，而经营性纯收入的比重却在连年降低，财产性纯收入的比重显著增加，但占比依然很低。图4-5给出了工资性收入、经营性收入以及财产性收入这三个分项在初次分配收入中所占比重的动态变化趋势。可以看出，在初次分配纯收入中，经营性纯收入在几乎所有年份上（除2013年）都是占比最高的收入项目，但其占比随着时间的推移呈现出不断下降的趋势，直至2013年首次低于工资性收入的比重。从工资性纯收入占比的变动趋势来看，在2000年时，其比重还不足初次分配纯收入的1/3，但到2013年时，这一比重已接近50%，并超越经营性纯收入，成为农村居民初次分配纯收入中份额最高的收入项目。

图4-6给出了不同类别收入的城乡之比。需要说明的是，由于城乡再分配收入之比较大，在有些年份甚至超过了20，为此我们专门使用副坐标轴（右侧的坐标轴）来标示城乡再分配收入序列。

城乡收入差距在整个样本期的变动趋势也可以大致分为两个阶段，第一个阶段为上升期，时间段为2000—2008年；第二个阶段为下降期，时间段为2009—2013年。我们重点分析第二个阶段，以探究导致城乡收入差距下降的原因。从图中可以看出，自2009年开始，城乡工资性收入之比开始以较大的幅度不断走低，从2009年的6.01下降到2013年的4.7。而在此时期，城乡经营性收入之比和城乡财产性收入之比都不有不同程度的提高。上述分析表明，2009—2013年间城乡收入差距的缩小主要源于城乡工资性收入差距的缩小。由于工资性收入在城乡居民收入结构都占有最为重要的位置，因此，工资性收入差距的缩小对降低城乡收入差距的作用效果明显，现实数据也支持了这个判断。而且从上文的分析中我们也知道，农村居民的工资性纯收入已成为其最为重要的收入来源，可以预期，工资性收入在农村居民收入结构中的比重还会进一步提升。不断强化和保障农村居民通过合法劳动获取工资性收入的渠道，并对他们提供更好的社会培训和社会保障，对缩小城乡收入差距的作用不言自明。

可以看出，在2000—2013年这段时期，城乡在初次分配中的收入差距明显小于总收入差距，而且初次分配收入差距与总收入差距之间的差异有不断缩小的趋势。这表明，城乡在收入初次分配阶段的公平性要强于再分配阶段，我国现阶段所实行的城乡再分配政策并没有起到缩小城乡收入差距的作用，反而拉大了收入差距。从城镇居民和农村居民转移性收入的来源就可以较为清楚地了解我国目前再分配政策存在的问题。城镇居民的转移性收入是指国家、单位、社会团体对居民家庭的各种转移支付和居民家庭间的收入转移，包括政府对个人收入转移的离退休金、失业救济金、赔偿等；单位对个人收入转移的辞退金、保险索赔、住房公积金、家庭间的赠送和赡养等。农村居民的转移性收入是指农村住户和住户成员无须付出任何对应物而获得的货物、服务、资金或资产所有权等。由上述转移性收入的来源可知，我国城镇地区的居民可以获得离退休金、失业救济金、赔偿单位对个人收入转移的辞退金、保险索赔、住房公积金等诸多的转移性收入，而反观农村居民，由于无法从事拥有上述保障性的工作，他们在很大程度上无法分享这种转移性收入，所能获得的转移性收入多是来自国家的农业补贴、财政扶贫资金等。

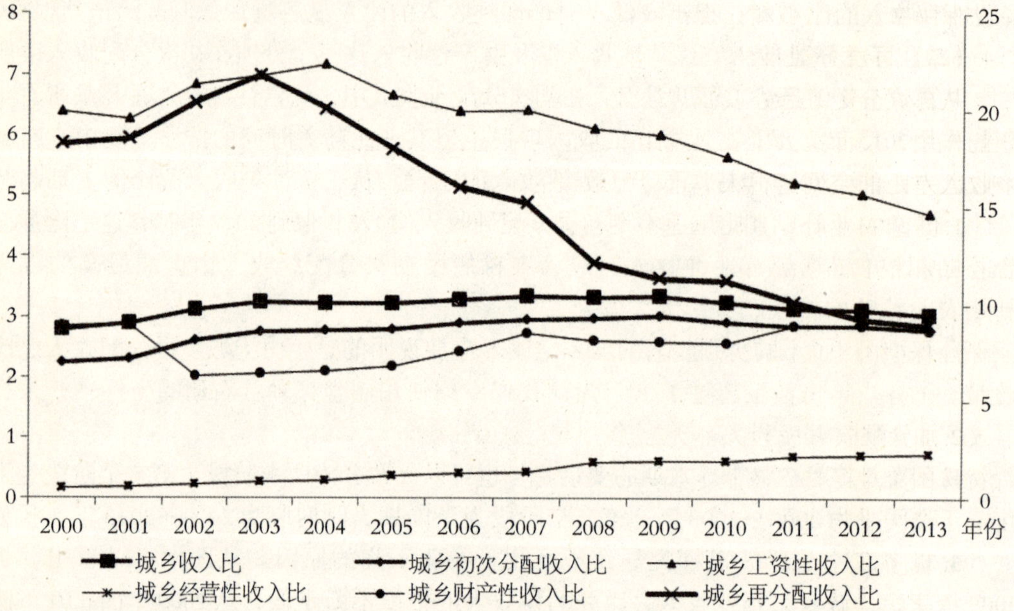

图 4-6　各类收入来源的城乡之比

二、缩小城乡收入差距的政策研究

从上述的分析可知，缩小城乡收入差距的着力点可以分别从初次分配和再分配角度入手。

（一）初次分配

在初次分配中，农村居民的工资性纯收入已成为其最为重要的收入来源，不断强化和保障农村居民通过合法劳动获取工资性收入的渠道，并对他们提供更好的社会培训和社会保障，是缩小城乡收入差距的着力点。具体来说，可供考虑的政策可以归纳如下：

1.促进城乡规划、基础设施、公共服务一体化，建立健全农业转移人口市民化机制，统筹推进户籍制度改革和基本公共服务均等化。坚持工业反哺农业、城市支持农村和多予少取放活方针，加快完善城乡发展一体化体制机制，加大强农惠农富农政策力度，促进工业化、信息化、城镇化和农业现代化同步发展，促进公共资源在城乡之间均衡配置、生产要素在城乡之间平等交换和自由流动。

2.增加农民家庭经营收入。健全农产品价格保护制度，稳步提高重点粮食品种最低收购价，完善大宗农产品临时收储政策。着力推进农业产业化，大力发展农民专业合作和股份合作，培养新型经营主体，支持适度规模经营，加大对农村社会化服务体系的投入，促进产销对接和农超对接，使农民合理分享农产品加工、流通增值收益。因地制宜培育发展特色高效农业和乡村旅游，使农民在农业功能拓展中获得更多收益。

3.合理分享土地增值收益。搞好农村土地确权、登记、颁证工作，依法保障农民的土地财产权。按照依法自愿有偿原则，允许农民以多种形式流转土地承包经营权，确保农民分享流转收益。完善农村宅基地制度，保障农户宅基地用益物权。改革征地制度，依法保障农民合法权益，提高农民在土地增值收益中的分配比例。

（二）再次分配

从再次分配来看，我国现阶段所实行的城乡再分配政策并没有起到缩小城乡收入差距的作用，反而拉大了收入差距。这也清晰地表明，通过再分配收入的调整作用缩小城乡收入差距的空间还很大。再分配政策的着力点主要有：

1.健全农业补贴制度。建立健全农业补贴稳定增长机制，完善良种补贴、农资综合补贴和粮食直补政策，增加农机购置补贴规模，完善农资综合补贴动态调整机制，新增农业补贴向粮农和种粮大户倾斜。完善林业、牧业和渔业扶持政策。逐步扩大农业保险保费补贴范围，适当提高保费补贴比例，进一步细化和稳步扩大农村金融奖补政策。

2.加大扶贫开发投入。大幅增加财政专项扶贫资金，新增部分主要用于支持集中连片特殊困难地区扶贫攻坚，加大以工代赈力度，努力实现贫困地区农民人均收入增长幅度高于全国平均水平。

3.有序推进农业转移人口市民化。制定公开透明的各类城市农业转移人口落户政策，探索建立政府、企业、个人共同参与的市民化成本分担机制，把有稳定劳动关系、在城镇居住一定年限并按规定参加社会保险的农业转移人口逐步转为城镇居民，重点推进解决举家迁徙及新生代农民工落户问题。实施全国统一的居住证制度，努力实现城镇基本公共服务常住人口全覆盖。

第四节　城乡收入分配的热点问题之一：增加农业补贴与城乡收入分配

一、农业税的废除

农业税是国家向一切从事农业生产并有农业收入的单位和个人征收的一种税收，是国家财政收入的一部分。在我国，征收农业税由来已久，俗称“皇粮国税”。1958年国家颁布《中华人民共和国农业税条例》之后，虽然农业税种和税收经历了许多调整，但是总的来说，农业税征收的范围在不断扩大，税率也在持续提高。20世纪80年代以来，农业税收过高，农业相关费用也愈演愈烈，农民不堪重负，不仅制约了农村的发展，而且使得城乡差距日趋增大，严重制约了整体经济的发展。

考虑到当今国际经济形势的发展变化以及我国城乡收入差异的实际情况，取消农业税开始作为在农村工作中的一种有益尝试。2005年12月29日，十届全国人大常委会第十九次会议通过了从2006年1月1日起废止农业税条例的决定草案，延续数千年的农业税终于走进了历史博物馆。从此，中国农民彻底告别了“皇粮国税”。

（一）农业税费增长与国民经济发展不协调

新中国成立之初，百废待兴，为了加快国家经济的发展，我国采取了重工业优先发展的战略，实行“以农补工”的政策。据统计，1950—1978年期间，政府通过农业税和工农产品的剪刀差从农业中得到了大约6 078亿元的财政收入，其中农业税大约978亿元。而在同期，政府对农业的财政转移支付仅为1 577亿元。这意味着，政府通过对农业征税、工农产品剪刀差提取了大约4 500亿元的财政收入。

改革开放后，我国对农业剩余价值的提取并没有随着工业化的进程有所减少，反而持续增加。1979—1994年期间，政府仍通过工农产品剪刀差提取农业剩余净额高达12 986亿元。根据西方国家的发展经验，当工业发展到一定程度时，应该采取“工业反哺农业”的措施，必须停止提取农业剩余。截至1995年，虽然我国农业占工农业总产值的比重已经下降到15%，但是我国依旧对农业征收较高的税收，使得农民的负担过重，农业的发展不景气。这是导致城乡收入分配不均的重要政策因素。到2000年，我国政府已经逐渐认识到农业税费增长与国民经济发展之间的矛盾，改革农业税已经成为了迫在眉睫的事情。

（二）农业税费增长与农村经济发展不协调

税收作为国家参与收入分配的一种手段，其基本目标是实现国民经济的全面协调发展，其中也包括农村经济的发展。虽然，随着经济的增长，整个农业在国民经济中的比重日益下降，但是农业的基础地位依旧不可撼动。如何促进农村经济的发展，提高农民的生活水平，依旧是经济社会保持稳定增长不可忽略的问题之一。因此，农业税费的增长必须与农村经济的发展相适应。1958年，我国征收的农业税收为32.59亿元，农业税占农业总产值的比重达到了6.1%。新中国成立之初，农业的高税率为工业的发展提供了财力保障。1984年，农业税占农业总值的比重下降了1.08%，农民的农业税赋有所下降。但是，1985—1995年农业总产值从3619.5亿元上升到了24 915.8亿元，增加了5.8倍，而农业税却从42.05亿元增加到了465.31亿元，增加了将近10倍（参见表4-7）。农业总税的增加速度超过了农业总产值增加的速度，加之处于工业化冲击之下的农业早就已经负担累累，农业生产的积极性必然遭到极大的挫伤。

表4-7 **农业税与农业生产总值的比较** 单位：亿元

年份	农业税	农业总产值	农业税占农业总产值的比重
1958	32.59	537	6.1%
1984	34.84	3 214.1	1.08%
1985	42.05	3 619.5	1.16%
1990	87.86	7 662.1	1.15%
1995	278.09	20 340.9	1.37%
1999	423.5	24 519.1	1.73%
2000	465.31	24 915.8	1.87%

资料来源：作者根据《中国财政年鉴》的数据整理。

（三）城乡税制结构不合理

一直以来，我国城乡实行不同的税制，农村地区的所承担的税赋要高于城镇地区，但是农村地区所享受到的公共财政转移支付却远低于城镇地区。农业税收包含增值税和所得税的双重性质。但是和其他类型的增值税和所得税相比，农业税存在很大的不公平性。农业税的征收对象是从事农业生产的农民，税基为从事农业生产得到的收入。根据个人所得税税法规定，从劳动者月收入中扣除800元后的余额作为应缴税的收入部分。根据相关的统计，2004年农民人均纯收入2936元，月收入不到300元，远没有达到国家规定的个人所得税的起征点，却要交8.4%的农业税和农业税附加，这样显然不公平。

（四）我国基本了废除农业税的能力和条件

根据刘路易斯的二元经济理论，当工业经济发展到一定程度之后，采取“工业反哺农业”的措施，有利于国民经济的可持续发展。在2003年以前的很长一段时期，我国农村经济发展缓慢，农业和农村的发展成为了国民经济的短板，城乡收入差距过大导致了整个国家的收入分配格局失衡。取消农业税，提高粮食等农产品的生产能力，调动农业生产的积极性成为了有效缓解农村发展困境的路子。目前，我国也具备了取消农业税的条件。新中国成立，特别是改革开放以来，我国的财政收入持续增加，农业税收占财政收入的比重不断下降。新中国成立之初，1950年农业税收占全国财政收入的40%左右，到2004年，农业税占全国财政收入的比重不足1%。这说明，全面取消农业税收的时机已经成熟，农业税的取消对中国的财政收入不会构成重大的影响。

二、农业补贴的现状

自2004年决定全面废除农业税后，为了调动农民种植粮食的积极性，我国政府开始对农民实行种粮补贴，主要有粮食直补、水稻良种补贴、农资综合直补、农机购置补贴等。农业补贴政策作为中国“三农”政策极为重要的组成部分，其运行的基本思路为：以增强国家农产品国际竞争力和现代农业可持续发展的能力、提高农业生产者福利水平为中心，补贴中心由农产品流通领域向农业生产领域转移，保障粮食供给向增加农民收入转移。经过近10年的完善和強化，农业补贴范围不断扩大，补贴力度持续增强，补贴方式和手段逐渐多样化。农业补贴的合计金额从2004年的145亿元上涨到了2012年的1 406亿元，增加了大约8.5倍。农业补贴的范围也逐渐从种粮直补、良种补贴和农机购置三种补贴扩大到了包括农资综合补贴在内的四种补贴（参见表4-8）。与此同时，农资综合补贴和农机购置的补贴不断加大，极大地促进了农民采用先进的生产技术进行农业生产的积极性，提高了粮食的生产效率。

表4-8　2004—2012年农业补贴情况　单位：亿元

年份	合计金额	种粮直补	农资综合补贴	良种补贴	农机购置
2004	145	116	0	28.5	1
2005	173	131	0	38.7	3
2006	310	142	120	41.5	6
2007	514	151	276	66.6	20
2008	1 031	151	716	123.4	40
2009	1 275	151	795	198.5	130
2010	1 345	151	835	204.0	155
2011	1 406	151	860	220.0	175
2012	1 653	151	1 078	224.0	200

资料来源：根据2004—2012年《中国农村统计年鉴》的数据整理。

三、废除农业税、增加农业补贴对城乡收入分配的影响

废除农业税，意味着我国实行了2 600多年的“皇粮国税”正式走入了历史，与此同时，我国配套地采取了增加农业补贴的政策，极大地鼓舞了农民从事农业生产的热情，提高了农民的收入，缩小了城乡收入差距。具体来说，废除农业税、增加农业补贴对城乡收入分配的调节作用可以从如下两个方面展开：一方面，农业税的免除直接提高了农民务农的纯收入，农民的纯收入的增长率从2003年的4.3%上涨到2007年的9.5%，在实现农业税改革期间，农民的收入有了较为明显的增长。从收入的角度而言，农民减少了税收支出，有效提高了总的收入水平。另一方面，增加农业补贴，政府加大对农业的财政支出，政府对社会财富进行再分配时，采取了偏向农村地区的政策。将城镇地区工业、服务业征收的税收转移支付到基础薄弱的农村地区，不仅有利于农村地区的经济发展，而且有利于社会财富分配的均等化。所以，从分配的角度来看增加农业补贴对能有效缓解城乡收入差距的矛盾，促进经济社会的可持续发展。

第五节　城乡收入分配的热点问题之二：城镇化、市民化与城乡收入分配

一、城镇化以及市民化的概述

（一）农业转移人口

讨论城乡人口的界定时，通常有几种不同的定义，所以也会遇到不同统计口径的城乡分类的问题。因此，客观地把握城乡的分界线，对于城乡收入差距的研究具有重要的意义。在过去计划经济的年代，我国实行二元体制时，“城镇居民”专指那些拥有城镇

户口，享受粮油肉配给和招工等权利的居民。但是，现在城镇居民泛指在城镇地区居住和生活的人，仅需要在城镇地区有固定的居所和工作即可，而不再以户口或户籍作为标志。户口登记为“蓝印户口”、“地方城镇居民户口”等以及为落户在城镇地区，但是已经工作、居住在城镇地区一定期限的人员都可以被认为是“城镇居民”。“非农人员”主要是指具有生活工作在城镇地区，而且具有城镇户籍的人员，所以“非农人员”一定是城镇居民，它属于“城镇居民”的一部分。

2009年中央经济工作会议上，首次正式提出了“农业转移人口”的概念，2012年底十八大报告提出的“农业转移人口市民化”与“十二五”规划中“稳步推进农业转移人口为城镇居民”具有内在一致性。农业转移人口是指在城镇地区务工的具有农村户籍的人口。从概念的范畴上来说，“农业转移人口”是指属于“城镇居民”的范畴，但不属于“非农人员”的范畴。通常，我们称“农业转移人口”为“农民工”。

（二）城镇化与市民化

伴随着中国经济的发展，城市的面积扩大，居住在城市地区，享受便利的生活条件已经不再是很多农村人的梦想。但是，并没有多少农民真正意义上理解“城镇化”的含义，他们的对“城镇化”的理解仅停留在表面：拆旧房、盖新房、修马路，等等。实质上，城镇化的含义是由农村为主的传统乡村社会向以工业和服务业为主的现代化城市社会逐渐转变的过程，具体包括人口职业的转变、土地以及地域空间的变化。通常使用城镇化率来衡量城镇化的程度，目前最常使用的城镇化率的计算有两种：一是“城镇化率=城镇人口/总人口×100%”，现在国家统计局和相关部门都使用这一方法。另一方法是“城镇化率=非农业人口/户籍总人口×100%”。根据国家统计局的相关数据显示，截至2013年，我国常住人口的城镇化率为53.7%，户籍城镇化率仅为27%左右，这一数据不仅远低于欧美发达国家80%以上的城镇化率，而且还远低于和中国发展水平相近的一些发展中国家。按照目前的情况来说，城镇化率的质量并不高，进一步提高城镇化率是未来政策制定的重要方向。

市民化主要指农业转移人口的市民化，指生活在农村的一部分农民进入城市后长期从事城市的非农产业的社会现象。他们在文化、生活方式等方面渐渐地融入城市，成为推动城市经济文化建设的动力之一。然而，二元结构下城乡经济存在割裂和制度保障不公平，这使得在城镇化中进城的农业转移人口虽然居住在城市，但是在教育、医疗、就业、公共服务等方面和城镇居民之间存在着隔阂，无法实现真正意义上的市民化。在中国，农民工正式市民化的标志是获得所在地的城市户口。因为只有这样，农民才能获得与城镇居民相同的合法身份和社会权利，如选举权、被选举权和社会保障权等。目前，在我国城乡户籍制度没有被完全冲破的情况下，拥有非农户籍就能享受和当地市民享受同等的待遇。所以，市民化率的计算公式可以表示成“市民化率=非农户口/常住人口×100%”，实际上，市民化率是指一个区域或城市内部享有市民待遇的人口比重。

从城镇化和市民化对经济发展的作用大小的角度来看，市民化率更为重要。市民化率的上升一方面能从本质上减少农村地区的人地矛盾，彻底解放农村剩余劳动力；另一方面，提高市民化率能有效保障农民的切身利益，使农民在城镇地区生活获得和当地市民同等的待遇，更有利于城市的和谐可持续发展，实现真正意义上的公平和公正。

二、我国城镇化与市民化的现状分析

（一）城镇化现状分析

随着改革的深入，越来越多的农民工进城务工，成为城市建设的主力军。农民工的人数逐年增长，如表4-9中的统计结果所示[①]，1993年，农民工外出务工的人数较1992年增长了13.91%，随后的几年内农民工外出务工人数的增长率出现了递减的趋势，到1997年，甚至开始出现增长率为负的现象。从2003年开始，农民工外出务工人数开始新一轮的攀升，截至2012年，数量达到2.6亿人。与此同时，中国的城镇化率也不断攀升，由1978年的17.92%上升到2013年的53.7%，上升了将近200%（参见表4-10）。

表4-9　**1992—2012年农民工数量统计表**

年份	人数（万人）	农民工外出务工人数增长率	年份	人数（万人）	农民工外出务工人数增长率
1992	9 964	9.05%	2003	12 247	1.29%
1993	11 350	13.91%	2004	13 455	9.86%
1994	12 297	8.34%	2005	14 524	7.94%
1995	13 396	8.93%	2006	15 529	6.91%
1996	14 266	6.49%	2007	16 196	4.29%
1997	14 198	−0.47%	2008	22 542	39.18%
1998	13 844	−2.49%	2009	22 978	1.93%
1999	13 214	−4.55%	2010	24 223	5.41%
2000	12 891	−2.44%	2011	25 278	4.35%
2001	12 572	−2.47%	2012	26 261	3.88%
2002	12 090	−3.83%			

资料来源：作者根据国家统计局公布的相关数据整理得到。

① 由于统计口径的问题，2008年农民工人数有一个大幅度的跳跃。

表 4-10 **1978—2013年城镇化率及增长率**

年份	城镇化率（%）	比上年增长	年份	城镇化率（%）	比上年增长
1978	17.92	0.37	1996	30.48	1.44
1979	18.96	1.04	1997	31.91	1.43
1980	19.39	0.43	1998	33.35	1.44
1981	20.16	0.77	1999	34.78	1.43
1982	21.13	0.97	2000	36.22	1.44
1983	21.62	0.49	2001	37.66	1.44
1984	23.01	1.39	2002	39.09	1.43
1985	23.71	0.7	2003	40.53	1.44
1986	24.52	0.81	2004	41.76	1.23
1987	25.32	0.8	2005	43.00	1.03
1988	25.81	0.49	2006	43.9	1.02
1989	26.21	0.4	2007	44.9	1.02
1990	26.41	0.2	2008	45.7	1.02
1991	26.94	0.53	2009	46.6	1.02
1992	27.46	0.52	2010	49.68	1.07
1993	27.99	0.53	2011	51.27	1.59
1994	28.51	0.52	2012	52.57	1.3
1995	29.01	0.53	2013	53.70	2.2

资料来源：作者根据《中国统计年鉴》的相关数据整理得到。

（二）市民化现状分析

虽然我国城镇化的进程取得了巨大的成就，一半以上的居民能工作、生活在城镇地区，但是，农业转移人口市民化进程却不容乐观。相关的数据显示，2011年我国市民化程度仅为40.7%，而同期城镇化指数却达到了51.27%。这说明很大一部分农业转移人口虽然暂时生活在城镇地区，但仍然具有很强的流动性，因为他们并没有享受到和当地市民同等的待遇。他们在公共服务、经济生活和文化素质等各个方面和城镇职工的差距均较大。具体体现在以下几个方面：

1.农业转移人口的政治参与水平低。农民工进入城镇地区务工后一般很少能享受和城镇居民同等的选举权和被选举权。相关的调查显示，农民工中参加党团活动的党团员所占的比重仅为37.2%。

2.农业转移人口的工资收入受到歧视。相关的研究表明，农民工进入城镇地区务工受到岗位进入机会和工资收入的双重歧视（余向华、陈雪娟，2012）。北京师范大学收入分配和贫困研究中心2007年流动人口的调查数据（CHIPS2007）显示，农业转移人口与城镇职工的工资收入存在很大的差距。农业转移人口的平均收入为1 439元/月，而城镇职工的平均收入为2 130元/月，不仅如此，平均每月农业转移人口工作时长要比城镇职工多80个小时（参见表4-11）。

表4-11 **2007年城镇职工与农业转移人口的描述性统计**

变量	城镇职工	农业转移人口
样本数（人）	6 523	6 572
工资（元/月）	2 130	1 439
年龄（岁）	40.34	31.26
健康	2.090	1.760
工作时间/周（小时）	43.81	63.62
教育年限（年）	12.18	9.060
已婚	0.970	0.620
未婚	0.0300	0.0100
丧偶/离异	0	0.370
民族	0.990	0.980
性别	0.560	0.590
小学及以下	0.0300	0.130
初中	0.190	0.570
高中	0.370	0.260
大学及以上	0.420	0.0400

资料来源：作者根据CHIPS2007年的相关数据整理得到。

3.农业转移人口享受公共服务的比重较低。相关的数据显示，农业转移人口平均享受到的公共服务不足城镇居民的50%。全国妇联最新的调查显示，2014年全国的留守儿童有6 102.55万名，占全国儿童总数的21.88%，超过50%的农民工子女无法在务工地的公办学校接受教育。不仅如此，农民工中，与雇主签订劳动合同的比例仅占全体的43.8%。同时，由于养老和医疗保险的接续、流转以及异地结算等的制度存在障碍，农民工无法在务工地享受养老和医疗保险。

4.农业转移人口的综合文化水平和工作技能较城镇居民偏低。CHIPS2007的调查结果表示，进城务工的农民工的平均受教育年限为9年，而城镇职工的平均受教育年限为

12年，80%以上的农民工只拥有高中及以下的学历。在城镇职工中，拥有大学及以上学历的人群占到42%（参见表4-11）。不仅如此，农民工中受过非农技能培训的仅占26.2%。

5.农业转移人口的生活水平比城镇职工低。相关的研究表明，农民工进入城镇地区务工，不仅比自身条件相同的城镇职工收入水平低，而且消费水平也比具有相同条件的城镇职工低20%左右。平均而言，农民工的月消费支出大约为700元，仅为城镇居民的55.4%。不但如此，农民工独立租房或自购住房的比例仅为15%，绝大多数的农民居住在雇主或单位提供的集体宿舍、工棚、生产营业场所或者与他人合租，居住条件远不如城镇职工。

三、城镇化和市民化对城乡收入差距的影响机理

（一）城镇化对城乡收入差距的影响机理

作为一个发展中的大国，中国长期的二元经济结构，促使城乡之间的差距越来越大。与传统部门相比，现代工业部门的生产率更高。我国农村地区人口众多，而可耕种的面积较少，使得本来生产率就低下的传统农业部门出现了劳动力剩余的现象。所以，加快农村劳动力的流动，解放农村剩余劳动力是促进经济平衡发展的必经之路。进一步，农业转移人口能获得比在农村更高的劳动报酬，城乡收入差距也能因此缩小。

计划经济体制时期，城乡人口不能自由流动，城镇居民大多进入国家企事业单位等工作。这些工作普遍具有流动性差、竞争力低、福利水平高等特点。而农村居民只能从事农业生产活动，无法进入城镇地区工作生活。改革开放后，市场经济活跃，户籍屏障逐渐消除，农业转移人口的队伍不断壮大。这不但填补了城镇地区工作岗位的空缺，而且在一定程度上提高了城镇劳动力市场的竞争力。在这个过程中，虽然农业转移人口在工资收入和某些岗位的获得上仍受到一定的歧视，但是他们的工资收入较之前有了增长，在一定程度上缩小了城乡收入差距。

总结起来，城镇化对缩小城乡收入差距的作用主要通过以下三条途径实现：第一，随着城镇化水平的提高，农业转移人口的人数逐渐增加，增强了城镇劳动力市场的竞争性，促进城镇职工的工资收入水平下降，从而缩小城乡之间的收入差距。第二，城镇化率的提高，有助于解放农村剩余劳动力，促进农村生产经营的规模化，使得农村生产的产业化成为可能。这样，进一步提高了农业的生产率，使得农业生产的收入提高，对缩小城乡收入差距也有一定的促进作用。第三，城镇化率的提高有助于城镇规模的扩大，对周边的农村产生一定的辐射效应，带动相对落后的农村地区的经济发展。城市的规模扩大，城市人口的急剧增加，使得农副产品的需求也逐渐增加，从而有利于提高农副产品的价格，增加农民的收入。简而言之，城镇化率的提高首先能增强城镇劳动力市场的竞争性，促使城镇职工的工资收入向竞争性均衡时的收入接近；其次能有效缓解农村地区地少人多的矛盾，解放农村地区的生产力；最后能发挥城市的辐射作用，带动农村的经济发展，增加农民的收入水平，从而缩小城乡收入差距。

（二）市民化对城乡收入差距的影响机理

随着城镇化的进程不断深入，进城务工的农业转移人口数量也不断增加，他们为城市的现代化建设作出了巨大的贡献。但是，他们在城镇地区生活的现状并不乐观，不但没有享受到和城镇居民平等的公共服务，甚至在工资收入等方面都受到歧视。拖欠工资、子女无法在务工地入学、居住条件恶劣等，使得他们即使生活在城镇地区，生活交流的圈子仍然仅限于和他们身份地位相同的农民工。他们并没有从真正意义上融入城镇地区，而是成为城镇的“边缘人”，过着“城市—农村”的“两栖”生活。这种局面形成结构性问题，加上之前的城乡二元结构，构成了双重二元结构。长此下去，不但不能有效缩减城乡收入差距，反而会激化城乡之间的矛盾，造成社会不安定，严重阻碍经济社会的可持续发展。

根据路易斯的二元经济理论，农业人口向城镇地区转移能有效缩小城乡收入差距。但是，中国实行城乡一体化的政策已经多年，城乡收入差距不但没有缩小，反而出现逐渐加大的趋势，究其原因就是进入城镇地区的农业转移人口并没有融入城镇地区，没有和城镇居民一样享受城市经济发展的成果，没有实现真正意义上的市民化。近年来，大批年轻的农村劳动力进城务工，由于收入水平以及政策因素，他们很难实现举家迁移。农村地区“空巢老人”、“留守儿童”越来越多，农村劳动力老龄化严重、留守儿童辍学率高等各种社会问题层出不穷，严重制约了农村经济的发展。虽然农业转移人口的收入较之前在家务农时多了，但务农收入的减少以及他们在城镇地区受到的工资收入歧视，使得农村居民家庭收入的增长率仍低于城镇地区，这也是近年来城乡收入差距并没有明显缩小趋势的主要原因。

在城镇地区推行积极有利的市民化政策，减少对农业转移人口的歧视，为农业转移人口提供和当地居民平等的公共服务，打破户籍制度的壁垒，才是解决城乡收入差距的根本之道。推行积极的市民化政策，一方面为农业转移人口提供公共服务，减少他们在公共服务上的支出，能有效提高他们的消费水平，减少他们和城镇居民的消费差距。同时，允许农民工子女在其务工地上学，建立农民工子弟学校，不但能提高我国整体的教育水平，而且能使农民工子女享受更多的关爱，健康地成长。另一方面，由于消除了户籍制度的屏障，农业转移人口能获得和城镇职工平等的工资待遇，这也有利于缩小城乡收入差距。总的来说，推行积极的市民化政策，有助于农业转移人口尽快融入城镇地区，在城镇地区安定下来，减少农业转移人口在城乡间往返的“候鸟式”的流动，从根本上减少农村的人口，提高农村的劳动生产率，促进农村经济的发展，从而缩小城乡收入差距。

四、关于加快农业转移人口市民化的政策建议

近年来，中央经济工作会议及历次党和政府重要的会议已经对农业转移人口的市民化形成了共识，即全面放开小城镇和小城市落户限制，有序放开中等城市落户限制，逐步放宽大城市落户条件，合理设定特大城市落户条件，逐步把符合条件的农业转移人口转化为城镇居民。这不仅是中央提出的明确目标和原则，更是我国推进市民化进程的具

体步骤。

党的十八届三中全会审议通过的《中共中央关于全面深化改革若干重大问题的决定》提出："推进农业转移人口市民化，逐步把符合条件的农业转移人口转为城镇居民。"如何完善农业转移人口的社会保障体系，保障农村转移人口的基本权利，缩小收入分配差距，拉动内需对农业转移人口市民化具有重要的意义。据此，本书提出几点加快农业转移人口市民化的政策建议：

第一，把中青年作为市民化的重点。农民工进入城镇地区务工最大的驱动力是城乡工资收入的差距。虽然他们进入城镇地区后由于受到户籍的歧视，收入水平与同等条件的城镇职工具有一定的差距，但是比在家务农的收入更高。尽管如此，自身条件不同的农民工进入城镇地区的目标和追求不同，是否回迁的选择也不同。农业转移人口的市民化应遵循自主、自愿的原则。相关的调查发现，相比之下中青年农民工更能适应城镇地区的生活方式，能够完成市民化所需要的资本积累，应该把他们作为市民化的重点。应积极展开针对中青年农民工的非农工作技能培训，将他们纳入自主创业政策扶持的范围，促使他们在真正意义上融入城镇地区。

第二，把中等城市作为扩容重点城市。通过综合分析，农民工家乡本地的中等城市功能比较健全，工资收入相对较高，生活成本较低，又离农民工的农村老家较近，与他们的乡土生活观念比较契合，是农民工市民化的理想选择。所以，在扩充城市建设时，应该将这部分城市纳入重点考虑的范围，尽快放开这些中等城市的户籍制度，合理规划城市扩充布局，在产业布局和建设方面充分考虑农民工的自身条件，增加学校、医院、公园等公共设施的建设。采取积极的措施吸引人口流入，提高产业聚集度，促使本地农民工市民化。

第三，提高市民化的能力。加快市民化的进程需要财力保障，根据2013年7月中国社科院发布的《城市蓝皮书》，我国东、中、西部地区农业转移人口市民化的人均公共成本分别为17.6万元、10.4万元和10.6万元，全国平均水平为13.1万元。因此，很多地方政府都面临着财政约束等问题，在农业转移人口市民化政策的实施过程中力不从心。激励地方政府履行农业转移人口市民化职责，提高市民化的能力，建立以最优分权和转移支付为核心的地方政府激励机制是促进农业转移人口市民化的必要条件之一。

第四，积极创造农业转移人口的居住条件。"买不起房"是农业转移人口市民化的重要障碍。目前，城市房价高，在城市拥有自己的住房安定下来，找到归属感，成了众多农民工不可企及的梦想。因此，应该高度重视农民工的居住条件，完善保障房分配制度，明确农民工享受公租房政策，降低公租房的申请标准，对夫妻双方在同一城市打工的农民工，特别是随迁的子女提供关怀，调整保障房的结构，降低农业转移人口在城市的生活成本。

第五，落实好户籍改革政策。"户籍"作为一种身份的象征，成了农民工和城镇居民之间无形的壁垒。目前，国家虽然已经对小城市完全放开了户籍制度，对中等城市也在逐步放开户籍制度，但是对大城市的户籍仍然控制得比较严。虽然大城市的收入水平高对农民工具有很强的吸引作用，农民工进入大城市后，所从事的低端职业可以与城市的高端职业形成互补，但是，从事低端职业的农民工又很难拿到城市户籍。在大城市中，社会保障、公共服务等也往往与户籍挂钩，最终的可能性就是这些农民工在大城市奉献完自己的青春之后仍然无法成为真正的城市居民，最终只能返回农村，这极大地阻碍了市民化的进程。

第六节　城乡收入分配的热点问题之三：城乡教育投入与城乡收入分配

随着我国经济社会的高速发展，对高水平人才的需求也越来越多。我国政府一直以来十分重视教育问题。我国的农村人口占有绝对比重，提高农村人口的教育水平直接关系到提高全民的素质。从经济可持续发展的角度来看，提高农村人口的教育水平，有利于提高农民的人力资本水平，增加其人力资本回报，从而提高农民的收入水平，缩小城乡收入差距。但是，我国的农村经济发展相对落后，农村教育的发展也存在许多问题。

一、城乡教育的现状分析

在过去30多年的教育改革中，我国的教育水平实现了历史性的跨越发展，截至2005年，我国义务教育的普及率达到了95%。自1999年高校扩招后，我国接受高等教育的人数也得到迅速的增长。文盲率降低、全民的平均受教育年限提高等，都清楚地反映了我国实行科教兴国战略取得的伟大成就。近年来，我国政府虽然一直加大对教育的公共财政投入，但是持续增加的教育投入仍然很难满足日益增长的教育需求。不但如此，政府的教育投入仍然在教育总经费占绝对比重（占70%），政府对教育资源的分配起着至关重要的作用。因此，一旦政府失灵或者长期采取有偏的投入政策，那么其付出的代价或造成的不均等后果将不堪设想。

虽然我国的教育事业取得了巨大的成就，但是教育不平等的问题却日益突出，教育机会在城乡之间、地区之间、性别之间存在着或多或少的不平等现象。

目前，我国城乡之间教育不平等的现象尤为严重。第四次和第五次人口普查的数据显示，城乡之间每十万人中受教育程度的人数具有显著的差异，随着教育水平的提升，城乡之间的差距越大。表4-12的结果显示，无论是在1990还是在2000年，每十万农村居民中，有很大一部分仅拥有初中及以下的学历，而大部分的城市居民则拥有初中及以上的学历。以2000年为例，每十万人中，农村居民中具有高中、职高学历的人数为城镇居民的1/4，农村居民中具有大专及以上学历的人数大约是城镇居民的1/20，这也从侧面说明了国家对高等教育投入的主要受益者是城镇居民。虽然不能否认增加高等教育投入对农村居民在城镇地区接受高等教育后选择留在城镇有一定的积极影响，但是这一政策使得在接受高等教育的人数增加的同时，个人应负担的教育经费也在增加，这显然为城镇居民提供了更多接受高等教育的机会，从而加剧了城乡教育水平的不均等。

表4-12　　**每十万人中受教育程度的人口比较**　　单位：人

	全国		城市		农村	
	1990	2000	1990	2000	1990	2000
小学	37 057	35 701	26 582	23 546	40 926	42 558
初中	23 344	33 961	30 344	35 342	20 797	33 202
高中、职高	8 039	11 146	18 077	21 083	4 357	5 302
大专及以上	1 422	3 611	4 859	8 769	164	484

资料来源：根据全国第四次、第五次人口普查数据整理得到。

第六次人口普查数据的结果发现（参见表4-13），截至2010年，我国城乡地区的教育水平相差巨大，在6岁及6岁以上的人群中，超过90%的农村居民仅有初中及以下受教育程度，比城市居民多35%左右。超过45%的城市居民拥有高中及以上的学历，其中21.5%的城市居民拥有大学及以上的学历，是拥有该学历农村居民的10倍。城乡居民的教育水平具有不同的分布，农村居民的教育水平主要集中在义务教育及以下的阶段，而城市居民的教育水平主要集中在初中及以上的阶段。

表4-13　　**2010年城乡6岁及6岁以上人群受教育程度的比较**

	未上过学	小学	初中	高中	大学及以上
全国	5.00%	28.75%	41.70%	15.02%	9.53%
城市	2.09%	15.95%	36.08%	24.37%	21.50%
镇	3.99%	25.68%	42.53%	18.46%	9.33%
乡村	7.25%	38.06%	44.91%	7.73%	2.06%

资料来源：根据第六次全国人口普查数据整理得到。

我国城乡教育水平不平等将直接导致城乡劳动力素质存在显著差异。在一个完全竞争的劳动力市场上，企业将根据边际收益原则来支付劳动者的劳动报酬。尽管现实的经济市场并不是完全竞争的市场，但是也至少表现出了完全竞争市场的一些特征。劳动生产率越高，单位时间内生产的产品也就越多，从而劳动的边际收益即劳动报酬越高。教育作为一种对人力资本投资的方式，对提高劳动力的素质起到了重要的作用。所以，教育的不平等将最终反映在工资收入的不平等上。因此，教育的不平等是造成收入差距扩大的最重要原因，从长期来看，可能是最根本的原因。由此可见，我国的城乡教育不平等的现状可能对城乡收入不平等造成极大的影响。

我们采用城市居民的可支配收入和农村居民的纯收入之比来衡量城乡收入差距，城镇和农村6岁以上居民受教育程度之比来衡量城乡教育不平等的程度。图4-7显示了我国2001—2011年城乡收入差距和城乡教育不平等的变化趋势，城乡收入差距从2001年的2.90稳步增加到2009年的3.33后开始回落，到2011年，城乡收入比下降至3.08。城乡教育不平等在2005年之前不具有稳定的变化趋势，自2005年以后，城乡教育不平等程度在逐渐缩小。近期，我国城乡收入差距和城乡教育不平等均呈现减小的趋势。

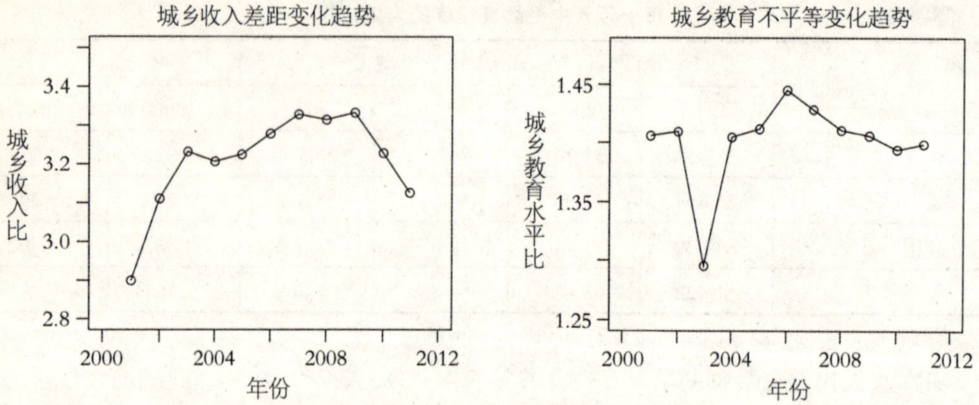

图4-7 城乡收入差距和城乡教育不平等变化趋势（2001—2011年）

资料来源：根据2001至2011年《中国统计年鉴》和《中国人口与就业统计年鉴》的相关数据计算绘制。

图4-8显示了我国分地区具有代表性的省份2001—2011年城乡收入差距和城乡教育不平等的变化趋势。其中，选取的东部地区代表省份为江苏省，中部地区代表省份为吉林省，西部地区代表省份为重庆市。对比这三组图来看，各地区城乡收入差距和城乡教育不平等水平在2004年之后均呈现出先上升后下降的“倒U形”趋势，其中重庆市二者的联动变化趋势表现得最为明显。

二、城乡教育不平等的原因分析

（一）家庭收入的约束

个人的初始家庭条件，也就是所谓的“起点”的不同，必然会带来接受教育机会的不平等性。我国长期以来宏观资源都倾向于城市地区，高积累和重工业优先发展道路在取得丰硕成果的同时使得农业为此作出了巨大的牺牲：农村经济发展滞后、教育资源匮乏、剩余劳动力流动受限等，使得农民的收入水平一直处于较低水平。平均来说，农村家庭拥有孩子的数量又多于城镇地区，如果每一个孩子都正常接受教育，那么农村家庭将不堪重负。相关的研究表明，对于城镇家庭来说，一个孩子平均每年的教育支出占家庭总收入的50%左右（包含高等教育），而对农村家庭来说，一个孩子平均每年的教育支出高达家庭总收入的160%。对于农村家庭而言，教育无疑是一项巨大的工程。

（二）公共投入的约束

对于农村家庭而言，家庭收入水平在客观上限制了其进行人力资本的投资，而人力资本投资的不足将影响到农村居民的工资收入，从而进一步限制其进行人力资本的再投资或者对自己的下一代进行人力资本的投资。如此反复，恶性循环，形成“马太效应”。如何打破这种恶性循环，使城乡教育不平等和城乡收入差距进入一个良好的运行轨道？这就需要政府加以干预来弥补私人在教育上的投入不足。但是现有的公共教育投入并没有倾向于基础薄弱的农村地区，反而更加倾向于城镇地区，过分强调高等教育的发展。表4-14反映了2005—2011年教育部门及其他教育机构预算内教育事业费的支出

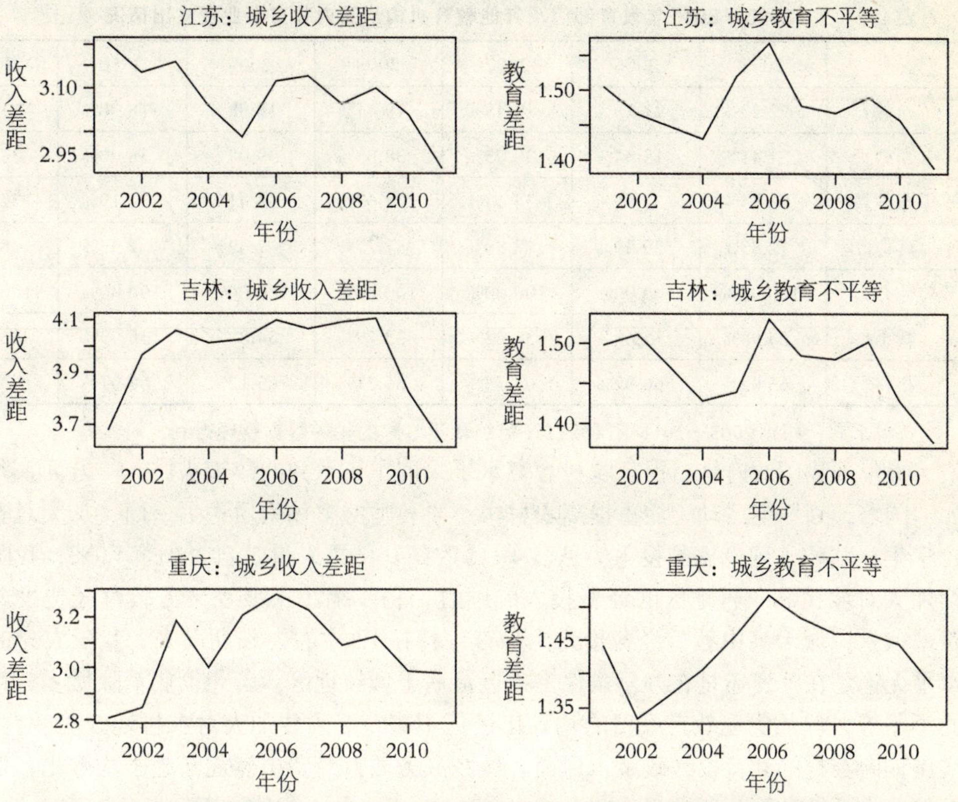

图4-8 各地区代表省份城乡收入差距和城乡教育不平等变化趋势（2001—2011年）

资料来源：根据2001至2011年《中国统计年鉴》和《中国人口与就业统计年鉴》的相关数据计算绘制。

结构。从义务教育的支出部分来看，农村地区虽然占到了60%以上的比例，但是，我国农村人口占到全国人口的70%以上，所以，相比之下，农村地区生均义务教育经费支出较城镇地区而言仍然相对短缺。自1986年《中华人民共和国义务教育法》实施以来，我国义务教育在坚持地方分级管理原则的同时，实行多渠道筹集的方针。这种模式的主要特征是：中央政府在整个义务教育经费的筹措与任务的分配中占有较低的比重，而地方基层政府却要为义务教育提供90%以上的教育经费支出。这样一来，地方基层政府的压力十分巨大。在农业税费免除之前，教育集资、教育收费等都是乡镇地区义务教育费用的主要来源。虽然在2006年全国农业税费完全免除之后，中央政府承担了80%左右的义务教育支出责任，但是在许多曾经以农业税费为主要财政收入的乡镇地区，农业税的免除本来已经使得财政收入所剩无几，还要支付巨大的义务教育费用。这必然使得很多地区的财政入不敷出，出现数额可观的财政赤字，这必然导致城乡教育支出和教育质量上的显著差别。

表4-14　**2005—2011年教育部门及其他教育机构预算内教育事业费支出情况**

	2005	2006	2007	2008	2009	2010	2011
高等教育	22.23%	21.75%	19.48%	19.51%	18.88%	18.90%	21.92%
中等教育	31.41%	15.34%	38.05%	38.05%	39.09%	38.96%	37.35%
初等教育	33.53%	33.52%	34.67%	34.67%	34.41%	34.19%	32.07%
其他	12.83%	29.39%	7.80%	7.77%	7.62%	7.95%	8.66%
义务教育	100.00%	100.00%	100.00%	100.00%	100.00%	100.00%	100.00%
城市	34.98%	33.68%	35.22%	33.79%	34.88%	35.93%	36.79%
农村	65.02%	66.32%	64.78%	66.21%	65.12%	64.07%	63.21%

资料来源：根据2005—2011年《教育经费统计年鉴》的相关数据整理得到。

近年来我国政府针对提高农村教育水平采取了一系列的政策措施。一方面，开展诸如“国培计划”等活动，注重提高农村中小学教师的整体素质；另一面，加大对农村学校学生补贴和基础设施的投入。从表4-15的统计结果来看，自2001年以来，我国在持续加大对城镇和农村地区的经费投入的同时，稳步缩小了城乡义务教育经费投入的差距。但是，城乡高中教育经费投入比一直维持在1.3左右。长期以来，我国农村的教育水平无论是在师资还是在办学条件上都远落后于城镇地区。若想彻底消除城乡教育水平的不平等，仅靠实现教育经费的均等化还远不够，必须要加大对农村地区的教育投入，实施偏向农村的教育投入政策。目前，城乡义务教育经费虽然逐渐趋于均等化，但是仍然偏向于城镇地区。

表4-15　**2001—2011年城乡生均教育经费比较**　单位：元/人

年份	农村小学	城镇小学	城乡比	农村初中	城镇初中	城乡比	农村高中	城镇高中	城乡比
2001	797.6	1 351.32	1.69	—	—	—	—	—	—
2002	953.65	1 563.11	1.64	1 129.21	1 893.05	1.68	—	—	—
2003	1 058.25	1 751.17	1.66	1 210.75	2 085.8	1.72	—	—	—
2004	1 326.31	2 009.95	1.51	1 486.65	2 345.83	1.58	—	—	—
2005	1 572.57	2 266.62	1.44	1 819.92	2 653.36	1.46	—	—	—
2006	1 846.71	2 575.26	1.39	2 190.33	3 032.08	1.38	—	—	—
2007	2 463.72	3 168.37	1.29	2 926.58	3 845.37	1.31	4 031.41	5 595.87	1.39
2008	3 116.83	3 804.38	1.22	4 005.78	4 841.2	1.21	4 779.44	6 366.56	1.33
2009	3 842.26	4 593.04	1.2	5 023.51	5 863.83	1.17	5 508.54	7 179.15	1.3
2010	4 560.31	5 364.29	1.18	5 874.05	6 860.31	1.17	6 280.49	8 231.55	1.31
2011	5 718.96	6 529.94	1.14	7 439.4	8 456.86	1.14	7 878.16	10 198.5	1.29
平均值	2 477.92	3 179.77	1.28	3 310.61	4 187.77	1.26	5 695.61	7 514.32	1.32

资料来源：根据2001—2011年《教育统计年鉴》、《教育经费统计年鉴》的相关数据整理得到。

由于农村地区公共教育支出不足，教师工资收入低，教育设施落后，再加上农村地区的经济社会发展较为落后，很难吸引到优秀的教育工作者，所以城乡地区师资力量的差距也十分明显。表4-16给出了2010年城乡普通中小学专任教师学历的分布情况。从统计的结果来看，在城市地区小学教师的队伍中，具有本科学历的人居多（占比48.19%），而农村的小学老师绝大多数仅具有专科学历（占比55.93%）。此外，拥有研究生学历的城市小学教师的比例是农村地区的15倍左右。就初中教师的统计结果来看，80%以上的城市初中教师都拥有本科及以上的学历，但仅有50%多的农村初中教师具有本科学历。进一步，我们发现高中城乡师资水平相差较小，89%的农村高中教师拥有本科学历，仅比城市少2%左右。而拥有硕士学位的城镇高中教师的比例也仅比农村地区高出2倍左右。总的来说，我国城乡地区教育的师资力量相差较大，特别是义务教育阶段，这将使得农村地区学生的教育水平很难突破，农村的教育发展缺乏后劲。

表4-16　　2010年城乡普通中小学专任教师学历程度比较

	研究生毕业	本科毕业	专科毕业	高中阶段毕业	高中阶段毕业以下
小学					
城市	0.46%	48.19%	43.78%	7.46%	0.10%
县镇	0.07%	25.96%	58.57%	15.20%	0.20%
农村	0.03%	15.19%	55.93%	28.12%	0.72%
全国	0.11%	23.59%	54.58%	21.23%	0.48%
初中					
城市	2.11%	80.57%	16.87%	0.45%	0.01%
县镇	0.34%	62.80%	35.60%	1.24%	0.02%
农村	0.20%	54.62%	43.23%	1.91%	0.04%
全国	0.64%	63.41%	34.60%	1.32%	0.03%
高中					
城市	5.97%	91.01%	2.93%	0.08%	0.01%
县镇	2.26%	91.50%	6.13%	0.11%	0.00%
农村	2.06%	89.44%	8.23%	0.24%	0.02%
全国	3.63%	91.17%	5.08%	0.11%	0.01%

资料来源：根据2011年《教育统计年鉴》相关数据整理得到。

三、城乡教育不平等与城乡收入差距的相互影响关系

由于工资收入与教育投入之间的相互影响具有一定的滞后性，一个人现在的工资收

入水平可能需要经过很长的一段时间后才能对其后代的教育水平产生影响。而一个人的教育水平也需要经过一定的时间后才能转化为工作所需要的技能，从而影响工资收入。所以，城乡教育不平等和城乡收入差距之间相互影响的关系也具有一定的滞后性。根据吕炜、杨沫（2015）的研究，我们发现城乡教育不平等和城乡收入差距之间的具体关系如图4-9所示。

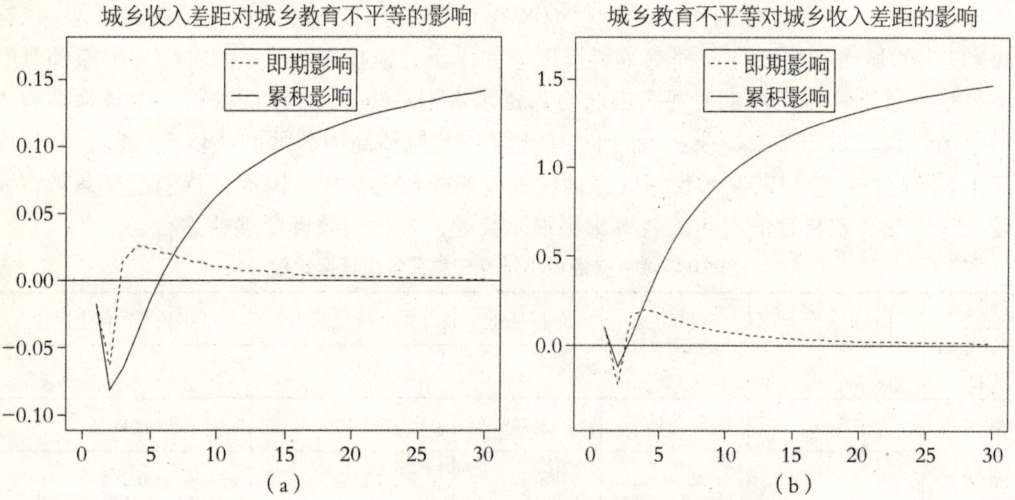

图4-9 城乡教育不平等与城乡收入差距之间相互的即期和累积影响

图4-9中的即期影响是指滞后某一期当期的影响，而累积影响是将滞后每一期的影响累积后的结果。从图4-9（a）中的即期影响可以看出，城乡收入差距在当期对城乡教育不平等有负向影响。但是，这种负向的即期效应从滞后第三期就开始转为正向，并于第四期达到最大值，此后逐渐变小并趋于零。这说明，短期内城乡收入差距对城乡教育不平等的影响并不稳定，具有明显的时变特征；从长期来看，随着城乡收入差距的扩大，城乡教育不平等的程度加剧，但是这种促进的影响逐渐减弱。从图4-9（a）中的累积影响来看，城乡收入差距对城乡教育不平等的影响方向同样经过短期的波动后，稳定为正。但不同的是，累积影响随着时间的增加而缓慢增加。如图4-9（a）所示，城乡收入之比每增加0.1，30年后城乡教育水平比将累积扩大约0.014。

同样，城乡教育不平等对城乡收入差距的影响也存在明显的时变特征。从图4-9（b）中的即期影响可以看出，当期城乡教育不平等对城乡收入差距具有微弱的正向的影响，滞后第二期这种影响转为负，但是，从滞后第三期开始变为正向并逐渐趋于零。从图4-9中（b）的累积影响来看，在滞后前两期城乡教育不平等对城乡收入差距的累积影响也不稳定，从滞后第三期开始，累积影响稳定开始为正并且持续上升。如图4-9（b）所示，城乡教育水平之比每增加0.1，30年后城乡收入之比将累积扩大约0.14。说明无论是通过即期影响还是累积影响，从长期来看，城乡教育不平等将拉大城乡收入差距。

总的来说，从长期来看，城乡教育不平等和城乡收入差距之间确实存在这种相互影响、相互促进、恶性循环的作用。

四、城乡教育均等化的政策建议

城乡收入差距的扩大将导致农村地区经济发展缓慢，农民的收入水平难以支付日渐高涨的中高等教育经费。这将使得农村地区的整体教育水平低于城镇地区，从而农村的收入水平较城镇地区收入水平进一步降低，加剧城乡收入差距的扩大。城乡教育不平等和城乡收入差距之间，相互促进，不断恶化，形成恶性循环。如何打破这种循环，实现城乡居民教育水平和收入水平均等化呢？我们将城乡教育不平等作为突破口，具体从以下三方面来实现城乡教育均等化，从而对城乡地区的收入分配起到调节作用：

（一）加快教育体制的改革

1.建立城乡教育统筹发展的管理体制。要实现城乡教育均等化，就需要站在城乡教育事业一体化的高度，充分发挥各个部分、地区之间的相互合作的功能。全面统筹城乡教育一体化的发展，打破按照城乡、行政区域划分的体制。加大对农村地区的公共财政支出，填补基层学校在财政支出上的缺口，加大对农村学校基础设施的建设，提高办学条件。建立一个教育资源统筹分配、相互协调与配合、共同发展的教育财政体系。提高农村地区教师待遇，鼓励优秀的教师队伍支援农村地区，实行教师队伍的流动制，充分保障农村地区的师资力量。

2.建立城乡教育统筹发展的公益体系。以政府财政供给为主导，以公益服务机构为主导，促进政府的财政支出向农村地区倾斜。加大农村地区的义务教育投入，加强农村地区学校的基础设施建设，解决对农村低收入家庭子女的教育救助问题。成立贫困基金，为农村贫困家庭子女接受高等教育提供资助。

（二）建立创新教育的运行机制

为了更好实施城乡教育统筹发展这一思想，需要采取创新教育的运行机制来予以保障。创新教育的运行机制主要从以下几点展开：

1.合理调配生源。建立义务教育“就近择校”、“免试入学”的机制，减轻学生的“择校”压力，实现生源的均等分配，使得各学校之间能公平竞争，共同发展。提高学校保送生的比例和指标分配办法，制定合理的教学工作评估和考试方法，实现真正意义上的公平公正。在城市地区，不仅为优质的生源提供进入的机会，也为基础薄弱的流动人口子女提供就近入学的宝贵机会。

2.保障教育经费的均衡化。对教育财政实行公平、公正、透明的管理机制。对同一地区的义务教育学校，按照学生的数量进行财政拨款，使区域内的学校获得大致相同的教育拨款，做到生均教育经费的均等化。出台一系列具体的、可操作的规章制度来加以保障，比如制定学校预算外资金的管理办法，教师工资待遇的统一、补助政策等。保障农村地区教师工资实现和城镇地区均等化，充分提高教师的教学积极性。统一发放班主任津贴、优秀骨干教师津贴、农村教师津贴等，形成一个公平公正的发展环境。

（三）提高农村师资队伍素质

教学质量的高低，学生成绩的好坏，很大程度上取决于一个学校的师资力量，通常所说的“择校”实质上就是“择师”。由于农村地区经济水平落后，工资待遇较低，所以优秀教师的流动性较强。如何保住农村地区优质的师资队伍，实现教师的合理、良性流动，从而实现教师资源配置的均等化呢？这就需要加大改革的力度，尽快形成全体教师岗位的聘任制，在同一区域同一岗位上统一薪酬待遇，无论城乡，实现上岗的竞争性，建立双向选择流动机制，提高教师队伍的整体素质。

1.加强农村教师队伍的建设。从政策、机制和经费上给予农村教师大力支持，组织农村教师参加新知识、新方法和新技术的全面培训。鼓励农村教师积极研发新的适用的教学方法以及管理方案，充分发挥农村教师的创造力，营造积极向上的教育氛围。不断提高广大农村教师的综合素质，树立现代教育理念，促使农村教师掌握科学的现代化教学管理理念。

2.建立城镇中小学教师定期下乡支援的制度。规定城镇地区的教师如想要晋升更为高级的职称，则需要下乡支教一段时间。适当地提高农村地区中小学中、高级教师岗位的比例。组建名师团到农村地区进行调研，开展听课、专家会诊、面授指导等活动。对于农村地区教师短缺的科目，如美术、音乐、体育等，可以采取高薪聘任制；对于农村地区年龄偏大的老教师可以采取提前离岗的办法，腾出岗位，给优秀的年轻老师上任的机会。

总的来说，必须要认识到城乡教育不均衡、城乡收入差距将长期存在的客观事实。从城乡教育不平等的源头抓起，逐步实现城乡教育的均等化，从而使得城乡教育不平等和城乡收入差距两者的关系进入良好的运行轨道。

参考文献

[1]白雪梅.教育与收入不平等:中国的经验研究[J].管理世界，2004（6）：53-58.

[2]陈安平，杜金沛.中国的财政支出与城乡收入差距[J].统计研究，2010（11）：34-39.

[3]陈建宏，张永良.浅析废除农业税的利与弊[J].中国乡镇企业会计，2006（11）：71.

[4]高飞.基于缩小城乡收入差异目标下我国农业转移人口市民化政策研究[D].大连：东北财经大学，2014.

[5]陆铭，陈钊.城市化、城市倾向的经济政策与城乡收入差距[J].经济研究，2004（6）：50-58.

[6]李实.中国个人收入分配研究回顾与展望[J].经济学（季刊），2003（2）：29.

[7]林毅夫，蔡昉，李周.中国经济转型时期的地区差距分析[J].经济研究，1998（6）：5-12.

[8]吕炜，高飞.城镇化、市民化与城乡收入差距——双重二元结构下市民化措施的比较与选择[J].财贸经济，2013（12）：38-46，93.

[9]马爱慧，张安录.农业补贴政策效果评价与优化[J].华中农业大学学报：社会科学版，2012（3）：33-37.

[10]万川.当代中国户籍制度改革的回顾与思考[J].中国人口科学，1999（1）：32-37.

[11]万海远，李实.户籍歧视对城乡收入差距的影响[J].经济研究，2013（9）：43-55.

[12]王海光.当代中国户籍制度形成与沿革的宏观分析[J].中共党史研究，2003（4）：24-31.

[13]王美艳.城市劳动力市场上的就业机会与工资差异——外来劳动力就业与报酬研究[J].中国社会科学，2005（5）：36-46，205.

[14]王朝明，马文武.城乡教育均衡发展、城乡收入差距与新型城镇化的关系[J].财经科学，2014（8）：97-108.

[15]谢嗣胜，姚先国.农民工工资歧视的计量分析[J].中国农村经济，2006（4）：49-55.

[16]杨俊，黄潇，李晓羽.教育不平等与收入分配差距：中国的实证分析[J].管理世界，2008（1）：38-47，187.

[17]章元，王昊.城市劳动力市场上的户籍歧视与地域歧视：基于人口普查数据的研究[J].管理世界，2011（7）：42-51.

第五章

土地财政、城市偏向与收入分配

第一节　土地财政的发展

土地财政是中国经济发展与转型过程中，地方政府财政扩张的产物。城市化背景下城市偏向战略的实施，使各类要素加快向城市聚集。生产要素在空间上的再配置，带来了实物及人力资本的快速积累，居民需求快速增加，有力推动了转型期的经济增长。但是，在政治集权与经济分权模式下地方政府为实现短期增长目标，倾向于对其可选择的政策工具过度使用，最终使城乡发展日趋失衡。

一、土地财政产生背景

（一）城市化快速推进

城市化标志着人类摆脱农业社会走向工业化，并促使产业结构发生根本性变革。自20世纪90年代中后期以来，伴随着外向型工业化的快速发展，中国的城市化也开始了加速的历程。城市化率从1995年的29.04%提高到2014年的54.77%，以平均每年接近1.3%的增速稳步推进，城镇人口已近7.5亿（见图5-1）。2014年年末，全国共有设市城市653个，建制镇数量增加至20 401个。根据诺瑟姆（1975）对城市化过程的划分，城市化水平小于30%为起步阶段，30%～70%为加速阶段，大于70%为后期成熟阶段。据此中国仍处于城市化加速发展阶段。“中国经济增长与宏观稳定”课题组（2009）的研究也认为中国城市化增长速度远快于世界平均水平，正处于加速阶段，各类要素从乡村向城市加速聚集。城市化是多种社会经济因素综合作用的结果，而作为城市载体的土地是其中一个重要因素。

城市化的过程不可避免地要求占用大量土地，甚至在很多情况下占用的是优质耕地。一方面，经济发展对土地形成大量需求，土地利用的类型结构也会随着国民经济的快速发展而发生变化。根据经济发展的一般规律，土地会自发地向边际生产率高的行业流动，第二、三产业用地必然快速增加，同时不可避免地要占用大量的耕地。另一方面，城市人口的增加会直接导致城市用地需求的增加，如住房用地、基础设施建设用地等。

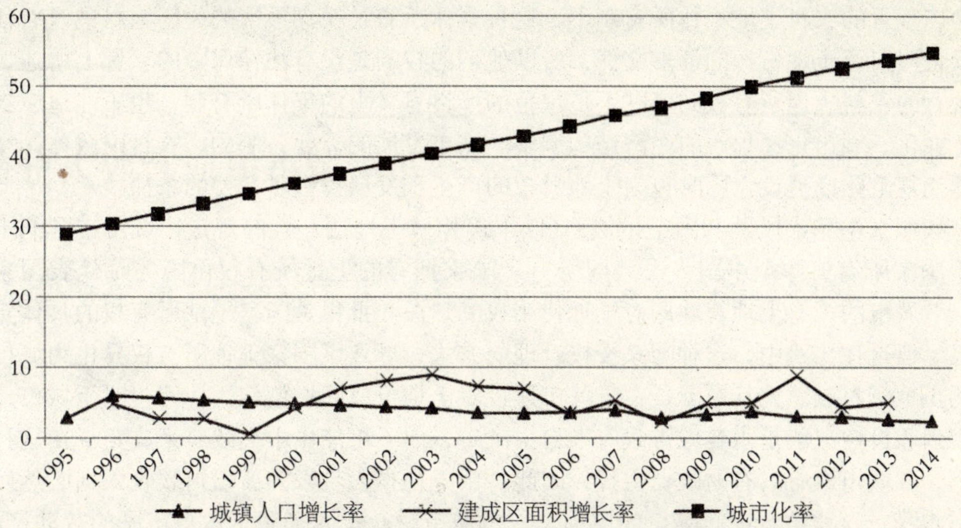

图5-1 城市化率、城镇人口增长率与建成区面积增长率变动趋势

在城市化过程中，城市的空间扩张，对土地的需求快速增加，为地方政府通过对土地的垄断供应获取土地出让金收入提供了条件。在很长的一段时间内，土地出让为地方政府提高财政收入、促进地方经济发展提供了强有力的支持。

（二）土地市场化改革与土地有偿使用制度成形

现代化过程必然是城市化过程，土地问题是现代化过程中的核心问题，而土地问题的核心是土地所有权。中国的土地所有权制度具有中国特色，由于历史原因，形成了城乡二元制结构，即城市土地国家所有和农村土地集体所有。

农村土地集体所有是指该土地归一组人共同所有，这一组人的成员可以是两个以上的自然人，也可以是法人，每位成员按照一定的分配形式享受其中的一份，也可以按照大家共同遵守的集体制度对他所有的一份进行处置。1984年，农村进行改革，土地的直接使用权由公社转给个体农户。虽然法律上规定农村土地归集体所有，但是实际上这个“集体”只是代表国家对农村土地进行管理的基层组织，而没有土地的所有权。首先，按照《中华人民共和国物权法》对“所有权”的界定，所有权是指所有人依法对自己的财产享有占有、使用、收益和处分的权利。在物权中，所有权是最重要也是最完全的权利，具有绝对性、排他性和永续性三个特征。农村集体组织没有规定家庭联产承包责任制中承包期限的权利，这是由国务院或者中央农村政策办公室规定的，而这正体现了国家是土地所有者的身份。其次，所有权中最重要的是处置权，即财产所有者拥有按照自己意愿处置其所有的财产的权利，但是《中华人民共和国土地征用法》明确规定，村集体所有的土地是不能直接卖给土地开发商或者其他单位的，而应该是先由国家征用，然后再通过“招拍挂”的方式卖给土地开发商或者其他单位。也就是说，在处置土地的问题上，村集体是不能够直接与市场发生经济交易的，而这种做法就从理论上直接否定了基层组织作为集体所有权者的地位。最后，从理论上说，集体是一个由个体组成但可以进行分割的单位，因为每个个体在集体中的所有权份额是固定而明确的。但是，在中国现行的农村土地集体所有制下，这种集体所有是模糊不清的，因为村民没有任何可以证明自己土地份额的证书文件，所以他们的权利是没有法律保障的。综上所述，中国现行的农村土地所有权制度并不是规范的严格意义上的集体所有制，也不能适应农村在工业化、城市化过程中的经济结构调整。城市发展的需要，制约了农村财政体制和金融体制规范化的建设，同时也为土地财政的产生和发展提供了必要的条件。

按照《中华人民共和国土地法》（以下简称《土地法》）的规定，城市市区的土地属于国家所有，即全中国人民共同所有。国家拥有的土地所有权由国务院代表国家行使，各城市的国有土地管理局对土地使用权的划拨和批租是国家土地所有权的具体实现途径。但是在实践中，这种国家授权管理的方式，导致了国家土地所有权异化为城市地方的土地所有制。究其原因，在于城市建设对土地价值的增值作用，因为对于城市建设的规划和投资只能是由各城市政府来自主决定，而不可能由中央政府来决定。在这种情况下，各城市政府具有财政自主权，因此，由土地投入带来的新增财政收入则必然属于城市本身，这也符合财政等价的原则——本城市财政投入来源于本市市民的劳动产出，所以由此产生的收益应该由本城市所享有。因此，现行的中国城市土地所有权，其本质特征是地方所有，城市政府是城市土地的所有者，且是唯一所有者。而正是这种唯一，决定了中国城市土地所有权的基本特征——城市地方政府垄断的所有权。

在城市地方政府垄断的土地所有制下，私人是不可能取得土地所有权的，而农村集体土地也是通过土地征用完成了城市土地国有垄断的转换。所以，在现行的土地制度下，经营性用地如果退出政府征用范围，则必然是由城市政府先征后卖。在征地过程中，城市政府扮演着一个具有垄断地位的中介的角色，它打破市场经济中的买卖双方自愿协商定价、自愿成交的市场规则。一方面，地方政府凭借其土地管理权、实际上的土地所有权以及行政力量，压低征用价格；另一方面，土地行政管理部门采用“招拍挂”的出让方式，同时伴以“饥渴性”供给方式把征收的土地高价卖给开发商。

该种城市土地制度的存在为产生土地财政创造了条件。首先，城市政府对土地资源的垄断控制力，为产生土地财政提供了基础条件。在中国城市垄断土地所有权的情况下，无论公益事业用地还是商业用地，都必须由城市政府向农民征用，而这种征用是没有市场约束力的，纯粹是一种强行征用。而因此产生的征地成本（如征地费用和失地农民日后的生计问题），如果无法妥善解决，就会使成本外部化。众所周知，垄断必然导致效率低下和价格扭曲，在土地供应方面，由于城市政府的土地垄断地位和在城市规划领域的垄断地位，它可以通过影响房地产的区位价格，来获取独占收益。其次，城市政府对土地的垄断力，对土地财政支出方向有重要影响，也因此造成地方财政收入的巨大流失。城市政府作为“唯一”的城市土地的所有者，在城市规划上具有明显的便利性，然而，也正是这种便利性造成了城市土地资源的大量浪费。一般来说，在中国行政体制的调任制度和官员政绩考核标准的影响下，在城市的建设中，不可避免地都会有城市长官个人偏好的痕迹，而这会导致城市规划由于缺乏长期市政规划，而把大量的资源用于建设政绩工程（如城市基础设施领域和公共服务领域），而忽视对工业以及民生领域的投入。在基础设施不断完善以后，地价必然要上升，土地出让金和房价必然也随之上升，而土地财政收入也会在这种螺旋式循环中随之上升。《土地法》规定城市土地归国家所有，然而，实际上这种所谓的国家所有制已经异化为城市的垄断所有制。土地所有权被城市政府垄断着，在土地领域，城市政府并没有其他竞争者以及制衡力量，因此，就会产生大规模的寻租现象，进而产生腐败，使得本该流入地方财政的收入大量流失。

对土地补偿制度的相关规定主要体现在（1998年）《中华人民共和国土地管理法》（以下简称《土地管理法）中。《土地管理法的第二条明确规定，国家为了公共利益的需要，可依法对土地实行征用。这时在土地无偿使用的情况下，征用土地时对农民的补偿只需要支付青苗费以及地上附属物补偿费，并不涉及土地本身的价格，因此，理论上，用地单位并不对土地所有权和土地使用权进行补偿，所以征地费用比较低。而失地农民则由政府或用地单位为其安排就业。2004年，国家对《土地管理法》的第二条进行了修订。国家可以为了“公共利益”的需要，依法对土地实行征收或者征用，并给予一定的补偿，而这些补偿在原有的青苗费和地上附属物补偿费的基础上，增加了土地补偿费和安置补助费，这就体现出了对土地所有权的“付费补偿”。然而在计算土地补偿费时，是按照原有土地产出价值来计算的，即被征用耕地前3年的平均产值的6~10倍；安置补助费是按耕地前3年平均年产值的4~6倍，且最高不得超过被征收前3年平均产值的15倍来计算的；土地补偿费和安置补助费的总和不得超过土地被征收前3年平均产值的30倍。以此来保证被征地者能够保持原有生活水平不变。

资产定价理论是以土地要素的产出为土地要素本身定价的来源理论，它阐述的是因为要素的产出与要素本身之间存在着市场关联性，在一个产品和要素市场化水平较高的情况下，可以用要素产出的市场价值来衡量其要素本身的价值。中国的土地产品市场化的进程发展程度与土地要素市场化的进程发展程度不同，因此，在对土地要素产出定价时，还需要考虑因为土地承包期限届满而带来的土地要素轮换的影响。由此，可以得出结论，中国土地要素的产出与其要素本身之间的市场关联性并不强，那么此种定价方式相应也就缺乏一定的说服力。

而对于安置补助费的规定，表面上是为了保证被征地者原有生活水平不变，而实际上被征地者的生活水平被降低了。在法律上，对物权和债权的补偿是不相同的。对债权的补偿是使债权人的状况恢复到被侵害前的水平，以补偿债权人的实际损失为限；而对物权的补偿则是要超过损失数额的。农村土地归集体所有，农民作为集体中的一分子，理应拥有土地的所有权，因此，在对其补偿时，不应该按照债权损失进行补偿，而应该按照物权损失进行补偿。

除此之外，按照规定，土地补偿费既可以发给集体，也可以发给个人。实际上，这一条款为村干部克扣本应该发给农民的土地补偿费提供了便利和可能。在实际操作中，城市政府征用土地从来不与村民直接进行谈判，而是先通过市（县）级政府官员再通过村集体组织。这样谈判的后果就造成了市、县、乡参与土地收入的第一次分配，村集体参与第二次分配，最后才分配到农民手中。相关调查显示，目前，在大量的土地交易中，土地补偿款只有5%~10%能到农民手中的，村集体留下20%~30%，其他的上交乡及乡以上政府。

可以看出，由于土地补偿制度存在缺陷，土地实际征用成本大大降低，而这就极大地刺激了地方政府征地的欲望。

（三）财政制度变迁与地方政府土地利用行为扭曲

中国的财政体制在计划经济时代是以“统收统支”的模式运行的，各级地方政府既没有独立预算，也没有税收征集和财政支配的自主权。在这样一种高度集中的体制之下，地方政府由于没有独立的利益空间，因此也没有追逐利益的内在冲动，各级政府的利益高度一致。

基于调动地方发展经济积极性的改革总体思路，从1980年开始，中央在全国推行“划分收支，分级包干”的财政承包制。这一改革改变了以往财政体系“吃大锅饭”的模式，确立了中央财政和地方财政各自的利益和地位，分权财政由此开始。财政分权的制度安排并非一蹴而就。此后，1955—1988年的“划分税种、核定收支、分级包干”和1958—1993年的“全面包干”，都可以视作中央地方就财政分权格局的调试。这三次制度调整的共同特征是赋予了地方政府财政“剩余索取权”（郭庆旺，2006）。财政包干制意味着，地方政府在完成上缴中央财政的工作任务之后，剩余的财政收入归地方所有。然而，在中央强大的行政权面前，财政承包制并不稳固。面对中央政府三次为扩大中央固定收入规模而作的制度调整，带有利益考量的地方政府显然早已意识到问题的“严重性”。为了避免中央政府对地方所有企业利税的争夺，地方政府一边兴建和发展地方企业和乡镇企业，一边将大量企业利润隐藏或转移到体制之外。地方政府的自利性面目逐渐浮现。也正是在此期间，地方政府的利益觉醒发展为“地方政府法团主义”，也有学者认为中国特色的“财政联邦主义”激励地方政府发展经济，并将这段时期中国经济高速增长归因为分权模式的“财政承包制”。不可否认财政分权对地方经济的激励作用，但是我们仍要看到，是地方政府成功化解了中央政府争夺利税的“危机”，才使得财政分权的激励作用得以显现。

财政分权改革后，地方政府对增加预算外收入表现出了极高的创造性。由于预算外收入不像预算内收入要接受上级财政部门的严格监督，其使用灵活度较大，同时，预算外收入无须与上级政府分享，其增收不会导致后续年份上缴比重抬高，因而发展预算外收入成为地方政府在财政分权改革后的重要策略选择。地方政府实际掌控的资源由于预算外收入得以显著提高，地方政府的经济实力也因此得到提升，从而地方政府的自主能力大大增强，对中央政府或上级政府的依赖程度降低。地方政府自利性的觉醒，在一定程度上重构了中央与地方两者之间的关系。在传统的财政体制下，地方政府对上级政府具有高度依赖性，财政分权改革之后，地方政府逐渐演变为具有独立经济利益目标的公共事务管理主体，与其他理性行为主体一样，以实现自身利益最大化为目标，根据制度环境的约束与激励同上级政府展开利益博弈。地方政府自利性的“萌发”，不仅改变了其一贯的行为方式，而且在制度变迁中继续产生影响，维护已经取得的社会经济资源。

从某种程度上说，正是改革开放后的放权试验，逐步塑造了地方政府以经济增长为导向的企业型政府的主体特征。

然而，在财政包干制之下，地方政府发展经济的动力虽然充足，但是为了避免因前期收入较高而导致后期上缴更多收益的风险，地方政府往往借助税收减免的手段“藏富于地方”或“藏富于企业”。这一手段之所以可以成功，是因为地方政府控制着实际税率和税基。在此策略选择下，地方政府的财力雄厚，而中央政府财力捉襟见肘，宏观调控能力弱化。从数据来看，1993年地方财政收入占全国财政收入比重达到80%，而中央财政仅占两成。

财政包干制的积极意义在于“分灶吃饭”的体制设计极大地调动了地方政府发展经济的积极性。然而，财政包干制只是分权财政体制试验的初级阶段，中央与地方的财权划分仍处于不断的调试过程中。随着地方财政的壮大、中央财政的萎缩，中央宏观调控能力的弱化使得经济中不稳定的因素增加。为了扭转上述局面，1993年12月15日国务院发布《关于实行分税制财政管理体制的决定》，从1994年1月1日起改革地方财政包干体制。确立分税制是中央政府改变财政收益分配格局的一次重大改革，在制度上规范政府间财政分配关系，强化中央税收立法权，实现中央财政收入占全国财政收入比重的提高。

分税制的实施效果立竿见影，中央和地方的财政收支状况立即发生了扭转。中央财政收入占总收入的比重从改革前的20%左右，激增至改革后的50%以上。而与此同时，地方财政支出有不断增长的趋势，中央与地方的财政与事权出现了新的不匹配现象。

在财政包干制下，地方政府可以通过隐藏企业利润或减税来规避中央政府对地方所有企业的利税争夺，或者将预算内收入转为预算外收入甚至是体制外收入。然而，分税制改革之后，国税系统与地税系统分开，同时政府间支出责任划分不变，财政收入的集权化大大压缩了地方政府通过税收工具扶持当地企业的空间（陶然，2009）。分税制使得地方政府的财政压力日益明显，地方政府在经济发展中的角色和行为特征也随之调整。

在分税制改革中，按照中央政府的意愿重新构建了一个更有利于中央财政集权的制度环境，可以想象这样自上而下的强制性制度变迁的成本和难度。然而由于软预算约束的存在，以及地方政府对体制外资源的探寻，客观上缓和了制度变迁的阻力，保证了分税制改革的成功。

我们可以看到，在经过20世纪90年代前期推行分权改革试验后，即便有心重新扮演强势角色的中央政府，也不会不顾地方在发展当地经济上的信息优势，再选择计划经济下的完全控制型财政体制。中央政府在集中一定财力的基础上，一方面在税种的划分上设置中央地方共享税和地方独享税；另一方面默许了“给予地方政府一定的非正式税收自主权，比如各种非正式税收的收费权和以控制土地之类的稀缺资源获取租金的隐性抽税权”（陶然，2007）。财权上收的强势改革与默许软预算约束并存，一收一放正好维系了制度变迁的动态平衡，推动着改革的前进。显然这种制度空间，是制度设计者考虑了成为独立利益主体的地方政府的利益需求的结果。

当然，软预算约束和地方政府掌控“体制外”资源的倾向并非始于分税制改革后中央政府的“默许”。从分权改革伊始，地方政府便有攫取体制外资源的意识萌生。相关学者的研究表明，由于地方政府作为地方国有企业和乡镇企业的出资人，对企业的现金流具有实际控制能力，为避免“中央政府对地方所有企业的利税争夺，地方政府通过隐藏企业利润或减税，实行所谓“将肉烂在锅里的政策”（陶然，2009），或者“在适宜的时候，通过地方企业上缴利润的形式获得预算外收入”（周飞舟，2010），甚至干脆“将预算内收入转为预算外收入乃至于体制外收入”。地方政府自此形成了对非正式财政资金的严重依赖。然而，这种“依赖”却不完全是出于预算内财政的压力，更主要的原因是这些非正式财政资金没有严格的监督，调配自由，使用方便，地方政府由此形成了掌控“体制外”财力的自我驱动。税制结构调整之后，地方企业改制也开始推行，从而使得地方政府对地方企业的控制能力下降。特别是国税系统对税收监管的强化，也大幅压缩了地方政府通过转移收入扶持地方企业以获取“企业上缴利润”的空间。此时，地方政府开始寻找新的出口，寻找新的“体制外”资源，土地出让成为其最佳选择。

二、土地财政规模

改革开放以来，中国地方政府以土地为基础取得财政收入的发展模式经历了两个不同的阶段。第一个阶段是1998年以前，为“以税代租”阶段。地方政府为招商引资，以低价甚至无偿进行土地转让，这促进了工业部门的快速发展。其间，全国土地平均价格不升反降，土地出让收入甚微。但由于土地转让有效促进了地区经济增长，提高了就业水平，来自工业企业的税收增加，地方财政收入提高。同时，快速推进的工业化带动了劳动力由农村向城市转移，农业生产率也得到不断提高。第二个阶段是1998年至今，为“以租补税”阶段。1994年分税制改革后，地方政府的税收分成比例大幅下降，而城市化的快速推进使地方政府的基础设施投资支出不断增加。中央与地方的财权和事权不相匹配，也促使地方政府开始增加税收以外的收入来源。与此同时，随着20世纪90年代末住房和土地市场化改革的深入，土地价格开始上涨，土地出让收入快速增长，从1998年的112.99亿元猛增至2013年的4.23万亿元①。全国土地出让总收入增长了近24倍，部分城市的土地出让收入甚至超过了税收收入（参见图5-2），成为地方政府收入的重要来源，有力支撑了地方财政的扩张。此外，为实现政绩目标，地方政府以土地为基础还发展出了一系列促进地方基础设施建设的投融资模式。地方财政对土地出让收入的依赖程度越来越高。土地的有限性以及土地价格的不稳定性使得地方财政的风险不断增加。而这种高度依赖土地出让收入的财政模式，被国内财政学者称作“土地财政”。

① 1998年数据来源于1999年《中国国土资源年鉴》，2011年数据来源于2012年《中国国土资源公报》，此处的土地出让收入未包括国有土地收益基金收入。

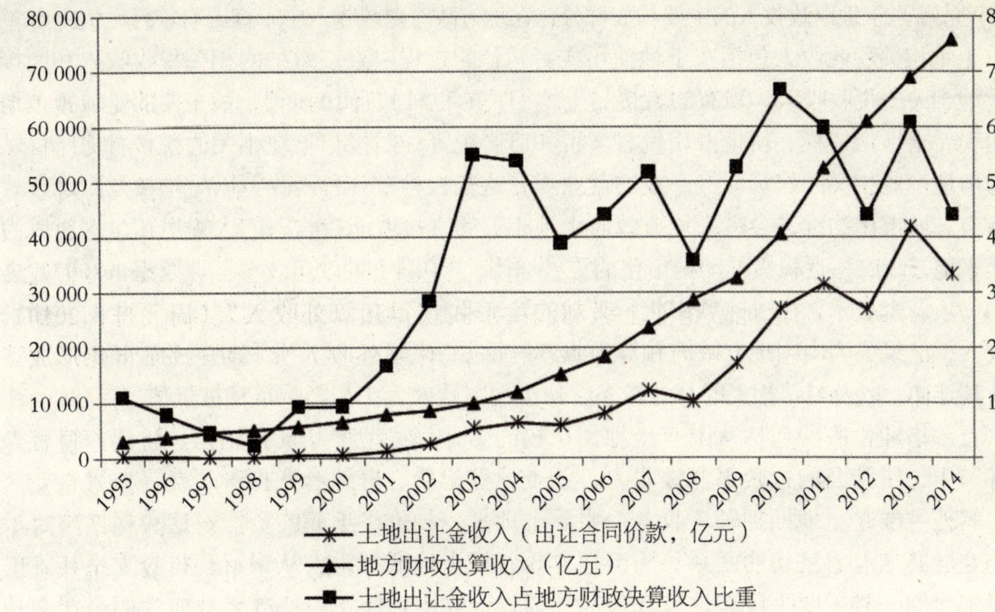

图 5-2　土地出让收入与地方财政决算收入变动图

从广义上讲，土地出让收入只是土地财政收入的一小部分，除此之外，土地财政收入还包括与土地相关的行政性收费收入、与土地流转相关的税收和政府土地融资所得。从其影响上来说，土地融资所得才是地方政府获取财政和城镇化资金的主要来源（刘守英，蒋省三，2005）。而包含土地融资所得的土地财政收入波动对经济增长的影响远大于用土地出让金所反映的影响程度。

从中国近年来的经济发展实践看，土地融资是支持近年城市扩张的基础，而通过银行放贷，地方政府、房地产企业和居民个人已被有机捆绑在一起，使土地财政的影响更加全面、复杂。一方面，在城市扩张过程中，地方政府通过成立地方融资平台，[①]如土地储备中心、政府性投资公司或开发公司等，绕开中国人民银行“不允许地方政府直接从银行贷款”的规定，进行土地抵押融资，获得巨额资金，支撑基础设施投资。另一方面，通过银行信贷，形成地方政府向房地产企业供地——房地产企业向居民个人供房和居民个人向房地产企业购房——房地产企业向地方政府购地两条完整的土地和资金供应链，通过银行的杠杆作用，促成了房地产业的繁荣发展。

三、土地财政结构

（一）土地财政的收入构成

广义上，土地财政收入主要包括四类：土地资产收益、土地相关税收收入、行政事业性收费及其他。土地资产收益包括国有土地使用权出让、租赁等收益。在现有土地财政模式下，土

① 根据审计署在地方政府性债务审计中的有关说明，“融资平台公司”是指，由地方政府及其部门和机构、所属事业单位等通过财政拨款或注入土地、股权等资产设立，具有政府公益性项目投融资功能，并拥有独立企业法人资格的经济实体，包括各类综合性投资公司，如建设投资公司、建设开发公司、投资开发公司、投资控股公司、投资发展公司、投资集团公司、国有资产运营公司、国有资本经营管理中心等，以及行业性投资公司，如交通投资公司等。

地资产收益是土地财政收入的主要构成部分，在地方政府财政收入中一直占有较高比例。

土地相关税收收入包括在土地使用或者转让的过程中直接缴纳的相关税收收入和间接与土地相关的税收收入。现有的直接与土地相关的税种共有10多种，最主要的是城镇土地使用税、土地增值税、耕地占用税、契税和房产税等；间接与土地相关的税种有房产税以及与房地产业相关的建筑业等产业的营业税，这些税种在分税制改革以后均被划归地方政府所有。城市化的推进会带来地方政府土地相关的直接或间接收入的大幅增加，这也成为多年来地方政府一直积极推动城市化的重要原因。“中国土地政策改革”课题组（2007）进行的一项调查显示，由快速城市化所带动的建筑业和房地产业的快速发展所产生的各项税收收入，已经成为中国地方政府预算内收入的重要来源。房地产业和建筑业较长的产业链条及其延伸，以及与其相关的行业较多，使土地财政的大小和影响常常被低估。

行政事业性收费包括从国有土地使用权的出让到房地产开发、销售、转让、持有等各环节中，所涉及的行政事业性收入，如土地登记费、房地产抵押管理费等。

其他主要是土地抵押融资收入。由于土地是一种价格不菲的资产，这种属性决定了它与金融必然有着密切的联系，因而地方政府把土地抵押出去从银行获得贷款是其筹集建设资金的一种重要手段。地方政府往往通过设立土地储备中心或者政府性的公司，并以它们为载体向银行抵押土地获得银行贷款来填补城市建设的资金缺口。根据刘守英、蒋省三（2006）对东南沿海部分县市的测算，在每年投入到基础设施建设中的数百亿的资金中，来自于地方财政预算的资金仅占10%，来自土地出让金的部分大约占到30%，而另外的60%左右的资金则是通过抵押土地获得的银行贷款。

地方政府更偏好于扩大土地出让收入和土地抵押融资收入。从收入的来源属性来看，可以把地方政府收入大体划分为内部收入和外部收入两类。其中，内部收入主要为地方税、地方政府所属企业的国有资产收益、共享税收收入等；外部收入主要为纵向转移支付收入和补助收入，如中央对地方的转移支付等。实施分税制以后，地方财政财权减少、事权增大，同时预算法规定地方政府无权发债筹集资金，因此内部收入难以满足支出需求，形成了地方债务问题。而土地出让收入属于预算外收入，以土地为抵押的融资收入是制度外收入，地方政府可以不将其纳入预算以逃避人民代表大会和公众的监督。从成本收益比的角度来分析，因为地方政府在土地市场中处于垄断地位，可以实现成本的外部化，从而降低了自己承担的部分。

（二）土地出让收入的支出安排

狭义上的土地财政即指土地出让收入占地方政府收入比例过高的财政现象。土地出让收入的支出安排也基本反映了土地财政的支出构成。我国当前的土地出让收入的使用范围主要包括：一是征地和拆迁补偿支出，包括土地补偿费、地上附着物和青苗补偿费、安置补助费、拆迁补偿费等；二是土地开发支出，包括与土地前期开发相关的道路、供电、供水、供气、排水、照明、通讯、土地平整等基础设施建设支出，以及与前期开发相关的银行贷款的本息支出等；三是对被征地农民社会保障等的补助支出，包括失地农民的就业、住房、医疗、卫生、社保等方面的支出；四是投向农村的基础设施建设支出，包括用于改善农村环境、卫生、医疗、教育以及文化等基础设施建设的支出；

五是农业土地开发支出；六是城市建设支出，包括城市公共绿地、公共厕所、道路、桥梁、消防设施等基础设施建设支出；七是土地整理、耕地开发、基本农田建设和保护支出；八是城镇廉租住房保障支出；九是土地出让业务支出；十是破产或改制国有企业的职工安置等的支出等。

按照财政部与各省财政部门对土地基金管理的具体要求，各市县财政部门负责土地出让收入的分配入库，将土地出让金具体分解为国有土地收益基金、农业土地开发资金、新增建设用地土地有偿使用费、国有土地使用权出让金等四部分。其中：(1) 国有土地收益基金，按照省级人民政府规定的比例进行计提，县市专有，专门用于各市县的土地收购储备，具体包括安置补助费、土地补偿费、拆迁补偿费、地上附着物和青苗补偿费以及前期土地开发支出等项目；(2) 农业土地开发资金，由市县与省级财政分享，其中省级最高可以集中该项资金总额的30%，该项资金的投入方向为农业土地开发，具体可细分为土地整理和复垦、基本农田建设、宜农未利用地开发以及农业生产条件改善等方面；(3) 新增建设用地土地有偿使用费，由中央与省级政府分享，30%上缴中央，70%归地方财政，上激中央财政的土地有偿使用费作为中央财政基金预算收入，归入地方财政的土地有偿使用费成为地方财政基金预算收入，均须专项用于耕地开发和土地整理；(4) 国有土地使用权出让金，是县市总入库收入减去上述三项支出后的余额，地方政府在按照中央规定进行四项法定支出后，可按照地方需求灵活地使用剩下的余额。从地方政府的实际情况来看，尤其是从2011年起，地方政府可自主支配的财力被大幅缩减。

在具体分配方面，财政部门对其使用方向与领域的优先顺序作出了具体规定。以2012年的支出结构为例，国有土地出让收入首先用于足额支付征地拆迁补偿费用、补助被征地农民社会保障费用和破产或改制国有企业职工安置费，在保障上述支出安排能够完成的基础上，再分别按照农业基础设施建设、土地开发、城市基础设施建设的顺序安排其他支出项目。为了从制度上杜绝预算软约束的发生，特别规定此处土地出让收入的余额不得用于平衡一般财政预算，更不得弥补一般行政运行经费。国有土地出让收支的预决算由地方财政部门、国土资源管理部门等按照相关规定进行编制。同时，须按照规定程序定期向同级人民政府报告，由政府再依法向同级的人民代表大会报告。

可见，中央政府对地方政府在土地财政支出安排方面，从投向到支出程序都已经作出较多的规定。然而，在土地财政问题上，地方政府显然并没有严格按照规定进行支出安排。可见，地方政府存在比中央政府更为严重的预算软约束问题。在以经济增长为核心的政绩考核激励下，地方官员在有限的任期内，选择“以地生财”并将这些“预算外”[①]收入投资于更有利于经济增长、彰显政绩的工程，以换取升迁机会，这些工程成为其自身效用最大化的优选。中国特有的官员考核机制直接影响了土地财政支出方向的选择。因此在支出方向选择上，地方政府更倾向于城市基础设施建设。这使得土地财政对经济增长的影响变得更加复杂。

① 自2011年起，虽然已将土地出让收入全额纳入政府性基金预算管理，但由于政府性基金的管理相对公共财政预算要宽松得多，因此部分学者仍将其称作“预算外”收入。

第二节 土地财政的城市偏向性与城乡收入差距

无论是改革开放之前还是改革开放之后，多数时期中国的发展政策和制度安排都具有明显的城市偏向特征。在新中国成立之初，为摆脱经济上被封锁、政治上被孤立的严峻国际形势，中国选择了重工业优先发展的增长模式。伴随经济工作重心从乡村向城市的转移，城乡关系逐步陷入“城市-工业偏向”的非均衡状态。城市偏向政策则主要体现在价格和贸易方面。城市、工业偏向的行政干预使农村、农业的发展迟缓。其间所实施的粮食统购统销政策以及工农产品的价格“剪刀差”，更使得农村、农业的发展受到抑制。改革初期，为实现经济的快速发展，中国主要采取了非均衡发展战略，鼓励一部人和地区先富起来，继续坚持了城市偏向的发展政策。近年来，面对制度环境和发展阶段的变化，城市偏向政策的形式更加多样与不易识别，其中土地财政即为城市偏向政策实现的一种新形式。

一、对城市偏向与城乡收入差距关系的认知

学术界对中国的城乡收入差距问题的分析已持续多年，且取得了丰富的研究成果，如蔡昉、杨涛（2000），杨天宇（2001），D.Gale Johnson（2002），苏雪串（2002），陆铭、陈钊（2004），郭剑雄（2005），姚耀军（2005），张立军、湛泳（2006），赵红军、孙楚仁（2008），王少平、欧阳志刚（2008），田新民等（2009），孙宁华等（2009），陈斌开等（2010），丁志国等（2011），王修华、邱兆祥（2011），雷根强、蔡翔（2012），陈斌开、林毅夫（2013）。这些研究多数从不同视角对城乡收入差距的影响因素、产生原因及应对策略进行了分析，如城乡差距与金融发展、对外贸易、城市化、工业化及制度变迁的关系等。

综合这些文献可以发现，导致城乡收入差距不断扩大的众多原因大都具有城市偏向的特征。部分学者还就城市偏向与城乡收入差距问题进行了深入分析。蔡昉、杨涛（2000）研究指出，改革开放前，导致中国城乡收入差距的主要原因为与重工业优先战略相关的一整套城市偏向的干预政策，改革开放后，城乡收入差距变化则主要源于城市利益集团的压力以及传统经济体制遗留的制度障碍。蔡昉（2003）运用制度经济学的分析框架研究认为经济改革过程中城市居民运用其所特有的“投票”和“呼声”机制，对城乡关系政策施加影响，从而阻碍农村劳动力的永久转移，维系着城市偏向政策，农民可以通过“用脚投票”来改变城市偏向政策。陆铭、陈钊（2004）运用1987—2001年的中国省级面板数据的研究表明，中国持续扩大的城乡收入差距与地方政府实施的带有城市倾向的经济政策有关。王小鲁、樊纲（2005）研究认为造成城乡收入差距持续扩大的因素包括收入再分配和社会保障、公共产品和基础设施以及制度等多种方面。王永钦等（2007）研究认为政治集权下的经济分权给地方政府提供了发展经济的动力，但是内生于这种激励结构下的相对绩效评估又造成了城乡和地区间收入差距的持续扩大。周世军、周勤（2011）研究得出，长期以来的城市偏向政策逐渐改变了中国的城乡居民收入结构，使城乡收入差距明显扩大。汪世绮、徐扬（2013）研究认为城市化总体上缩小了

中国的城乡收入差距，但户籍制度、政府干预、财政支出、教育投入的城市偏向都拉大了城乡收入差距。

近年来，部分学者还对财政支出城市偏向对城乡收入差距的影响进行了专门研究。程开明（2008）研究得出固定资产投资及财政支出的城市偏向越为明显，城乡差距越大。曾国安、胡晶（2009）研究认为中国长期以来所实施的是农村居民税负偏重下的财政支出高度城市偏向，这是城乡居民收入差距不断扩大的主要原因。邓旋（2011）运用1995—2009年中国省级面板数据对财政支出规模及支出结构对城乡收入差距影响效应进行实证考察，得出长期实施的财政支出"城市偏向"分配机制显著扩大了城乡收入差距。雷根强、蔡翔（2012）利用中国省级面板数据进行的实证分析也表明城市偏向的财政再分配政策是造成中国城乡收入差距不断扩大的重要原因。陈工、洪礼阳（2012）研究得出分权程度与城乡收入差距负相关，财政分权程度越高，则政府的生产性支出与公共产品支出越偏向于城市部门，也越容易引起城乡收入差距扩大。可见，城市偏向政策长期存在于中国的经济发展与改革过程中，城市偏向是导致城乡收入差距不断扩大的主要原因。

二、土地财政的城市偏向特征

虽然在改革的不同阶段，土地的作用形式有所不同，但作为地方政府经济干预的重要工具这一职能没有改变。土地财政是地方政府利用土地进行财政扩张的新形式。土地财政在收入实现和支出安排的过程中均会产生资源再配置效应，尤其是会对城乡居民产生不同影响。

首先，土地出让收入取得过程中的非市场化和不规范操作，会对城乡居民产生不同影响。土地二元制度有效维持了低成本的城市化，却导致城乡贫富差距不断扩大。一方面，对农业用地的补偿费用严重偏低。目前，各地区土地征收补偿标准虽然有所不同，但主要仍是按照被征收土地的原用途给予补偿，严重低于被征农地的市场价值。另一方面，中国农村采取的是土地集体所有制，由全体村民直接进行选举所产生的村民委员会代表村集体利益。但村委会实际产生过程中往往受到上级党委、政府的影响，不能做到真正代表村民利益行使职权。村干部常常利用职权在土地转让过程中取得非法的经纪租金，伤害农民的权益。相对来说，城镇居民比农村居民具有更强的维权意识，在土地转让过程中能够更好地保障自身权益。

其次，土地出让收入支出安排的城市偏向，同样对城乡居民产生了不同的影响，是土地财政产生财富转移和资源再分配效应的重要途径。长期以来，土地出让收入一直未被列入地方政府一般预算，从2007年起土地出让及相关收入被纳入政府基金预算。土地出让收入构成了地方政府基金收入的主要部分，在2010年和2011年占比分别高达87.11%和84.08%。虽然现阶段对土地出让收入已实行"收支两条线"管理，但与一般预算相比，对土地出让收入的管理要相对宽松许多。从使用范围来看，《土地管理法》虽已对土地出让收入的支出范围作了明确规定，但在实际中对土地出让收入的管理不规范，资金被挪用现象较为严重。2011年，国家审计署对11个省市的24个市（区）县在2009和2010两个年度的土地出让金征收、使用情况的抽查中，发现存在问题的土地出让收入金额达198.41亿元。从土地出让收入的支出构成（见表5-1、表5-2）可以看出，土地出让收入支出安排具有明显的城市偏向。除征地和拆迁补偿支出外，国有土地使用权出让收入主要被用于城市建设和土地开发，相对来说，用于农村基础设施建设的支出和对被征地农民的补偿支出比例较小。

表5-1 2010—2013年国有土地使用权出让收入与支出 单位：亿元

收支项目＼年份	2010	2011	2012	2013
国有土地使用权出让收入：	29 916.38	32 941.04	28 322.96	41 031.88
1.新增建设用地土地有偿使用费收入	693.45	707.09	773.24	699.22
2.国有土地使用权出让金收入	28 197.7	31 140.42	26 652.4	39 072.99
3.国有土地收益基金收入	1 025.23	1 093.53	897.32	1 259.67
国有土地使用权出让收入安排的支出：	28 156.02	32 984.02	28 435.3	40 672.98
1.新增建设用地有偿使用费支出	655.98	879.45	901.42	1 212.94
其中：耕地开发专项支出	162.75	160.22	138.13	136.89
基本农田建设和保护支出	50.71	82.57	112.88	305.83
土地整理支出	412.23	634.27	648.85	769.36
用于地震灾后恢复重建支出	30.29	2.39	1.56	0.86
2.国有土地使用权出让金支出	26 622.12	31 052.26	26 663.87	38 265.6
其中：征地和拆迁补偿支出	10 206.96	14 358.75	13 828.92	20 917.69
土地开发支出	2 479.57	5 324.69	5 116.04	8 350.28
城市建设支出	7 621	5 564.88	3 049.2	3 775.14
农村基础设施建设支出	1 076.53	760.45	486.19	516.5
补助被征地农民支出	457.11	689.72	520.75	852.21
土地出让业务支出	133.71	217.37	180.85	239.26
廉租住房支出	422.01	519.96	355.73	391.81
其他土地使用权出让金支出	4 225.23	3 616.44	3 126.19	3 222.71
3.国有土地收益基金支出	877.92	1052.31	870.01	1 194.44
其中：征地和拆迁补偿支出	527.52	681.68	576.92	842.72
土地开发支出	154.66	185.29	171.75	233.39
其他国有土地收益基金支出	195.74	185.34	121.34	118.33

注：本表中国有土地使用权出让收入与支出数据均来自2011—2014年《中国财政年鉴》中有关地方政府性基金决算收支数据。

表 5-2　　2010—2013 年国有土地使用权出让收入与支出项目构成

收支项目 \ 年份	2010	2011	2012	2013
国有土地使用权出让收入：	***87.11%***	***84.08%***	***80.02%***	***82.98%***
1. 新增建设用地土地有偿使用费收入	2.32%	2.15%	2.73%	1.7%
2. 国有土地使用权出让金收入	94.26%	94.53%	94.1%	95.23%
3. 国有土地收益基金收入	3.43%	3.32%	3.17%	3.07%
国有土地使用权出让收入安排的支出：	***88.91%***	***87.28%***	***83.25%***	***85.19%***
1. 新增建设用地有偿使用费支出	2.33%	2.67%	3.17%	2.98%
其中：耕地开发专项支出	0.58%	0.49%	0.49%	0.34%
基本农田建设和保护支出	0.18%	0.25%	0.40%	0.75%
土地整理支出	1.46%	1.92%	2.28%	1.89%
用于地震灾后恢复重建支出	0.11%	0.01%	0.00%	0.00%
2. 国有土地使用权出让金支出	94.55%	94.14%	93.77%	94.08%
其中：征地和拆迁补偿支出	36.25%	43.53%	48.63%	51.43%
土地开发支出	8.81%	16.14%	17.99%	20.53%
城市建设支出	27.07%	16.87%	10.72%	9.28%
农村基础设施建设支出	3.82%	2.31%	1.17%	1.27%
补助被征地农民支出	1.62%	2.09%	1.83%	2.10%
土地出让业务支出	0.47%	0.66%	0.64%	0.59%
廉租住房支出	1.50%	1.58%	1.25%	0.96%
其他土地使用权出让金支出	15.01%	10.96%	10.99%	7.92%
3. 国有土地收益基金支出	3.12%	3.19%	3.06%	2.94%
其中：征地和拆迁补偿支出	1.87%	2.07%	2.03%	2.07%
土地开发支出	0.55%	0.56%	0.60%	0.57%
其他国有土地收益基金支出	0.70%	0.56%	0.43%	0.29%

注：加粗数据分别为国有土地使用权出让收入占地方政府性基金收入的比例和国有土地使用权出让收入支出安排占地方政府性基金支出的比例，其余百分比数据为各分类项收支占国有土地使用权出让总收支的比例。

土地财政作为政府再分配手段并不必然对经济发展产生扭曲效应，但是受非均衡发展思想及不合理政绩激励影响，其收支过程中显著的城市偏向性使其必然扩大城乡发展差距。从土地财政的生成机制来看，城市化和土地二元制度是其产生的基础，而土地二元制度本身即具有较强城市偏向性。首先，在现行土地制度下，城乡土地具有完全不同的权利体系。农村土地农用地承包者仅享有农地农用范围的土地使用权、收益权和流转权，而即便是宅基地的使用权人对土地也没有收益权和转让权；其次，城乡土地市场分割，城市土地虽为地方政府垄断供应，但交易市场相对成熟，农村土地主要通过非正规方式交易，转让交易受到严重制约。第三，农转非补偿制度不合理，农地所有者取得的补偿过低，土地增值收益多被地方政府获取。第四，对集体所有土地的农地转用实行多重管制，在土地出让收益的激励下，农村的发展空间不断压缩，城市不断扩张。从土地财政的运行来看，一方面，对不同用途土地采取差别化的土地出让政策，“以低价协议出让工业用地，以‘招拍挂’形式高价出让商住用地”，具有明显的服务工业发展的特点。另一方面，土地出让收入支出安排也具有明显的城市偏向性，除征地和拆迁补偿支出外，国有土地使用权出让收入主要被用于城市建设和土地开发。此外，地方政府往往还借助土地抵押为城市基础设施建设进行大规模融资。国家审计署（2011，2013）的审计报告显示，地方政府承诺以土地出让收入作为偿债来源的地方债务余额占其负有偿还责任债务余额的比重达40%～50%，这些地方债约70%投向了交通运输和市政建设，10%投向了土地收储。

而政府性基金预算的“软约束”性使土地财政的城市偏向性被进一步强化。现阶段，虽然已将国有土地出让收支全额纳入政府性基金预算管理，但其相对一般预算来说，具有明显的弱约束性。一方面，中央政府对地方政府在土地出让收入支出安排上虽然作出了较多的规定，但土地出让收入支出的管理还较不规范，支出透明度较低。另一方面，在以经济增长为核心的地方政府的政绩考核激励下，地方政府官员为了实现其政治晋升目标，往往采取与中央政策并不一致的行为选择。

三、土地财政影响城乡收入差距的具体路径

土地财政的城市偏向性也不例外，现有的土地财政发展模式是近年来中国城乡收入差距扩大的重要原因之一。

首先，土地财政收入实现过程对城乡居民收入差距产生直接影响。2000—2013年，土地出让收入从0.0596万亿元快速攀升至4.2万亿元，占地方财政收入之比也从2000年的9.3%提高到了2013年的60.9%。土地财政相关收入主要包括土地出让收入、土地抵押融资收入和相关税费收入等，其中土地出让收入是土地财政收入的主要构成部分。目前，土地出让收入的实现是以较低的农业用地补偿为基础的，严重偏低。土地出让收入是农用地的增值收益，农村居民理应占有更高的分享比例，而在现行土地出让制度下，相当于农地所有者将自己终身财富的一部分以土地出让金的形式交给地方政府，显然会对城乡收入差距产生直接影响。

其次，在土地出让过程中，大规模的农地转非农用地，使得农村的发展空间不断压缩，而农村居民并没有实现同步的城市化。2000—2010年，我国土地城市化速度比人口城市化速度快1.85倍（刘守英，2014），如果考虑常住人口与户籍人口的差异，这一差距将更加显著。

最后，土地财政支出安排加剧城乡发展的不平衡。土地出让收入的支出安排存在严重的城乡分配不平衡（参见图5-3）。以2008—2010年为例，用于城市的部分占主要份

额，土地出让收入中用于城市的部分平均为69.56%，用于农村的部分平均为9.52%（刘守英，2014）。支出安排的城市偏向使城乡之间在基础设施、产业发展、人才吸引等方面的差距越来越大，城乡经济发展也日趋失衡，收入差距不断扩大。

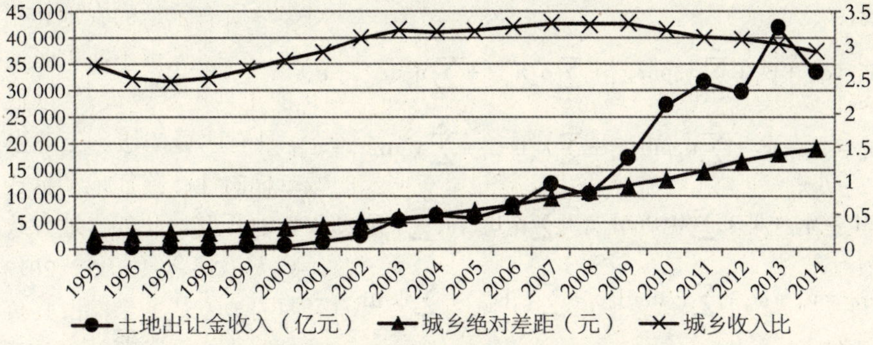

图5-3 土地出让收入与城乡收入差距变化趋势

此外，土地财政扩张对城乡居民消费产生了不容忽视的影响。长期的非均衡发展抑制了农村居民的收入和消费增长，使城乡之间消费结构异化，最终形成城乡二元消费结构，抑制了总需求的增长。

第三节 土地财政对城乡收入差距的动态影响及区域异质性

城市化过程是各种生产要素向城市聚集的过程，对生产要素自由流动的干预和限制，通常会导致要素配置效率的降低和结构扭曲。土地财政不仅是对土地市场的干预和限制，而且通过土地财政地方政府对城市化过程中土地、资本、人口的流动都施加了较强的影响。这一过程也必然会对城乡居民的收入产生影响。

一、基于面板VAR模型的实证检验与分析

为了系统刻画土地财政收支变动对城乡收入差距变动的动态影响路径和程度，我们采用面板数据的向量自回归（Panel Vector Auto-Regression， PVAR）模型进行实证分析。

（一）模型设定

土地财政与城乡收入差距、城市化之间的关系并不是单向的，通过上文分析可见土地财政对城乡收入差距和城市化会产生直接影响，而同时城乡收入差距也是农村人口流向城市的动因。此外，城市化是土地出让收入产生的基础（吕炜、许宏伟，2012），对城乡收入差距也存在直接影响（丁志国、赵宣凯、赵晶，2011）。可见三者之间存在较为复杂的交互影响。因此，本节选取适合处理内生关系的面板数据向量自回归模型进行实证研究。面板数据向量自回归模型由Holtz Eakin在1988年提出，在之后的实践中得到不断优化。本节主要借鉴了Love和Zicchino（2006）对金融发展与企业投资行为进行研究及陈守东、王淼（2011）对银行体系稳键性进行研究时的模型设计。综上，结合土

地财政对城乡收入差距影响路径的分析，我们试图通过PVAR模型的分析结果系统刻画土地财政收支变动对城乡收入差距变动的动态影响路径和程度。本节主要考察模型中土地财政对城乡收入差距的影响，模型中重点考察的变量关系，如式（1）、（2）、（3）和（4）所示：

$$pur_{it} = \alpha_{0t} + \beta_{it} + \sum_{l=1}^{m} \gamma_{it} pur_{it-1} + \sum_{\sigma=1}^{m} \delta_{it} lf_{it-1} + \sum_{\sigma=1}^{m} \eta_{it} ur_{it-1} + \varepsilon_{it\sigma} \tag{1}$$

$$pur_{it} = \phi_{0t} + \varphi_{it} + \sum_{l=1}^{m} \kappa_{it} pur_{it-1} + \sum_{\sigma=1}^{m} \lambda_{it} ls_{it-1} + \sum_{\sigma=1}^{m} \chi_{it} ur_{it-1} + \mu_{it} \tag{2}$$

$$theil_{it} = \pi_{0t} + \theta_{it} + \sum_{l=1}^{m} \vartheta_{it} theil_{it-1} + \sum_{\sigma=1}^{m} \rho_{it} lf_{it-1} + \sum_{\sigma=1}^{m} \sigma_{it} ur_{it-1} + \varsigma_{it} \tag{3}$$

$$theil_{it} = \nu_{0t} + \omega_{it} + \sum_{l=1}^{m} \xi_{it} theil_{it-1} + \sum_{\sigma=1}^{m} \zeta_{it} ls_{it-1} + \sum_{\sigma=1}^{m} \psi_{it} ur_{it-1} + \tau_{it} \tag{4}$$

其中：pur、lf、ls、ur、theil分别表示城乡收入比变动率、土地出让收入增长率、土地出让面积增长率、城市化率增速和城乡收入泰尔指数变动率；α_0、ϕ_0、π_0、ν_0分别为方程的常数项；β、φ、θ、ω分别衡量了各方程中的个体固定效应；γ、κ为城乡收入比变动率的滞后期对其自身的影响系数；ϑ、ξ为城乡收入泰尔指数变动率对其自身的影响系数；δ、λ分别为土地出让收入增长率和土地出让面积增长率对城乡收入比变动率的影响系数；ρ、ζ分别为土地出让收入增长率和土地出让面积增长率对城乡收入泰尔指数变动率的影响系数；η、χ为城市化率增速对城乡收入比变动率的影响系数；ψ为城市化率增速对城乡收入泰尔指数变动率的影响系数；ε、μ、ς、τ是服从正态分布的、均值为0、方差为常数的随机误差项；l为滞后期，且l=1，2，…，m（m为大于1的正整数）；下标i（i=1，…，30）和t（t=1，…，11）分别表示不同的省份和年份。

（二）变量选取与数据说明

对于模型中变量的选择，本节综合考虑以下三个方面：一是土地财政对城乡收入差距影响的路径；二是已有对城乡收入差距研究关于变量选择的探讨（如蔡昉，2003；陆铭、陈钊，2004；程开明、李金昌，2007；雷根强、蔡翔，2012；陈斌开、林毅夫，2013；等等）；三是数据的可得性。基于此，本节主要选择城乡收入差距、土地出让收入、土地出让面积和城市化率展开分析。

本节采用的是2001—2011年30个省（自治区、直辖市）的面板数据（剔除了西藏自治区）。城乡收入比变动率（pur）为各年间城乡收入比①的变动，城乡收入泰尔指数变动率（theil）为各年间城乡收入泰尔指数②的变动，反映我国城乡收入差距的变化；土地出让收入增长率（lf）为各年间土地出让收入的变动，综合反映土地财政的收支变动，计算中对土地出让收入以2000年为基期进行了调整；土地出让面积增长率（ls）为

---

① 城乡居民收入比为城镇家庭平均每人全年实际收入与农村居民家庭人均年纯收入之比。

② 本节中城乡收入泰尔指数的计算参照了王少平、欧阳志刚（2005）和洪源等（2014）的研究，计算公式为：$theil_t = \sum_{j=1}^{2} (\frac{p_{jt}}{pt}) \ln(\frac{p_{jt}}{pt} / \frac{z_{jt}}{z_t})$，其中，j=1，2分别表示城镇和农村地区，t为时期，$theil_t$为t时期的泰尔指数，p_{jt}表示城镇（j=1）或农村（j=2）的总收入，p_t表示t时期的总收入，z_{jt}表示城镇（j=1）或农村（j=2）的人口数量，z_t表示t时期的总收入。该指数不仅考虑了城乡居民绝对收入的变化，还考虑了对应的城乡人口结构的变化。

各年间土地出让面积的变动，反映土地城市化的速度，同时也从一个侧面反映了土地财政的变化；城市化率增速（ur）反映了人口城市化的速度。数据均来源于中经网统计数据库、历年的《中国国土资源年鉴》和《中国统计年鉴》。

（三）PVAR模型的估计

在进行模型估计之前，需对数据进行平稳性检验，以避免"伪回归"问题。本节采用LLC准则和IPS准则来考察各序列的平稳性，结果显示各变量均通过了LLC检验和IPS检验，在1%的显著性水平上拒绝了序列存在单位根的原假设，表明均是平稳序列。对于最优滞后阶数的选择，本节采用AIC和SBIC进行判定，结果表明式（1）~（4）中各变量的最优滞后阶数都为1阶。

在估计过程中，根据Love和Zicchino（2006）提出的Helmert方法，对各变量进行前向均值差分，以消除模型中的个体效应，并保证转换后的变量与模型的滞后变量正交，进而把滞后变量作为工具变量对模型进行估计。h_pur、h_theil、h_lf、h_ls和h_ur为经过Helmert转换的变量。本节使用stata12.0软件，采用GMM方法对PVAR模型进行了估计，具体估计结果见表5-3。

表5-3 PVAR模型估计结果

h_pur_1方程		h_pur_2方程		h_theil_1方程		h_theil_2方程	
变量	系数	变量	系数	变量	系数	变量	系数
Lh_pur	0.3633*** (6.1508)	Lh_pur	0.3543*** (6.0730)	Lh_theil	0.0113 (1.0156)	Lh_theil	0.0112 (0.9903)
Lh_lf	0.0046*** (3.2693)	Lh_ls	0.0110*** (8.2518)	Lh_lf	0.0116*** (2.0543)	Lh_ls	0.0247*** (2.4148)
Lh_ur	0.0888 (1.3324)	Lh_ur	0.1032 (1.4173)	Lh_ur	0 .4424 (1.2070)	Lh_ur	0.4736 (1.2341)

注：***、***分别表示在1%、5%的水平下显著。h_·表示变量已经过Helmert转换。Lh_pur、Lh_theil、Lh_lf、Lh_ls、Lh_ur分别表示h_pur、h_theil、h_lf、h_ls和h_ur的一阶滞后。

从估计结果来看，无论是以h_pur还是以h_theil为被解释变量，滞后一期的h_lf估计系数均在1%显著性水平上显著为正（表5-3中方程h_pur_1和h_theil_1），说明土地财政确实有加快城乡收入差距扩大的作用；无论是以h_pur还是以h_theil为被解释变量，滞后一期的h_ls的估计系数也均在1%显著性水平上显著为正（表5-3中方程h_pur_2和h_theil_2），说明为增加土地出让收入而推动的土地城市化加快会加速城乡收入差距扩大。在方程h_pur_1、h_pur_2、h_theil_1、h_theil_2中滞后一期的h_ur的估计系数虽然为正，但均不显著，表明人口城市化速度加快并不一定会加快城乡收入差距的扩大。

（四）模型稳定性检验

只有稳定的PVAR模型才能进一步对其进行脉冲响应分析，本节通过判断特征根是否在单位圆内，来分析PVAR模型的稳定性。如表5-4所示，各方程的模都明显小于1，表明模型满足稳定性的要求。

表5-4 PVAR模型平稳性检验

方程（1）	特征根	0.4008	−0.0549	0.0278
	模	0.4008	0.0549	0.0278
方程（2）	特征根	0.3808	−0.0879	0.0342
	模	0.3808	0.0879	0.0342
方程（3）	特征根	0.0151+0.0582i	0.0151−0.0582i	−0.0040+0.0000i
	模	0.0601	0.0601	0.0040
方程（4）	特征根	0.0128+0.0475i	0.0128−0.0475i	−0.0430+0.0000i
	模	0.0492	0.0492	0.0430

（五）脉冲响应分析

与其他面板模型相比，PVAR模型更加注重采用脉冲响应分析来对未来进行预测。利用脉冲响应函数，人们能够分析在某一变量前期值和其他变量各期值保持不变的前提下，该变量产生一个标准差变动对其他变量未来值的冲击作用。为了进一步分析土地财政对城乡收入差距变动的动态影响，我们重点考查土地出让收入增长率和土地出让面积增长率一个标准差的变动对城乡收入差距变动率的影响。脉冲响应图通过Monte Carlo模拟500次得到，如图5-4到图5-7所示。

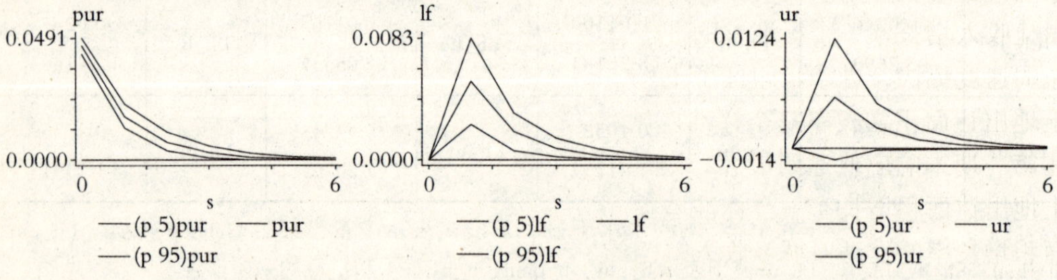

（a）pur对pur的脉冲响应 （b）pur对lf的脉冲响应 （c）pur对ur的脉冲响应

图5-4 pur对于pur、lf、ur的PVAR脉冲响应图

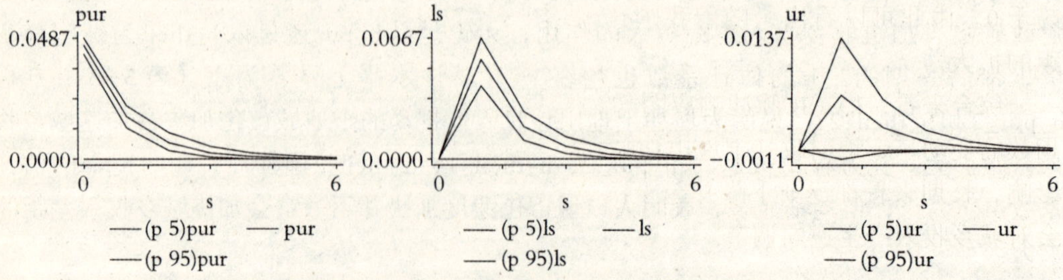

（a）pur对pur的脉冲响应 （b）pur对ls的脉冲响应 （c）pur对ur的脉冲响应

图5-5 pur对于pur、ls、ur的PVAR脉冲响应图

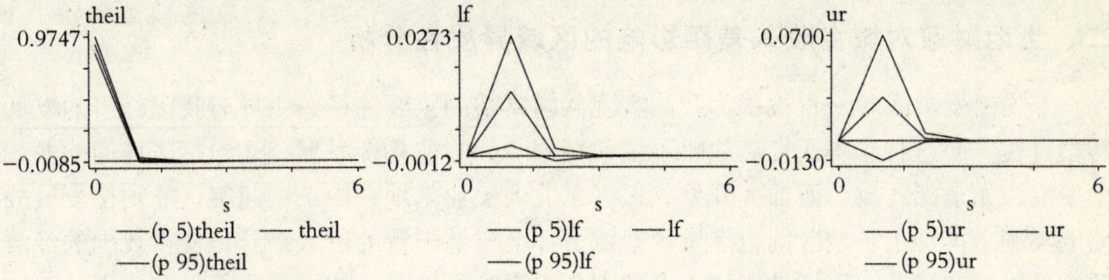

（a）theil 对 theil 的脉冲响应 （b）theil 对 lf 的脉冲响应 （c）theil 对 ur 的脉冲响应

图 5-6 theil对于theil、lf、ur的PVAR脉冲响应图

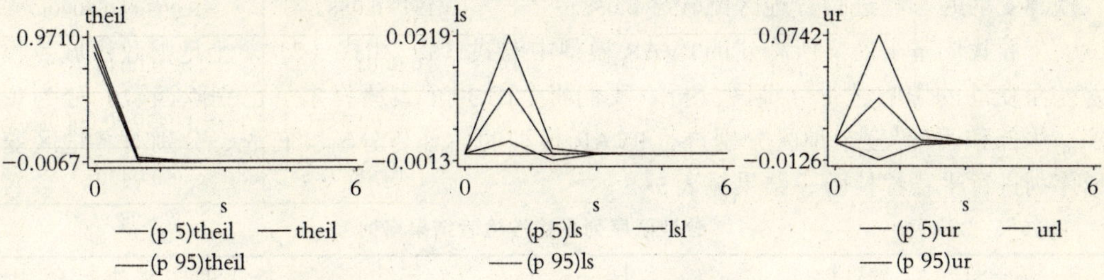

（a）theil 对 theil 的脉冲响应 （b）theil 对 ls 的脉冲响应 （c）theil 对 ur 的脉冲响应

图 5-7 theil对于theil、ls、ur的PVAR脉冲响应图

从图 5-4 到图 5-7 可以看出：第一，给土地出让收入增长率一个标准差的冲击，城乡收入比变动率会产生强烈的正向响应，并在第一期末响应值达到最大，但随后逐渐减弱，在第四期已接近于 0，并趋于平稳。这说明，土地出让收入增长率的变动在短期内会对城乡收入比的拉大产生正向作用，但不会产生长期的持续影响。对于土地出让收入增长率一个标准差的冲击，城乡收入泰尔指数变动率做出了类似的反应，但减弱速度更快，进一步印证了土地出让收入增长率对城乡收入差距的影响。第二，给土地出让面积增长率一个标准差的冲击，城乡收入比变动率会做出强烈的正向响应，在第一期末响应值达到最大，随后逐渐减弱并趋于 0。城乡收入泰尔指数变动率受到土地出让面积增长率一个标准差的冲击，也做出了类似的反应。由此可见，土地出让面积增长率的变动对城乡收入差距的扩大总体上有着正向影响，但在长期中影响逐渐消失。第三，给城市化率增速一个标准差的冲击，这会对城乡收入比变动率和城乡收入泰尔指数变动率在短期内产生正向影响，在第一期末达到最大值，随后逐步下降并趋于 0。由此可以看出，随着我国城市化进程的加速，在短期内可能加剧城乡收入差距的扩大。

综合来看，PVAR 脉冲响应图均表明，无论是城乡收入比的变动还是城乡收入泰尔指数的变动，土地财政（土地出让收入和土地出让面积）在短期内都对其有显著的正向影响，长期来看都逐渐下降并趋于 0。可见，土地财政是地方政府的一种短期行为，且会对城乡收入产生逆向调节。

二、土地财政对城乡收入差距影响的区域异质性分析

非均衡发展战略一直被视为我国实现共同富裕的重要途径，主导着我国经济的发展转型过程。而这种非均衡发展战略不仅包括城乡间的非均衡发展，还包括区域间的非均衡发展，如东部开放、西部大开发、振兴东北老工业基地、中部崛起等。非均衡发展战略的实施，再加上各地区间自然资源禀赋、社会资源配置的巨大差异，使得我国的经济社会发展存在显著的区域异质性。在城市化水平、土地财政规模等方面，东、中、西部之间具有较大差距，城乡收入差距的变化趋势也有所不同。有必要对土地财政对城乡收入差距变动的影响进行分地区比较分析。

下面我们基于前文所构建的PVAR模型中的式（1）和式（2）对土地财政对城乡收入差距变动的影响进行分地区分析。我们将全国30个省级样本（已剔除西藏）分为东部、中部和西部[①]三个地区分别进行PVAR模型的估计与分析。首先，分别对各地区变量序列进行平稳性检验，结果见表5-5。

表5-5 **分地区序列平稳性检验结果**

地区	检验准则＼变量	pur	lf	ls	ur
东部	LLC	-11.3480***	-38.5800***	-26.0300***	-9.934***
	IPS	-5.7350***	-27.8590***	-17.5730***	-4.247***
中部	LLC	-13.4045***	-64.2348***	-64.1459***	-8.5324***
	IPS	-9.9690***	-40.7920***	-38.6900***	-6.051***
西部	LLC	-10.3010***	-12.6710***	-19.1530***	-10.4630***
	IPS	-4.8070***	-6.9210***	-11.5120***	-4.8910***

注：***表示在1%的水平下显著。

各变量在1%的水平下显著均拒绝了原假设，表明分地区后各变量序列依然为平稳序列。

其次，选择最优滞后阶数，基于AIC准则和SBIC准则的检验，表明各变量的最优滞后阶数均为1阶。对模型（1）和模型（2）分地区进行估计的结果见表5-6。

①本部分的区域划分依据中经网统计数据库的标准进行。其中，东部地区包括北京市、上海市、天津市、辽宁省、河北省、江苏省、浙江省、山东省、福建省、广东省和海南省11个样本，中部地区包括黑龙江省、吉林省、内蒙古自治区、山西省、河南省、湖北省、湖南省、安徽省、江西省9个样本，西部地区包括陕西省、甘肃省、宁夏回族自治区、青海省、重庆市、四川省、广西壮族自治区、贵州省、云南省、新疆维吾尔自治区10个样本。

表 5-6　　分地区PVAR模型估计结果

系数 变量	模型（1）			系数 变量	模型（2）		
	东部	中部	西部		东部	中部	西部
Lh_pur	0.5270*** （5.3729）	0.2798** （2.3682）	0.3383*** （3.1119）	Lh_pur	0.4985*** （5.2303）	0.2986*** （2.4480）	0.3314*** （3.0206）
Lh_lf	0.0027*** （5.7752）	0.0109*** （8.2140）	0.0022 （0.6798）	Lh_ls	0 .0089*** （4.3790）	0.0175*** （6.3615）	0.0123* （1.6612）
Lh_ur	0.0258 （0.6503）	1.5558*** （3.2813674）	0.0708 （0.7156）	Lh_ur	0.0356 （0.8500）	1.6900*** （3.3077）	0.0777 （0.7324）

注：***、*分别表示在1%、10%的水平下显著；h_·表示变量已经过helmert转换；Lh_pur、Lh_theil、Lh_lf、Lh_ls、Lh_ur分别表示h_pur、h_theil、h_lf、h_ls和h_ur的一阶滞后。

从表5-6的估计结果可以看出，分地区进行的模型估计与采用全国数据进行的模型估计结果在总体上虽然基本一致，但也存在着些许不同。在东部和中部地区滞后一期的h_lf的估计系数均在1%的水平下显著为正，而在西部地区的系数虽然为正但不显著。这说明土地出让收入增长率对城乡收入差距变动率的影响在西部地区与东、中部地区有所不同，这与西部地区的土地财政规模较小有重要关系。在西部地区，土地出让面积增长率的系数显著为正，而土地出让收入变动率的系数不显著，这可能是因为西部地区协议出让在土地出让中占有较大比例，土地出让收入规模较小。分地区的PVAR模型特征方程的特征值均在单位圆内，各方程的模也都明显小于1，因此接下来我们可以对分地区的PVAR模型进行脉冲响应分析，脉冲响应图如图5-8到图5-13所示。

从图5-8到图5-13可以看出：第一，城乡收入比变动率对土地出让收入增长率一个标差的冲击会产生正向响应，在第一期末达到最大值，然后逐渐下降，且各地区持续的时间有所不同。在西部区，第四期末已经趋于0；在东部地区，第六期才趋于0。在影响幅度上，中部地区显然更强。第二，城乡收入比变动率对于来自人口城市化提速的冲击有强烈的正向响应，在第一期末响应值达到峰值，之后开始减弱，并最终收敛于0。对于来自人口城市化提速的冲击，中部地区响应最强，维持的时间也最长。这表明在中部地区，城市化率的提高对城乡收入差距变动的影响具有一定的持续性。

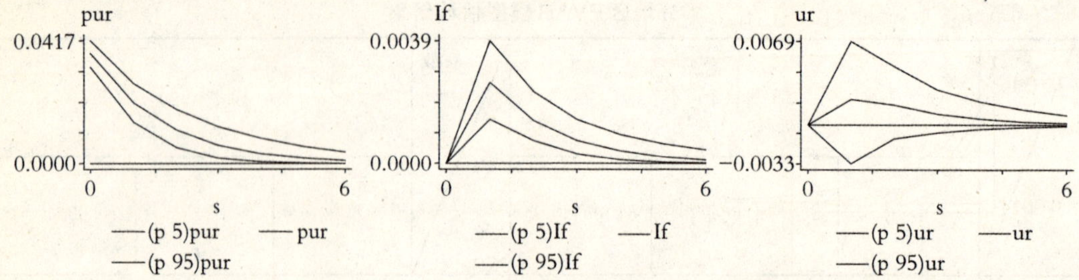

（a）pur 对 pur 的脉冲响应 （b）pur 对 lf 的脉冲响应 （c）pur 对 ur 的脉冲响应

图 5-8　pur 对于 pur、lf、ur 的 PVAR 脉冲响应图（东部地区）

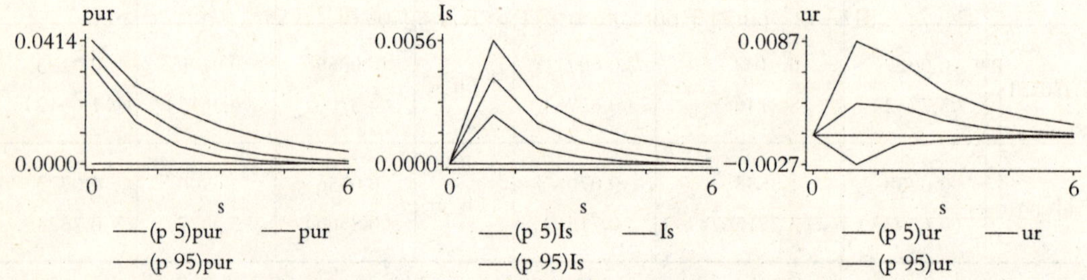

（a）pur 对 pur 的脉冲响应 （b）pur 对 ls 的脉冲响应 （c）pur 对 ur 的脉冲响应

图 5-9　pur 对于 pur、ls、ur 的 PVAR 脉冲响应图（东部地区）

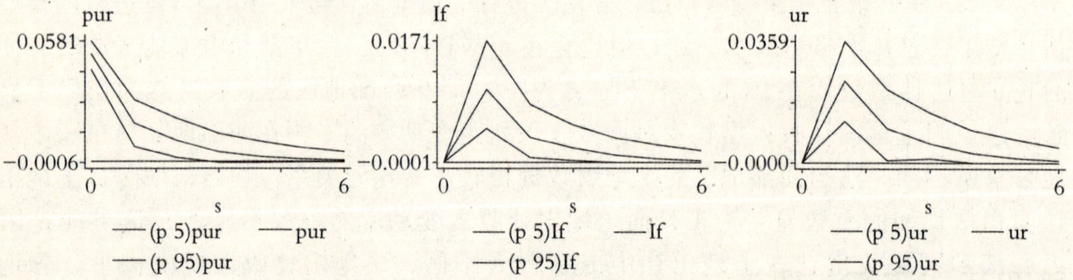

（a）pur 对 pur 的脉冲响应 （b）pur 对 lf 的脉冲响应 （c）pur 对 ur 的脉冲响应

图 5-10　pur 对于 pur、lf、ur 的 PVAR 脉冲响应图（中部地区）

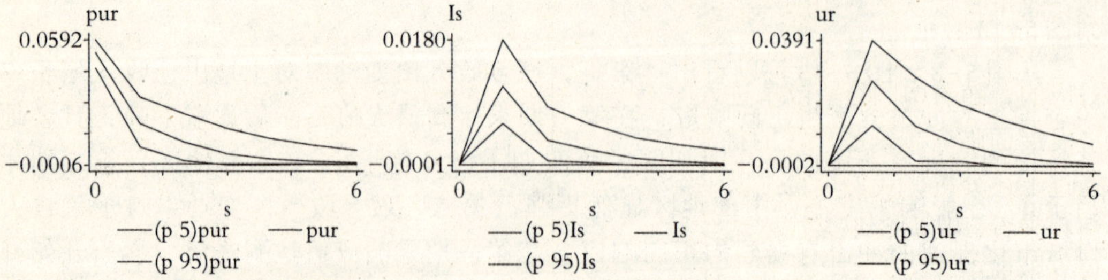

（a）pur 对 pur 的脉冲响应 （b）pur 对 ls 的脉冲响应 （c）pur 对 ur 的脉冲响应

图 5-11　pur 对于 pur、ls、ur 的 PVAR 脉冲响应图（中部地区）

综合来看，分地区的 PVAR 模型分析表明，土地财政对城乡收入差距变动的动态影响确实存在地区异质性。土地财政增长率的冲击对城乡收入比变动率的影响在中部地区最强，在东部地区持续时间最长。在不同地区，土地财政对城乡收入差距的影响机理有所不同，甚至土地财政在东、中、西部地区尚处于不同的发展阶段。

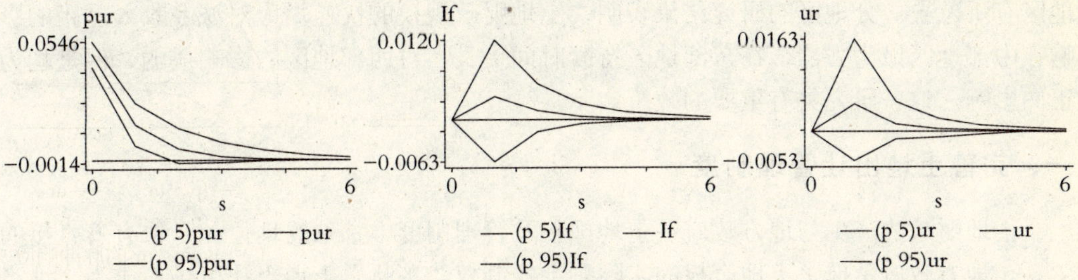

（a）pur 对 pur 的脉冲响应　（b）pur 对 If 的脉冲响应　（c）pur 对 ur 的脉冲响应

图 5-12　pur 对于 pur、If、ur 的 PVAR 脉冲响应图（西部地区）

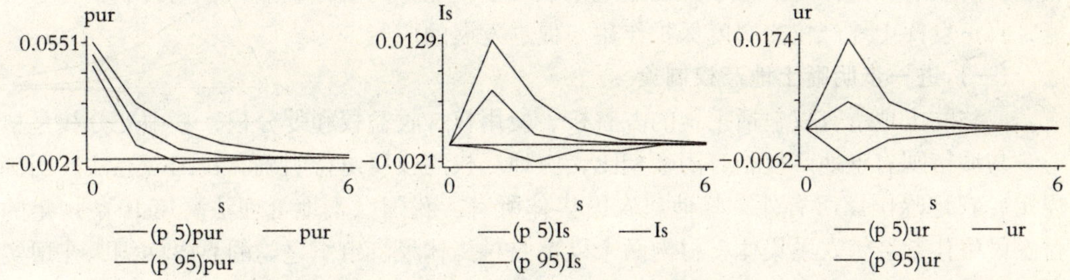

（a）pur 对 pur 的脉冲响应　（b）pur 对 Is 的脉冲响应　（c）pur 对 ur 的脉冲响应

图 5-13　pur 对于 pur、Is、ur 的 PVAR 脉冲响应图（西部地区）

土地财政对城乡收入差距影响异质性的存在，不仅是土地财政经济影响复杂性的体现，也表明我国各地区间较大的经济差异使得同样的经济政策或手段在不同地区会存在不同的作用机理和影响效果。随着经济发展差距的扩大，这种地区差异会逐渐形成一种无形的地区分割，从而阻碍经济政策的推行和统一市场的形成。

第四节　政策与建议

改革开放以来，中国经济能够持续快速发展在很大程度上得益于转型期中国所具有的改革红利、人口红利①和资源红利②等的释放。“红利”在很多情况下和“债务”是相对应的，随着中国经济改革进入深水区以及人口红利和资源红利逐步走向衰竭，中国经济发展面临着越来越严峻的挑战。在这些红利当中，改革无疑是当前最具发掘潜力的。通过上述分析，我们可得出以下结论：第一，无论从土地出让收入来看还是从土地出让面积来看，其增长都会加剧城乡收入差距的扩大。在实证分析中，土地财政规模增长变量（土地出让收入增长率和土地出让面积增长率）无论对于城乡收入比变动还是城乡收入泰尔指数变动的影响系数都显著为正，表明作为一项政府行为的土地财政本该致力于

① 所谓人口红利，是指一个国家的劳动年龄人口占总人口比重较大，抚养率比较低，为经济发展创造了有利的人口条件，整个国家的经济呈高储蓄、高投资和高增长的局面。2013 年 1 月，国家统计局公布的数据显示，2012 年我国 15~59 岁劳动年龄人口在相当长时期里第一次出现了绝对下降，比上年减少 345 万人，这意味着人口红利趋于消失。

② 资源红利是指经济发展初期土地资源、矿产资源比较丰富，为经济发展创造了有利条件。随着经济的发展，这些资源会逐步减少，甚至会成为经济发展的制约因素。

缩小收入差距，却加剧了城乡收入差距。第二，土地财政对城乡收入差距的影响在不同地区有所差异。分地区的研究结果表明，土地财政规模的快速增大对城乡收入差距的影响在中部地区最为强烈，在东部地区持续时间更长，对西部地区的影响最弱，但是均为正向影响。这一研究具有重要的政策启示。

一、完善土地出让管理制度

土地财政的产生与地方政府在土地产权及管理制度中特殊的地位和身份有着直接的关系。地方政府掌握了土地产权的实际剩余控制权，垄断了土地出让市场，成为土地产权及土地管理制度中的“巨无霸”。在下一步改革中，应以完善土地产权制度为基础，尽量厘清政府、集体组织与个人在土地产权各项权能上的主体界限，各司其职，各尽其能，真正发挥土地产权的制度保护作用与促进发展的职能。

（一）进一步明晰土地产权制度

完整的土地所有权包括土地的占有权、使用权、收益权和处分权，其中处分权是核心。与城市国有土地产权相对明晰相比，农地产权的权属亟待明确。我国《宪法》明确规定，农地除国家所有外，其他属农民集体所有。我国《土地管理法》第10条规定的村农民集体、乡镇农民集体、村内两个以上农村集体经济组织之间的界限模糊，在现实中很容易造成有利大家上、无利无人问的局面，容易造成权利主体的模糊与虚置。法律规定的模糊不清导致长期以来农民集体土地所有权不完整，地方政府代替农民把持对集体土地的处分权，农村集体组织及农民无权决定自己土地的命运。完善农村集体土地所有权、农民承包地使用权、集体建设用地使用权等权能，是从制度层面制约地方政府的土地财政行为的必然选择。民众是社会的真正主人，只有真正做到还权于民，才能有效地实现以民众的权利和意愿制约官员行为的改革目标，并最终实现集体土地所有权与国家土地所有权这两种权利真正意义上的平等。

2011年全国普遍推开的农村集体土地所有权确权工作就是针对上述问题而展开的实际行动。根据《物权法》、《土地管理法》的精神，指导文件对集体土地所有权发证到村还是到组的问题，遵循了“是谁的就发给谁”的原则，相应将集体土地所有权证发放给了各农民集体，较好地尊重了历史与现实，在土地确权方面迈出了坚实的一步，为后续的权证建设积累了基础与经验。

在农民承包农地使用权改革方面，在全国农地使用权确权颁证等基础工作完成以后，应适应现代农业产权流转的需求，进一步扩大农地使用权的权项，促进市场流转，在使用期限内允许农地使用者逐步实现依法对承包农地进行转让、继承、租赁和抵押等，并通过法律层面与政策层面的制度设计，保障各项权能的充分行使。其中，延长农民土地承包经营权年限是明晰产权制度的一种重要方式。我们建议适当延长当前耕地、草地、林地承包期等的时间规定。农民土地承包经营权长期化，可减少土地产权关系中的不稳定性因素，促进土地流转市场健康发育，有利于形成长期稳定的预期，保障农民长期的土地承包权益更好地实现。

由于农户承包农地使用权延长会引致农民家庭成员之间实际上的继承权问题，很多学者建议，应该在政策上探索农户承包地的有限继承权的可行性。随着农村集体建设用地确权颁证工作展开与管理逐步规范，建议在立法层面制定相关条款，尽快结束现行农民集体建设用地（宅基地）不合理的法律限定，如农民住房、宅基地只能在同一集体组织成员间转让的规定，赋予农民农村集体建设用地使用人完整的物权，最终实现农村集体建设用地享有同国有建设用地相同的抵押、出租、转让之权利。上述措施可以释放与发挥农村集体建设用地的资本属性，让农村、农民以集体建设用地土地权利参与工业化和城市化，合理、合法地获取相应的资本收益。在政策层面，首先从农民住房、宅基地开始，随新型农民社区等居住方式的出现，尽快结束农村地区房地产转让仅限于本村的半商品化状况，在更大的范围内流转起来。

（二）改革征地制度

征地范围清晰化是防止土地征收权滥用的有效手段之一，它要求严格界定政府征地的“公共利益”的内涵与范围。有研究者认为，应当从严定义“公共利益”的外延，除了军事用地、特殊用地和保障性住房用地外，其他用地都要实行有偿征用。为此，必须改变当前把用地单位性质（经营性或非经营性）作为判断用地是否为公共利益用地的关键标准的做法，新标准应该是看用地行为是否为全社会提供无偿或低廉的公共服务。需要重新修订公益性征地目录，大幅压缩公益性用地的规模。要用更严格的标准甄别能源、交通、供电、供水、供暖等公用事业和其他市政建设项目的公益性与经营性的界限，属于经营性质的用地，一律采用非行政划拨方式供地，并相应地收取土地出让费用。基层政府征地权限局限于公益性项目，不得征用农地为经营性项目供地，此举将显著缩小征地范围。政府为非公益性项目而征用农民的土地，应按照土地的市场价格（农地价格与部分土地发展权收益之和）支付失地农民补偿费用。征地成本的大幅增加会削减地方政府的土地增值收益，能有效制约政府征地的冲动。

征地方式市场化是通过土地征用的市场化改革，放弃地方政府对集体土地的垄断性征用权和出让权，从制度上根除土地财政形成的基础。市场化改革就是要引入新的土地出让主体，打破地方政府的土地供给垄断，改变、优化土地一级市场上供给方的结构。农村集体经营性建设用地是中国土地市场的新生力量与改革的重要领域，中央从政策上确立了集体建设用地进入市场依法交易的制度。2009年中央一号文件打破了长期以来“非农建设用地必须征为国有”的土地管理格局，明确规定对依法取得的农村集体经营性建设用地，享受与国有土地使用权一样的权利，在符合城乡规划的前提下，通过统一的土地市场、以公开规范的方式进行土地使用权转让。该项制度的建立，有利于逐步建立城乡统一的建设用地市场，最终实现农村集体土地与城市国有土地“同地、同价、同权”的理想目标。从今以后，农村集体经营性建设用地只要符合城市规划和土地利用规划的要求，就可直接进入市场，用地方可以直接与村集体进行土地交易，这就使得村集体及其村民能够更多享有自身土地出让带来的收益。但当前农村集体土地的依法转让还远没有起步，为此要加快《土地管理法》等相关法规的修订进程，为逐步建立城乡统一的建设用地市场创造条件。

改进征地程序就应废除强制征地制度，实施征地过程中的听证制度，让不同的利益群体都有代表自己利益的声音。对于符合条件进入土地一级市场交易的集体经营性建设用地，农村集体组织是宗地交易的法定主体，通过直接与用地单位谈判，争取其利益最大化。

要切实保障失地农村集体组织及农民的合法权益，在及时足额给农村集体组织和农民合理的经济补偿的同时，还要“一揽子”解决好失地农民的就业、住房、社会保障等长期的生存与发展问题。在现实中，一些地区在创新失地农民补偿安置制度上取得了较大的进展与丰富的经验，主要集中在两个方面：一是突破《土地管理法》的规定，政策的核心是把被征土地部分增值收益让渡给失地农民，通过提高征地补偿的年产值或倍数标准、制定一定区域范围内的综合补偿标准等办法，适当提高农民征地补偿安置标准。二是创新农民征地补偿安置的方式，“土地换社保”的经验推广能有效地解决失地农民的长远生计问题。一些地方在征地的时候，给农村集体组织保留一部分农村集体经营性建设用地，或租或自用，保障了农村集体组织及农民的长期收益。

（三）完善土地增值收益分配机制

在统一城乡建设用地市场的过程中，政府应根据土地增值收益的来源，在国家、城市居民、失地农民和在乡农民之间建立合理的土地增值利益分配机制。对于土地的供求性增值和用途性增值，根据土地的所有制性质，应收归国家或集体所有。土地的投资性增值是因为土地所有者或土地所有者的投入而增值，在投资主体明确的情况下，相关的投资主体有权享受增值部分。尤其是对因私人投资形成的增值部分，国家必须保护私人的收益分享权。但在现实中，此三类增值收益往往混在一起，具体量化非常难，由此需要发挥国家的调节作用。当前最为突出的是国家征收城市边缘的土地造成的增值收益的具体归属问题，因为三种增值因素都有，具体的比例很难分清。过去通常的做法是把失地农民排除在土地增值收益之外，农民无法享受土地增值带来的收益。现行的对失地农民兼顾短期与长期利益的“一揽子”措施，实质内容是将部分土地增值收益让与了农民，使其享受了土地的部分发展权，这是社会进步的表现。当前，政府要革自己的命，放弃地方政府在土地供给市场独家垄断的地位，有序引导集体经营性建设用地进入土地一级市场，让农村集体组织及农民直接从土地出让中获得土地出让收益。

政府是当前土地增值收益的主体，一味依靠土地出让收入；土地出让收入是若干年地租收入的现值，但多为现任政府消费，没有给以后的政府留下财力空间，必须通过立法解决这一现实制度性缺陷；除了直接获取土地出让收入之外，政府可以通过征收土地增值税、按比例分享流转收益等多种形式参与土地增值分配；建立以财产税为基础的地方税体系也是可行的制度选项，特别是应对房地产因公共投资而造成的升值部分征税，实现“溢价归公”。

（四）优化土地出让制度

现代社会中的政府承担着多种社会责任。在土地市场上，（地方）政府是国有土地所有者的代表，政府有充分理由获取应得的土地收益；但在更高的层次上，它是整个经济和社会的管理者，（地方）政府在土地市场上的目标定位要服从于公共政策目标的整体安排，毕竟政府的财政收支行为是为政府的整体公共目标服务的。从宏观和长期可持续的角度来看，实现社会整体的可持续、平稳发展是一个国家追求的最高目标，相应地，土地出让政策的首要目标是实现对土地资源的合理开发利用，次要目标是筹集财政收入。进一步改革完善现行土地出让制度，允许集体经营性建设用地直接进入土地出让一级市场，打破政府垄断供给的局面，既让土地交易“市场定价”机制真正发挥作用，又通过分割用地市场的办法，继续规范和完善房地产用地“限房价竞地价”、“双向竞价”、“综合评标”等多种出让价格形成模式，以此保证实现土地出让市场的多重目标定位。

二、改进政府治理结构

土地财政是特定政府治理结构下的产物，只有通过全面优化中央政府与地方政府、地方政府与地方政府、地方政府与微观主体之间的关系，建立有效的制度保障，才能收到标本兼治的治理效果，否则无法走出财政非规范收入此起彼伏的怪圈。

（一）转变政府职能

转变现行地方政府土地财政行为倾向的一个重要调整内容是从“建设型政府”转变为“服务型政府”，不仅地方政府要实现转型，中央政府也要实现转型。政府功能定位转型的背后需要政府摒弃计划经济的思维，培养市场经济的思维，减少政府对经济社会资源的控制能力，限制各级政府“体制外”的流动性创造功能，硬化各级财政预算约束。上述转变的关键环节在于，要真正地分清政府与市场的边界所在，通过放松中央与地方政府公共部门对市场经济过多的管理规制和改进公共部门自身的治理改革来减少政府对社会经济资源的控制。

中央政府首先要在顶层设计上进行调整。当前，在金融、通信、电力、铁路、航空、石油石化等行业，中央企业具有绝对的垄断力量。中央维持上述行业的垄断地位，是以掌控国民经济命脉、维护社会经济平稳运行之名，但近年来遭到社会各界越来越多“国进民退”的质疑。相比较而言，地方政府所掌控的资源局限于道路、机场、码头等基础设施，以及对国有土地资源的实际垄断权。政府转型是系统性的，放松规制的改革需要上下互动，要从中央与地方两个层面上协调进行，从上到下弱化政府官员的政治企业家地位，降低他们在市场资源配置中的扭曲作用。

放松政府过度市场管制行为的好处体现在三个方面：首先，有利于政府职能转变，防止政府失灵。只要政府拥有垄断市场要素的权力和参与市场经营获利的动机，自然就会形成自己的特殊利益，它就不能公正地扮演市场“裁判员”的角色，必然会人为地制造更多的“市场失灵”。其次，有利于发挥市场在资源配置中的作用，建立国内统一的大市场。政府垄断逐步退出，市场机制的作用范围扩大并在资源配置上的高效率被充分激发，有利于促进真正的全国性大市场的形成，从而有利于解放与发展生产力。再次，政府角色单纯化，降低无效率损耗。政府从经营市场、发展经济的主导力量转变为公共产品与服务的提供者，弱化经济指标在政府间标尺竞争中的权重，由此可以减少上级政府对下级政府管理过多地借重相对绩效评估的激励机制，可以减少各种竞争引发的负外部性及相关的各种代价。

中国式转轨的一个重要特征是改革是由政府主导、自上而下进行的。在政府主导的渐进式改革中，改革往往是一个由易而难的过程。具体来说，政府倾向于把政府做不好的、出现“政府失灵”的事情交给市场来做，因此在分析市场化改革的过程中，必须把握住这一点，而不能简单地与西方发达国家的成熟制度相比较。特别是在提出改革的建议时，这也是联系中国实际的体现。

（二）完善政府绩效评估机制

中国政治集权的体制产生了中国特有的政绩考核体制，这一体制与地方政府土地财政的产生紧密相关。在现有的以GDP为核心指标的政绩考核体系激励下，为了在地区间的竞争中获胜，地方政府体制性地被动选择了以积累巨大财政风险为代价来传递政绩接力棒。

要实现政府职能定位从“建设型政府”向“服务型政府”转变，就要改革以GDP指标为核心的相对绩效评估体系。由于目前以GDP指标为考核体系的核心，地方政府偏好与GDP紧密相关的基础设施建设等投资行为，而经过改革开放30余年的发展，此类投资已基本饱和，再增加此类投资，其经济效能只能是逐步递减。政府在公共服务（如教育和医疗、养老、公共住房）的提供方面与人民群众的需求差距很大，这些方面有很大的改进空间。如果能及时地解决地方政府公共服务历史欠账及满足新的需求，则可以有效地增大社会的整体福利。在与“服务型政府”相配套的考核指标体系的设计中，可考虑在政绩评价体系中加入社会保障率、失业与就业率、家庭收入增长率、教育实现率、生态和环保指标达标率、社会治安破案率、重大责任事故发生率、对突发性事件的应急反应能力、人口自然增长率、居民幸福感和满意度等社会发展指标。

当然，从长期的制度建设需要来看，只有通过国家逐步推进与深化行政与政治体制改革，才能真正实现政府治理结构的质变。应该加大民众对政府及其主要官员绩效考核评价中的权重，逐步改变政绩评价“唯上不唯下”的弊端，最终建立一个地方政府主要对地方群众负责的地方治理机制。

三、深化财税体制改革

对地方政府而言，土地财政与一般预算收入均为地方政府的可控财力，只是管理方式与用途有所差别，两者之间存在紧密联系，土地财政最初就是由于一般预算收入不足造成的财政压力而促生、发展与壮大的。就治理土地财政的财税体制而言，需要两个层面的改革：一是重新按照事权与财权相匹配的原则和激励相容性原则，规范中央、省及省级以下财政分权改革，让各级政府各得其所、各尽其能。二是对土地出让收入本身进行管理制度方面的改革，使其支出结构更加合理。

（一）进一步完善分税制财政体制

1994年分税制改革造成地方政府事权与财权严重不对称的状况，是造成地方政府严重依赖预算外经济资源的制度根源。完善分税制财政体制，赋予地方政府特别是市县财政与事权相配的财权、财力，是缓解地方政府对土地收入等体制外经济资源过度依赖的一个途径。

一方面，应进一步理顺各级政府的支出责任。在明确政府和市场作用边界的基础上，按照法律规定、受益范围、成本效率、基层优先等原则，理顺省与市县政府间在基本公共服务领域的事权和支出责任。省与市县政府合理负担，共同强化基本公共服务的供给责任，进一步提高民生支出的保障程度。在公共服务中存在交叉或重叠的领域，对其事权进行明确细分。近期应在存在问题比较多的公共卫生、计划生育、社会保障等领域率先进行改革。上述领域，尤其是关系全民医保、社保等强制性消费的全国性公共物品（集体物品或半公共品），首先是中央政府承担主体支出责任，省级地方政府承担重要的补充支出责任，管理责任可以由中央和省市县政府分担。社会救助、社会福利、社会救济、地方治安、消防等与地方关系密切，是传统的地方性公共物品，市县政府责无旁贷，要负起主要支出责任。

另一方面，应逐步完善省级以下政府层级的收入划分。应改革完善增值税、营业税、消费税、个人所得税等主体税种，逐步健全资源税、房产税等地方税种，并赋予省级政府对一般地方税种的税目税率调整权、减免税权和实施细则制定权。在社会保障和环保领域，将继续推进税费改革，与此同时，中央与地方的收入分配问题仍需调整。在认真落实国家税制改革政策的基础上，需进一步调整完善省与市县间收入分配关系，进一步健全地方税收体系，培育地方支柱财源，尽可能增加地方政府收入，增强各地安排使用收入的自主性。

（二）构建稳定的地方税体系

土地财政的快速扩张，一方面反映了土地出让“寅吃卯粮”的制度性缺陷，另一方面掩盖了大量公共投资形成的土地开发收益大量流失的现状。要从制度上减轻对土地财政的过度依赖，加快地方主体税种建设势在必行。新型的地方主体税种可以为地方政府提供长期稳定、可持续发展的税收收入，可有效地减少地方政府对当期土地出让收入的依赖，让未来的政府收入结构和规模更加规范和健康。当前应加快房产税的改革与试点，与此同时，对地方政府的土地出让收入规模实行“上限”管制，即不得超过一定的增幅，从而起到抑制其过度扩张的“防火墙”作用。

四、健全城乡发展一体化体制机制

城乡二元结构是制约城乡发展一体化的主要障碍，也是土地财政产生的重要制度基础，与此同时，土地财政将城乡二元结构进一步固化。这与中国以往一直坚持的“效率优先，兼顾公平”原则是不可分割的。在经济社会转型初期，为实现经济跨越式发展，这种选择也不无道理，但是中国经济社会发展程度的提高，以及经济社会转型中各种社会矛盾、利益冲突的暴发，要求我们必须对公平与效率问题有更为全面的认识。在新的历史时期，政府应成为社会公平的捍卫者、弱者的保护伞，无论是政府政策的制定还是支出安排，都应摒弃城市偏向。

基于此，在进行土地财政支出安排时，必须贯彻城乡发展一体化原则，必须健全体制机制，形成以工促农、以城带乡、工农互惠、城乡一体的新型工农城乡关系，让广大农民平等参与现代化进程，共同分享现代化成果。首先，应贯彻《中共中央关于全面深化改革若干重大问题的决定》的精神，赋予农民更多财产权利。保障农民集体经济组织成员权利，积极发展农民股份合作，赋予农民对集体资产股份占有、收益、有偿退出及抵押、担保、继承权。保障农户宅基地用益物权，改革完善农村宅基地制度，选择若干试点，慎重稳妥地推进农民住房财产权抵押、担保、转让，探索农民增加财产性收入的渠道。建立农村产权流转交易市场，推动农村产权流转交易公开、公正、规范运行。其次，推进城乡要素平等交换和公共资源均衡配置。维护农民生产要素权益，保障农民工同工同酬，保障农民公平分享土地增值收益，保障金融机构农村存款主要用于农业、农村。健全农业支持保护体系，改革农业补贴制度，完善粮食主产区利益补偿机制。完善农业保险制度。鼓励社会资本投向农村建设，允许企业和社会组织在农村兴办各类事业。统筹城乡基础设施建设和社区建设，推进城乡基本公共服务均等化。此外，在保证农民这些基本权利的同时，应同步开展户籍、社保等一系列制约城乡一体化的制度改革。

参考文献

[1]蔡昉.城乡收入差距与制度变革的临界点[J].中国社会科学，2003（5）.

[2]蔡昉，杨涛.城乡收入差距的政治经济学[J].中国社会科学，2000（4）.

[3]陈斌开，林毅夫.发展战略、城市化与中国城乡收入差距[J].中国社会科学，2013（4）.

[4]陈斌开，张鹏飞，杨汝岱.政府教育投入、人力资本投资与中国城乡收入差距[J].管理世界，2010（1）.

[5]程开明，李金昌.城市偏向、城市化与城乡收入差距的作用机制及动态分析[J].数量经济技术经济研究，2007（7）.

[6]丁志国，赵宣凯，赵晶.直接影响与空间溢出效应:我国城市化进程对城乡收入差距的影响路径识别[J].数量经济技术经济研究，2011（9）.

[7]胡宗义，刘亦文.金融非均衡发展与城乡收入差距的库兹涅茨效应研究[J].统计研究，2010（5）.

[8]雷根强，蔡翔.初次分配扭曲、财政支出城市偏向与城乡收入差距[J].数量经济技术经济研究，2012（3）.

[9]刘守英.中国城乡二元土地制度的特征、问题与改革[J].国际经济评论，2014（3）.

[10]吕炜，许宏伟.土地财政的经济影响及其后续风险应对[J].经济社会体制比较，2012（6）.

[11]陆铭，陈钊.城市化、城市倾向的经济政策与城乡收入差距[J].经济研究，2004（6）.

[12]欧阳志刚.中国城乡经济一体化的推进是否阻滞了城乡收入差距的扩大[J].世界经济，2014（2）.

[13]陈守东，王淼.我国银行体系的稳健性研究——基于面板VAR的实证分析[J].数量经济技术经济研究，2011（10）.

[14]王小鲁，樊纲.中国收入差距的走势和影响因素分析[J].经济研究，2005（10）.

[15]曾国安，胡晶.论中国城市偏向的财政制度与城乡居民收入差距[J].财政研究，2009（2）.

[16]中国经济增长前沿课题组.城市化、财政扩张与经济增长[J].经济研究，2011（11）.

[17]周世军，周勤.政策偏向、收入偏移与中国城乡收入差距[J].财贸经济，2011（7）.

[18]YANG.Urban-biased policies and rising income inequality in China[J].The American Economic Review，1999，89（2）:306-310.

[19]EAKIN，NEWEY，ROSEN.Estimating vector autoregression with panel data[J]. Econometrica，1988，56（6）:1371-1395.

[20]LOVE，ZICCHINO，Financial development and dynamic investment behaviour: evidence from panel VAR[J].Quarterly Review of Economics and Finance，2006，46（2）:190-210.

[21]KANBUR，ZHANG.Fifty years of regional inequality in China：a journey through central planning，reform and openness[J].Review of Development Economics，2005，9（1）:87-106.

第三篇

新一轮财税体制改革框架与现实趋向

第六章

新一轮财税体制改革

第一节 新一轮财税体制改革——定位、路线、障碍与突破

如果说党的十八届三中全会首次将财政定义为“国家治理的基础和重要支柱”，并以建立“现代财政制度”作为财税改革的基本方向，那么2014年6月，中共中央政治局会议审议通过的《深化财税体制改革总体方案》（下文简称《总体方案》）则给出了新一轮财税体制改革具体的时间表：2016年基本完成新一轮财税体制改革的重点工作和任务，2020年基本建立现代财政制度。虽然在路线和时间表上新一轮财税体制改革已做好全面的部署，但在当前经济发展步入“新常态”、财政收入增长放缓的大背景下，财税改革时间紧、任务重，我们可以预见新一轮财税体制改革将会遭遇很多障碍和挑战，这也要求我们在新一轮财税体制改革启动之时，必须对财税体制改革的演进轨迹有一个全面的了解，对在运行过程中可能遇到的问题有一个清醒的认识。只有这样，我们才能站在一个历史的高度，动态把握新一轮财税体制改革的脉络。

一、财税体制改革的实践背景与演进轨迹

（一）财税体制改革的实践背景

改革开放以来，中国财政体制经历了从“包干制”→“分税制”→“公共财政框架”的重要变迁。每一次体制变革都顺应了当时经济社会发展的需要，也实现了财政体制的自我完善。如今，我国财税体制改革的步伐依然没有停下，所有关键领域都在不断进行一些有益的尝试，如全面取消预算外资金、积极稳妥地推进预算公开等预算管理改革，提高个人所得税免征额、营业税改增值税试点等税制改革，省直管县、乡财县管等财政层级改革。同时，现行财税体制仍然存在很大问题，税制结构不完善、财政支出结构不合理、预算体系不健全、中央和地方的事权与财力不匹配等。归根结底，还是落后的财税体制制约了经济社会的发展。这也是我国财税体制改革过程中一贯的被动改革、偏政策调整、路径依赖等特征的必然体现。具体来看，第一，财政体制改革落后于经济

转轨进程，并呈现出较强的被动特征。目前转轨已经步入了中后期，市场早已成为资源配置的主导方式，经济和社会结构都在经历剧烈而深刻的转型变化，而我国财政体制依然沿袭1994年的分税制改革成果，近20年没有发生大的变化。这种落后被动的局面，不仅使体制自身积累了一系列矛盾，还造成经济社会发展的动力不足，最终以“营改增”为导火索，新一轮财税体制改革得以重启。第二，当问题出现时，我们习惯性地进行政策调整，这对于问题解决的针对性和及时性确实有必要。事实上，近年来，我国GDP连续性高速增长就离不开政策红利的助推。但是，也要看到，在当前经济增速放缓、社会问题频发、体制内部新旧矛盾集中交汇等多重压力下，已经不能再对现有制度进行小修小补，而是要顺应转轨进程，根据经济社会结构转型的要求，寻求制度上的变革与创新。第三，从我国财政体制变革的历程看，不论是财政包干制代替统收统支体制，还是分税制取代包干制，每一次体制变革在某种程度上都带有旧体制的烙印，也就是存在新旧体制转变过程中的路径依赖问题。正在这种改革的不彻底性，为今后矛盾的爆发埋下了隐患，其中最典型的例子就是1994年分税制改革在中央和地方事权划分问题上的搁置，这也成为今天很多财税问题的根源所在。

近来一直都处于舆论焦点的新一轮财税体制改革的紧迫性和重要性已无需赘言。十八届三中全会通过的《中共中央关于全面深化改革若干重大问题的决定》（以下简称《决定》）更是第一次将财政定义为“国家治理的基础和重要支柱”。第一次从“国家治理”的高度定义财政也让人充分感受到中央对此次财税体制改革的高度重视，以及对全面深化改革的重大决心和注重顶层设计、谋划全局的大智慧。对此，不少业内专家都做出了高度评价。王雍君认为，“这次三中全会将财税体制改革与国家治理紧密相连，超越了此前有关财税体制改革的常规认知，使改革不再受制于条块利益，不再‘头痛医头，脚痛医脚’，有助于打破利益固化格局，将财税体制改革引导到更系统、更深刻、更持久的路径上”。高培勇也表示，深化财税体制改革被提升至关乎“完善和发展中国特色社会主义制度，推进国家治理体系和治理能力现代化”的战略高度，在新中国的历史上，也绝对是第一次。同时他还认为，“深化财税体制改革的主要着眼点，可以也应当放在建立与现代国家治理体系和治理能力相适应的现代财政制度上”。建立“现代财政制度”也是《决定》的亮点之一。贾康认为，“‘现代财政制度’的建立，是匹配于我国建设现代国家、现代社会的‘伟大民族复兴’宏伟蓝图的，我们亟待结合十八届三中全会后的整体改革思路，把财政服务经济社会发展全局的任务，落实到一套以‘现代性’为取向的‘路线图与时间表’上”。《决定》也清晰地勾勒出了未来预算管理制度、税收制度、中央和地方事权调整三路并进的改革路线图。

虽然财税体制改革的定位够高、路线够清，但财税体制改革毕竟是一个纷繁复杂的系统性工程，必须将其置于一个动态发展而又普遍联系的整体视角去考查。从动态演进过程看，渐进式改革遗留的问题不容忽视，而这些问题恰恰成为今天难啃的“硬骨头”，如增量改革下逐渐培育起来的既得利益集团；从普遍联系的整体性看，财税体制改革作为整体改革的关键性领域，其改革的成败既影响其他领域的改革效果又深受其他领域改革掣肘。由此可以预见此轮财税体制改革的难度之大，所以，在改革行进中必须清醒地正视这些阻碍，并积极寻求破解路径，牢固筑好财政这一国家治理的基础和重要支柱。

（二）财税体制改革的演进轨迹

财政作为国家治理的基础，财税体制改革历来都是我国全面深化改革的排头兵，一直都在整体改革中起着重要的引导和支撑作用。可以说，每一轮财税体制改革都会对我国的经济发展、中央政府和地方政府的关系、政府和市场的关系，甚至是纳税人的微观经济生活产生深远的影响。因此，在我国新一轮财税体制改革启动之时、全面深化改革之际，有必要对我国的财税体制改革的演进轨迹进行简要的梳理，通过比较历次财税体制改革的得与失，总结财税体制改革的历史经验和教训，避免在新一轮改革中出现走弯路、走错路的情况。

1978年以来，我国共经历了三次重要的财税体制改革。从最开始的财政包干制到1994年具有重大意义的分税制改革，然后逐步向公共财政转变，再到新一轮财税体制改革的启动，包括要建立现代型预算制度、现代型税收制度、现代型财政关系在内的现代型财政制度，每一轮财税体制改革都顺应了当时的经济社会发展需要，对经济社会的发展起到重大的推动作用，同时随着经济社会的深入发展或阶段性的转型变化而显现出越来越多的不适应性，积累了越来越多的矛盾和问题，反而成为经济社会发展的体制性障碍，新一轮财税体制改革亟待重启。所以，这也是改革的规律和要义所在，既有循环，又在不断前进，是一个螺旋式上升的过程。我们看到，每一轮新的财税体制改革都是时代的产物，但随着时间累积，自身的不适应性就会逐渐暴露，经过不断的修补和优化，最后在新的经济社会发展时期发挥出重要的指引作用。那新一轮的财税体制改革该如何推行，又该怎样定位？这不仅需要我们从历次的改革中探寻规律所在，更要在新的时空背景下做出新的判断。

1.1980年起财政包干体制逐步确立

1980年建立的“分灶吃饭”财政体制，拉开了财政包干制的序幕。这一阶段的主要特征就是以放促活，即通过“放权让利”打破过去“僵化单一”的传统计划体制。通过财政体制的调整与退让，激活微观经济活力，促成市场机制的形成。改革的重点是包干制财政体制和复合税制：（1）中央和地方实行“分灶吃饭”，自1980年起相继推出“划分收支、分级包干”、“划分税种、核定收支”以及“收入递增包干”等多种形式的包干体制。（2）通过建立涉外税制、两步利改税，改革内资企业所得税体系、个人所得税制、关税制度、农业税等，全面调整了工商税制，改变了过去相对单一的税制体系，逐步建立了以流转税、所得税为主体的多税种、多环节、多层次的复合税制，初步建立起较为完善的税收体系，有利于更好地发挥税收在经济调节中的重要作用，也为1994年的全面税制改革奠定了基础。我们可以通过表6-1简单透视财政包干的具体形式和主要内容。

表6-1 **财政包干的具体形式和主要内容**

具体形式	主要内容
划分收支、分级包干	1980年起开始实行。按照企业和事业的隶属关系，把中央和地方的财政收入和支出分开，划定各自的收支范围，实行分级包干
划分税种、核定收支	（1）收入划分：依照利改税后的税种划分中央收入、地方收入、中央和地方共享收入； （2）支出划分：中央和地方财政支出仍按隶属关系划分； （3）分成核定：如果地方的固定收入大于支出，定额上解中央；小于支出，则从共享收入中确定一个分成比例留给地方；若留给地方之后仍收不抵支，由中央收入定额补助
收入递增包干	以1987年的财力为基础，确定地方收入递增率和留成比例。递增率以内的收入，中央和地方分成；超过递增率的收入，全部留给地方；收入达不到递增率的，也要保证中央收入不减少

2.1994年中央和地方分税制确立

20世纪80年代建立起来的财政包干体制的确打破了传统意义上的计划体制，初步建立起了相对完善的税收体系，但随着我国经济的快速发展，生产力不断得到解放，尤其是1992年社会主义市场经济体制改革目标确立，经济社会发展都已进入一个全新的阶段。在这种情况下，只是简单地放权让利显然已经不能适应新的经济发展阶段对财税体制提出的新要求。在这样大的宏观经济背景下，新的财税体制呼之欲出，1994年，适应社会主义市场经济发展要求的新的财税体制——分税制改革启动了。可以说，分税制改革打破了财政包干的种种弊端，在当时具有重大的划时代意义，至今分税制的基本框架都没有改变，仍然对经济社会生活产生着重要影响。分税制改革彻底改变了两个“比重”（即财政收入占GDP的比重和中央财政收入占全国财政收入的比重）急剧下降以及“弱财政”的局面，具有深远意义。改革的重点是分税制财政体制和工商税制：（1）按照中央和地方政府的事权划分各级财政的支出范围；按照税种划分中央税、地方税和中央地方共享税，并分设中央和地方两套税收征管机构——国税和地税；为了平衡中央和地方之间以及各地方之间的财力，还制定了中央对地方的税收返还数额和过渡时期的转移支付办法。（2）改革了原有的工商税制，主要是所得税和流转税的改革，建立了以增值税为主体、消费税和营业税为补充的流转税制，并对所得税等进行了一系列规范性调整，新的税制得以全面确立。经过这次改革，税种数量由过去的37个减少为23个，解决了税制复杂、重复征税等突出问题，初步实现了税制简化、规范和高效的统一。国家财政实力也得到极大增强，全国财政收入总额从分税前1993年的4 349亿元提高到2014年的140 350亿元，年平均增长率高达18.0%；两个比重也得到了显著提高，全国财政收入占GDP的比重由1993年的12.31%提高到2014年的22.05%，中央财政收入占全国财政收入的比重由1993年的22%提高到2014年的46.59%，“弱财政”状况得以摆脱，中央财政的宏观调控能力得到很大提升。

3.1998年以来公共财政框架基本确立

1994年的分税制改革无疑使我国的财税体制走上了制度创新之路，在财政改革史上具有转折点意义。随着改革成果的逐渐释放，改革遗留的问题也日渐凸显，集中体现在体制外的政府收入和财政支出方面。20世纪90年代末期，我国又启动了税费改革和政府支出管理制度改革。由此，我国的财政体制改革开始步入重构公共财政框架的时期。1998年开始的税费改革是从两个方面规范政府的收入来源：一是治理地方政府的乱收费行为，对于不规范的乱收费行为分批次取消，对于可以转化为税收的费用进行“清费立税”，对于那些应该保留的收费项目进行规范化管理；二是进行农村税费改革，取消了一些专门面向农民的收费项目，改变农村乱收费、乱摊派、乱集资的现象，减轻了农民的负担。与此同时，1998年12月15日，中央在全国财政工作会议上做出了“构建中国公共财政基本框架”的决定。公共财政取向的改革主要着眼于财政支出管理方向，主要包含以下几个方面的内容：一是部门预算改革，为了保证预算的完整性，将预算内外资金逐步纳入一本预算中编制；二是国库集中支付改革，逐步实现对财政资金的集中管理，将中央级一般预算资金、政府性基金预算还有国有资本经营预算都实行国库集中支付；三是“收支两条线”改革，将行政事业性收费、政府性基金、国有资本经营收益、罚没收入等非税收入都纳入“收支两条线”的管理范围；四是政府采购改革，政府机关以招标投标、公开公正的形式进行集中采购；五是财政转移支付改革，完善专项转移支付，加大对民生领域的支持力度，体现财政的公共属性。

4.新一轮财税体制改革重启

不同于以往的常规认知，此次《决定》将财政的地位提升至国家治理的高度，也恰恰说明了财政在整个经济社会发展中的基础和重要性作用。“财政是国家治理的基础和重要支柱”有以下几层含义：财政是庶政之母。国家治理需要财政作为基础和支柱，同时国家治理的所有活动也都反映到财政改革发展过程中，可以说，稳固、平衡、强大的财政是强国富民的基石和保障（楼继伟，2013）。此为其一。政府作为国家治理的主体，履行其职能的活动实际上就是一个财政收支的过程，通过财政收支的伸缩变化来履行政府职能，继而达到国家治理之目的。此为其二。财政政策作为国家整个经济政策的组成部分和政府宏观调控的重要工具，通过税收、国债、支出等手段影响和调节总需求，实现国家治理目标。此为其三。所以，从财政本身的属性出发，遵循“财政收支→政府职能→国家治理”这一脉络，便可以明晰财政在国家治理中的重要性。本次《决定》之所以第一次如此定义财政，不仅在于财政本身在国家治理体系中的重要地位，更在于经济转轨中财政的推动和保障作用，在于复杂的国内外环境下财政强大的宏观调控能力，在于全面深化改革中财税体制改革的核心枢纽位置。

第一，对于一个由计划经济体制向市场经济体制转轨的发展中大国而言，财政体制改革的定位必须置于转轨的背景下考虑。以整个转轨过程为背景，可以发现，财政体制改革在中国整个改革进程中起着重要的推动和保障作用。一方面，中国的改革几乎都是在政府的主导下进行的，财政作为重要的政府调控手段，为推动制度变迁掌握着资源配置权限与范围的进退尺度，在市场培育和市场弥补两方面发挥作用，成功推动了经济转轨，调控经济运行；另一方面，在整个转轨进程中，财政自身也经历了一系列改革，逐步实现向市场经济体制下公共财政取向的转化。随着转轨已进入中后期，财政在转轨中的定位已逐步转向为改革提供良好环境保障的职能上来，财税体制自身也随之步入公共财政制度改革的关键时期。此时，财政职能应定位于弥补市场失灵，并通过自身职能的范围调整来建立适应市场经济体制要求的公共财政框架。

第二，在市场经济体制下，市场在资源配置中起着决定性作用，政府的活动范围则以弥补市场失灵为界。但是，转轨的特殊性决定了我国在处理市场与政府的关系中，必须加强政府财政的宏观调控能力。这也是基于改革的属性与我国的现实国情所进行的考虑。一方面，改革过程具有复杂性和艰巨性。改革不仅是一个各方利益相互博弈的过程，更是一个利益重新分配的过程，在改革尚未创造出新增利益之前，改革的初始成本只能由财政来负担。另一方面，中国正处于经济社会的转型期，经济社会结构正在发生重大变化，不仅面临着经济下行时期的增长约束，还承担着经济社会发展带来的种种矛盾和压力，如经济发展的区域、城乡差异，收入分配差距，就业、医疗、教育、社保等民生问题等。可以看到，市场经济的运行需要驾驭，市场经济的失灵也需要弥补，这都需要充分发挥财政的宏观调控作用。此外，国际经济社会环境的复杂与不确定性也需要加强财政的宏观调控。所以，从发展、稳定的大局来看，都需要国家强大的财政实力做后盾。

第三，上述分析更多的是从中国经济转轨的过程及动态视角出发的，现在我们将目光转向十八届三中全会关于全面深化改革的总体部署上。国家治理所涉及的范围已经覆盖经济、政治、文化、社会、生态及党的建设等各个领域。要“推进国家治理体系和治理能力现代化”，就必须全面推进社会主义经济建设、政治建设、文化建设、社会建设、生态文明建设和党的建设。然而，无论是紧紧围绕使市场在资源配置中起决定性作用的经济体制改革，还是坚持党的领导、人民当家作主、依法治国有机统一的政治体制改革；也无论是紧紧围绕建设社会主义核心价值体系、社会主义文化强国的文化体制改革，还是紧紧围绕更好保障和改善民生、促进社会公平正义的社会体制改革；亦无论是建设美丽中国、深化生态文明体制改革、加快建立生态文明制度，还是紧紧围绕提高科学执政、民主执政、依法执政水平，深化党的建设制度改革，都离不开财政收支规范化运行的基础和支撑（高培勇，2013）。所以，从整体性的视角来看，财税体制改革无疑在整个改革部署中处于核心枢纽位置。作为多领域改革的交汇点，财政具有“牵一发而动全身”的效应。

这也启示我们，在当前这一场全面深化改革的重大战役中，必须打好财税体制改革这关键性的一役，这也是基于“科学的财税体制是优化资源配置、维护市场统一、促进社会公平、实现国家长治久安的制度保障”的判断。对此，就“必须完善立法、明确事权、改革税制、稳定税负、透明预算、提高效率、建立现代财政制度，发挥中央和地方两个积极性”。由此也确立了改进预算管理制度、完善税收制度、建立事权和支出责任相适应制度三路并进的财税体制改革路线图。接下来，财税体制改革的着力点就应该放在建立与国家治理体系和治理能力相适应的现代财政制度上了。

二、财税体制改革的实施路线与可能障碍

（一）新一轮财税体制改革的实施路线

随着经济社会的发展，现行财税体制对新阶段的不适应性逐渐形成了倒逼财税体制改革的巨大压力。事实上，长期积累起来的体制性矛盾逐渐引起了两类可明显观察到的宏观经济问题：一是微观主体活力受到极大的限制，主要体现为高税负和行政成本下企业的后续增长乏力以及社会保障体系不完善和其他支出约束下的居民有效消费不足；二是现行财税体制所形成的政府间财政关系造成地方政府事权与财力严重错配，地方政府陷入了越来越严重的财政困境。在持续的矛盾和压力下，以预算透明、税负稳定、事权明确为核心要求的现代财政制度是必然的发展方向，现代预算制度、现代税收制度及现代型政府间财政关系建设已是箭在弦上。

1. 建立现代预算制度

尽管近年来我国一直在加强财政资金的管理与监督，也进行了一系列预算改革，如部门预算、国库集中收付、政府采购等，但仍积累了一系列问题，突出表现在预算管理缺乏公平性和透明度，且法制化程度低。这其中既有管理机制不完善之内因，也有外在监督不到位之外因。所以，预算管理改革不应只局限于财政部门内部技术层面的改革，而应该更加注重对包括编制、执行在内的审查制度的改进，实现预算制衡从内部制衡走向内外部制衡的统一，预算审查从形式审查走向实质审查；审核的重点由平衡状态、赤字规模向支出预算和政策拓展，编制的周期由年度向中期转变。

第一，构建透明的预算管理体系。现代财政制度必须是一个公开透明的财政制度，而公开透明的财政制度首先要预算公开透明，要充分保证公众的知情权、参与权以及监督权，要让公众了解政府活动的范围和方向。除此之外，人大对预算的监督力度以及人大代表的专业素养也很重要。所以，综合来看，构建透明的预算管理体系要以“法治”为导向，实施“全面规范、公开透明”的预算制度，即预算报告的内容要全面，应包含所有的政府收支信息；预算的编制与执行过程须依法规范；预算的审核和监督应公开透明；预算的制度设计和权力配置要科学合理。

第二，审核预算的重点由平衡状态、赤字规模向支出预算和政策拓展。楼继伟在谈到现代预算制度时就指出，目前我国预算制度的核心是收支平衡，每年的财政收入必须完成预算安排。这样一来，客观上容易带来预算执行的“顺周期”问题，使得税收不能发挥稳定器作用。在经济过热时，完成收入任务比较容易，财税部门倾向于少收点，造成“藏税于民”，经济就会“热上加热”；在经济下行时，为了完成收入任务，财税部门倾向于多收点，造成“过头税”，经济就会“雪上加霜”。所以，他认为，“审核预算的重点由平衡状态、赤字规模向支出预算和政策拓展”，在预算审批以支出为重点后，税收就不再是任务而是预期，这是一项重大的机制变化。

第三，建立跨年度预算平衡机制，中期预算可期。在预算改革中，“建立跨年度预算平衡机制”备受业内专家关注，这就意味着未来我国将编制中期预算。从定义看，中

期预算就是一种预算收支安排超过一年的财政计划，旨在为政府部门提供各财政年度中的支出预算必须遵守的预算限额，从而有效控制这些部门不断增长的财政支出。长远来看，我国将建立周期性预算平衡机制，按经济周期安排财政预算。国民经济景气时，实施紧缩性财政政策，保留预算盈余；经济萧条时，实施扩张性财政政策，安排财政赤字。各期的财政赤字和财政盈余基本保持一致，从而实现财政预算的跨期平衡。

2. 建立现代税收制度

建立现代税收制度，就要对我国现行的税制进行改革及优化，做到有减有增，达到税负稳定。这里，“减”是对部分阻碍公平与效率的税种进行规范，“增”是对不利于调节收入分配差距和改善生态环境的税种进行调整，并适时增加新的税种。具体来看，就是要通过“营改增”等间接税的调整提速现代服务业发展，承接我国经济结构转型；通过所得税的完善，提高个人所得税在收入分配调节中的地位和作用；通过地方税系的重构，加快我国直接税制的建设步伐。

一是以间接税的完善对接经济结构转型。

当前我国经济结构转型正处于上升期，但一方面要遭遇经济下行走势，另一方面也要消化经济发展带来的巨大环境成本，这既增加了经济结构转型的紧迫性，又为其带来沉重的负担。此时，作为结构性减税的重要一环，旨在减轻企业税负、增强企业发展动力的“营改增”的适时推出，恰恰兼具了逆周期调节和经济结构调整的双重功能，对于推动我国制造业升级换代、解决服务业发展滞后等问题具有重大意义。如今，“营改增”试点已在全国范围内进行，接下来还需进一步改进与深化，逐步在全国范围内取消营业税，将增值税推广到全部服务业，把不动产纳入增值税抵扣范围，建立起规范的消费型增值税制度。待改革基本到位后，还应适当降低增值税税率。

与此同时，资源消耗和环境污染的严峻形势也使得与此相关的资源税、消费税、环境保护税推迟改革的余地越来越小。具体来看，上述税种均存在与现行发展形势不相适应的地方，如资源税的征收范围过窄、税率偏低，消费税的征收范围存在“缺位”和“越位”现象，环境保护税尚未开征等。这也就使得这些税种原本应该发挥好促进资源节约和环境保护的作用大打折扣。接下来，要提速资源税改革，推动环境保护费改税，进一步发挥税收促进资源节约和环境保护的作用；还要推进消费税改革，调整消费税征收范围、环节、税率，把高耗能、高污染产品及部分高档消费品纳入征收范围，进一步发挥消费税对经济和收入分配的调节作用。通过间接税的改革和不断完善，加速企业生产方式转变，打造产业结构优化升级，引导居民合理消费，顺利对接经济结构转型，促进经济社会环境的和谐、可持续发展。

二是以所得税的改革调节收入分配差距。

我国的个人所得税制经过1994年的规范性调整后，又历经一些渐次改革，现已大体适应我国经济社会发展需要。但现行个人所得税的弊端也十分突出，特别是个人所得税占税收总收入的比例过低，其调节收入分配的功能已被严重弱化。据财政部的数据显示，2012年我国个人所得税实现收入5 820.24亿元，同比下降3.9%，个人所得税收入占税收总收入的比重为5.8%。而有关统计显示，在发达国家，个人所得税的占比一般为30%~50%，发展中国家也普遍占到8%~12%。可见，我国的个人所得税水平不仅远低于发达国家，与发展中国家也存在一定的差距。

个人所得税制的不完善也在客观上造成了我国工薪阶层成为缴纳个人所得税的主体，出现了穷人税负重而富人税负轻的“逆向调节”局面。考虑到我国薄弱的社会保障体系，不合理的税负给工薪阶层带来了沉重的生活负担，这也直接影响了居民的消费水平。所以，个人所得税改革也成为此轮财税体制改革的重要环节。未来的个人所得税改革至少应该包含以下几个方面：第一，拓宽税基，扩大覆盖面，逐步加大个人所得税在我国税收总收入的比重，提升个人所得税的地位和作用。从近中期来看，应逐步将个人所得税的比重提升至10%~15%。第二，逐步建立起综合与分类相结合的个人所得税制，将纳税人的家庭负担，如赡养人口、按揭贷款等情况计入抵扣因素，进一步体现税收公平。第三，以家庭为单位，建立差别化费用扣除标准，实行税收扣除标准指数化调整，保障纳税人的基本生活需要，真实反映纳税人的纳税能力，提高个人所得税弹性。

三是以地方税系的重构提升直接税比重。

由于我国增值税属于中央与地方共享税，以75：25的比例分成，当营业税被增值税取代以后，如果仍按现行比例分成，地方将失去一个重要的独立税源，因此，“营改增”措施实质上会使得财政收入更加向中央集中，地方政府的财力与事权的错配将进一步加剧。根据初步估计，当“营改增”试点扩展至全国范围以后，约可减少企业税负2 000亿~3 000亿元，而这几乎都需由地方政府买单。在这种情况下，虽然可以暂时采用营业税改征的那部分增值税返还地方、以中央转移支付匹配地方政府支出责任的办法来缓和矛盾，但这些配套性的临时方案显然具有过渡性质，并不能持续解决地方政府的财政困难。正如高培勇所言，只要“分税制财政体制”的方向不变，地方主体税种的设立和存在就是必需的；只要多级次政府管理的格局不变，一级政府、一级财政的基本财政规律就是不可违背的。因此，“营改增”直接牵动的便是地方主体税种的培育和地方税系的重构。

但问题是，营业税最终消失后所留下的地方主体税种的“空缺”又有哪些税种可以填补呢？就目前的情况看，房产税、资源税、消费税等税种均具有不同程度的增收空间。不过，若考虑我国的直接税与间接税的配置状况，我们会发现，两者的失衡配置现状已不容忽视。据统计，2012年，我国全部税收收入中，70%以上来自间接税，只有25%左右来自直接税。由于间接税可以转嫁，所占比重过高客观上造成居民和企业的税负较重，既不利于收入分配的调节，也难以保证政府税收收入与GDP保持大致同步的提高。所以，从长远来看，资源税、消费税等间接税未必是好的选择。对此，我们认为，不妨以地方税系的重构为契机，用房产税等直接税加以填充，提高直接税的占比，改变我国直接税与间接税的配置失衡局面，这也是与《决定》逐步提高直接税比重的改革方向不谋而合的。因而，加快直接税制建设步伐，逐步增加直接税并相应减少间接税的比重，优化二次分配机制，是建立现代税收制度的题中应有之义。

3.现代型政府间财政关系

我国现行的政府间财政关系是由1994年分税制改革及随后的局部调整形成的，由于分税制改革的重点之一就是解决中央政府财力不足的难题，因而，很多改革措施都体现出了“政府与市场的分配关系上向政府倾斜，中央与地方的财力配置上向中央倾斜”的改革理念。从实行分税制的这20多年来看，中央和地方财政收入比例大概为54∶46，但中央和地方的事权划分大约为30∶70，与财力相比呈严重倒挂趋势。分税制改革主要解决的是中央和省级政府的财权划分关系，对省级以下的财权划分问题并没有涉及，但是在实际的运行过程中，省级政府也多是“模仿”中央与省级政府的分税关系，财权层层上移，事权逐步下移，结果导致县乡基层财政困难。到如今，中央与地方之间财力与事权不匹配的问题早已积累到非常严重的程度，土地财政的不可持续性也逐渐显现出来，地方财力不足的问题开始出现集中爆发的迹象。

由此可见，建立起规范的现代型政府间财政关系变得紧急而又必要，这无疑是此轮财税体制改革的重中之重。现代型政府间财政关系的建立应该解决好如下问题：首先，要理清政府与市场的边界，政府的活动以弥补“市场失灵”提供的公共服务为界，以宏观调控为职能，应尊重与维护市场机制，让市场在资源配置中发挥决定性作用，真正做到“不缺位”、“不越位”。其次，要合理划分政府间事权，根据楼继伟在《中国政府间财政关系再思考》一书中的提法，应按外部性、信息复杂程度、激励相容“三原则”划分政府间事权，中央政府应该承担较多的职责。按此思路，应把教育、医疗、社会保障等外溢效应大、事关全体人民利益的公共服务职能集中到中央层面。再次，要保障地方的财力需求。“营改增”实际上进一步加重了地方的“财政危机”，地方政府的财力如何保障也成为了此轮财税体制改革必须要解决的问题。我们认为，转移支付制度、税收划分、共享税的分成比例均具有不同程度上的改革空间。最后，要保持中央和地方财力格局总体稳定。如果单从我国地方政府现实的财政困境出发，改革的方向理应是赋予地方更大的财力，但是《决定》要求保持央地财力格局总体稳定，这也与之前大多数舆论呼声不同。一直以来，地方政府事权与财力的错配让我们产生了中央政府财力过大的认识。事实上，与美国、德国、日本等发达国家相比，当前我国中央政府的财力比重并不大，只不过中央政府没有匹配起相应的支出责任，理应由其承担的事权却下移给了地方。所以，不论是出于中央政府上移部分事权的财力支撑考虑，还是统筹全面改革的整体部署需要，稳定现有的财力规模都是现实选择。

根据上述分析，我们大致描绘出了一个包括预算制度、税收制度和政府间财政关系在内的现代财政体系架构，详见图6-1。但是，要看到三者并不是孤立的存在，而是相互联系、相互作用的。首先，税收体系的完善有助于理顺中央和地方的收入划分，从而为进一步规范政府间财政关系打下了基础；其次，科学规范的政府间财政关系也有利于更好地发挥税收的经济、收入分配等方面的调节作用；最后，不论是税收体系还是政府间财政关系，都需要一个能够硬化预算约束、遵守财政纪律的运行环境。所以，现代财政制度不仅是在内容上覆盖税收制度、预算制度和政府间财政关系等方面，而且是协调其内部元素相互促进、相互发挥作用的一个有机的制度安排。

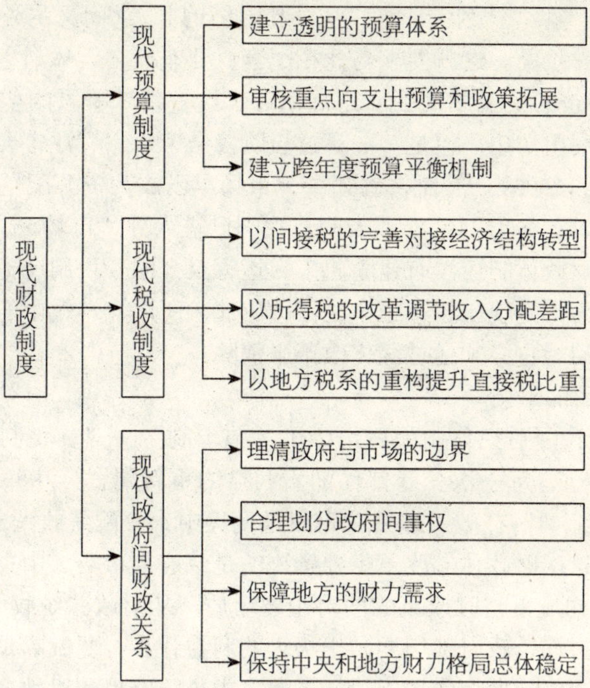

图6-1 现代财政制度的体系架构

（二）新一轮财税体制改革的可能障碍

纵然此轮财税体制改革已经被提到前所未有的高度，路线也已经足够清晰，但具体落实到行动中，考虑到我国经济社会发展过程中日益积累的矛盾和问题，再加上之前渐进式改革遗留的“硬骨头”，无论从哪个层面看，财税体制改革的路途都绝非平坦。在多重矛盾的集中交汇点上，可以想象，处在风口浪尖的财税体制改革面临的挑战之大、障碍之多，需要改革的极大勇气和智慧。概括起来，主要从财税体制改革面临的体制性约束、既得利益集团的阻挠、配套制度改革滞后三个方面进行汇总分析。

1.体制性约束

仔细分析我国现行财税体制中的问题就会发现，很多问题都可以从体制上追本溯源。事实上，现行财税体制对当前发展阶段的不适应性很大程度上源于1994年的分税框架。单就问题本身而言，分税框架的确构成了财税运转的体制障碍，但这并不是分税制本身的问题，更不是要否定分税制，而是因为在我国经济转轨这一特殊背景下，没有任何一种既定不变的财政体制安排能够适应经济转轨发展的各个阶段。一般而言，计划经济体制向市场经济体制变革要经历一个“计划→计划>市场→市场>计划→市场”的线性过程，但就财政体制的演进而言，只需经历两次大的变动就可以了。在前期，将适应计划经济的财政体制创新为适应“计划→计划>市场”阶段特征的转轨经济运行环境的财政体制；在后期，将其创新为适应“市场>计划→市场”阶段特征的转轨经济运行环境的财政体制。但是，包含着服从经济发展基础性制约的战略设计层次和服从实际经济运行变化的策略操作层次两重性质的中国渐进改革特征，使线性转轨经济过程发生了阶段划分上的变化，即“计划>市场”→“市场>计划”之间又另外划分出一个明显具有过渡性特征的特殊阶段。这就要求与此相配套，要有一个大体与之相适应的财政体制来过渡，于是1994年的分税制的性质正是适应了这一特殊阶段的要求，既具有转折点的意义，又发挥了突出作用。但是，一旦过渡阶段结束，它又注定会被再度创新的财税体制所取代（吕炜，2003)。然而，到如今，市场早已成为资源配置的主导方式，市场环境也逐渐趋于完善，各方面迹象都表明，我国已进入到“市场>计划→市场”的新阶段，但与之相应的财政体制还没有建立起来，运行至今的分税制无论是体制总体的承载力还是内部的协调力都呈现出越来越多的不适应性。所以，转轨中的财政体制性约束不仅成为了改革的障碍，也必须通过深化改革来消除。

2.既得利益集团的阻挠

1978年以来，我国财税体制先后历经了“包干制”→“分税制”→“公共财政框架”三次重要的变迁，每一次变迁都伴随着利益的重新配置。1980年起实行的包干财政体制通过“放权让利”打破了过去“财权过度集中，分配统收统支，税种过于单一”的传统计划体制，这次财政体制改革主要解决的是政府与市场、中央政府和地方政府的不适应关系。它们构成了当时改革的两对主要矛盾。从财政“统收统支”到“包干制”转变的过程中，一方面，政府部门要做出极大的利益让步，要做的是促活微观主体，让市场在资源配置中更好地发挥作用；另一方面，中央政府也要对地方政府适当地“放权让利”，赋予地方政府一定的财权，扩充地方政府的财力，强化地方政府的经济支出责任。但是“包干制”财政体制的弊端随着时间的推移愈发明显，其中最突出的就是两个比重的下降，即财政收入占GDP的比重由1979年的28.4%滑落到1993年的12.6%，中央财政收入占全国财政收入的比重由1979年的46.8%下降为1993年的31.6%。这在很大程度上造成了中央财政贫弱的被动局面，于是以解决中央财力不足为契机，我国于1994年启动了分税制改革。中央和地方政府的矛盾演化为此时最突出的矛盾，一方是已经被强化了的地方利益集团，另一方则是“积贫积弱”的中央财政，中央和地方政府之间进行着艰难的利益博弈。分税制显然在充分保障中央财力方面发挥了重要作用。在随后的20多年时间里，我国虽然未对财税体制再做框架上的变革，但政策层面的修补与完善一直在进行，在此基础上也逐步确立了公共财政框架。正是因为运行20多年的财税体制框架没有得到根本性的触及，一些既得利益集团也得以固化。如今，经济社会发展中的矛盾在不断激化并呈多元化演进，政府与市场之间、政府之间、政府与公民之间、不同阶层的公民之间、不同的政府部门之间等，每一对矛盾的解决都不可避免地要触碰一部分人的既得利益。

从我国财政体制的变迁历程看，渐进式的改革方式一方面避免了新旧体制摩擦带来的经济社会冲突，实现了我国经济平稳着陆；另一方面，这种以增量为主的改革形式也培养了大量的既得利益集团。在这种情况下，任何一次财税体制改革都是一次艰难的利益博弈过程。而在当前社会各方面利益意识明显增强、分享改革成果的愿望也更加强烈之时，可以想象此次改革涉及深层次利益调整的改革阻力之强、协调各方面利益达成改革共识的难度之大。

3.配套制度改革滞后

新一轮财税体制改革在形式上不论是完善政府间的财政关系，还是继续推进结构性减税，其根本都是要促进市场经济体制的进一步完善，落脚点还是经济社会又好又快发展。在当前阶段，我国全面深化改革实际上是一个系统性工程，任何一个领域的改革都不能孤军深入。财税体制改革与行政体制改革、金融改革、垄断行业改革等都紧密相连，对配套制度改革的要求也比较高。而在其他改革相对滞后的情况下，财税体制改革进展缓慢也就不足为奇了。首先，在现行的行政体制下，以GDP为核心的政绩考核观直接导致了一些地方政府的非理性投资冲动，严重干扰了市场经济秩序，减弱了市场在资源配置中的决定性作用。可以说，政府的公共服务职能之所以转变缓慢也深受现行行政管理制度的体制性影响。其次，经济结构不断转型也意味着今后经济发展将更多地依赖创新型和服务型企业，但是，在我国，中小企业的融资难问题已是不争的事实。要切实解决这一问题，还是要进行金融领域的改革，推进多层次的资本市场建设，提高资金的配置效率，化解民间金融风险，真正推动实体经济的快速发展。再次，当前我国经济正处于下行时期，如果不将一些垄断行业向私营部门开放，只试图依靠短期的财政政策刺激经济，带来的恐怕还是负面效应。财税体制改革同样也需要与垄断行业改革相互协调。

事实上，财政体制由“统收统支”向“公共财政”的改革过程是伴随着财政职能范围的不断收缩的，可以说，在转轨初期，财政以一己之力可以推动整个经济转轨进程的启动，但是到了中后期，掩盖于经济高速发展之下的错综复杂的矛盾不断涌现，并呈集中爆发之势，改革实际上已经进入到了深水区。至此，财税体制改革本身已无力直接驾驭转轨进程，它必须与其他领域的改革共同配合，推动转轨的顺利完成。所以，在今后全面深化改革的过程中，财政必须以宏观调控为职能、以保障市场机制顺畅运行为己任，而不再是大一统地以改革增量自发地解决问题。因而，必须将财税体制改革看做整体改革的一部分，并伴随行政体制改革、金融改革、垄断行业改革等多维度改革的深化和共同配合，实现完善和发展中国特色社会主义、推进国家治理体系和治理能力现代化的总目标。

三、财税体制改革的突破路径与展望

从我国整个财税体制改革的历程来看，不管体制如何变迁，许多改革的措施始终都绕不开“政府与市场”、“中央政府与地方政府”这两对最基本的关系。它们之间关系的匹配程度直接影响财税体制的运行效果。可以说，它们之间关系的不适应性以不同程度的经济社会矛盾或问题呈现并最终引发了新一轮财税体制改革。1978年以前，在计划经济体制下，统收统支的财政体制极大地束缚了生产力的发展，地方政府的积极性也受到严重的挫伤。在整个经济体都备受压力之下，我国开始探索新的财政体制，实行中央和地方“分灶吃饭”的包干体制，促活了微观主体的活力，提高了地方的积极性，但同时也埋下了中央政府财力不足的隐患，并最终演化成1994年分税制改革的直接诱因。分税制进一步规范了政府间财政关系，由此确立的工商税制也基本上适应了市场经济的发展需要，无疑是财政发展史上的一次重要的制度创新。但是，运行至今，不论是微观主体沉重的税收负担，还是地方政府财力与事权的错配，都不得不让我们重新审视分税的财政体制，政府与市场以及中央与地方政府之间又出现了新的不适应性。以史为鉴，在新一轮财税体制改革即将全面铺开之际，在可以预见的诸如体制性约束、既得利益集团的阻挠、其他相应配套制度改革滞后等层层阻碍面前，我们认为还是要更好地界定政府与市场的关系、理顺政府间财政关系以保障及推动新一轮财税体制改革的顺畅运行。

（一）准确界定政府与市场的边界

在经济活动中，政府与市场是资源配置的两种主要机制，两者之间既此消彼长又相辅相成。如果要使资源配置达到最优化，就必须找到两者的最佳契合点。所以，在经济发展过程中，妥善处理政府与市场的关系、实现市场对资源的有效配置和政府对市场的合理干预之间的平衡尤为重要。理想的状态是：政府要保证市场自由进入、契约自由、司法公正，保护消费者权益和环境，从而让市场正常发挥资源配置的基础性作用。政府主要提供公共产品，同时可推行私人建设经营、政府监管的运营模式，促进公共产品的私人提供以缓解供需矛盾（楼继伟，2013）。具体到政府的财政活动中，一方面，规范收入端，通过对税制结构的增减调整，达到市场经济运行公平与效率的统一；另一方面，调整支出端，财政支出的范围应从生产性领域向公共领域倾斜，转变政府职能，强化公共财政理念。

在财政收入方面，优化我国的税制结构，做到有减有增，实现税负稳定。“结构性减税”是对部分阻碍公平与效率的税种进行调整，包括“营改增”试点范围的全面推行，部分小微企业暂免增值税和营业税、适当降低增值税的税率等，促进现代服务业和中小企业的发展，推动产业结构升级和经济发展方式转变，进一步释放微观主体的活力，鼓励个人创业，增进就业。与“结构性减税”相对应的是“结构性增税”，对不利于调节收入分配差距和改善生态环境的税种进行调整，并适时增加新的税种。这既包括房产税、资源税、消费税等现有税种的调整，也包括环境保护税、遗产税等新税种的开征。通过对不公平的财产分配和低效率的资源性产品征税，逐步缩小收入分配差距，引导资源合理配置，提高资源和能源的利用效率，促进经济可持续发展。此外，还应规范政府的非税收入体系，推进“费改税”，将收入纳入预算体系管理。

在财政支出方面，转变政府职能，强化公共财政理念。一直以来，政府在财政支出方面可谓“缺位”与“越位”现象并存。一些政府本该退出、让市场充分发挥资源配置的领域出现政府的“越位”管理，而那些本该由财政供给的市场失灵领域却出现无力矫正或矫正不足的情况，政府“缺位”严重。对此，必须明确政府与市场的界限：哪些是政府应该管的？哪些是政府要放权的？要树立公共财政理念，加快服务型政府转型。首先，财政支出要逐步减少直至退出对一般性、竞争性领域的直接投资，要让市场发挥资源配置的决定性作用。对部分公共基础设施，也可以考虑公私部门合作，或者鼓励私人部门投资，提高公共领域投资的效率。不仅如此，政府还要严格控制并努力节约包括“三公”经费在内的一般性行政开支。其次，财政支出应逐步向民生、环保等公共领域倾斜，发挥好公共财政的职能。一方面加大财政对教育、医疗、社会保障等民生方面的支出，尤其是中西部和农村地区，重点保证民众的基本需求，努力创造公平公正的发展机会；另一方面提高财政在节能、环保等方面的投入力度，用以直接治理污染、改善环境，提升新能源、环保等新兴产业的占比。最后，支出结构的调整、资金使用的优化都离不开预算管理，必须强化政府预算约束，提高政府财政运行的透明度。重要的是要建立起中长期预算框架，抑制财政过度扩张的短期冲动，增强财政的可持续性。

（二）理顺政府间财政关系

当前不完善的政府间财政关系不仅成为此轮财税体制改革的突出问题，它本身也是许多问题产生的根源，如地方政府财力与事权的错配、基层政府财政困难、转移支付结构不合理等。分税制改革时，因当时客观条件制约，只侧重了收入的划分，而政府间事权和支出责任却基本维持现状。运行至今，对于事权的划分仍没有取得实质性的进展，基本上还是承袭了分税制前中央和地方的事权划分格局。这也造成了政府间事权和支出责任划分不清晰、不规范等问题，如应该由中央负责的事务交给了地方处理，但因缺乏外部激励或受财力有限的约束，地方往往没有积极性；而属于地方管理的事务，中央又承担了较大的支出责任，受信息复杂性等因素的影响，中央又未必能够做好，反而在一定程度上限制了地方责任的发挥。再者，对于中央和地方共同承担的事务，由于并没有明确划分双方各自承担的比例，很可能出现两者相互推托导致支出责任无法落实的情况。可以说，在事权没有划分清楚的情况下，政府的支出责任也就无法落实。

政府间财政关系的完善应从以下几个方面发力：一是要重塑中央与地方、地方各级政府之间事权责任架构，合理界定中央事务、地方事务、中央与地方共享事务边界，规范省级以下各级政府事务边界。可以以完善“省直县管”、“乡财县管”改革为突破口，推进财政层级的扁平化，构建起“一级政权，有一级合理事权，呼应一级合理财权，配置一级合理税基，进而形成一级规范、完整、透明的现代意义上的预算，并配之以一级产权和一级举债权”的三级分税分级、上下贯通的财税体制，加上中央、省两级自上而下的以“因素法”为主的转移支付和必要的“生态补偿”式的地区间横向转移支付（贾康，2013）。二是以全面推行“营改增”为契机，加快地方主体税种培育，以房产税、资源税、消费税等改革为突破口，重构地方税系。三是规范地方债融资平台，提高地方政府融资活动的透明度，加快地方政府的阳光融资制度建设。可以适度扩大地方政府自行发债权，并建立起债务风险预警机制。四是优化转移支付结构，继续扩大一般性转移支付规模，逐步减少和归并专项转移支付，提高转移支付的稳定性和透明度。

应该看到，财税体制改革是一个纷繁复杂的工程，改革当中也不可能事无巨细、面面俱到，选择好改革的突破口非常关键。这就要从事物的普遍联系和动态发展出发，抓住主要矛盾，选择对整个财税体制改革具有重要支撑作用的关键点作为突破口。从近期看，无论是出于对政府间财政关系在现代财政制度中重要的环境保障作用层面的考虑，还是从“营改增”的全面推行引起的地方政府收支危机的现实困境出发，当前财税体制改革的关键都是平衡中央和地方财政利益，调动中央和地方两个积极性。可以说，如果这方面没有突破，财税体制改革的其他方面也难以进行。我们更应该看到，事权和支出责任相适应的改革会牵涉以分税制为基础的税制安排，即财力如何配置的问题，但未来是按照税种划分中央税和地方税还是在税种之间调整分成比例，还有待在税制改革中逐步完善，同时也为这次改革留下了增进空间。

纵观我国的财税体制改革历程，财税体制改革已不仅是实现自我的完善，而是具有适应和保障整个转轨进程的双重作用；财税体制改革也不再只局限于经济层面，而是覆盖政治、社会、文化等多个范畴，涉及政府与市场、政府与企业、中央与地方等多方面利益，关系行政、金融、户籍等多维度改革的制度安排。可以说，财税体制改革是一项事关治国安邦、强国富民的重大改革，也是全面建成小康社会的关键领域改革。当前，我国经济社会发展都处于转型升级的关键期，如何通过深化财税体制改革、进一步释放市场活力、更好地发挥政府作用，关系到国家治理体系和治理能力现代化建设的成败，更关乎中华民族伟大复兴、中国梦的实现与否。

第二节 财税体制改革的政策热点问题之一："减税"还是"减费"

21世纪宏观研究院获取的一份全国两会上审议的预算草案数据显示，从2014年财政收入状况来看，首先值得关注的就是2014年税收收入没有完成年初预算目标，中央和地方财政收入与年初目标均存在差距，但是全部财政收入完成了预期目标，这其中非税收入的增长对整体的财政收入具有重要的拉动作用。2014年我国地方非税收入共达到1.67万亿元，占地方本级公共财政收入的22.1%，相比2013年增长了10.7%。财政部2015年4月16日公布的一季度财政数据显示，一季度全国一般公共预算收入同比增长3.9%，同口径增长2.4%，其中中央同口径下降0.6%。不仅是全国财政收入增速低迷，从地方的财政收入情况来看，情况也不容乐观且区域差异较大，中西部省份普遍增速大幅回落，辽宁、吉林、青海甚至出现了负增长。但是就在经济步入"新常态"、财政收入不容乐观的背后，非税收入的快速增长对防止财政收入的剧烈收缩起到了重要的延缓作用。一季度增速最快的重庆市非税收入增长63.3%，增速明显快于税收收入增速。

在当前既要保收入又要应对刚性财政支出的财政窘境下，非税收入自然而然地成为很多地方政府尤其是基层地方政府的应急之措。但是非税收入不同于税收收入，并不是所有的非税收入都有其存在的法理性。如果过分倚重非税收入，不仅会影响税收收入的传统地位，还会给企业带来沉重的负担，甚至减低企业的纳税遵从度，侵蚀税源，最终不利于财政收入的长远增长。因此，越是在财政收入增速低迷的时候，越是要警惕非税收入抬头的迹象；越是在经济困难的时候，越要注重减轻纳税人的税收负担，涵养税源，培育经济发展后劲。

为什么要这么说呢？过分倚重非税收入会产生什么样的后果？非税收入又会对微观中的重要经济个体、征税的主要客体——企业产生什么影响？如何理性看待非税收入？如何正确理解税收与企业之间的辩证关系？为什么说越是经济困难的时候越要坚持政策性的减税不动摇？这背后的逻辑是什么？这才是我们要透过财政数据要思考的问题。

一、税收与企业的辩证关系

（一）税收对企业行为的影响

毋庸置疑，税收对企业的成长或发展会产生非常重要的影响，税负的高低直接影响企业的利润或绩效。首先是税负或者税率对企业的影响。税率过高或过低都不利于企业的发展。这是因为如果税率过高，企业的税收负担过重，会影响企业的利润和绩效，不利于企业的投资和长期发展，最终还是会传导到宏观经济层面上来。然而，税率过低也不利于企业发展。其实并不是像我们所想的那样，税率越低就越有利于企业发展，至少就我国现阶段而言，政府在基础设施建设、建立良好的投资环境等方面还有很多刚性支出，而这恰好也是一个企业发展所必需的，如果税率过低，政府的税收收入过少，就会直接削弱政府财政的公共建设能力，从长期来看最终也是会影响企业的外部经营环境。其次是税收政策对企业的影响。一项税收政策的出台也会对企业有很大的影响，如"营改增"、企业所得税改革。以"营改增"为例，从开始的增值税转型到增值税扩围，到"营改增"试点，再到"营改增"逐步向全国铺开，这项改革对企业来说无疑是重大利好，大大降低了企业的税负。最后是征税环境也会对企业产生重要影响。公平、公正、高效的税收征管会为企业构建一个良好的征纳环境，大大降低企业的纳税遵从成本，提高了企业的纳税遵从率。

（二）宏观税负究竟是高还是低

事实上，关于中国宏观税负的高低问题一直争议不断。从数据来看，近年来我国以税收计算的小口径宏观税负为20%左右，无论是与发达经济体27.7%的平均水平相比，还是与发展中经济体22.7%的平均水平相比，这个数字都是很低的。但是，如果是以财政收入计算，我国宏观税负就将上升到22.7%（2013年的数据）；如果以政府收入计算，我国宏观税负一下子就上升至36%左右[①]。造成不同口径宏观税负差异的一个不容忽视的因素就是非税收入。从2014年的财政数据来看，2014年全国财政收入为140 350亿元，GDP总量为636 463亿元，全国财政收入占GDP的比例达到22.05%。如果再把各种各样的非税收入放进去，政府所征集的财政收入占GDP的比重将会更高，纳税人所切实感受到的税负痛苦指数也会越高。其实宏观税负背后反映的是政府消费和居民消费的关系，如果政府消费过高，居民消费就会相对比较低。也就是说，如果税负过高，超过企业和居民的承受能力，从长远来看最终是不利于消费能力的提升的，可能在一定程度上还会影响经济的顺利转型。

（三）如何客观看待非税收入的作用

分税制改革规定中央和地方的财权和事权范围，却没有对省以下的财权和事权做出相应的安排，而省级与省以下的政府间关系大多采用中央和地方政府间关系相同的方式，结果便是财力层层上移，事权却层层下移。所以，地方政府尤其是县级及以下的基层政府财力和事权相互错配的状况客观上加重了地方政府的负担，尤其是当前的"营改

---

① 佚名.减税不如减费[N].第一财经日报，2014-12-22(B02).

增”对地方政府来说更是“雪上加霜”。在这种情况下，地方政府不得不加大对非税收入的征管，从而导致非税收入大规模膨胀。在某种程度上，非税收入的存在有其合理的一面，我们不能完全否定非税收入的作用，需要理性看待。首先，从结构上来看，要正确认识非税收入，税收收入和非税收入都是政府收入的组成部分，非税收入（包括行政性事业收入、罚没收入等在内的税费收入）都有其存在的价值，所以，非税收入绝不能和乱收费划等号；其次，从所处的位置来看，税收收入是财政收入的主要形式，非税收入则是财政收入重要的补充形式；再次，从纳税人的角度来看，无论是税收收入还是非税收入，都切切实实地构成了实际负担；最后，从规范性来看，与税收的规范性相比，并不是所有的非税收入都有其存在的法理性，非税收入往往具有弹性大、不稳定、不规范等特征，所以，非税收入很容易出现透明度低、管理低效、缺乏监督等问题，这会导致非税收入的无序发展，最终会反映到纳税人的税负上，加重纳税人的税收负担。

二、税收与税外负担的辩证关系

（一）税率对企业纳税行为的影响

影响税收遵从度的因素可以分为税率、稽查率和处罚率三种，其中稽查率和处罚率已被多项研究发现对税收遵从度的影响是确定的，即稽查和处罚的力度越大，纳税人的遵从度就越高。但是税率的影响则是不确定的，Allingham和Sandmo在《所得税逃税：一种理论分析》（1972）一文中对个人所得税逃税行为建立的经典模型（简称A-S模型）假定，纳税人逃税被发现后的处罚是施加到纳税人低报的收入上，从而税率的提高就会产生收入和替代两种效应。其中，收入效应对抑制逃税的作用是积极的，而替代效应对抑制逃税的作用是消极的。到底税率的上升是提高还是降低了纳税人的税收遵从度，还要取决于两种效应的相互作用结果。但是Yitzhaki（1974）提出，如果罚款是施加到少交的税额而不是低报的收入上，随着税率的提高，低报税收的成本是与成功低报税收的收益成比例的，逃税的风险-回报率是不变的。在这种情况下，更高的税率就只有收入效应，替代效应消失，税率的提高反而能够对逃税起到抑制作用。所以，税率到底是提高了还是降低了纳税人的纳税遵从度，人们并没有得出一致的结论。这些仅是理论推导，碍于税收遵从度测量以及数据可得性的难度，实证的检验还是比较少。具体到我国，实际情况是怎么样的还有待实证方面的检验。考虑到企业所得税的征收对象是企业利润，企业利润核算的弹性又很大，因此逃税和避税的空间很大，税务部门的监管也比较困难。再加上我国税收监管还不健全，税收稽查力度仍然比较薄弱，这些都客观上提高了企业成功逃税的概率。所以，税率越高，每单位低报的利润会节省更多的税。因此，低报利润带来的收益也是更高的。

（二）非税负担对企业纳税行为的影响

在中国特殊的转轨经济背景下，企业实际税负除了由税率决定外，还会受周围环境因素的影响，包括法治化水平、市场化进程、腐败程度、产权保护水平等。此外，政府这只“看得见的手”对市场干预越多，政府对企业的利益影响越大。我们在上文中已经提到非税收入的特征，如弹性大、不稳定、不规范等，非税收入的这些特征很容易形成地方政府在具体征收或执行的过程出现行政权力异化现象，从而为政府对企业“干预”或寻租腐败预留了很大的空间。更为重要的是，由政府行政权力异化导致的各种不规范行为不仅侵犯企业的经济利益，影响企业的正常经营，而且还会影响企业的纳税行为、企业经营机制的转换，让企业无法按照规范化的要求建立现代企业制度。这是因为，企业的很多行为都深受当地制度环境的影响，若企业处在一个乱收费、乱罚款、乱摊派等税外负担比较重的环境中，企业也会趋利避害，适应所处的环境，选择逃避税收来保护自己，从而不可避免地走到“企业税费负担过重→企业逃税→政府财政收入减少→政府财政支出不足→企业的税费负担持续加重”的恶性循环中。

（三）税收和非税负担的差异化影响

企业的纳税遵从行为不仅受到税率变化的影响，更受到其要承受的税外负担或者更确切地说是所在地区制度环境优劣的影响。企业的实际税率越高，企业的纳税遵从度就越低，企业逃避税收现象就更加严重。但是，可能有一些地方即使税收政策一样，但在非税收入上具有较大的弹性征管空间，或者说企业面对的实际税率是一样的，承受的税外负担却千差万别。如果税率的提高伴随着税外负担的进一步加重，政府对企业的干预更多、寻租腐败更普遍，企业的纳税遵从度会更低，逃避税收现象就更严重。反之，如果税率提高以后，地方政府的非税收入得以规范，地方政府注重减轻企业的税外负担，企业所在的是一个更透明、公平的制度环境，企业逃避税收现象就有可能得到缓解。

三、“减税”还是“减费”的实证证明

我国企业“税不重”而“负担重”的症结就在于企业沉重的税外负担。有关方面的调查显示，中小企业上缴的税外费用大约是税收的1.5倍，一些中小企业的税费负担大约占到销售收入的5%~8%。[①]所以，“清费立税”，降低非税收入的比重已是改革的共识。2009年以来，我国已经取消和免征了部分行政事业性收费，乱收费现象得到了一定程度的缓解，但新的收费形式又出现了，企业负担依然很重。[②]可以说，无论是清费举措还是减税政策，改革的成效并不明显，企业（尤其是中小企业）的负担仍是减而不轻。究其原因，一方面非税收入作为税收收入必要的补充形式，有效地弥补了地方政府收入的不足，也是维持地方政府正常运转的需要；另一方面降低非税收入比重、减轻企业的税外负担必然意味着政府收入的减少，在税源稳定、税制整体未有较大变化，再加上财政支出刚性的情况下，作为利益再分配的税费改革遇到巨大阻力也就不言而喻了。

但是，如果从政府收入增长机制的规范性和持续性考虑，非税收入的占比过高不仅是不合理的，也是不可持续的，所以，非税收入的调整既是挑战更是契机。虽然政府非税收入减少了，但随着企业纳税遵从度的提高，该收的税收收入增加了，结构上呈现“此消彼长”的态势。从短期看，政府在减轻企业税外负担上要经历改革的阵痛；从长期看，换来的是企业的长足健康发展，是政府收入总量的持续稳步增长。总之，是使我

---

① 佚名.中小企业减负缘何减而不轻——访民建中央常委、民建中央企业委员会主任刘汉元[N].中国经济时报,2013-09-25(12).

② 佚名.财政稳增长，减速减费还须“两手抓”[N].中国经济导报，2014-07-03（B01）.

国的税收征纳主体最终回到政府依法治税、企业依法纳税的良性轨道上来。在我们看到减轻企业税外负担对政府收入的不利影响的同时，也要看到减轻企业税外负担对其纳税行为的有利变化。

吕炜、陈海宇（2015）利用2003—2007年的中国工业企业数据库的微观数据以及省级层面的宏观数据实证检验的结果表明：（1）企业的实际所得税负越高，企业的纳税遵从度就越低，企业逃避税收现象越严重；（2）企业所在地区政府越能减轻企业的税外负担，即企业的税外负担越轻，企业的纳税遵从度越高，企业逃避税收现象就越轻；（3）减轻企业的税外负担可以弱化实际所得税负提高带来的企业纳税遵从度下降或逃避税收现象恶化的影响，也可以说随着实际税负的提高，在企业税外负担比较轻的地方，企业的逃避税收现象会得到一定程度的缓解。

减轻企业的税外负担能够显著改善企业的税收遵从行为，从而提高政府的税收收入。由此可见，政府收入并不是一味减少而是有减有增，“此消彼长”。

四、“减税”还是“减费”怎么看

吕炜等（2015）的研究有利于我们正确认识“税”和“费”的关系，重视税外负担对企业纳税遵从度的影响，为理解政府与企业关系提供了一个新的思路，同时也是对企业纳税遵从度影响因素相关文献的补充。他们的研究结论也具有一定的政策启示：首先，减税，降低企业实际税负仍然是改善企业纳税遵从行为、提高其纳税遵从度的有效途径；其次，减轻企业税外负担、约束政府行为、限制政府对企业的干预是企业从违法逃税走向依法纳税的必要条件；最后，从现实国情出发，考虑到当前我国实现城镇化、农业转移人口市民化等多重目标的艰巨任务，政府财政还将在一个较长时期内保持大规模的刚性开支，从税收角度去探讨为企业减负的空间是非常有限的，但是，如果我们能认识到在我国“税不重”而“负担重”的深层次原因在于企业税外负担较重，而税制变化所带来的企业纳税遵从行为的变化又是内生于其所在地区制度环境的，那么，就现阶段而言，“清费立税”，落实税收法定主义原则，优化企业赖以生存的制度环境是当务之急，也是逐步提高企业纳税遵从度、促使企业依法纳税和我国全面走向依法治税的前提保障，更是摆正政企关系、确立市场在资源配置中主体地位的应有之义。

综上来看，非税收入的存在有合理的一面，但并不是所有的非税收入都有存在的必要，我们需理性看待，关键是如何把握非税收入的度，确定非税收入应该保持在什么样的规模。尤其是在当前，财政收入增速在逐步放缓，但非税收入在大幅攀升，这种矛盾现象的背后深刻揭示了地方政府的生存现状，非税收入已经愈来愈成为其重要的收入形式，而且这种势头会伴随着税收收入的下滑愈演愈烈。但是，我们从实证的检验结果也看到，非税负担过重会降低企业的纳税遵从度，增加企业的逃避税收行为，最终还是会影响政府的财政收入。所以，政府财政收入下滑非但不能成为地方政府非税收入抬头的原因，还要成为“清费立税”的契机。越是在这个时候越不能放弃减税，重要的是税源的涵养；越是在这个时候越要加大“减费”的步伐，扭转不合理的财政收入结构，建立起合理的财政收入长效机制。

第三节 财税体制改革的政策热点问题之二：房地产税到底该不该征

一、房地产税简述

房地产税是一个综合性的概念，只要是与房地产经济活动相关的税都属于房地产税范畴。房地产税也有广义和狭义之分：广义的房地产税是指与房地产相关的一切税收，以房产、土地作为征收对象，包含房地产的开发、占有和交易环节；狭义的房地产税主要是指保有环节的税收。在我国，房地产税主要包括房地产营业税、企业所得税、个人所得税、房产税、城镇土地使用税、城市房地产税、印花税、土地增值税、投资方向调节税、契税、耕地占用税等。值得注意的是，房地产税与房产税虽有一字之差，但两者却有实质上的差别。从征收对象来看，房产税是以房产为征税对象，是向产权所有人征收的一种财产税；而房地产税的征税对象既包括房产又包括土地，所以，从这个角度来看，房地产税是包含房产税的。此外，两者的实施目标也不相同，通过房地产税改革，构建房地产税系，对于重构以房地产税为主体税种的地方税系，解决地方政府的税源问题具有重大的现实意义；房产税则更多肩负调控房价，缩小收入差距等方面的任务。

房产税的征收可以追溯到20世纪50年代，早在1950年1月，政务院就公布了《全国税政实施要则》，规定全国统一征收房产税。但是几经波折，房产税的征收曾经一度停滞，到了1984年10月又开始恢复征收房地产税，分为房产税和城镇土地使用税两个税种。1986年9月，《中华人民共和国房产税暂行条例》颁布，规定同年10月1日开始试行该条例，期间又历经多次修改变化。到了2011年，上海和重庆两个直辖市开始启动房地产税改革试点，房地产税正式开始付诸实践，但是由于房地产税的复杂性和系统性，牵涉到众多税种，涉及多方利益，同时围绕着房地产税该不该征收的问题也一直是大家争论的焦点，所以，房地产税改革一直都是在试探中审慎地进行。直到2015年8月份最新调整过的十二届全国人大常委会立法规划向社会公布，包括房地产税法在内的34项立法任务进入其中，这意味着备受关注的房地产税法已正式列入中国立法规划。

二、房地产税到底该不该征

关于房地产税的相关问题一直是舆论焦点，从上文我们对房地产税简述中便可窥探一二。从2011年上海、重庆两个直辖市的房地产税试点开始，房地产税又历经多次调整和改革，但房地产税始终没有在全国内铺展开来，直到2015的8月房地产税正式列入中国立法规划，表明房地产税的改革进程已开始加速。房地产税的征收之所以“一波三折”，这其中既有房地产税的复杂性、系统性的原因，也不乏人们一直以来围绕房地产税产生的疑问：房地产税究竟该不该征？房地产税征收以后会给人们的生活带来什么样的影响？房地产税到底有什么好处、存在什么问题？

对于这些问题的回答，我们不妨先看看专家学者们都是怎么解读的。黄奇帆认为，房地产税一定会成为中国的基本税制，但是房地产税不宜操之过急，需要社会各界达成共识。叶檀也认为，房产税是一个财富增值的税收，她将一如既往地支持房产税。但是并不是所有的专家都是支持房产税的，还有很多专家则是持不同意见的。谢家瑾认为，中国目前还不具备征收房产税的条件，因为中国目前实行土地出让制度，购房者已经在房价中承担土地出让金了，这样，再开征房产税就会对土地使用产生重复性征税，如果要征收也应该只对房屋部分进行征税。聂梅生认为，由于存在两个“断层”，即第一个断层（1998年的房改）和第二个断层（“831大限”），使得房产税“根本无法收”。刘胜军也认为，房产税需要很多制度性的条件，如果地方政府没有实现财政民主化、透明化，房产税的征收只会加剧地方政府乱花钱，最终会加重购房者的负担。许善达认为，房产税属于存量税，中国税收改革方向应该主要是增量税收、逐渐减少存量税收，因此，他反对扩大房产税试点。李稻葵认为，开征房产税的目的不应是为了调控房价，而应该为改善房屋居住者所在社区的基础设施和居住环境。谢国忠认为开征房产税将是恶性循环的开始，即随着泡沫的破裂，房价也会下跌，会导致房地产税率调高，而开征房地产税，又会导致新一轮的房价下跌，从而进一步推高房地产税率。

由此可以，房地产税的开征的确是一件很有争议的事情，房地产税征收既有应该征收的价值，但同时也存在一些有待解决的问题，如中国是否已经具备开征房地产税的条件，房地产税是否存在重复征税的问题，或者开征房地产税到底会为纳税人带来什么样的变化，因此，房地产税的确是一个需要审慎对待的事情，这就要求我们要对当前我国的现行税制有一个清醒的认识。

三、房地产税征收存在的问题

从上述对房地产税改革历史演进的梳理来看，房地产税制改革虽已进行多年，但进展并不明显，主要还是缘于房地产税的复杂性和系统性。就现阶段而言，我国房地产税仍存在较严重的问题，概括起来主要包含以下几个方面：

（一）现行税制较为陈旧

我国的房地产税历史悠久，古已有之。中华人民共和国成立后，房地产税也是历经波折，经过2011年上海和重庆的房地产税改革试点，在2015年8月终于正式步入立法程序。但是，我国现行的房地产税征收条例分别是1986年制定的《中华人民共和国房产税暂行条例》和1988年制定的《中华人民共和国城镇土地使用税暂行条例》，两个条例至今都已接近30年，虽然中间经过局部修订，但内容上并未发生本质上的变化。随着我国改革开放向纵深进行，我国的经济体制也正在从计划经济向市场经济转变，经济社会均发生着剧烈的变化，而现行的房地产税作为转轨经济下的过渡性产物显然不能适应新时期市场经济的发展形势。可见，现行的房地产税制明显滞后于经济社会的发展，难以有效发挥其对经济社会的调控功能。这其中主要的表现之一就是，我国现行的房产税只在城镇地区征收，而农村地区却没有被划到征收范围。但是，随着我国城镇化进程的加快，农村地区的房地产规模也在不断扩大，如果还是继续实行城乡有别的房地产税制，同等用地而征税标准不同，不仅不利于平衡城乡税负，体现公平税负，也不利于地方政府税源的整体提高。

（二）税制设计不尽合理

目前，我国现行税制在设计上（如征税范围、计税依据、税率等）存在不尽合理的地方，表6-2是房地产税制设计存在的问题总结。

表6-2 房地产税制设计存在的问题

征税范围	征税范围较窄： 目前，房产税和城镇土地使用税的征收范围仅限于城镇，不包括农村；而且，即使在城镇，经营用的房地产征税，自有居住的房地产不征税
计税依据	我国现行的房产税是以房产余值（即房产原值减除10%~30%）或租金收入为依据。由于房产余值反映的是房产的历史成本，无法追踪房产市场价值的动态变化，导致税基与经济变化是相互脱节的，从而大大缩小了税基
税率	房产税的税率随房屋用途的变化而变化，其中：房屋自用的按1.2%的税率征收；房屋出租的按照租金收入乘以12%的税率征收，对个人出租住宅的按4%税率征收。 城镇土地使用税则是要根据土地等级的不同适用不同的税额标准。 但是，无论是房产税还是城镇土地使用税，其僵化的税率体系或税额标准已经不能适应当前房地产市场的发展状况，大大弱化了房地产税对房价和土地利用的调控作用

资料来源：作者根据相关文献资料总结而得。

（三）地方缺乏相应的税收管理权

在我国，税种或税率都是由中央政府统一规定的，除了少数不重要的税种之外，地方政府是没有设定税率、开征或取消税种的权利的。从税收收入上来看，在与房地产税相关的税收收入中，除了共享税企业所得税和个人所得税是由中央和地方共同分成外，其他税种均是地方税，税收收入由地方政府所得，从这个意义上来看，房地产税可以说是属于地方税的，但是税收的管理权却属于中央。这就使得与房地产税相关的房产税、城镇土地使用税、土地增值税、耕地占用税等在具体的执行过程中不能很好地因地制宜调整税率和征收范围，从而不利于地方政府根据当地实际情况进行资源的优化配置和有效利用。

（四）房地产税费不清

除了房地产税的相关税种外，房地产业也涉及名目繁多的各种收费项目，收入规模近年来不断增大。例如，在住房的建设和交易环节，除了要征收各种税收外，政府还要额外收取征地拆迁补偿费、市政配套费、立项管理费等。数据显示，从收费总量上看，仅市政配套费一项，2011年便高达857亿元；再从收费比例上看，有的收费都能占到企业销售收入的35%左右，相当于经营成本及费用的70%。事实上，可以合法合规收取的土地费用只有两类：一类是规费，即手续费和工本费；另外一类是受益费，也就是消费者在购买相应的产品或劳务时所支付的补偿性费用。所以，独立于税收之外的庞杂的收费项目无疑大大加重了企业的经济负担，影响企业的长远发展。值得一提的是，与税收相比，收费项目的管理在很大程度上是很不规范的，如果不加以管理及规范，会造成收费项目的愈加失控，从而导致地方政府对房地产收费的收入愈加依赖，最终会对税收收入乃至国家财政产生重要影响。

四、房地产税可能的路径或方向

（一）简化税制

目前，与房地产税相关的税种就有10余种，税种繁多，计算复杂，过多的税种不仅让我国的房地产税显得过于庞杂，而且中间还存有重复征税的嫌疑，会加重纳税人的税收负担，不符合现代税制对效率和公平的要求。因此，房地产税首先要改进的就是逐步改变现行较为陈旧的税制，化繁为简，简化税制，其关键就是做好税种的“整合”。我国当前是对房屋和土地实行分别征税，即各自征收房产税和城镇土地使用税，目前也已暴露出多种问题，不妨将两者合二为一，统一征收房地产税。从国际经验来看，很多发达国家如美国、英国、加拿大等均是采用房屋和土地合二为一的房地产税，而且一些发展中国家如巴西、阿根廷、墨西哥等也是采用此种类型的房地产税。这些都可以为我国的房地产税征收提供一些好的经验来借鉴。整体来看，我国未来房地产税在具体征收操作上可以考虑，一方面，将房产税、城镇土地使用税和土地增值税合并为统一的“房地产税”；另一方面，也可以将印花税和契税合并，转入个人所得税或企业所得税中征收。

（二）拓宽税基

如前所述，我国当前的房地产税的征收范围仅限于城镇，不包括农村，而且，即使在城镇地区，征税标准也不统一，经营用的房地产征税，自有居住的房地产不征税。整体来看，我国房地产税的征税范围较窄，这样不仅不利于城乡税制的统一，体现税制的公平性，同样还不利于房地产税对贫富差距调节功能的发挥。今后房地产税改革的重点方向之一就是要逐步拓宽税基。具体到操作上，可以从几个层面着手：一是征税范围从城市到农村，即实行城乡覆盖的房地产税，覆盖范围包括城市、县城、建制镇、工矿区农村及所辖的行政村，需要注意的是，房地产税覆盖农村地区不能一蹴而就，也不能一刀切，因为并不是所有农村地区都具备开征房地产税的条件，这需要具体结合不同地区的实际情况进行有差异、策略性的推进；二是征税范围向个人住宅拓展，这也是当前很多征收房地产税的国家普遍采用的做法，即不仅仅是对经营性用房征税，同时也对个人住宅进行征税，需要注意的是，应通过适当的征税标准和免征额调节贫富差距。通过全方位推进，可以不断地拓宽税源，提高地方政府的财政收入。

（三）优化税率

我国略显僵化的税率体系或税额标准已经不能适应当前发展迅速的房地产市场了，大大弱化了房地产税对房价和土地利用的调控作用。税率的优化或调整也是房地产税今后重点改革的方向之一。在税率的设定和优化上，重要的是要兼顾效率和公平，既要保证政府的财政收入，还要注意纳税人的税收负担。具体来看，一方面，针对不同的房产类型设定不同的税率，如对于普通的个人住宅或生产性经营用房可以从低适用税率，但是对于高档住宅或别墅区可以从高适用税率；另一方面，赋予地方政府适当的税收管理权，在前文的分析中，我们也已提到由于地方政府严格说来没有自行制定税率的权力，无法根据当地的实际情况制定相适应的税收政策，所以，可以考虑适当给予地方政府一定程度上的税收管理权，使得地方政府可以根据实际情况选择适合本地区房地产市场的灵活的税率。

（四）加强征管

通常来说，即使我们拥有简明的税制、灵活的税率，如果不能在征管方面下功夫，不能被好好地执行，那么我们的税制很有可能就是形同虚设。很多研究也都已表明，税收征管或税种执法是企业或个人逃避税的重要因素，直接关系到税务人员能够实际征收上来的税收。对于房地产税来说，房地产税相关的税种繁多，税率多档，再加上房地产税方面还存在收费方面“以费挤税”、“以费代税”、“税费不清”等众多问题，房地产税很容易出现征管漏洞，致使房地产税收入流失严重。可以说，加强税收征管不仅是房地产税应该而且是重要的改革方向，首先是要逐步清理不规范的税费，清费立税，要让税收成为地方政府的主要收入来源，而不是庞大的规费，这不仅减轻了纳税人的经济负担，也是当前加强现代税收制度建设，依法治税的题中应有之义。此外，我们现在已全面进入信息化时代、“大数据”时代，这同时也对房地产税的信息化管理提出了更高的要求，所以，要加快房地产评估体系和财产登记制度的建立和完善，形成一个全国统一的信息储备库，促进信息共享，加强部门协作，目的就是提高房地产税的征管效率。另外，由于房屋或土地价值的评估在某些方面会对专业性提出很高的要求，要求地方政府要加强这方面专业人才的培养，从而提高房屋土地价值评估的科学性，因为这也是我们征收房地产税的前提，只有科学地评估房屋土地价值才能科学地征税。

第四节　财税体制改革的政策热点问题之三：财政收入“慢”增长怎么看

一、财政收入的历史变化和现状描述

据财政部数据显示，2015年1—7月，全国一般公共预算收入累计93 849亿元，比上年同期增长7.5%，同口径增长5.4%，但是，总体来看，同口径增幅比去年同期回落3.1个百分点，财政收入增长呈现中速偏低态势。其实，财政收入的低迷状态并不是近期才呈现的，财政收入的“慢”增长早已初现端倪，今年第一季度财政收入增长仅2.4%，是分税制改革以来财政收入增速的最低点，东北三省还有一些资源型省份财政收入纷纷告急，尤其是辽宁省，财政收入一度呈现负增长，引起了专家学者以及舆论媒体的高度关注，大家一方面纷纷寻求财政收入“慢”或“负”增长背后的原因，另一方面也为如何挽救低迷的财政状况献言献策。当然，不仅仅是东北三省，我国其他省份的财政收入状况也不容乐观，总体上步入了一个中低速增长通道。

自1994年分税制改革以来，我国的财政收入一直保持两位数的高速增长，即使是在金融危机爆发的2008年，我国的财政收入仍能达到19.5%的增速，经过2009年的短暂

放缓，下降到11.72%，随后的2010年和2011年，财政收入增速又急速上升，分别高达21.3%和25%。但是2012年以后，随着经济增速的放缓，财政收入增速也在逐步下降，2012年的财政增速为12.9%，2013年进一步下降到10.2%，到了2014年，财政收入更是首次跌入个位数，只有8.6%，具体数据我们可以见表6-3，图6-2给出了1994—2014年财政收入的总值变化以及增速变化图。对此，财政部财科所副所长白景明表示，财政收入增速放缓至个位数是正常现象。在中国的现行税制下，随着经济增速放缓，财政收入增速的下滑幅度会更大。财政部部长楼继伟也表示，财政收入也将转入新常态。中国社会科学院学部委员、财经战略研究院院长高培勇也指出，我国持续多年的财政收入高速甚至超高增速现象，始于1994年，是分税制改革的产物，具有改革红利的性质，那么改革红利释放的效应到达一定阶段以后，必然要步入递减状态。

表6-3 **1994年分税制改革以来我国的财政收入变化**

年份	财政收入（亿元）	增速（%）
1994	5 218.10	19.99
2001	16 386.04	22.33
2006	38 760.20	22.47
2007	51 321.78	32.41
2008	61 330.35	19.50
2009	68 518.30	11.72
2010	83 101.51	21.30
2011	103 874.40	25.00
2012	117 253.52	12.90
2013	129 209.64	10.20
2014	140 350.00	8.60

资料来源：国家统计局网站。

由此可见，当前我国的财政收入增速放缓并不是孤立的和偶然的现象，而是我国在经济发展规律下的必然结果，也是我国处于经济深度转型的自然反映，更是我国建立现代财税制度，调整财税政策的应有之义。虽然面对财政收入增速的下降，我们当以平常心看待，但是，对于财政收入的突然换挡，我们还是有些措手不及。那么，财政收入增速放慢又会带来什么样的冲击，地方政府是否已做好准备，如何应对一直都在不断增加的财政支出，财政收入增速放缓背后的逻辑或原因又是什么，以及今后的财税政策又将会产生怎样的变化，这都是伴随财政收入“慢”增长我们应该思考的问题。

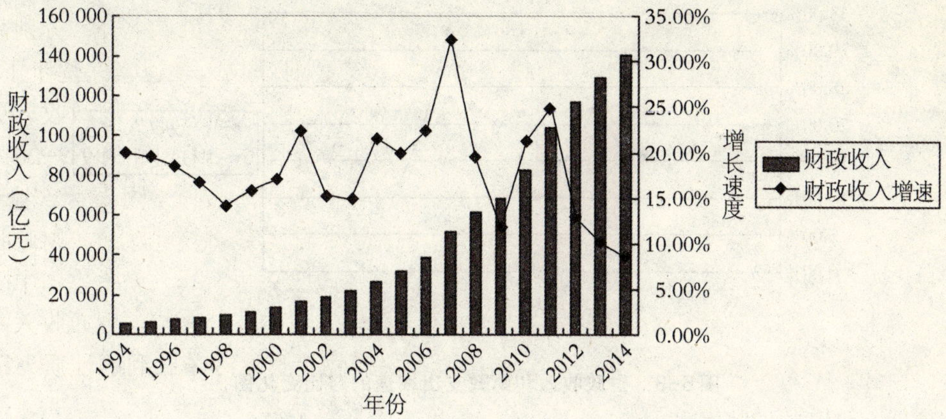

图 6-2　1994 年以来财政收入的增速变化

资料来源：国家统计局网站。

二、财政收入“慢”增长将会带来哪些冲击

冲击一：财政收支矛盾更加尖锐

财政收入的收缩直接带来的就是对财政支出的冲击。在我国，很多的财政支出都是刚性的支出，例如社会保障、医疗、教育等民生支出并不能随着财政收入的下降就能立即降下来，会经历一段调整适应期，所以财政支出并不是随着财政收入呈现线性的变化，这一点我们也可以从图 6-3 财政收入和财政支出增速的折线变化中清晰地看到。1994—2014 年间，财政收入和财政支出增速两者是呈现交叉变化的，如在 2007 年、2008 年和 2009 年这三年，受金融危机的冲击，财政收入增速呈现明显下降趋势，从 2007 年的 32.41%下降到 2008 年的 19.50%和 2009 年的 11.72%，但是财政支出增速并未相应下降，2007 年的财政支出增速为 23.20%，2008 年为 25.70%，2009 年则为 21.90%，2008 年和 2009 年财政支出的增速远远高于财政收入增速。经过 2010 年和 2011 年的财政收入增速的高峰，2012 年财政收入增速开始下降，虽然财政支出增速也随之下降，但下降幅度并未出现太大波动，与财政收入的增速大致是持相同水平的。所以，财政收入增速的下降也将带动财政支出压力的进一步加大。再加上营改增以后，地方财税体系尚未重构，地方政府原本就存在的“财政危机”将会进一步加重，财政支出的可持续性也将受到很大的约束。所以，如果说今后财政收入增长继续乏力，而地方税系又未有实质性的建构，那么不排除这样的财政收支状况会波及社保、教育、医疗等民生项目。

冲击二：地方债务流动性风险将进一步加大

财政收入“慢”增长带来的另外一个比较大的冲击就是地方债务流动性风险将会进一步加大。虽然从整体上来看，我国地方债务还处于一个可控的状态，但仍存在阶段性的、局部性的风险，而且主要还是流动性风险，因此，局部的、短期的风险可能较为集中。十八届三中全会以及随后的中央经济工作会议也都不断在强调地方政府的债务偿还以及风险化解问题，但地方政府债务的风险概率仍旧比较高。目前来看，由于我国的地

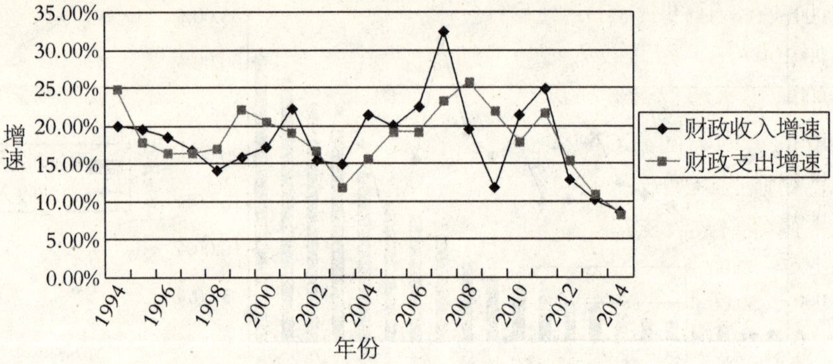

图6-3 财政收入和财政支出增速的对比变化图

资料来源：国家统计局网站。

方风险主要是局部的流动性的风险，未来几年随着短期偿还期限的到来，地方政府将会迎来还债的高峰期，一些地方政府的资金链将会更加紧张。而且，地方政府的债务偿还在很大程度上依赖土地出让收入，所以土地出让收入的状况将直接影响到地方债务的偿还情况。然而，随着经济增速的放缓，经济发展步入“新常态”，土地出让收入也不容乐观，呈现逐步下降趋势。据统计数据显示，截止到2015年8月25日，我国十大典型城市合计土地出让金年内为3 953亿元，而在2014年同期，这一数值高达5 802.6亿元，同比跌幅32%。持续多年“疯狂”高速增长的土地出让收入终于迎来全面的降温，而土地出让收入的下降无疑将直接关系到地方政府的偿债能力，大大加大了地方政府的债务风险。

当然，需要指出的是，地方政府的债务问题只是政府面临众多问题中的一个，土地收入的下降还会带来一系列的连锁反应，最直观的结果就是地方政府相关税费收入的减少。地方政府财政收入的进一步减少，又会导致财政支出压力的进一步加大，这就是我们在上文中提到的第一个冲击，即财政收支矛盾的进一步尖锐，财政风险也会日益凸显，地方政府的“财政危机”又将进一步加重，这样反过来又会影响到包括地方债务在内的一系列系统性问题或风险，如果不能及时或很好地解决，也有可能继续引发金融和经济风险。所以，由财政收入下降引发的一系列问题以及如何应对这些问题应该引起我们的重视和思考。

三、财政收入“慢”增长背后的逻辑分析

原因一：财政收入低速增长下的经济增速放缓

财政收入低速增长背后最主要的原因之一就是经济增速的放缓，增值税、营业税、消费税、企业所得税等主体税种增速也相应放缓，财政收入增长也步入了“新常态”。一般来说，财政收入增长与经济增长之间存在这样一个规律：财政收入增速和经济增长的周期是同步的，但财政收入的增速波动幅度则是要高于经济周期的，即当经济增速加快时，财政收入的增速要比经济增速更快；但当经济增速放缓时，财政收入的增速则比经济增速更慢。这一规律我们也可以从1994—2014年的财政收入增速和经济增速中清晰地看到。图6-4显示，整体来看，财政收入增速周期和经济周期基本保持同步，但财

政收入增速的折线图要比GDP的折线图波动更大，在财政收入增速和GDP增速共同的峰值点，如2007年，财政收入增速的变化明显有一个较大的跨度，而反观GDP增速的变化，则相对要平缓得多。所以，近几年，财政收入增速回落并逐渐趋于GDP的增速是可以理解的。因为随着GDP增速趋于平缓，财政收入的这种高速增长也不可能永远持续下去，财政收入增长只有与经济增速相适应，才是常态的增长，而我们也要适应这种增长，平衡好财政收支。

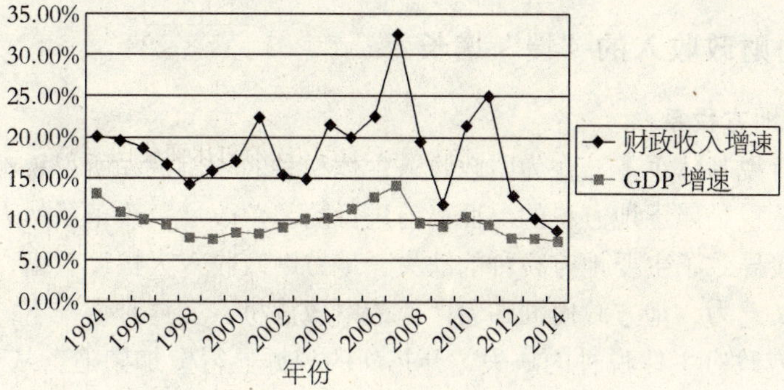

图6-4 财政收入增速和GDP增速的变化图

资料来源：国家统计局网站。

原因二：政策性减税因素

财政收入增速下降的因素中，既有经济增速放缓的原因，同时也有政府主动放权让利，为企业减负的政策性减税因素。虽然经济增速下降，财政收入也在逐步“慢”下来，但是政府对税制的改革，为企业减负让利的步伐并没有停下来，这其中最典型的便是“营改增”改革的推行，从表6-4中“营改增”改革的演进历程我们也可以感受到政府的减税力度在不断加大。据国家税务总局公布的数据显示，截至2014年底，全国营改增试点纳税人共计410万户，合计减税1 918亿元，“营改增”的改革成效日益明显。当然除了“营改增”政策以外，还有其他一些包括针对小微企业的减税政策，这样大幅度的减税力度势必会造成财政收入的减少，使原本就紧张的财政收支压力更大。

表6-4 **“营改增”改革的演进过程**

时间	主要改革历程
2010年10月	党的十七届五中全会通过的《中共中央关于制定国民经济和社会发展第十二个五年规划的建议》，明确提出要“扩大增值税征收范围，相应调减营业税等税收”
2011年	上海成为增值税扩围改革试点地区
2012年	“营改增”的试点范围扩大，由上海市逐步分批扩大到北京市、天津市等8个省（直辖市）
2013年4月	国务院第4次常务会议决定，自8月1日起，将在全国范围内推进交通运输业和部分现代服务业营改增试点
2014年6月	2014年6月，财政部、国家税务总局联合发布通知，决定从7月1日起，简并和统一增值税征收率，将6%和4%的增值税征收率统一调整为3%

资料来源：根据国家颁布的政策、条令等相关资料整理而得。

除了上述提到的经济增长因素和政府让利放权的因素以外，还有其他的一些因素共同导致了当前的财政收入状况，如当前在很大程度上仍然还高度依赖于土地收入的地方财政收入，随着土地出让收入的降温，“土地财政”的式微，房地产市场的低迷，与房地产相关的税收收入的下降都将会直接影响到财政收入的增收。所以，在当前的财政状况下，如何在不增加纳税人税收负担的前提下应对日益增加的刚性财政支出或者说建立起新的长效财政收入增长机制，是政府尤其是地方政府亟待解决的问题。

四、如何应对财政收入的“慢”增长

（一）重构地方税系

在中国现行税制体系下，作为财政收入主体税种的增值税和所得税都是中央和地方分享税，而营业税是属于地方税的。而当前进行的“营改增”改革虽然大大减轻了企业的负担，却直接导致了主要地方税种的缺失，地方财政收入大幅度收缩，现如今再加上财政收入的增长乏力，地方政府面临着严重的财政危机。在这种情况下，如何重构地方税系，弥补地方政府主体税种的缺失，开拓新的税源显得愈加紧迫。从当前情况来看，可以从以下几个方面着手努力，开拓税源：一是要加快以房地产税为主的财产税系的构建，同时简化税制，可以考虑将房产税、城镇土地使用税和土地增值税等税种合并为统一的“房地产税”，进行税种的整合，当然还要进行税率的优化，根据不同地区的实际情况建立起灵活的税率，使得房地产税能够适应当地的经济社会发展情况，尽快构建起以房地产税为主体税种的地方税系；二是加快资源税和环境保护税的改革，使之与房地产税一同构建起完善的地方税系。

（二）减轻纳税人负担，涵养税源

虽然当前财政收入放缓，财政收支矛盾更加尖锐，但这不能因此成为增加纳税人负担的理由，更不能因此成为地方政府以非规范手段收取非规范收入的借口，进行“乱收费”，加重纳税人的税费负担。财政再告急也不能将收支矛盾转嫁给纳税人。其实，越是在这个时候越要谨防地方政府的非税收入“抬头”，越是在这个时候越要重视减轻纳税人的实际税收负担，注意税源的涵养。从经济学理论上来看，当税率位于拉弗曲线左边的时候，提高税率可以增加税收收入，而当税率位于拉弗曲线的右端时，税率超过了一定的限度，提高税率反而会减少税收收入，在这个时候，降低税率、减轻税负反而可以提高经济增长，有利于税基的扩大，税收收入也会相应增加。多方资料和研究显示，我国纳税人整体上的负担比较重，纳税人的税收痛苦指数比较高。在这种情况下，进行相关的政策性减税不只是进一步减少了税收收入，尽管从短期来看确实如此，但是从长远来看，纳税人的纳税负担的减轻最终还会利于税源的涵养，扩大税基，为未来的税收增长打下基础。

（三）提高财政资金使用效率

缓解当前的财政状况，不仅要开拓新的税源、涵养税源，还要加强财政支出的管理，提高财政支出效率。首先，民生性保障支出要稳住，政府的财政收入再“紧”也不能“紧”民生，例如保障性住房的投入、医疗改革、教育支出等都需要财政加大投入力度，要把财政资金花在最需要的地方，民生支出不能缩水；其次，既然钱要花在刀刃上，就要压缩一些不必要的开支项目，例如压缩“三公”经费等行政开支项目，降低行政运行成本，精简政府机构，为政府部门“瘦身”，实现小政府、大市场的转变；再次，还要进一步推行预算改革，加强对预算的监督与管理，提高预算的透明度和有效性，实行“阳光化”的预算，完善预算的收支管理，积极发挥预算在我国财税体系中的重要作用；最后，还要创新政府财税政策的实现手段，如考虑PPP模式，鼓励社会资本的参与，引导社会多元主体的投入，加快建立多元化、多形式、多主体的投融资体系。

总之，财政作为国家治理的基础，财税改革更是牵一发而动全身，是一项系统和复杂的工作，这就要求政府在推行财税改革的过程中既需要把握全局也需要分步骤地审慎推行，更不能因为财政收入增速的放缓就操之过急，其实，这个时期反而是我们进行财税改革的良好契机。当财政收入恢复到常态发展，很多以前掩盖在高速增长之下的矛盾或问题也随之暴露出来，这样反而有利于我们正视问题，更好地解决问题。所以，尽管我们现在财政收支状态很困难，但却是我们进行财税改革的好时候，需要及时把握。此外，仍然需要强调的是，提高政府财政收入的方法不能是直接进行“增税”这么简单，我们要做的不是去“增税”反而是要“减税”，以退为进，以“减税”来为企业或个人减负，以“减税”来刺激经济发展，增强经济发展的后劲。当然，提高财政收入也不是直接地增加其他非税收入这么简单，虽然非税收入的确在弥补财政支出缺口、维持政府正常运转等方面发挥了很大的作用，但非税收入毕竟有其不规范的一面，不断膨胀的非税收入大大加重了纳税人的税收负担，而沉重的税收负担反过来又不利于纳税人税收遵从的提高，最终还是会反映到政府的财政收入上，在短期内，我们还无法知道政府的财政收入到底是增加了还是减少了，但从长远来看，是无益于税源的涵养的。因此，政府在进行财税改革的时候要有一个长远的规划，不能只顾眼前利益，而是要从长远来看，是否有利于经济的长足发展，是否有利于国计民生。

参考文献

[1]崔文苑.楼继伟详解财税体制改革思路——发挥财政在国家治理中的重要作用[N].经济日报, 2013-11-21(6).

[2]高培勇.财政“新常态”:“紧日子”可能要来了[N].中国财经报,2015-03-17(1).

[3]高培勇.筑牢国家治理的财政基础和财政支柱[N].光明日报,2013-11-15(11).

[4]高培勇.坦然面对财政收入增速下滑[N].光明日报,2013-04-26(11).

[5]高培勇.当前若干重大税收问题的分析[J].税务研究,2008(11).

[6]贾康.在全面改革中深化财政体制改革[N].光明日报,2013-11-15(11).

[7]梁云凤.新时期财税体制改革需要顶层设计、统筹兼顾[J].全球化,2013(2).

[8]李丽辉.财政收入“慢”增长怎么看[N].人民日报,2013-05-06(10).

[9]刘佐.中国改革开放以来房地产税改革的简要回顾与展望[J].财贸经济,2011(12).

[10]楼继伟.中国政府间财政关系再思考[M].北京:中国财政经济出版社,2013.

[11]吕炜.中国经济转轨进程中的财政制度创新逻辑[J].世界经济,2003(10).

[12]吕炜.关于渐进改革进程中财政体制演进原理的思考[J].管理世界,2003(10).

[13]吕炜.转轨过程中的财政职能界定与实现：基于体制的评价与改革[J].世界经济,2006(11).

[14]吕炜.中国新一轮财税体制改革[M].大连:东北财经大学出版社,2013.

[15]吕炜,陈海宇.中国新一轮财税体制改革研究——定位、路线、障碍与突破[J].财经问题研究,2014(1).

[16]吕炜,陈海宇."减税"还需"减费":非税负担对企业纳税遵从的影响[J].经济学动态,2015(6).

[17]马海涛,肖鹏.中国财税改革30年经验回顾与展望[J].中央财经大学学报,2008(2).

[18]曲哲涵,吴秋余.财税体制的新担当[N].人民日报,2013-11-18.

[19]田芳.房地产税改革目标及其路径[J].财经问题研究,2015(5).

[20]ALLINGHAN M G, SANDMO A. Income tax evasion:a theoretical analysis[J]. Journal of Public Economics,1972,1(3-4):323-338.

[21]YITZHAK,S.A note on income tax evasion:a theoretical analysis[J]. Journal of Public Economics,1974,3(2):201-202.

第七章

财税改革的学术视阈和现实趋向

遵照特定改革阶段和基本国情而制定特殊化的制度安排，以适应改革与发展的需要，是中国过去30多年改革决策的基本逻辑，这种特殊化的制度安排也造就了中国经济增长的奇迹。2013年召开的十八届三中全会所释放出的改革信号表明，中国改革进程已由“摸着石头过河”向“顶层设计”转变，在制度层面各种体制安排也逐步由强调“特殊化”向“一般化”转变，这是中国改革进程发展到特定阶段的一种必然回归，符合中国改革的总体逻辑。其中，财税体制改革由特殊化的、过渡性的制度设计向一般性制度安排回归的趋势尤为明显。从财政分层次的视角考察，这种回归体现为财政职能常态化、财税体制外生化以及收支约束机制化等多重过程，并能够得到财税改革领域学术视阈和现实趋向的双重验证。十八届三中全会所明确的未来财税体制改革方向也进一步佐证并回应了上述规律，深刻理解这种规律对客观认知中国改革进程及改革方向具有重要意义。

第一节　总论

在改革开放至今的30多年时间里，每当谈到中国的“体制改革”、“制度安排”、“政策设计”，学者们通常都不能忽略“特殊”或“特色”的前提。中国改革不同于世界一般规律的特殊性始终是中国改革的重要标签，财政领域尤为如此。长期以来，中国一直处于动态的转轨进程中，而财政在其中扮演着推动、保障、适应转轨的多重角色，其职能界定、体制安排与收支决策无一不体现着财政活动的过渡性和特殊性。然而，随着市场化改革的深入推进，以及体制环境的深刻变化，这种强调“特殊化”的固有思维也在发生改变。十八届三中全会通过的《关于全面深化改革若干重大问题的决定》（以下简称《决定》）释放了一种明确的改革信号，这种信号表明以本轮改革为契机，中国未来将步入一个“制度框架”、“经济发展路径”以及“政府与市场关系”均趋于稳定和回归一般化的新阶段。

事实上，随着市场经济体制的完善和新历史阶段的到来，过去财政“过渡特征”和“特殊性”存在的基础和依据正在悄然消失。《决定》对于下一步财税改革数十项新举措的阐述，诸如建立现代财政制度、取消竞争性领域专项、提高直接税比重以及清理规范税收优惠等也都在传达着类似的信息，即在市场经济日趋完善的大背景下，财政也将从过去推动与适应体制转轨的特殊设计回归于更加稳定、更具一般规律性的制度安排。

在过去，财政通过对特殊性职能的拓展，服从和服务于体制转轨的要求，对推动各领域改革的深化和宏观经济的平稳增长起到了至关重要的作用。这类特殊职能包括：其一，财政是推动转轨和保障转轨的重要工具。由于中国的经济转轨是在政府主导下进行的，政府在改革政策出台的时机、步骤的把握、利弊的权衡等方面都起着决定性的组织和领导作用，相应地，财政作为重要的政府调控手段，为推动制度变迁掌握着资源配置权限与范围的进退尺度，在市场培育和市场弥补两方面发挥作用，承担着推动改革以及调控经济运行的责任。其二，财政又是政府用以协调转轨经济体中各类关系和矛盾的主要方式。在计划逐渐退出、市场逐渐形成并占据主导地位的过程中，政府活动的重新定位、市场机制的建立与完善都不是一蹴而就的，政府与市场的边界必然在相当长的时期内交织着矛盾。要兼顾增长与稳定的关系，还需要政府发挥一定的积极作用，以财政等方式对影响发展的各方面矛盾进行协调。

过去的较长时间里，财政偏向特殊化的制度安排和政策设计是必要且高效的。它在很多改革的关键节点都发挥着承上启下的作用。如改革开放初期，正是财政的放权让利打破了计划经济体制对经济活力的束缚，引入了市场要素，同时也是财政退出所带来的改革增量为此后的价格、国有企业、货币金融等各领域的一系列改革措施奠定了基础。另外，又是1994年的分税制改革构建了政府间财政关系的制度基础，为此后进行危机应对、保持经济稳定增长的宏观调控政策提供了必要的财力保障。

再考虑中国经济体制“计划 ① 计划>市场 ② 市场>计划 ③ 市场”的渐近改革路径，以计划和市场分别作为经济体制改革的起点和终点，整个市场化进程必然可以找出三个具有跨越性质的转折点或转折时期。如果说，起初是财政的“放权让利”引入了市场因素，推动改革进入“计划大于市场”的阶段（诸如政治上十四大提出建立社会主义市场经济体制和十六大对于社会主义市场经济体制建成的判断、经济上短缺基本消失和经济体进入需求约束等标志性事件又预示着我们已越过了第二个关键的转折期[①]），那么，从进入21世纪起，到十八届三中全会为止又经过了10余年，中间经过了国有企业改革、资本市场改革、汇率改革等，市场化程度得到不断提升[②]。并且，全会《决定》所部署的未来经济体制改革安排，几乎都是围绕着“使市场在资源配置中起决定性作用”展开的，据此改革思路，未来中国市场化进程将会出现大幅度跃升，它也极有可能

① 对于第二个转折来说，以政治生活事件为标志的时间区间应是从1992年党的十四大提出建立社会主义市场经济体制，到2002年党的十六大所确定的战略机遇期结束、完善的社会主义市场经济体制建成之时。值得注意的是，中国的转轨过程在经济体基本告别短缺、市场经济体制初步建立（90年代中后期）之后，并没有顺利进入第二阶段，而是出现了1998—2004年长达7年的一个过渡期，使转折点延迟为一个转折阶段。转折阶段的突出特征是：体制转轨与发展转型的进展都不明显，政策的重点集中于应付实际经济运行中出现的诸多问题。这一阶段从时间起止上看，好像是一个从实施积极财政政策到经济开始新一轮增长的调控过程，是经济运行方面的问题。但隐藏于背后的却是20世纪90年代中期以来经济体制、运行机制发生深刻变化，实际经济运行、政策判断、思想观念之间出现不同步甚至碰撞的过程。

② 根据樊纲、王小鲁对中国各地区市场化指数的测度数据，进入21世纪以后，全国各省、区的市场化程度均不断提升，其中，北京从2000年的4.64上升到2010年的10.43；上海从5.75上升到11.11，中西部地区如陕西、宁夏的市场化程度也分别从3.41、2.82上升至6.49和6.28。详见经济科学出版社出版的樊纲、王小鲁所著《中国市场化指数：各地区市场化相对进程》2001—2011年各期。

带领中国的市场化改革跨越第三个关键节点。

从趋势来看，中国市场化改革的方向早已不容逆转，而基于当前所面临的第三个转折点（期）即将到来的事实，我们能够发现，过去需要由财政来弥补的体制转换过程中的制度“真空”正逐渐减少，而原来兼顾稳定与增长的财政活动则可以越来越多地放手交由市场机制来完成。此时，财政回归于一般化的大趋势实质上是对改革总架构逐渐定型、制度环境趋于稳定的一种回应，而这种回应不仅将单纯地体现在其由过去的统收统支向新阶段的公共财政转型的自身改革上，更是表明财政活动的各个层面都将由以往动态的、过渡的、主观的内容向更稳定、更具客观规律性的内涵转变。

基于上述认识，本章将从经济规律和历史逻辑出发，认识和阐述财税改革正在经历的和未来将会展现的改革全貌和现实趋向。由于宏观上财政活动能够联系到中国30多年来制度变迁的推动力，微观上又可以细致到某项具体政府收支政策的实施，它显然不是一个单视角的研究问题。因此，为了更好地从总体上把握财税改革的纵向趋势，我们将单一的学术视角扩展成为带有层次性的学术视阈，将财政活动划分成财政职能、分权体制、政策调控及财政收支四个层次，以此建立起本章的整体性分析框架。

第二节 “政府-市场”框架下的财政职能

这里之所以用“常态化”而不是学术界通常所说的财政职能“公共化”，是因为我们将着重阐述的“常态化”较之于“公共化”具有更广泛的指代范畴。所界定的财政职能“常态”是对应着中国经济转轨时期财政职能的“特殊”而言的，并且，这种特殊性并不仅体现在“越位”、“缺位”之类财政公共化内涵不足的表象上，还涵盖了对转轨进程的推动、保障、协调和适应等诸多过渡时期特有的职能范畴。

从一般意义上来看，以政府为主体，以应对市场失灵和增进社会福利为目标，各种特征的财政模式[①]都源于对政府与市场多大程度上能够有效配置资源的界定，亦即对政府与市场边界的不同理解。而将静态政府配置与市场配置的各自定位扩展至动态情形，经济转轨国家的特殊财政职能同样能够被一个更广义的“政府-市场”框架所界定。所以，在系统阐述中国财政职能由特殊化向一般化回归的总趋向之前，我们将先基于一个具有普遍意义的“政府-市场”框架，明确市场经济中常态化的财政职能定位，随后再分析基于不同阶段“政府-市场”框架下的中国财政职能由“全能”到“特殊”再回归于“常态”的演变规律。

一、财政职能在“政府-市场”框架中的一般定位

从政府的角度看，政府是财政活动的主体，该论点起源于国家产生的观点。以霍布斯、洛克和卢梭等人为代表的“社会契约论”认为，个人通过相互间的契约而形成了国

① 根据各国在财政范围与构成上的差异，财政模式可分为北欧模式、美国模式、德国模式等多种类型。其中，北欧模式倡导平等主义和广泛的社会福利，体现为自由市场下高税收、高公共支出的财政类型；美国模式更强调对市场积极性和竞争的保护，因此其税收和公共支出都比北欧福利国家低；德国模式则比较强调财政的平衡和政策的谨慎性。

家和政府，政府收入的取得和支出的安排从根本上都必须尊重全体人民的意愿。以此为依据的“税收价格论”认为，税收是政府因提供公共产品而获得的收入，而非凭借暴力对私人的强制征收。在支出方面，财政支出应“一视同仁”，国家应向全体社会成员提供公共产品，并尽可能做到公平、公正；而根据马克思“阶级国家观”的论点，财政存在的依据是国家实现其政治职能和经济职能的需要。从政治职能来看，国家是实行阶级统治的工具，作为这样的专门工具，国家不参与直接生产过程，其生存所必需的一切只能通过无偿性的分配获得。从经济职能来看，国家则为社会再生产提供一般生产条件①。

进入现代社会以后，商品经济得到极大发展，社会分工进一步细化，资源逐渐开始以市场为中心，在全社会范围内进行配置。此时，技术进步、社会生产力水平的提高为政府经济职能的扩大奠定了物质基础，人们开始要求政府在社会发展中承担更多的责任。其中，凯恩斯十分强调政府稳定经济的职能，认为政府应保障经济中的充分就业。托宾也认为，政府具有消除经济增长波动的责任；在保障社会公平、正义上，包括罗尔斯强调的社会正义中初级产品的公平分配，以及阿马蒂亚·森提出的保障每个人的可行动能力或是诺齐克的程序和权利公平，也都要求政府承担起重要角色。

从市场的角度，财政活动的起源则是作为弥补市场之手而出现的。一般认为，市场在高效配置资源的同时，也存在着失灵的一面，如公共产品供给短缺、外部性、集体选择与个人选择的冲突等，必须由政府的财政行为加以矫正。早期财政活动的范围更多的是基于对微观层面市场配置效率以及市场失灵范畴的界定，根据亚当·斯密为代表的古典主义的观点，市场本身在“看不见的手”的自动调节下不仅可以实现充分就业，也不会出现需求不足的经济危机，所以财政职能应该被限制在很小的范围内，只有在涉及国家安全、公共秩序与法律、公共工程与设施等公共产品和公共服务的提供时，才需要政府财政的参与。然而，20世纪30年代的大萧条之后，人们发现“看不见的手”似乎并不足以实现总需求与总供给的均衡和充分充业，市场除了在传统的提供公共产品等领域存在失灵外，还会出现周期性经济危机。因而，市场在宏观层面上也开始需要财政的介入，对总需求进行管理并熨平经济波动。此后，福利经济学理论又为财政对经济的宏观干预提供了新的理论依据。根据福利经济学的观点，国民收入越均等，社会经济福利就越大。相应地，如果市场形成的收入分配不是社会所普遍接受的，政府还需要通过“不扭曲”的税收对最初的收入进行重新分配。

随着市场失灵范畴逐渐明确，从最初的外部性，到后来的自然垄断、分配不公、经济波动、信息不对称等，其逐渐形成了现代财政职能界定的基本依据。

从资源配置、收入分配等方面的职能来看，政府与市场在很多领域是相似的。通常认为，财政作为政府实现其职能的重要手段，应该提供那些市场无法有效提供的但对社会有益的、必需的产品和服务，实现对市场机制的补充。但基于政府失灵的观点，政府干预的强化也同样可能引起配置的低效率。如新自由主义的“反国家干预”理论就认

① 个别生产条件直接作用于生产过程，因而由生产者自己提供。一般生产条件处于直接生产过程之外，不构成“国家财富的源泉”，即“不能补偿它自己的生产费用”（见人民出版社出版的《马克思恩格斯选集（第4卷）》107页）。

为，政府干预有损于“经济人”的积极性，会导致经济的无效率。卢卡斯（1972）也强调，在理性预期假设下政府干预经济的政策要么归于无效，要么加剧经济波动。在财政调控方面，也有学者认为财政政策只能缓解问题、暂时解决问题或使问题以被扭曲的方式被回避，而不能真正消除危机的根源（Feldstein，1988）。

归结起来，市场失灵的存在使政府介入或干预存在着必要性和合理性,但政府干预也存在着诸如低效、腐败等政府失灵问题，因而,财政作为政府干预的主要手段，既可能产生正的效应（即有助于弥补市场失灵），也可能产生负向的扭曲。基于这种普遍认识，财政职能定位的“政府-市场”一般框架实质上也就是财政在政府与市场配置边界上根据效率和公平等福利目标所做出的选择和权衡。

虽然至今为止理论界在政府与市场配置的边界问题上仍存在着一定争议，但世界绝大多数市场经济国家都形成了使“看不见的手”和“看得见的手”相互配合的比较稳定的财政职能范畴，大致包括：宏观上以增进社会公平、调控经济运行为目标，避免对市场的直接干预和大幅干预，强调财政收入调节功能等有利于社会公平的安排；微观上则以福利化为导向，提供公共产品和公共服务。

二、中国财政职能的纵向演变

中国经济处于一场史无前例的制度变迁过程中，长期以来，任何相关的理论与现实问题都需置于动态的背景来展开研究。从纵向演变来看，中国改革开放以来财政职能的变动趋向可根据市场经济体制的建立而划分为两个阶段:一是过去已经经历的财政职能从计划经济体制下的“全能型”转变为经济转轨时期“过渡型”职能的阶段；二是中国正在经历或是未来将要经历的由“过渡型”职能向“常态化”的回归阶段。

（一）“过渡型”职能

从中国经济转轨的背景出发，财政职能通过“政府-市场”来定位的框架虽未脱离其原有约束的内核，却体现出了与一般市场经济全然不同的特征。

在计划经济时期，经济资源的配置服从于国家计划，市场的作用受到排斥和禁止。此时，对于政府配置的强化以及对市场的淡化和否定，使财政完全定位为政府资源配置的实现工具。我们将这一阶段财政职能称为“全能型”，是因为财政活动覆盖了包括政府、企业、家庭在内的几乎所有部门的职能，财政既管吃饭，也管生产建设。相应地，财政运行机制的基本特征是以低价收购农副产品和低工资为基础，企业利润上缴为主要形式的特殊财政收入机制①、大而宽的财政支出机制②以及高度集中的财政管理机制。

然而，自转轨启动之后，市场与政府的关系开始呈现不稳定的特征。在政府层面，不仅政府活动的范围受到经济发展水平和市场发育水平、财政收入水平等因素的制约，而且，宏观预期的不确定性、各项体制机制的不完善也对政府的主体功能提出了颇高要

① 在1957—1977年的20多年里，通过农副产品低价这一形式，农民承担了总额约6 000亿元的“低价暗税”；1956年以后城镇职工经常性的工资升级被中止，在以后的20多年里基本没有变动；企业留利率也一直很低，1978年只有3.7%。

② 财政职能延伸到社会各类财务职能中，包揽生产、投资乃至职工消费，覆盖了包括政府、企业、家庭在内的几乎所有部门的职能。

求；如果通过分类来加以界定，那么诸如计划经济体制遗留的政府职能部分、新旧体制转换摩擦期间出现的问题都成为政府需要扩展的职能。

在市场层面，市场结构和市场功能还残缺不全，很多领域的市场资源配置功能无法得以有效发挥，各种市场尤其是要素市场还缺乏良好的组织，市场信息不灵敏、不准确，不能及时正确地反映产品、劳务和资源的真实成本。而由政府对市场干预过多或不适当干预所造成的市场扭曲、改革过程中由于战略设计的失误或“试错”而产生的市场失灵，非法经济行为的存在等又扩大了市场失灵的原有范围。

因此，在静态意义上，基于转轨背景的财政职能在不稳定的“政府-市场”结构中形成了“越位”和“缺位”并存的模糊界定。在实践中，虽然1978年以后，财政开始通过逐步退出传统的资源配置领域推动经济运行机制的市场化，但财政的生产建设职能却不是一下子直接退出的。渐近式改革的前提使得市场机制的建立和财政职能的转变都将在一个过渡时期渐次完成。因此，在过渡阶段，就会存在一部分应退出但还未能及时退出的领域形成财政职能的“越位”；而对于逐渐建立并完善的市场机制，财政职能如果不能及时跟进又会出现相应的“缺位”。

图7-1是一个关于“越位”职能的典型例子，它描述的是政策性补贴中的平抑物价补贴在1990—2006年间的变动趋势。从一般意义上讲，这类可能造成市场扭曲的财政支出并不属于市场经济中财政职能的范畴，但在转轨期间市场机制还不够完善的前提下，由于经济发展与改革深化相辅相成，政府也就十分有必要保持物价稳定、防止宏观经济出现大起大落。所以，在应对物价波动问题上，政府也只能在特殊时期采取特殊的做法，而财政直接介入则是一种较高效的实现方式。

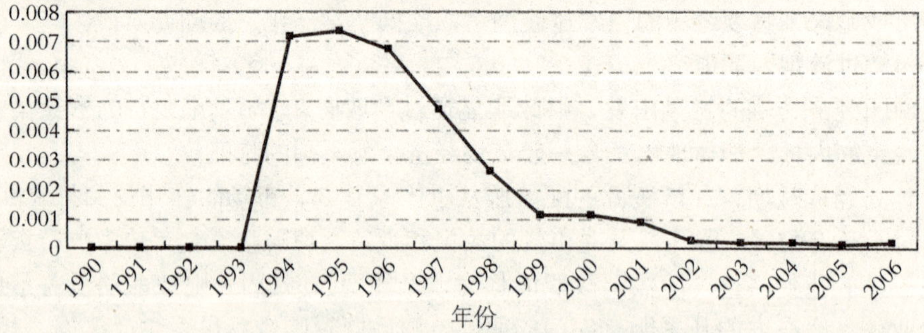

图7-1 财政支出中的平抑物价补贴所占比重

在分析了静态意义上的财政职能的“越位”、“缺位”之后，将分析视角扩展至动态情形，我们发现，“越位”与“缺位”还并不足以概括中国财政职能特殊性的全部内涵。在转轨时期，由于市场与政府均处在改革的进程之中，财政活动也必然呈现出一些动态化的特征。结合市场化改革的方向，“政府-市场”框架也就相应扩展成为“体制市场化-政府职能转型”的动态框架，而基于该动态框架的财政职能范畴则被极大地拓宽了。它具体包括：一是以推动转轨为目标的财政职能。实际上，这一职能源于政府对转轨进程的主观驾驭，财政作为重要的政府调控手段，通过逐渐放权让利，在生产性和竞争性领域，政府财政活动让位于市场，推动市场经济体制的建立和完善。二是保障转轨和调控宏观经济运行的职能。对于大量的历史遗留问题和机制转换所引发的新问题，需要财政的介入来解决。同时，要实现改革的深化，保障经济稳定和社会稳定成为特殊时期财政需要负责的内容。三是以协调转轨经济体中各类关系和矛盾为目标的职能。财政是政府可以驾驭的用来协调各种关系和矛盾的重要手段之一。在政府逐渐退出而市场机制尚未完全建立的过程中，政府要以最小的成本来获得增长的持续性和平滑性，所以需要以财政方式对影响到发展质量的各方面矛盾进行协调，并将其控制在可承受的范围之内。

（二）“过渡型”职能回归常态化

随着市场化改革的推进，根据“政府-市场”框架中的财政职能定位，如果以完善的市场经济和公共服务型政府为终点，那么，从历史逻辑和经济规律出发，财政职能必将随着转轨的完成而最终回归到一般化的情形上来。

然而一个重要的问题是，到目前为止，中国仍处于转轨进程当中，那么现在提出财政职能由“特殊”回归于“一般”的趋向有什么意义？对此，我们将从以下几点回应这个问题。

首先，在市场经济体制确立之后，中国市场化改革仍然在不断推进。随着市场机制逐渐趋于完善（相应指标如图7-2所示），市场与政府的关系界定必然愈加明晰，也就会对财政职能转型提出适应新体制的要求，并要求财政职能逐渐转向更具一般意义的“对市场失灵的弥补、对政府过度干预的解决”等问题上来。与此同时，十八届三中全会所出台的《决定》在市场化和政府活动范围上的“积极稳妥从广度和深度上推进市场化改革，大幅度减少政府对资源的直接配置，推动资源配置依据市场规则、市场价格、市场竞争实现效益最大化和效率最优化”等有关提法，又进一步明确了未来政府和市场的定位。按照此改革思路，未来中国市场化改革很可能会出现一次大幅的跃升，这样，财政职能必须通过自身的常态化来回应新的“政府-市场”框架。

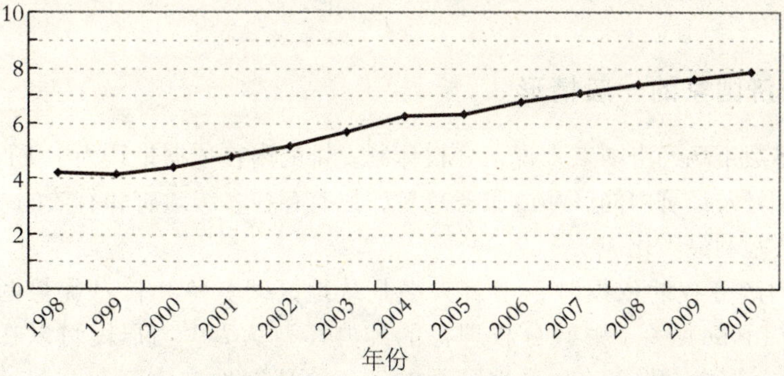

图7-2　中国平均市场化程度相对指数(1998—2010年)

其次，财政在整个经济体制转轨中具有很强的主动性，虽然财政也是制度变迁的一个子系统，但它仍然能通过职能范围的调整、制度的安排和政策的实施与整个转轨过程形成互动。再考虑中国经济体制“计划→计划>市场→市场>计划→市场”的渐近改革路径，在前文我们提到，中国改革已进入到了“市场大于计划”的阶段，这样，跨越第三个转折点并顺利地实现转轨，已经成了未来深化改革的唯一任务。

以此为前提，只有明确了财政职能定位的常态化趋向，才能使未来财政职能的调整致力于完成新阶段的改革任务。我们已经知道，当进行新旧体制转换时，财政拓展了很多特殊职能，并利用了工具化的“越位”与“缺位”以及职能范围的动态调整体现出极强的主动性，不仅推动了转轨进程，也保障了宏观经济的稳定发展。但必须注意的是，特殊化的财政职能只能在特定的时期起作用，如果将特殊化的理念强行代入新的阶段，那么，根据新阶段“政府-市场”框架中“以市场配置为主、政府干预为辅”的前提，财政的“越位”显然会导致市场机制的扭曲，而“缺位”则会以市场失灵的形式表现出来。因此，财政职能对未来改革的主动性需要从总体理念上进行转变，从以特殊职能推动转轨逐渐转向以自身的常态化回归为未来的改革创造良好的环境上来。

最后，财政职能定位的常态化趋势也提供了一个看待改革问题和设计改革政策的新视角。在一般化的情形下，财政的职能被限定在“大于政府失灵”的市场失灵领域，只承担着提供公共产品和公共服务、调节收入分配和调控宏观经济等任务。然而，由于种种原因，我们过去在分析问题和进行学术研究时，都更多地去强调财政职能在经济社会各方面的特殊性，尤其是当“特殊”的财政职能取得了较好的经济绩效，或是解决了实际问题时，更是常常忽略了这样的方式是否是合规的、可持续的。当未来“政府-市场”框架随着市场化建设而趋于稳定之后，对于绩效的追求将会适时地转向制度的稳定性和规范性上，此时，就需要以“特殊”为核心的视角和观念的转变。未来当判断一项财税改革政策是否符合改革趋势和经济规律时，就不能完全以绩效为导向，而是要看这项政策是否遵从了上述常态化趋向、是否强调了职能的稳定性、是否符合常态化的职能定位。

第三节　分权关系改革背景下的财税体制

一、市场经济国家的一般情形

对于大多数市场经济国家来说，分权体制安排的内在依据是认为中央政府不能完全掌握居民的偏好及经济中的产品或服务总量，只有存在多级政府和有效的财政分权时才能够实现社会福利最大化。

在论证财政分权的依据时，学者大多是从地区间竞争和信息优势两个角度展开的。Tiebout（1956）关于财政分权理论的经典模型认为，当居民可以在提供地方性公共产品的区域间自由流动时，地区间的竞争会使得地方政府在公共产品提供的数量和质量上实现帕累托有效的配置结果，最终提升社会福利水平。随后，国内外学者们进一步发展了向地方分权的思想，并将分权、“用脚投票”、地区间税收竞争等联系起来（Schwab & Oates,1991；沈坤荣、付文林，2006；傅勇、张晏，2007；李涛、周业安，2009），逐步形成了中央与地方分权的基本理论框架。

还有一种观点认为，在公共物品的供给问题上，向地方政府的分权可以解决困扰中央政府面临的信息缺损问题。由于居民偏好具有差异性，而地方政府具有信息优势可以对地方居民的多样化需求做出更灵敏的反应，所以提供地方性公共物品的责任应该归地方政府（Oates,1969），并且，地方性公共物品应该由在空间上受益和付费相匹配的最低一级政府来提供（Oates,1999；Oates,2005）。随后，Qian等学者也从地方政府的信息优势角度为分权提供了依据（Qian & Weingast，1997）。Besley（2003）对这一领域理论研究的总结是：政府间公共物品提供责任配置的有效性，取决于对居民偏好的异质性和公共支出的外溢效应之间的权衡。

归结起来，虽然Tiebout的财政分权理论比较接近发达国家的现实情况，但却与大部分发展中国家并不相符，“用脚投票”的前提并不存在，所以，也同样不适用于中国。但无论是Tiebout的分权理论还是更加侧重于地方信息优势的理论都予以肯定的是：地方居民具有典型的异质性偏好，而在公共物品的提供方面，地方政府较中央政府更具信息优势。同时，由于地方还可能存在“缺乏大局观”、“地区保护主义”等倾向，所以，分权实质上是在地方政府信息优势与劣势之间所做的一种选择。

结合分权理论的内在依据，以社会福利最大化为目标，在西方的普遍情形下，真正决定政府间分权关系的实质上是对公共物品层级的划分。比如，对于国防这一类典型的全国性公共物品来说，它由中央政府来提供是毋庸置疑的（Samulson，1954），但对于基础教育等准公共物品而言，却存在一些争议（李世刚、尹恒，2012）。它们之间的差别就在于，我们能够明确地认定国防、法律秩序等纯公共物品由中央来提供是最优的，但诸如教育、医疗、环保等准公共物品，就需要结合本国的实际情况来进行权衡。

基于公共物品层级的划分和地方政府的信息优势，依据分权理论所进行的政府间分权决策的影响因素显然是外生的，只取决于政府间的信息配置情况、公共物品的性质等外生因素。也就是说，在一般化的情形中，虽然国家（政府）仍然具有特定的主观目标，比如财政联邦主义所认为的追求社会福利最大化，但其分权实施的依据却是外生的，并不受决策主体主观导向的影响。

二、中国分权体制安排的主观特征与内生性改革逻辑

在体制层面，这里所指的“主观特征”是相对于体制的“工具性”而言的。转轨时期，在动态的制度环境下，财税体制本身并不稳定，需要频繁地实现自身的改革诉求。与此同时，作为改革决策主体的政府（主要是中央）也需要寻找能够驾驭转轨进程和维持经济平稳增长的有效工具。事实上，从历次财税体制改革的实践中都能够看出，中国过去采取了一种一举两得的实践模式，也就是将上述两项诉求结合起来，将财税体制作为实现政府目标的政策工具，使体制改革的决策服从于政府的主观安排。

财税体制的工具性主要源于它对于经济发展能够产生的激励作用。首先，财税体制是中央与地方分权关系的基础，对地方积极性有着不可忽视的影响。作为大多数政策的直接执行者，地方政府同时也是效用最大化的经济主体，其是否愿意致力于当地的经济发展、改善地方投资环境、提供较充分的地区性公共物品等主观动机均会直接反映在区域的经济社会发展水平上。其次，财税体制通过在财政与市场之间的资源配置，也能够

显著作用于市场的积极性。财税体制不仅能够给予微观主体一种导向上的作用，也在实践中直接或间接地影响生产要素、收益等的分配。因此，不同的模式会为微观主体提供不同的激励效果。比如，由于计划经济体制下实行财政的统收统支，无论是居民还是企业都不具有剩余收益权，它们也就缺乏努力生产的积极性，相比之下，如果个人可以在市场上寻求回报，也就有动机去追求更高的效率。

理解财税体制的主观特征，还需对政府目标进行界定。事实上，转轨时期的所有政府活动都无非立足于改革与发展两大基本要求，但不可否认的是，在对经济发展迫切期待的主导下，长期以来，政府形成了以经济绩效是否改善为标准的执政思想，并在转轨初期形成了效率至上的经济发展观，使政府的社会福利倾向简化为对经济增长的关注①。除经济增长目标之外，还有一个目标是政府在制定财税决策时需要着重考虑的，也就是政府的财政能力。由于大部分职能的实现都必须以政府有相应的财政实力为前提，所以，这个目标的存在对于财政职能的实现、财政调控的实施同样十分必要②。

结合财税体制的工具性和激励效果可以发现，倾向中央的财政分配方式容易维持较强的财政能力，却容易损害地方和市场的积极性；而过于倾向市场的分配可以有效促进市场经济的繁荣，却易引发政府财政能力不足的问题。从财政决策的角度，中央政府只能通过运用不同财政工具的组合，在分权的两难选择间进行权衡。

在实践中，以往中国财税体制改革的主观特征在历次财税体制改革（包括新一轮改革）中多少都有所体现。比如，自1980年开始实施的“包干制”改革，其核心是在中央与地方间实行“分灶吃饭”，对政企分配关系实行“减税让利”，其主观动机就在于，当原有的统收统支模式再也无法满足经济社会发展的需要时，包干制改革就体现为以经济发展为导向而实施的主要工具。通过“放权让利”来调动地方政府和市场主体的积极性，“包干制”赋予了地方和企业较大的自主权和剩余控制权，有效地促进了经济增长目标的实现。

1994年实行的分税制改革虽然实施方式完全不同于“包干制”，却仍具有类似的改革逻辑。作为财政公共化进程中的分水岭，分税制改革通过划分中央与地方的财权、事权关系，明确税制，奠定了中国此后的财税体制基本框架，但其改革的直接诱因却是中央所面临的财政压力。在1994年之前，中央财政需要为国内外债务、社会保障体制改革、金融体制改革等支付大量成本，而地方政府在“包干制”的激励下却更有动机“藏富于企业”而不是上缴中央，这造成了20世纪90年代初期中央财政收不抵支的现实情况，提升中央财政能力构成了分税制改革的核心目标之一。因此，分税制改革后中央财力状况得到了极大的改善，中央财政收入占总财政收入的比重由1993年的22%提高到1994年的56%，地方政府财政收入由78%下降到44%。

---

① 经济发展作为最终目标包括经济增长、社会进步、自然与环境和谐等诸多内涵，但在现阶段，由于社会整体发展是难以度量的，因而决策部门往往以数量（增长率）而不是质量来衡量发展这一目标，这也是经济发展的关注体现为经济增长偏好的一个原因。

② 中央政府需保障财政能力的另一个原因在于沉重的财政支出压力，随着改革的不断进行，中央政府需要为改革支付的潜在成本不断增加，导致预期财政支出规模扩大。详见《中国社会科学》2003年第3期刊载的杨开忠、陶然、刘明兴的文章《解除管制、分权与中国经济转轨》。

上述财税体制改革主观特征的存在使中国过去呈现出一种如图7-3所示的内生性改革逻辑，即财税体制的每次改革都是在某个特定政府目标的驱动下发生的，或是为实现经济发展目标，或是为缓解财政压力，只有当财政能力或经济发展目标形成了对原有分权体制的挑战时，改革才会随之而进行。中央以财税体制为工具的主观特征以及财税体制对于地方和市场的激励作用，使得改革框架中出现了一个“改革→决策目标实现情况→改革”的内生的循环系统。并且，这种内生性的改革逻辑，也成为每次财税体制改革均表现出一定倒逼特征的制度根源。

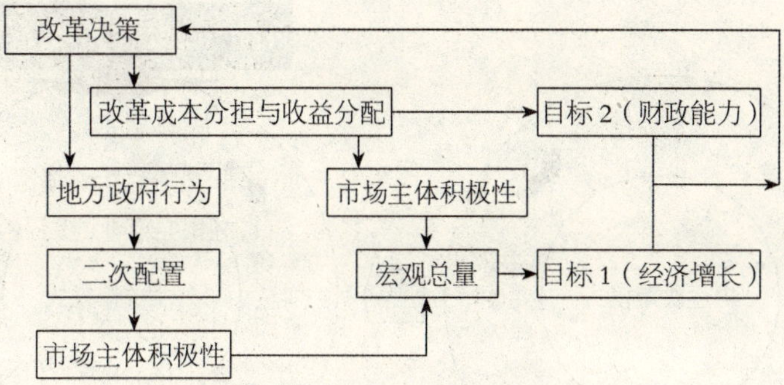

图7-3　财税体制改革内生逻辑

三、中国财税体制由内生化向外生化的回归

当前，随着政府活动的效率导向逐渐转向公平、正义的社会发展新目标上，《决定》对新一轮财税体制改革也提出了多项不同于以往的新措施，比如形成合理有序的收入分配格局、建立更加公平可持续的社会保障制度、适度加强中央事权和支出责任等。若从政策层面分析，这些改革措施仅可以说是对过去一些遗留问题的解决方案，但如果结合整个财税改革由特殊向一般回归的总趋势，还能够看到新一轮改革的更深层含义。

《决定》除了提出常规意义上的“建立事权和支出责任相适应的制度”之外，还首创性地提出了“应由市场配置的领域就由市场来进行配置，在公共产品的提供上，中央负责提供全国范围的、具有区域间外部性的公共产品，而地方提供区域系统内部的公共产品”的财税体制外生化定位的理念。

如图7-4所表明的，在过去内生化的改革逻辑下，只有当财政能力或经济发展目标形成了对原有分权体制的挑战时，改革才会随之而发生。事实上，新一轮财税体制改革同样受到了来自地方政府的财政能力不足问题的倒逼[①]。但从长期来看，《决定》所颁布的改革措施，正是对财税体制分权框架过去依赖于政府目标与决策主观逻辑的一种现实逆转。

① 倒逼新一轮财税体制改革的直接导火索是“营改增”的改革举措。分税制改革后，中央与地方之间一直处于财力与支出责任不匹配的矛盾之中，地方税收收入并不足以弥补其支出成本，只能通过转移支付、制度外收入和土地出让金来维持收支平衡。考虑到“营业税”是地方的主要税源，当营业税被增值税取代以后，如果仍按现有分成比例，该举措在减轻企业税负的同时也必然会减少地方政府的财政收入。在当前的形势下，地方政府已无力支付由“营改增”带来的改革成本，所以，试点的扩大化必然要求重新界定中央与地方、政府与市场之间的分配关系。

图7-4描述了财税体制由内生向外生的转变情况。需要注意的是，所提出的财税体制外生化回归的趋向并没有忽略中国国情与西方市场经济体的区别，也不是简单地认为中国财税体制只能按照西方的分权理论来进行界定。这种外生化的内涵是：财税体制的决策逻辑不再是政府主观臆断的，不再内生于经济发展水平、财政能力情况的循环之中。新的决策逻辑为：未来政府在设计财税体制时，更加注意的是对中国的现实国情下各级政府应该管好什么、应该在哪些方面让市场发挥资源配置效率等外生因素的界定，并让这些客观的事实来决定财税体制的安排。

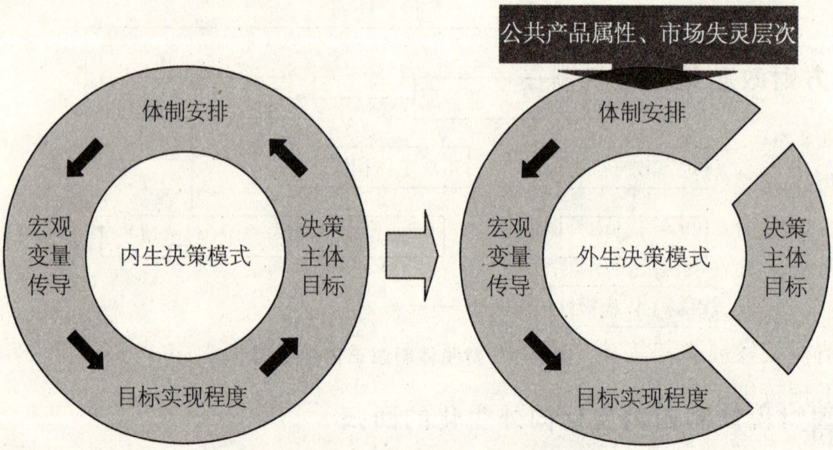

图7-4 财税体制由内生向外生的转变

具体地，未来中国财税体制改革将回归于外生化的新决策逻辑具有以下两层原因：

首先，依托于政府主观目标的体制改革决策极易导致体制的不稳定以及政府财政工具的过度使用，这使得只有外生化的决策逻辑才是客观的。事实上，“政府目标的存在”和“以政府目标为实施体制改革的决策依据”，这两者不仅在语境上存在区别，也会产生截然不同的后续影响。其中，目标导向的决策显然更加直接和高效，必须承认的是，中国改革开放以来30多年的高速经济增长就与这种财政分权对地方和对市场的激励作用密不可分。但与此同时，主观化的改革决策却存在三个较大的问题：一是体制的不稳定，如果财税体制安排的决定因素不是外生的，那么实践中的财税体制就可能会出现分权的波动状态，也无法趋向一个稳定的终点；二是改革的滞后性，即不到倒逼时刻问题很难得到彻底解决；三是对外部冲击的过度反应。

其次，以财政能力为目标的视角，与经济发展目标相比更具有主观倾向。市场经济体制基本建立至今已10余年的时间，而公共财政制度却未能顺利建成，成为当前经济运行的极大约束。在改革的实践中容易发现，财政收入总是排在支出之前，相比之下，政府对收入的重视明显大于对支出的重视，尤其对财政资金支出后的政策效果关注度很低，究其原因，最重要的就是各级政府长期以来形成的以财政能力为导向的决策观念，而这极易引起非规范性问题，如政府对市场的过度挤占、对地方的激励扭曲，等等。

可以看到，只有如图7-4所示的内生阶段过渡到外生阶段之后，财税体制改革决策才会出现一个明确而稳定的终点，未来的分权改革才会具有明晰的方向。正是这种理念上的转变，才使得《决定》的改革举措在财税体制层面产生了分水岭式的意义。从表象上看，此次改革对地方政府和事权与支出责任的调整仍然是具有倒逼特征的，然而，从深层次上，新的改革将根据公共产品、公共服务的属性来界定分权关系，实际上更是遵从着向一般性的客观逻辑回归的规律。

第四节 财政政策调控

一、西方财政政策传导机制在中国特殊背景下出现异化

通常来说，财政政策实施的体制背景是西方经典宏观经济理论所甚少提及的。但实际上，西方宏观经济理论对于财政政策作用机制、效果等的论断都暗含着成熟市场经济体制的前提假设。而对我国来说，深化改革的背景构成了政策实施的基础和前提，这使得我国财政干预在具有市场经济体制下政策作用一般性的同时，更包含着转轨经济体在发展基础、制度差异等各类约束下的特殊性。相应地，如果将政策效应定义为财政政策对经济结构及发展态势等各方面所产生的短期与中长期影响的总和，那么，相比于西方的财政干预政策，在转轨经济体中其必然呈现出更加多样化的特征。

自1978年至今，中国宏观经济一直运行在以计划经济为起点、以完善的市场经济为目标和终点的转轨进程中，随着计划经济的束缚被打破，市场经济体制逐步建立起来。期间，对于中国经济社会的各项活动而言，转轨都是最重要的约束条件。此时，主导中国宏观经济运行的不再是最初的计划经济体制，也不是成熟的市场经济体制，而是介于两者之间的一种状态。在这个大背景下，财政政策的实施与传导同样受制于这种特殊的经济组织方式。因此，对于财政政策在转轨经济体中传导情况的分析，首先要做的就是放松西方财政政策理论中关于完善的市场机制的假设。

在成熟的市场经济体中，积极财政政策的传导机理是：当经济未能达到充分就业的均衡时，政府以增支减收等扩张性政策实现对总产出与总收入的拉动，并通过乘数效应进一步带动消费和投资，最终恢复经济的自主增长。比如，对于政府投资扩张的措施，其政策的传导就是基于对产出的直接带动及其乘数作用，经过如图7-5所示的链式结构来实现自主增长动力的恢复。

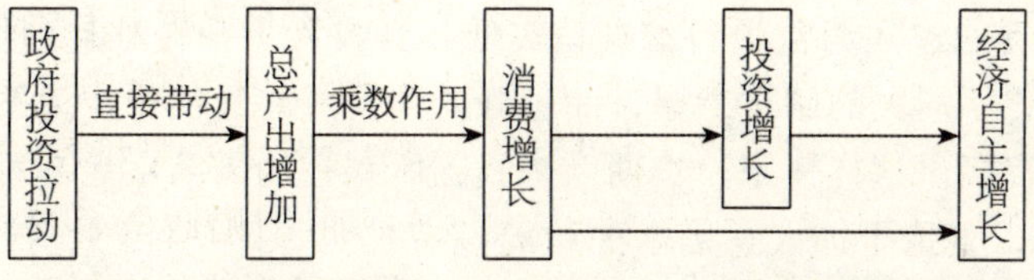

图7-5 市场经济体制下政府投资扩张政策的传导机制

可以明显地看出，该链式结构的有效传导事实上需要满足以下几个基本前提：其一，在首个传导环节，新增的政府公共投资要有效地转化为产出的增加；其二，总产出

增加需相应地体现为可支配收入的增长，并且，收入增长还应通过边际消费倾向起到带动消费的作用，这样才能保证乘数作用的有效发挥；其三，由于政府投资所存在的利率效应有可能会对民间投资造成挤出，因此较低的挤出效应也是扩张性财政政策有效的必要条件。基于此，在转轨的背景下考虑财政政策经由微观反应机制进而作用在总需求上的链条就会发现，其传导环节所需的条件无一不受制于转轨经济体中的体制性约束。

具体来说，在转轨的背景下，财政政策的传导在首个环节即表现出了与西方不同的情形，一部分公共投资实际上在未转化为产出时就已经损耗掉了。在国民核算体系中，由于投资本身就属于总产出的组成部分，公共投资扩张与总产出增加之间本应是一个并不存在中间环节的联动过程，但不够完善的政策实施机制却导致即使在该环节仍难以避免中间损耗的出现。这主要是因为，扩张性财政政策最终需由地方政府、企业等主体来具体实施，而这些主体执行政策的规范性却受到转轨阶段性的制约。目前，我国正处于逐步建立公共财政体制的进程当中，虽然随着转轨的层层深入，财政管理体制的规范性有所提升，但至今为止，公共财政仍尚未建立健全。所以在不够完善的财政管理制度下，就会出现一部分纳入投资规划的政府支出未能顺利进入产出环节的情形。这样一来，在政府投资扩张转化为总产出增加的过程中，就很容易出现实际的产出增加小于政府投资总额的情形，并且，由于存在资金管理漏洞，还可能会间接形成对地方、企业甚至个人的非规范性转移支付，对收入分配产生负面影响。

随后，我们分析产出通过乘数作用而产生倍数效果这个环节。在西方经济理论中，乘数效应能否有效发挥主要取决于有多少政策扩张所致的总收入能够再次转化为消费，也就是边际消费倾向的值。对市场经济国家来说，居民的边际消费倾向通常取决于利率、财产等因素。相比之下，对转轨经济体内居民消费意愿的判断则较为复杂。由于新旧体制转换的过程实质上也是一个社会成本与收益重新配置的过程，实际影响消费的因素同样受制于转轨过程中的资源配置。基于转轨期的利益分配状况，可以发现，改革的非均衡性实际上使得劳动要素报酬长期以来被过分压低，同时，市场经济所带来的大部分收益更倾向于国有部门或是资本、土地等要素的所有者，使得居民收入增速一直低于经济发展的速度；而对于转轨过程顺利推进所必须支付的社会成本而言，其中却有很大一部分以社会保障缺失、物价上涨等形式间接转移给家庭部门，迫使居民以增加储蓄、缩减即期消费来应对。基于这种资源配置的双重制约，一是居民收入很难随着总产出的增加而上升，反而会造成国有部门以及并不依赖劳动报酬的高收入群体的财富迅速增长，由于高收入者的边际消费倾向本身就较低，其收入上升较难起到促进消费的作用；二是它显著地强化了居民的储蓄意愿，而过强的储蓄意愿又使得作为关键传导变量的边际消费倾向难以提高。这样一来，长期以来我国所存在的需求不足都可以被归结为体制性现象，所以说，立足于扩大总需求的政府投资扩张，即使能够直接带动总产出的增加，也很难相应带来消费的链式增长，反而经过转轨约束下的传导链条加大了收入分配的失衡。这也说明，在西方市场经济体中起到重要作用的乘数效应无法在我国发挥同样的作用。

另外，对于政府投资是否会对民间投资产生挤出的问题，在理论上，挤出效应是指政府通过实行扩张性政策引起利率上升，导致民间投资减少，抵消财政支出的扩张效果。在这一反应机制中，值得注意的是，我国利率并未市场化，可以说并不存在“政府投资扩张→利率上升→民间投资被挤出”这一链条。但这却并不能说明我国政府投资无法通过其他渠道挤出民间投资。在融资市场上，在利率无法市场化调节的前提下，非国有经济尤其是中小企业普遍缺乏正常的融资渠道，而当政府投资扩张使得对信贷的需求增加时，民企融资难度则会进一步加剧，虽然它并不通过利率作为挤出机制，却是通过融资成本变相加大等其他方式表现出来。这种以行政命令方式对民间资本的“挤出”，实质上比西方普遍存在的“利率挤出”对民间投资的资金需求形成了更强的制约。

从上述三个传导环节的实际运行可以看出，当前扩张性财政政策的传导机制在转轨的特殊背景下产生了异化，并使得政策效果不再依赖于一些市场中的基础性要素，反而与市场机制的不完善性密切相关。在目前的体制性约束下，只要收入分配、民生保障等体制问题没有得到很好解决，存在于这些环节中的障碍就无法破除，以投资扩张带动经济恢复自主增长也就失去了其重要的传导媒介。因此，基于转轨对消费与投资环节的重重制约，财政政策在效果上必然无法与西方理论所描述的相一致，不仅传导不畅将使财政政策难以实现预期的增长效果，其传导链条的异化还会使财政政策影响到经济结构、市场效率等其他方面，形成对原有资源配置方式的扭曲。这种对转轨背景下财政政策传导机制的特殊性的理解，既是我们分析扩张性财政政策之间内在联系的首个角度，也是进行下一步分析的前提。

二、实际政策作用机理解析

（一）增长效应

以西方的宏观经济理论为框架，财政政策的经济增长效应主要通过两个途径发挥作用：一是财政扩张直接带来的产出增长；二是政策通过乘数作用带动总产出的成倍增加。其中，作为总需求的组成部分，诸如政府支出增加、公共投资扩张等措施本身就能够形成对产出的直接贡献；而对于乘数作用来说，按照凯恩斯需求管理理论的解释，总需求的扩张能够转化为总收入的增长，而所增加的收入将由边际消费倾向再次形成消费，引起需求的成倍增加。这样，财政政策对增长的直接带动与乘数作用的放大机制一起，形成了财政政策能够促进经济增长，使经济恢复自然产出水平的重要理论依据。

结合转轨经济体的特殊性，我们首先分析财政扩张直接带动产出的环节。具体来说，我国扩张性财政政策的实施，通常是由各级政府及国有企业来具体执行的，而其在资金使用、监督等方面则存在一些问题。比如，在公共投资扩张时期，为了完成财政拨款额度，中央对投资项目的审核力度通常有所松动，造成了政府投资资金的浪费。由于投资效率较低，实际政策的直接产出效果很可能低于预期，并且，在这些实施环节产生的政策损耗还可能形成对地方、企业甚至个人的非法收入。

随后，再分析政策的乘数作用。在西方经济理论中，乘数作用的有效发挥主要取决于边际消费倾向的值。而在转轨的背景下，总收入的增长却很难引起消费的倍数增加。这主要是因为，改革开放以来我国收入两极分化的趋势非常明显，而政府在住房、医疗等社会保障方面的缺位又使得居民承担了很多社会成本，其中，高收入者的边际消费倾向本身就较低，而低收入者对支出的不安全感又强化了其储蓄的意愿。因此，受制于较低的边际消费倾向，我国财政干预的乘数效应实际上是非常有限的。

将以上两个途径加以总结，可以看出，从一般性原理出发的财政政策经由中国特殊的传导机制后出现了效果的异化。其中，财政体制的非规范性使得财政对直接产出的贡献低于预期，而乘数效应则因受制于边际消费倾向而难以发挥作用。所以，可以预计的是，我国特殊的政策作用机制将使得财政干预的经济增长效应远小于成熟市场经济的情形。

（二）挤出效应

在西方宏观经济理论中，政府投资对私人投资的挤出是财政政策可能产生的一个主要的负面效应。其原因在于，当政府支出增加而货币供应不变时，对货币的需求就会增加，均衡利率也将随之上升，并形成对私人投资的抑制。值得注意的是，我国利率还没有完全实现市场化，从这个角度可以说我国并不存在“政府支出扩张→货币需求增加→利率上升→民间投资被挤出”这一链条，这样一来，西方经济理论对于挤出效应的论述也就不再适用于我国的情况。

但这却并不能表明我国政府投资不具有挤出效应。在积极财政政策实施期间，政府增发长期建设国债，并由商业银行向国债项目提供贷款，在该阶段，如果货币供应量不变，就势必会减少和压缩民间用于投资的贷款，加之我国的非国有经济尤其是中小企业原本在融资方面就处于劣势地位，因此，即使利率不会随着政府支出扩张而提高，商业银行也可能会依托非市场化的方式来解决投资与利率的矛盾。此外，如果为了避免政府支出对资金的过度占用而产生变相的挤出效应，就需要货币供应量的相应增长。而通过宽松的货币政策为财政扩张融资虽然可能会避免挤出效应的出现，但这种“双松”的政策安排却极易埋下通货膨胀的隐患。

（三）保障效应

一般认为，财政政策的作用具有短期化的特征，并不能产生中长期的持续效果。然而，在我国，这种普遍情况却因经济发展水平的动态性而发生了转变。与西方不同的是，我国正处在现代化建设的进程中，各项公共基础设施都不尽完善，尤其是在改革开放初期，交通运输、电力等公共基础设施对我国经济发展形成了极大的制约，因此，通过实施积极的财政政策加大公共产品的供给和进行基础设施建设则具有更为特殊的长远意义。从以往的政策效果中可以发现，政府支出扩张的措施因有效地增加了公共产品的供给和进行必要的基础设施建设，开始对经济发展产生中长期的保障与促进作用。

这说明，在特殊的经济发展阶段下，我国积极的财政政策出现了西方政策所不具备的保障效应，它作为财政扩张政策的间接影响，实际上形成了对以往政府“缺位”的弥补。并且，由于保障效应为经济发展创造了良好的环境，其效果还具有较强的可持续性，能够在中长期起到促进经济发展的作用。

（四）结构效应

从动态的视角，处于经济转轨阶段的基本事实决定着我国目前还无法像西方一样，形成较平衡、稳定的经济结构。从积极的方面看，它使得通过政策手段调整结构、促进长期经济发展成为可能；而从消极的角度看，政策的误设也可能使经济结构向着失衡的趋势发展，产生长期的负面影响。对于财政干预来说，作为经济受到冲击时来自政府力量的外部介入，它同样会直接或间接地影响经济体内部的资源配置状况。

从正向效应来看，一些完善财政收支体制的政策措施，本身就能够起到理顺分配关系、破除需求约束的作用。比如，除进行公共投资扩张以外，我国财政政策通常还会采用调整收入分配、进行结构性减税或加大民生投入等措施进行配套，而这类具有改革意义的政策不仅能够促进财富的再分配、减小已经存在的收入差距，还有利于破除体制性约束对于消费意愿的制约，永久地提高边际消费倾向。

但是，财政干预的结构效应也不完全是正向的。由于乘数作用难以发挥，其增长效应几乎完全地体现为财政政策对产出的直接贡献。这样，随着财政政策成为经济增长的直接推手，它就会以政府过度干预的形式对我国已经存在的结构性失衡形成强化。其原因在于：第一，在我国，财政扩张多是通过国有部门进行，政府或垄断部门的转移性收益在扩张的投资和不完善的体制中被固化，利润向特定领域集中，加剧了原有的产业结构失衡；第二，由于积极的财政政策无法在经济体内实现顺利传导，其无法有效地提升居民的可支配收入，更无法有效地带动消费，这样，就会加剧已有的投资与消费结构失衡；第三，由于财政监督机制不够健全，还会出现一部分人从财政政策中获得转移性收益，而另一部分人遭受转移性损失的情况，使收入分配向更加失衡的趋势发展。

总的来说，转轨背景下我国政府进行的财政干预不仅包括正面效应，如带动经济增长、优化经济结构等，也存在一些负面效应，如对结构失衡的加大和对投资的挤出等。综合起来，我们对我国财政干预产生的政策效应进行了汇总，并将其与西方财政政策进行了对比（见表7-1）。

表7-1　**财政政策效应汇总与比较**

政策效应	实现方式	宏观效果	与西方政策效应的异同
增长效应	财政对产出的直接带动	在短期内，直接贡献于产出，拉动经济增长	与西方具有相同的作用机理
	乘数作用	以倍数效果促进经济增长	与西方具有相同的作用机理，但因受边际消费倾向制约，效果非常小
挤出效应	以稳定的货币供应量为前提加大政府投资	民间投资被挤出	在我国，并非通过利率效应产生挤出，而是以非市场化的方式实现
	与宽松的货币政策相配套加大政府投资	价格水平上升，通胀风险加大	与西方具有相同的作用机理

续表

政策效应	实现方式	宏观效果	与西方政策效应的异同
保障效应	进行基础设施建设、加大公共产品供给	破除经济发展的基础因素制约，在长期，为经济发展提供硬件保障	我国特有的政策效应
结构效应	正向：进行结构性减税、改革收入分配等	调整结构，扩大内需，破除体制约束	我国特有的政策效应
	负向：财政过度干预对经济结构的扭曲	扭曲资源配置，加剧结构性失衡	我国特有的政策效应

从表7-1中可以看出，能够在中长期起作用的保障效应与结构效应都是我国所特有的，而对西方财政政策同样存在的增长效应与挤出效应而言，虽然具有相似的作用机理，但其实际的效果却在中国经济转轨的特殊背景下产生了一些变化。

三、对过往财政政策效果的再认识

分析表明，在我国特有的体制性矛盾和约束下，财政政策的效果并不能简单地依据现象本身和西方的政策原理加以判断。由于西方财政政策普遍存在的经济增长效应已经在转轨的约束下产生了变化，而中国的积极财政政策又具备了许多西方财政政策并不存在的衍生效应，如结构效应、保障效应等，实际上，我国进行财政干预的最终效果是由多种政策效应共同决定的，而政策作用的方向则取决于这些效应的合力。

从过去的政策实践来看，由于起重要作用的乘数效应难以发挥，始于1998年的首轮财政扩张政策实施后经济出现良好的发展态势并不能归功于财政政策反周期调节策略的运用，反而是财政对产出的直接带动较成功地抵御了外部冲击所产生的短期负面影响，又在基础设施的保障效应以及减税等配套措施产生的结构效应作用下形成了经济发展的良好基础和环境。而到2008年前后，基础设施已不再构成对经济发展的较大制约，政策的保障效应趋于消失，同时，新一轮财政政策的实施过于重视公共投资支出的扩张，配套措施有所不足，这又使得财政干预难以起到优化结构的作用。此时，财政干预对经济增长的促进几乎完全来自财政直接贡献于产出的方式。

从政策的目标和操作方式来看，分别于1998年和2008年开始实施的积极财政政策都着眼于抵御危机、增强经济发展活力，且都以政府投资扩张和减税为主要方式，具有明显的需求管理特征。其次，在政策实施环节，从财政政策的具体执行来看，由于我国公共财政体制仍然不够完善，财政资金使用本身还存在着不够规范的情形。最后，在政策的传导环节，由于市场经济体制下“政府投资拉动→消费增长→民间投资增长→经济自主增长”链式传导的关键中间变量在一定程度上受到体制转轨的制约，当前我国需求不足的现象也不完全是市场失灵的结果，因而，积极的财政政策也就很难在转轨的约束下实现顺利传导。

四、新阶段的政策导向与政策作用范畴广泛化

在转轨的特殊背景下，如果将“政策出台→政策实施→政策传导→效果与影响”整个过程作为进行政策研究的立足点，那么，仅从政策传导机制的异化及其工具性效果展开分析就不足以涵盖中国财政政策特殊性的全部内容。事实上，作为整个政策链条的上游环节，政策实施的意图、目标等更是需要着重考虑的部分。

基于已有的两轮政策实践，简单地说，应对危机和维持经济增速是政策出台的最直接原因。同西方的政策实施相同的是，我国政府同样具备对经济稳定与增长的内在诉求，尤其是随着市场逐渐成为资源配置的主要方式，促进宏观经济增长、减少失业、熨平周期性波动日益成为政府的重要宏观目标。但不同之处在于，从具体实施细节来看，在1998—2002年期间，与国债投资拉动经济增长相伴随的是，中央还出台了一系列规范收入分配、税收等改革措施；同样，在2008年政府出台的扩大内需政策中，除公共投资以外，也存在着调整经济结构和进行结构性减税的政策手段。其中，虽然“增支减收”均属于西方实行扩张性财政政策所通常采用的方式，但显然，规范分配和进行结构调整的内涵却是我国转轨经济体所特有的。如果将建立在凯恩斯需求管理理论基础上的积极财政政策定义为增长属性的，那么，转轨经济体中的财政政策实际还存在着可定义为改革属性的另一部分内容。

这说明，在实施动机方面，我国政府除了强调财政政策逆周期调节的工具性特征以外，还较注重其可能具备的改革意义。具体地说，这种改革属性可分为两个层面：首先，财政肩负着推动转轨以及推进自身改革的双重任务，它既是重要的宏观调控工具，又是改革的客体。随着转轨中计划经济向市场经济的过渡，财政体制也处于由统收统支向公共财政的改革进程中，因此，财政收支体制的逐步完善，本身就能够起到理顺分配关系、破除需求约束的作用。而将改革的措施蕴含于扩张性财政政策的实施之中，则更有助于把握改革契机，实现改革与发展的双重目标。其次，良好的经济发展环境是转轨的重要保障，财政政策对增长的带动也可以起到为改革提供良好外部环境的作用。在转轨初期，随着经济体内被压抑的活力的释放，不仅经济增长得以保持较快的速度，许多改革难题也随之自动得到解决。而到20世纪90年代中期，随着市场经济体制的建立和完善，被压抑的能量几近释放完毕，单凭经济自主增长已经不足以为转轨的层层深入提供必要的增长条件。在这种背景下，政府作为转轨进程的重要推动者，采取政策手段保障经济发展水平，也是深化各领域改革的要求。

在兼具改革与增长双重属性的基础上，中国财政政策的特殊性已不再单纯局限于政策传导的环节。虽然从方式上，我国的积极财政政策所采取的仍属于“增支减收”等一般市场经济国家进行反周期调节的措施，但其作用范畴明显较西方财政政策更为广泛和深远。在第一个改革层面上，由于财政体制本身具有改革的内在诉求，因此，兼具增长与改革双重性质的各类扩张性财政政策措施就不再像西方的财政政策一样仅立足于对产出和失业的短期调节，反而希望在中长期起到推进改革与促进增长的作用。相应地，这些政策措施也将通过完善财政收支体系和对资源配置的干预，影响到转轨进程。而从第

二个层面来看，当把宏观经济表现看做转轨的支撑环境与客观条件以后，宏观经济增长能否持续就具备了更特殊的意义，此时，如果能够有效协调改革与发展两者之间的关系，即使不能在增长中自动解决改革的所有难题，良好的宏观经济环境也可以为各领域改革攻坚环节的顺利进行提供必要的保障；反之，中国也可能会滑入改革的僵局。因此，从政策出台到最终实施，中国财政政策均明显异于西方需求管理的范畴，它不仅属于转轨中财政自身改革的一部分，又是能够对转轨进程产生深远影响的干预因素。正是由于转轨经济体中的财政政策兼具增长与改革的任务，财政政策的涵盖面与作用范畴亦较宏观调控工具更广泛化，而这正是我们理解财政政策的第二个角度。

（一）政策与改革进程之间建立起长期联系

我国积极财政政策的实施不仅能够作用于经济增长和就业等一般范畴，还能产生对经济体中一些基础性、结构性因素的扰动。这一方面是因为西方财政政策的传导机制在转轨的特殊背景下产生异化，使得政策的影响与效果不再局限于传统作用范围；另一方面，具备改革属性的财政政策本身就有调整经济结构、消除体制性约束等中长期的目标，所以很多侧重改革的政策措施也会直接或间接地影响经济结构、发展基础等长期因素。因此，财政政策的效果已经远远地突破了原有的界限，开始影响经济体中长期的改革与发展，也就是形成了对改革进程的干预。

理解中国财政政策的实施，并不能仅从应对周期性危机的需求管理角度出发，而应将对需求的管理与对改革的干预两个视角相结合。此时，财政政策已不单单是拉动短期经济增长的一种手段，更是成为转轨进入新的阶段以后，顺应政府驾驭市场经济体制的特殊要求的长期举措。总结起来，从动态的观点来看，转轨经济体中的财政政策存在三个层次的内涵：一是作为应对外部冲击的主动措施，通过政策的工具性作用发挥其对宏观态势的影响功能，以期实现促进增长的政策目标，这也是同西方需求管理同样的政策理念；二是作为改革与发展要求下的被动措施，是政府作为转轨进程主导者进行体制改革的客观要求；三是以“外部介入”的形式成为经济发展和体制改革这种独立过程的扰动因素，在对经济发展基础性要素产生影响的同时，与转轨进程形成互动，共同主导着随后中国经济社会的发展与变化。

（二）始自2008年财政调控的影响

从动态的视角来看，体制转轨本身的阶段性变化加上数次财政干预所产生的后续影响，使中国经济社会在变动中构成了当前财政政策实施的基础和客观背景。其中的积极之处在于，当前，中国市场经济体制的完善化程度已经远高于1998年前后的情形，并且经过长期的高速经济增长，经济容量与政府的财政能力均出现较大幅度提升，居民的生活水平也有所改善。但同时，消极面也不容忽视，在政府对宏观经济进行过度干预以及体制改革严重滞后于经济发展的前提下，在宏观经济发展方面，出口与投资构成了经济增长的主导力量，内、外双重结构性失衡达到相当高的程度，很可能成为以后国民经济增长最主要的障碍。作为转轨重要组成部分的财政自身改革严重滞后于经济发展的要求，不仅公共财政仍未建立健全，并且，中央与地方，政府与企业、居民等分配关系的长期失衡也对未来发展形成了新的制约。

财政政策的长期任务本应是在推动与保障转轨的同时顺利推进财政自身的改革，然而，基于对2008年以来的积极财政政策属性的判断，不难发现，政策仍然过于注重经济增长这一短期目标。与高达4万亿元的政府投资总额相比，改革措施的贯彻力度则远远不足。具体来说，结构性减税本属于具有较强改革属性的措施，然而，虽然2009年下半年以来中国政府出台了一系列结构性减税政策，并提出每年减税5 000亿元的要求，但从数据上看，政府收入增幅仍然居高不下，2009年税收同比增长9.1%，2010年，其增长率更是高达20.8%。显然，这种减税对于降低居民和企业负担只能起到略微的缓解作用。而其他一些调整收入分配、保障和改善民生的措施也表现出类似的状况，很难从根本上解决问题。

（三）下一阶段财政政策面临的困境

综合起来，就长期效果而言，其对就业、转变经济发展方式，解决结构性矛盾都很难取得成效，尤其是在国际经济复苏态势不明朗的情形下，外需难以启动，此时实行大规模的投资扩张反而会在体制的约束下加大对原有失衡的扭曲，产生浪费和产能过剩等问题，进一步加剧经济的结构性矛盾，产生中长期的不利影响。可以预见的是，即使在政策退出之后，未来宏观经济仍面临着几个困境：

困境一：由于在增长中自动解决问题策略逐渐失效，使经济体所存在的结构性矛盾需尽早化解，不再有回避或掩盖的余地。在转轨的初始阶段，随着计划经济体制下被压抑的需求迅速得到释放，一些转轨引致的矛盾与问题直接在经济增长中得到了解决。此后，虽然还有一些无法由增长自动化解的矛盾积累了下来，但在经济高速增长期间，这些矛盾和困境都被强势的发展所掩盖。然而，在国际金融危机的背景下，发展中国家低端产业竞争的日趋激烈，外部需求难以恢复，同时，我国人口红利逐渐消失，靠外部需求拉动经济已不再具备很大的空间；在民间消费和投资受阻的约束下，经济体内部也没有新的强劲增长点，很难沿袭过去在增长中解决或回避矛盾的思路。

困境二：宏观经济运行风险加大，出现了政策退出后的经济失速和“滞胀”的风险。从本轮积极财政政策的融资方式来看，除国债以外，以天量信贷为标志的宽松的货币政策也成为大规模财政扩张的重要融资途径，在取得直接拉动经济效果明显的同时，也埋下了通货膨胀的隐患。在缺乏新增长点的前提下，过度的财政扩张可能使中国经济陷入通胀的境地，而财政政策、货币政策的双重扩张则可能使中国经济陷入“滞胀”的风险之中。

困境三：财政风险。与第一次财政干预相比，新一轮扩张性财政政策的力度大幅增强，虽然在已有积累基础上，当前政府财政能力较10年前有大幅提升，财政体制的承载力也有所增强，但财政风险仍不能忽视。由于经济增速放缓的原因并不是周期性的，而是体制性约束和结构性矛盾所致，因此，没有改革引导、配合的财政政策必然会加深财政运行的体制性矛盾和债务压力。在目前的财政体制下，财力向中央集中，在地方的资金配套能力不足情况下，不仅造成地方债的风险加大，也强化了地方一级对土地财政或其他非规范收入的依赖性。

第五节　财政收支机制

财政收支作为政策工具来使用，对推动中国经济改革与发展发挥着举足轻重的作用。然而，与财政职能和财税体制两个层面类似，与主流市场经济国家相比，中国具体实践层面的财政收支政策及管理同样长期存在着过渡性、主观性特征，从较为烦琐的税制设计、种类繁多的税收优惠、为人诟病的土地财政，到支出决策的盲目性、调控政策的主观性，再到财税预算、监督管理体系建设的相对滞后，均反映出中国财政收支机制化建设存在不足。未来，理性回归中的中国财税改革将不可避免地回归于财政收支约束机制化的轨道上来，具体地，本小节分收入和支出两方面重点来阐述该过程。

一、财政收入机制化与税制改革

（一）历史沿革

从纵向变革的线索看，财政收入机制化的现实趋向是以1994年的分税制改革为分水岭的。

一是税制在经历了过去的特殊安排之后，逐渐与市场经济国家的通行税制接轨。1994年分税制框架建立之前，中国的财政收入主要是以国企上缴利润为主，因此属于极为特殊的时期。随着1994年的分税制改革奠定了中国延续至今的基本财税体制架构，中国的税制才逐渐稳定下来。分税制改革的指导思想是：统一税法、公平税负、简化税制、合理分权、理顺分配关系，保障财政收入，建立符合社会主义市场经济要求的税制体系。其内容包括：建立以增值税为主体、消费税和营业税为补充的新的流转税制格局；统一内资企业所得税，规范国家与企业的利润分配关系；改革个人所得税，增强该税在调节个人收入分配方面的作用；开征土地增值税，全面调整资源税等。但由于特殊的历史原因，1994年的分税制改革仍具有较鲜明的过渡性特征，在增值税、营业税、资源税等多个税种设计及政府间的关系上均留下了进一步改革的伏笔。但此种税制设计兼顾了中央与地方、政府与市场的利益分配，调动了多方发展经济的积极性，对中国经济增长产生了积极影响。事实上，这些积极影响就得益于中国这种并不完善的税收体制，由此滋生出的各种非机制化、规范化的税收安排，促进了经济增长，增强了政府效率。然而，随着中国社会经济环境的变化，以及增长约束的逐步缓解，现行税制同其赖以依存的经济社会环境之间也逐渐出现了诸多的摩擦，一些弊端也逐渐显露出来，如流转税比重过大、所得税比重偏低，产业间税收负担不公平，中央税体系与地方税体系不完善，地方财政非税收入比重过大，税收优惠过多过滥，等等。

近年来，为了发挥税收的调控作用，税种、税率一直处于调整过程中。具体的，1997年，为保证国家财政收入，进一步理顺国家与金融、保险企业之间的分配关系，促进金融保险企业间平等竞争，政府改变了金融保险营业税税率及划分方法，对证券交易印花税分享比例进行了调整。2002年开始实行的企业所得税、个人所得税分享改革，将按企业隶属关系等划分中央与地方所得税收入的办法改为中央与地方按统一比例分享，使地方政府原来所赖以依靠的所得税税种收入进一步减少，这样，地方政府的收入对增值税的倚重程度更高；同时，明确中央因改革所得税收入分享办法增加的收入，全部用于对地方主要是中西部地区的一般性转移支付。到2004年，为更好地贯彻落实党的十六届三中全会决定和中央农村工作会议精神，农村税费改革继续推进，政府开始全面取消农业特产税、农业税。同年，我国开始实施出口退税机制改革，适当降低出口退税率。本着“适度、稳妥、可行”的原则，区别不同产品调整退税率，加大中央财政对出口退税的支持力度，并建立起中央和地方共同负担出口退税的新机制。在这一阶段，增值税转型、资源税改革等政策相继实施，到2008年，政府又对企业所得税税率进行了调整。在未来的趋势上，以直接税为例，1998年以后，直接税占总税收收入的比重日益提高，从1998年的10%提高到2012年的25.3%，虽然还没有接近市场经济国家的一般情况，但其变动趋势却是比较明显的。并且，此次《决定》又明确了继续“逐步提高直接税比重”的方向，预期未来这一趋势仍然会延续。

二是过去的非规范性财政收入趋于规范化。其中，预算外收入是一个比较典型的例子，从预算外收入的变动可以很容易地看出财政收入转轨阶段特殊性的形成和消失的总过程。在1978—1996年，预算外资金都以超出预算资金的程度迅速增长，其增长速度均高于同年的GDP和预算内收入的增长速度，并逐渐发展成为“第二预算”。国务院于1996年颁布了《关于加强预算外资金管理的决定》，系统地规定了预算外资金管理的政策措施，使我国预算外资金管理工作进入了一个新的阶段。此后，政府又展开了一系列清理、检查预算外资金的活动。随着财政预算制度趋于完善，预算外资金的问题逐步得到解决，2010年《财政部关于将按预算外资金管理的收入纳入预算管理的通知》决定，除教育收费纳入财政专户管理外，其他预算外资金全部纳入预算管理。这表明，从2011年开始，预算外资金彻底成为历史，预算外收支全部纳入预算内管理。预算外资金的变化情况（1978—2010年）如图7-6所示。

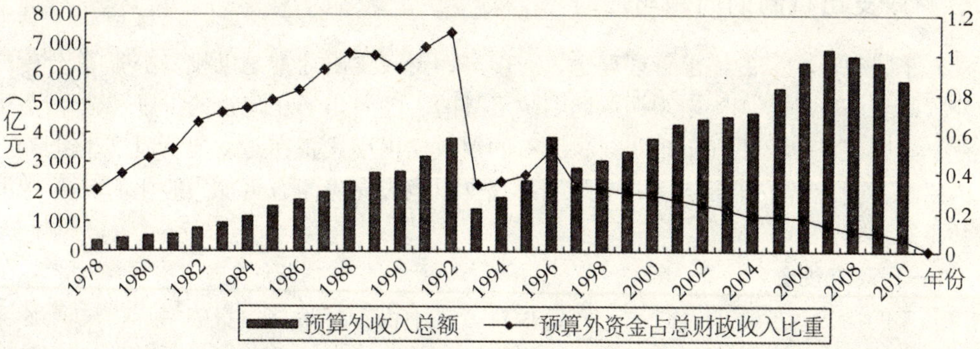

图7-6　预算外资金的变化情况（1978—2010年）

从图7-6中也能够看出预算外资金膨胀及其影响逐渐由正面变为负面的过程。地方政府的预算外收入在20世纪80年代财政改革以后开始了真正的膨胀，无论是从绝对量还是占GDP的比重来看，预算外收入都增加迅速。但实际上地方政府将一部分预算外收入作为弥补预算内公共服务支出的资金来源。如果没有注意到这些事实，单方面严格压缩地方政府的预算外收入，将削弱地方政府提供公共物品的能力。1994年分税制改革实施，当年的预算外收入大幅下降，此后预算外收入再次扩张，占GDP的比重则维持在4%～5%的水平；到2004年已接近4 500亿元，是中央政府预算外收入的9倍。预算外资金膨胀的背后，是地方政府承担了过多的支出责任。

（二）新时期的税制改革

十八届三中全会要求“深化税收制度改革，完善地方税体系，逐步提高直接税比重”，不仅对税收制度提出了明确的改革方向，且聚焦于税制中长期存在的积弊。随着市场经济的逐步确立、增长目标的逐步缓解，过渡性税制安排的正面效果逐步弱化，负面成本及风险不断积聚，要求税制调整向规范化、机制化回归。随着中国市场化改革的推进，税制改革方向也应适应市场经济发展的内在要求，一方面，要确立市场机制在资源配置中的基础地位；另一方面，在市场失灵时，税制要增强其自身的调控职能。市场经济的统一性要求税制逐渐统一。在过去的转型过程中，中国税制呈现双轨的特征，原有的税制，不仅内外有别，而且不同经济性质的税负也有差异，妨碍全国统一市场的形成。竞争是市场机制的核心，是市场机制是否健全和正常运行的标志、前提，而税制又是保证市场主体进行公平竞争的最重要的外部条件，公平税负、合理负担是市场经济体制对未来税制的内在要求。

具体来看，近期营改增改革的“中性”税制原则，简化税率，取消农业税以适应新时期农业发展的需要，规范非税收入以及清理税收优惠均体现了与国际惯例的接轨，旨在降低中国税制的过渡性特征。这些反映的都是税收通过其边界调整不断与市场发展水平、经济阶段相适应，税收的公共性逐渐增强、对宏观经济的扭曲逐渐减弱的过程。十八届三中全会改革的《决定》所提及的“规范税收优惠政策”、“加快房产税立法”等，都包含着规范、法制的内容，是机制化的又一重要体现。

二、财政支出机制的问题与应对

基于凯恩斯主义的需求管理理念，在中国，财政支出通常是以投资扩张等政策成为政府提高经济增速、实施宏观调控的财政工具的。随着市场化建设的推进和改革阶段的变化，中国经济早已不同于十年前，原有的财政支出模式正在与发展阶段产生越来越严重的错配，因此，在新形势下，中国的财政支出也应向着西方更加一般化的、更科学的调控机制发展。

（一）政府投资

多年的历史经验表明，过去的政府投资方式不仅不能带动消费的增加，反而逐渐演化成了经济运行的内生因素，成了经济增长的一部分。尤其在危机应对时期，政府按照一般的反周期策略试图以大幅度增加投资来维持较高的增长水平，希望以吸引民间投资，打通消费和投资环节的障碍，最终使需求活跃起来。但在投资与消费环节都无法顺利打通的体制性约束下，积极财政政策陷入了一轮接一轮的直接拉动的循环中。外推式拉动逐渐成了经济增长的一个常量，不仅难以顺利退出，反而给经济体带来了极大的压力。如图7-7所示，自1998年积极财政政策的调控周期开始至今，消费对经济的贡献率持续下降，而资本形成率持续上升，经济体内的结构性失衡逐年加剧。

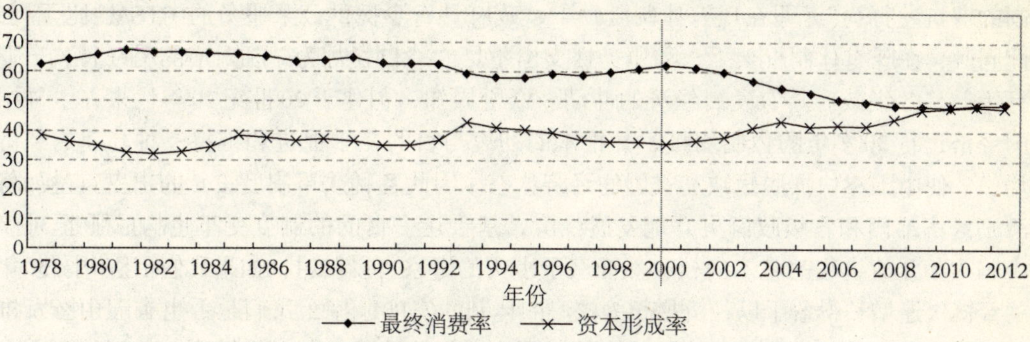

图7-7　最终消费率和资本形成率对经济增长的贡献

同时，过去的财政支出方式主观性较强。在大多数西方发达国家，政府投资项目通常要在事前评估风险，在可行性论证的前提下决定是否执行。显然，这种较机制化的实施方式有时会贻误时机，效率低下，但政府投资的谨慎性也说明，政府投资要受到严格的监管，且经过成本和收益的论证。而从我国的实践看，在应对外部危机时，1998年和2008年积极的财政政策反应迅速，很快地止住了经济增速下滑的趋势，对经济运行的平稳性意义重大。但不得不认识到，很多政府投资项目的前期论证非常草率，进度安排也不够合理，至今，中国仍处在投资与消费的失衡状态中，很多领域都出现了难以解决的产能过剩。并且，很难否认这种结构性失衡与财政投资没有直接的联系。所以，财政支出工具的过度运用，实际上背离了财政收支机制化的总规律。基于上述分析，我们应抓住十八届三中全会这一契机，重新强调财政调控的科学化、机制化。

（二）民生支出与公共服务

近年来，改善民生、提升普通居民的社会福利，让大多数人享受经济增长带来的实惠，已经成为一个基本的社会共识。尽管民众对民生改善的期盼日深，党和政府也多次将民生问题写入中央文件和工作报告，并将其作为政府工作的重点，但实际效果却远非预期那么理想。

大多数民生问题的出现，我们直观的感受都与政府投入的太少、个人承担的成本太高有关。比如，在教育发展方面，中国政府早在1993年就颁布了《中国教育改革和发展纲要》，提出了财政性教育经费占国民生产总值的比重在20世纪末达到4%的战略发展目标。但实际上，2000年这一比重仅为2.86%，而同期中高收入国家为5.5%，世界平均水平为4.4%，甚至低收入国家也达到了3.2%。直到2012年，这一比重才终于达到了4%的目标。这表明，与直接投资偏好相比，中国政府在对公共服务方面明显偏好不足。

可喜的是，在应对金融危机的过程中，中国政府已意识到强化民生投入的重要性，因而加大了教育、医疗、住房、农村基础设施等方面的投入力度，试图扭转公共服务提供不足的现状，但这种趋势是否能够得以持续深入的贯彻，仍有待时间的检验。

事实上，如果将中国政府服务性支出不足的问题放置在中国经济转轨的宏观背景下来审视，我们不难发现，各级政府对公共服务性支出的偏好不足，似乎成为一种既有体制的“自发行为”，即在现有体制激励下，政府具有少提供公共服务的内在激励。而与此同时，在既有体制框架下，与服务性支出不足的“自发行为”相对应的另一种“自发行为”是各级政府具有发展经济的冲动。众所周知，创建于20世纪70年代末并主导中国经济运行30多年的体制安排，其根本的初衷与目的在于促进和维持一种高速的经济增长，使中国尽快摆脱短缺和贫困的经济状态。因此各种改革制度设计的出发点是如何激励经济部门和各级政府更好地发展经济，基于这一目的的制度变革也构成了近30年中国改革开放进程的基本内核。然而基于事实的考察可以推论，如果我们相信中国30年的经济快速增长得益于以经济增长为核心的体制性安排，那么我们是否也有理由怀疑推动经济增长的体制安排在相当程度上构成了中国民生改善的体制性障碍，从而使中国出现了一种“经济增长-民生改善”相互替代的特殊经济社会现象。

因此，要从根本上保障民生支出，必须改变现有经济增长模式及支撑其运行的体制基础，破除民生的体制性障碍，将民生改善内生于推动经济增长的体制框架，使得增长与民生实现相互递推式的良性发展。以经济建设为核心的政府职能异化在保持经济增长的目标驱动下，也进一步在体制层面加剧和固化了地方公共支出结构的扭曲。其原因在于由财政分权所导致的公共服务的缺失和水平不足，除了引起民生问题日益突出之外，还催生出居民消费的体制性约束，并威胁经济的持续增长。其内在机理是，公共服务的不足使得原本应由政府按照市场经济条件下的公共财政模式予以承担的成本，相当部分被暂时转嫁到了普通居民手中，从而加大了居民在教育、医疗、住房等方面的成本。而按照生命周期消费理论假说，消费者的现期消费不仅与现期收入有关，而且与消费者以后各期收入和支出的期望值相关。因此，这种成本的转嫁很有可能迫使居民以增加储蓄、缩减即期消费来应对，从而与其他预期支出一起改变着居民的长期预期和消费倾向，总体上都将使市场机制的传导在消费环节发生障碍。而中国消费的难以启动和内需的难以扩大，无疑对经济的持续增长构成了严重威胁。

在政府职能异化的前提下，在解决民生问题与解除经济增长放缓威胁的抉择面前，政府部门关注的焦点选择了后者。因此，为维持一定的经济增长、解决内需不足的问题，简单地选择了由更多的政府投资来弥补，从而实现维持宏观经济发展的目标。而这种直接外部推动式的经济增长模式所导致的后续问题是政府投资规模随之扩大，造成政府投资比例始终维持在较高的水平上。在政府有限的财政资源下，这又势必会进一步压缩服务性支出上升的空间，加剧消费的体制性约束，从而将政府支出锁定在“高投资、低服务”的结构上，使得“消费的体制性约束”转化为了提升民生服务性支出的“体制性障碍”。

第六节 对财税改革一般化的再思考

一、对财税体制改革趋势的总结性认识

根据市场配置资源的情况，整个市场化改革可以被分为“计划大于市场”和“计划

小于市场”两个阶段，而财政从特殊化向一般化回归这个过程，正是当前中国所处的第二阶段的总体发展方向。

在第一阶段，所有的制度安排均需要服从、服务于转轨，这时特殊性的存在是必要且高效的。此时，在体制背景和发展阶段因素的限制下，一般化的内容并不适合，也无法起作用。根据前文的分析，该阶段财政不仅可以通过拓展“不合规”的职能来实现对转轨的推动和保障，而且也应该这样做。通俗地说，此时财政职能并不需要被过度地限制，只要是有利于改革和发展这两大目标的，即使是通过财政对经济、对市场、对价格进行直接干预都具有可行性。

进入到第二阶段，随着市场成为资源配置的主导和核心，不应再一味地追求财税制度的高效性。此时，若以特定的某个问题进行直接的财政干预，问题虽然可能在表面上得到了迅速解决，但这也将伴随着对市场配置的扭曲。经过市场机制的传导、放大后，原有的问题则更可能以数倍的形式体现出来。因此，第二阶段应该是一个逐渐削弱“特殊”而强调“一般”的阶段，尤其从总体趋势性看，市场化改革的方向已不容逆转，未来的制度环境将回归于越来越稳定的状态，财政作为整个经济制度的子系统，其变化的趋势也必然要这样地遵循客观规律。

事实上，财税制度回归一般化也体现在未来制度的稳定化上。从纵向的视角看，越是靠近改革开放初期，制度和体制就越不稳定，由于改革属“摸着石头过河”，因此早期的改革更多的是一种勇敢的探索和尝试。它无畏于路径的小幅度偏离或迂回，因需经历数次试验、试点、试错、纠错，其所表现出来的是新旧体制的摩擦和冲突，也就是体制本身的不稳定性。反过来，越到改革后期，随着纯过渡性内容或主动或被动地渐渐消失，整个制度本身也将回归于理性和稳定，更加强调“顶层设计”。

另外，虽然学术界通常将“一般意义的财政活动”等同于市场经济体制下的“公共财政”范畴，但财政的公共化进程却并不等同于本书“从特殊向一般回归”的内涵。虽然这种“一般化”与“公共财政”具有殊途同归的现实定位，但本书的立意更多地在于论述财政从过去推动和适应体制转轨、保障经济增长的特殊设计，向体制趋于稳定阶段的、相对规范的、更多呈现一般规律性的制度安排转变的总体趋势。

二、从十八届三中全会《决定》看中国改革方向

基于前文的论断，此次《决定》所提出的改革举措与以往改革最本质的区别就在于它暗含着财税制度将回归于一般的改革逻辑。

在“政府-市场”框架下界定财政职能的层面，《决定》明确提出，要“大幅度减少政府对资源的直接配置”，“推动资源配置依据市场规则、市场价格、市场竞争实现效益最大化和效率最优化”，也相应地指出了政府“保持宏观经济稳定，加强和优化公共服务，保障公平竞争，加强市场监管，维护市场秩序，推动可持续发展，促进共同富裕，弥补市场失灵”的职责定位。从中可以很容易地看出未来改革对市场机制强化和对政府职能特殊性淡化的理念。同时，前文的分析也认为，中国的市场化改革正在准备跨越关键的转折点，所以，上述的改革理念以及目前中国所处的阶段性是互相契合的，也

符合长期的发展趋势。

在分权关系背景下的财税体制层面，《决定》所提出的相关改革举措则具有分水岭式的意义。过去中国的改革与发展极大地受益于具有主观倾向的财税体制安排，然而，也正是过去财税体制的内生化特征，使当前经济社会中普遍存在着中央与地方分权责任不匹配等失衡问题，也形成了对新一轮财税改革的倒逼。从《决定》所提出的将根据公共产品、公共服务的属性来界定分权关系的理念出发，它实际上体现出了三层含义：一是表象上的，通过重新配置财权和支出责任的改革措施来解决地方财力不足的难题；二是更深层的，使改革决定因素的外生化，使中国的财税体制向着外生化的方向转变，从而使财税体制逐渐稳定和固化；三是理念上的，即彻底纠正过去以主观为导向的改革理念，使改革路径而不是体制内容本身回到一般化的轨道上来。

在具体实践的收支决策层面，《决定》的改革措施则会使收支决策的机制化产生跨越式进展。由于涉及比较具体的事项，财政收支层面对总发展趋向的回应实际上是要早于职能和体制的，诸如税制的公共化、支出管理制度的完善化都已经经历了比较长期的机制化过程。针对这一层面的具体实践，《决定》的改革措施比较全面地回应了过去收支决策仍存在的重点问题，如推进增值税改革、推进宏观调控目标制定和政策手段运用机制化、实行跨年度平衡预算机制等。

基于这三重过程的分析能够得出，未来改革的方向既立意于协调经济与社会的发展，又体现出遵从历史逻辑、尊重经济规律的一面。由于中国仍处在财税改革的进程当中，还无法直接判断新体制的具体实践情况，但可以预见的是，新一轮财税体制改革方向的明确，将会对中国未来数十年的经济社会长足发展产生深远的影响。

三、从改革向一般化回归看如何突破改革深水区

随着体制改革的深化，近年来，人们常提到一个“改革正在涉入深水区”的说法。对此，结合本书对改革总趋势的分析可为改革的深水区提供一个解读视角。“深水区”的内涵并不是指体制改革或经济体制在幅度上的重大变动，结合本书从学术视阈对一般规律性认知的论断，当财税体制从过去服从、服务于转轨的特殊性逐渐回归到客观规律性的内容时，过去残存的特殊制度安排必然将与“一般化”的总趋势在局部产生矛盾和冲突。经过数十年的市场化改革和各个领域改革的深化，大部分的矛盾和冲突都已经被改革和发展所解决，所以，残存的必然是改革最难以触动的既得利益部分，也是改革难度最大的部分。

我们必须承认，改革尚未完成，在当前以及今后的一段时期，特殊性的东西仍将存在，也可能仍具有一定的必要性，但并不能一味地以强调特殊、特色的方式绕过“深水区”而保护既得利益，这种违背一般规律的做法必将妨碍改革的深化和经济社会的长足发展。

四、对未来改革的前瞻性思考

中国财税体制一直是学术界讨论的热点问题，也涉及对中国经济成就的核心解释。

实际上，就在财税改革方案酝酿的过程中，中国的财税体制早已发生了诸多渐进的变革，包括服务业等的“营改增”试点早已在全国范围内铺开，关于预算、转移支付改革的准备也已着手进行。基于上述前期准备，再结合《决定》对未来改革各方面的阐述，新的改革无疑将成为分税制改革之后的又一次质的提升。

迄今为止，市场化改革的总架构已经定型，相应的，财税改革也体现出了从特殊化向一般化回归的总趋向。以十八届三中全会为契机，对市场作用的强调使得财税改革一般化的回归趋势愈加明显。在新的历史阶段，无论是财政领域还是其他与市场经济密切联系的领域，原来更为强调的特殊、特色都将沿着市场建立、建成和完善的轨迹逐渐让位于一般化的内容。

但这并不表明未来就不应存在符合中国特殊性的制度安排和政策设计，而是未来局部改革需要服务于总的发展规律，短期的政策反复、局部矛盾与冲突都不能影响这个大的规律。到目前为止，中国仍处于改革的进程当中，虽然从规律性出发，整个经济体制改革终将从特殊化回归于一般化，但是从行政体制、金融市场发展、要素市场中的政府干预等现实情况来看，改革仍然有很长的路要走。同样，对财税制度而言，如养老金缺口、教育支出不足等事实都表明财政在公共服务上的“缺位”依然严重，而所得税、房产税等税制改革的推行难度依然很大，同样不是短期能够完成的。这时，最重要的就是沿着正确的方向，将改革的举措贯彻执行下去。

由于中国有着自身特定的经济、人口结构和发展基础，最适合的制度安排也许并不与大部分市场经济国家完全相同。因而我们还并不能了解完全适合于中国的财税制度应如何定位。但本书却可以提供一个未来试错、纠错的总体方向和视角。中国未来的改革，应秉承一般化和稳定性的原则，在解决现实问题和制定相关政策时，以政策是否符合总趋势为出发点，明确它是否属于过渡时期的特殊安排。这个规律也要求，未来再设计的改革需避免较大幅度的制度性调整，尤其应该避免的是主观随意的政策内容，而是应将重心放在关键环节和局部深化上。对于同一个需要解决的问题，可能会存在着不止一种解决方案，这时，就需要从一般化的角度来提出更适应经济规律和改革趋势的解决办法。

参考文献

[1]BESLEY T， COATE S. Centralized versus decentralized provision of local public goods: a political economy approach[J]. Journal of Public Economics，2003，87（12）: 2611-2637.

[2]FELDSTEIN M. The effects of fiscal policies when incomes are uncertain: a contradiction to Ricardian equivalence[R]. National Bureau of Economic Research，1986.

[3]LUCAS R E. Expectations and the neutrality of money[J]. Journal of Economic Theory，1972，4（2）: 103-124.

[4]OATES W E. An essay on fiscal federalism[J].Journal of Economic Literature，1999:

1120-1149.

[5]OATES W E. The effects of property taxes and local public spending on property values: an empirical study of tax capitalization and the Tiebout hypothesis[J]. The Journal of Political Economy，1969: 957-971.

[6]OATES W E. Toward a second-generation theory of fiscal federalism[J]. International Tax and Public Finance，2005，12（4）: 349-373. OATES W E.1972，"Fiscal Federalism"，New York: Harcourt Brace Jovanovich，1972，p24.

[7]QIAN Y，WEINGAST B R. Federalism as a commitment to perserving market incentives [J]. The Journal of Economic Perspectives，1997: 83-92.

[8]SAMUELSON P A. The pure theory of public expenditure[J].The Review of Economics and Statistics，1954: 387-389.

[9]SCHWAB R M，OATES W E. Community composition and the provision of local public goods: a normative analysis[J]. Journal of Public Economics，1991，44（2）: 217-237.

[10]TIEBOUT C M. A pure theory of local expenditures[J]. The Journal of Political Economy，1956: 416-424.

[11]曾康霖.财政货币政策的选择及效应评价[J].财贸经济，2003（7）.

[12]丁菊红，邓可斌.政府偏好、公共品供给与转型中的财政分权[J].经济研究，2008（7）.

[13]樊纲，王小鲁.中国市场化指数:各地区市场化相对进程[M].北京：经济科学出版社，2011.

[14]傅勇，张晏.中国式分权与财政支出结构偏向：为增长而竞争的代价[J].管理世界，2007（3）.

[15]高培勇.中国财税体制改革30年研究——奔向公共化的中国财税体制改革[M].北京：经济管理出版社，2008.

[16]柯逖祖.关于中央财政性投资的几个问题[J].宏观经济研究，2002（4）.

[17]李世刚，尹恒.县级基础教育财政支出的外部性分析——兼论"以县为主"体制的有效性[J].中国社会科学，2012（11）.

[18]李涛，周业安.中国地方政府间支出竞争研究——基于中国省级面板数据的经验证据[J].管理世界，2009（2）.

[19]吕炜.体制性约束、经济失衡与财政政策——解析1998年以来的中国转轨经济[J].中国社会科学，2004（2）.

[20]吕炜.现代公共财政的定位：一种分析框架[J].经济学家，2006（5）.

[21]吕炜.寻求积极财政政策难以淡出的体制性根源[J].改革，2003（4）.

[22]吕炜.中国式转轨：内在特性、演进逻辑与前景展望——纪念中国改革开放30周年[J].财经问题研究，2009（3）.

[23]马拴友.积极财政政策：评价与展望[J].管理世界，2002（5）.

[24]沈坤荣，付文林.税收竞争、地区博弈及其增长绩效[J].经济研究，2006（6）.

[25]王世磊，张军.中国地方官员为什么要改善基础设施？[J].经济学（季刊），2008，1（7）.

[26]吴一平.财政分权、腐败与治理[J].经济学（季刊），2008，4（7）.

[27]谢旭人.中国财政60年[M].北京：经济科学出版社，2009.

[28]徐现祥，李郇，王美今.区域一体化、经济增长与政治晋升[J].经济学（季刊），2007，7（6）.

[29]杨开忠，陶然，刘明兴.解除管制、分权与中国经济转轨[J].中国社会科学，2003（3）.

[30]杨帅，温铁军.经济波动、财税体制变迁与土地资源资本化[J].管理世界，2010（4）.

[31]张军.分权与增长：中国的故事[J].经济学（季刊），2007，10（7）.

[32]周黎安.晋升博弈中政府官员的激励与合作——兼论我国地方保护主义和重复建设问题长期存在的原因[J].经济研究，2004（6）.

第四篇
市民化与农村、农民问题

第八章

农业转移人口市民化研究——误解、困境和出路

党的十八大报告首次提出了“加快户籍制度改革，有序推进农业转移人口市民化”，标志着市民化进程被提高到了国家战略的高度，也是对中国共产党“以人为本”执政理念的深入挖掘。《国家新型城镇化规划（2014—2020年）》明确指出到2020年实现一亿左右农业转移人口和其他常住人口城镇落户，预示着推进农业转移人口市民化呈现出必要性与紧迫性。

市民化的最大瓶颈是我国的二元户籍制度，国务院于2014年出台了《关于进一步推进户籍制度改革的意见》，标志着我国户籍制度将进行全方位、自上而下的彻底改革。改革涉及附着在户籍制度上的教育、医疗、就业、金融等数十项重要内容，惠及数亿农业转移人口和城市常住人口的乐居梦、市民梦，也是全体国民的“中国梦”。

各省市区都意识到了市民化在改民生、保增长、维稳定、促和谐方面的重要作用，结合本省情况、配合国家户籍制度改革制定了市民化的目标和推行政策。截止到2020年年底，实现不低于60%的城镇化率是绝大多数省份的短期目标。然而，从目前的市民化推进进程来看，对市民化存在的误解导致其速度趋缓、动力不足、成效甚微，没有显著的、突出性的成果。

对市民化问题认识不深刻、成本测算不准确、政策制定不到位等都是推行市民化进程的障碍。因此，要从本质上厘清市民化是社会结构转型的必然选择，是推动经济发展的主要动力，是实现和谐社会的基本前提，要以正确合理的方式计算市民化的成本、核算市民化的收益、确定市民化的实现路径。

要厘清市民化的问题要从以下几个方面展开：首先，探寻市民化的根源，从历史发展的角度探索市民化的发展历程，从本质上深入分析市民化的内在逻辑，辨析市民化与城镇化、一体化之间的关系，从类型、特点等多方面对其进行全面彻底的解读；其次，分析当下对市民化存在的诸多误解和认识误区，主要的误区包括成本过高、带来城市病等，以客观全面的视角阐述这些误解的不当之处，以期纠偏多方舆论带来的负面影响；最后，探讨市民化的路径，要根据市民化的类型、地区之间的差异性特质、公共服务的内容多样性选择以多样性、多元化的路径稳步有序地推进市民化进程，避免一刀切的政策。

第一节 概述

一、农业转移人口市民化的发展历程

1999年，《中华人民共和国招标投标法》第一次使用“农民工”的概念，并成为这一群体的正式称谓。“农民工”不是传统意义上的农民，也不是城镇居民，是有别于农民和城镇居民的群体。2012年党的十八大报告明确提出要加快户籍制度改革，有序推进农业转移人口市民化，首次以“农业转移人口”替代了“农民工”，这不仅仅是称谓上的变化，更是对该类群体的未来定位——“市民”。从社会的发展和人口结构的调整步伐来看，这一改变更科学准确，也体现了对该类群体的尊重，是对“以人为本”核心理念的倡导。

（一）农业转移人口市民化的发展历程

农业转移人口市民化是指农业转移人口借助于国家的政策推动、法律支持、财政资金转移等有利条件，获得与城镇居民同等的身份，在教育、医疗、就业、社会保障等方面享受均等无差别公共服务。市民化既是过程也是结果，农业转移人口自发地向城市集聚，推进人口结构的调整，促进产业结构的升级，政府根据经济社会未来的发展方向，适时以国家的手段加快市民化的进程，扫除该过程中的诸多障碍。市民化的发展历程可以从历史自发性和国家政策引导两方面的视角进行分析。

城镇化的过程就暗含着农业社会向工业社会的转化、农民向市民的转变，因此市民化的推进必然伴随着城市化率的提高，中国近几十年的发展也佐证了这一观点。中华人民共和国成立以来，中国的农村劳动力就逐渐脱离了农业生产转移到城市从事第二、三产业，统计年鉴和人口普查数据显示，城镇人口数量逐渐上升、城市化率逐步提高。在由农民向市民转变的过程中，不同的发展阶段呈现出各自的特点，大致可以划分为五个阶段：

（1）市民化萌芽阶段。中华人民共和国成立初期，受常年战乱的影响，农村和城市的生产力水平普遍偏低，城乡差距不大。农民可以在农村和城市间自由流动，1953年第一个五年计划的实施开启了社会主义经济建设的步伐，也引发了对劳动力的需求。大量农村的有为青年积极走向城市投身于国家建设，使得中国的城市从中华人民共和国初期的132个迅速发展到1957年的176个，城市市区人口也从3 900多万增长到7 000多万。

（2）市民化停滞阶段。中华人民共和国成立后的十年为中国经济建设开了一个好头，国家和人民都享受到了经济发展的好处。第二个五年计划时期，过分盲目和跃进的思想导致了经济的畸形发展。城市数量和城镇人口呈现井喷式的增长，城市由176个增加到208个，城市人口由7 000多万增加至1亿左右。此后经济发展的三年困难时期使得国家被迫进行城镇化水平的调整，撤销城市、撤市为县。逆城市化运动虽然以劳动力的回流缓解了国家负担，却导致城乡差距的出现，城镇化刚见起色就步入了徘

徊期。

（3）市民化初始阶段。改革开放后中国确立了以“经济建设为中心”的基本方针，并明确提出“控制大城市规模，合理发展中等城市，积极发展小城市”的城市发展纲领。在国家政策的支持下，工业企业发展迅猛，城镇数量增速明显。在城市经济带的辐射带动之下，城乡分割局面被打破了，带动了小城镇和乡镇企业的发展，城市化进程逐步复苏并步入正轨。但仍存在一些问题，据统计，该阶段我国的农业转移人口数量由200万人增加到3 000万人，由于该阶段就业制度、户籍制度改革的滞后，农业转移人口并没有实现身份上的市民化。大量的“候鸟”式农业转移人口也产生了一系列的社会问题。

（4）市民化发展阶段。邓小平南方讲话奠定了新一轮经济高速增长的基调，该阶段国家出台了诸多政策措施以改善城乡关系、保障农业转移人口的合法权益、合理引导农业转移人口进城，市民化进入了良性有序的发展阶段，城镇化率稳中有升。在人口增长速度方面，城镇人口高于全国人口水平，城市也由最初的数量提高发展到稳定数量、提高质量的阶段，这些都离不开国家政策的大力支持。

（5）深入推进市民化阶段。2000年以后，国家进入统筹城乡发展阶段，积极引导农村剩余劳动力向城市转移。一方面，取消农业转移人口进城务工的不合理限制，破除劳动力市场上的歧视性因素和不合理待遇；另一方面，积极保障农业转移人口的合法权益，配合就业、教育、住房等公共服务方面的改革，所有政策措施都朝着有利于推进市民化的方向发展。伴随着工业化的发展，城镇化进入高速发展时期，农业转移人口数量多达1亿，2007年城镇化率达到了44.94%。用工荒的出现，加之国际金融危机的冲击，户籍制度造成的城乡二元体制的限制越发明显，城镇化进程滞后、农业转移人口的基本权益得不到保障、社会矛盾加剧、产业转型升级的压力都有待于通过合理有序的市民化加以解决。2012年，十八大把市民化提升到国家战略的高度，这也是经济社会发展的必然结果（见表8-1）。

表8-1 **市民化发展历程**

	第一阶段（1949—1957年）	第二阶段（1958—1977年）	第三阶段（1978—1992年）	第四阶段（1993—2000年）	第五阶段（2000年至今）
市民化进程	市民化萌芽	市民化停滞	市民化初始	市民化发展	市民化深入推进
城市规模/数量	城市规模扩大	城市数量减少	小城镇发展	小城镇迅速增长	城市数量、规模不断扩大

（二）国家政策引导的市民化发展

在不同的经济社会发展阶段，国家对农业转移人口的政策存在着差别，从改革开放至今大致可以分为五个阶段：限制进城、允许进城、城乡户籍分治、城乡户籍分治-融合、城乡户籍融合（见表8-2）。

表8-2 **国家政策引导的市民化发展历程**

	第一阶段（1978—1983年）	第二阶段（1984—1991年）	第三阶段（1992—2002年）	第四阶段（2003—2011年）	第五阶段（2012年至今）
政策演变逻辑	限制农民进城	允许农民有序进城	积极有序推进		
			引导农民有序进城	保护农民工的合法权益	促进农民工融入城市
主要采用的政策	“农转非”、“政策+指标”双重控制	流动人口实行暂住证、寄住证制度	“蓝印户口”、《关于进一步做好组织农民工有序流动工作的意见》、“就地进城”	2006年中共中央一号文件	国家新型城镇化规划（2014—2020年）
当时的现实羁绊	生产力低下，农村剩余劳动力多，农业经营样式单一	剩余劳动力增加，第二产业开始发展	新一轮经济高速发展，城镇化持续、稳定发展	“农民工荒”	二元结构下矛盾日益突出
改革动因	改革开放，发展农林牧副渔	发展乡镇企业	邓小平南方谈话，发展小城镇和城市	工业化、城市化	城市化

（1）限制进城阶段。改革开放伊始，中国的着眼点在于发展经济、在农村实行家庭联产承包责任制，对流动人口不甚关注，限制农民进城的政策也是计划经济体制的自然延续。而此时农业经济释放的巨大活力为后期大量农业转移人口自发向城市流动奠定了基础。

（2）允许进城阶段。随着农业分工的逐渐发展，家庭联产承包责任制的改革红利也开始消退，政策层面倡导以放开人口流动限制来适应农民发展的需要，推行了暂住证、寄住证制度对进城农民加以管理。

（3）城乡户籍分治阶段。1992年邓小平南方谈话确定了中国发展市场经济的道路，对劳动力的需求与日俱增，人口红利成为中国低成本制造业的主要力量。大量农民进城但并未享受到城市的基本公共服务，也几乎不能落户，造成了日后数量庞大的农业转移人口。

（4）城乡户籍分治-融合阶段。进入21世纪后，用工荒、招工难现象频现，人口红利逐渐衰退。为了吸引更多的劳动力进城，国家从政策层面提出要保障农民的合法权益，针对农民的各项保障体系也逐渐建立，一方面加快缩小城乡公共服务差距，另一方面也及时为在城市的农民提供更加完善的基本公共服务。

（5）城乡户籍融合阶段。2012年以来，中国开始面临新的经济社会问题，多达3亿的流动人口成为介于城市人口和农民之间的一个特殊群体，城市内部户籍人口与非户籍人口之间的矛盾日渐加深，逐步影响到经济发展、社会稳定，不符合构建社会主义和谐社会的长远目标，因此妥善安置该类群体成为推动中国城镇化的重要途径。

二、农业转移人口市民化的基本原则

市民化是一项崭新复杂的系统工程，国家、地方政府、社会等利益相关者都在进行不断的探索，以寻求合理有效的路径。由于不同的区域、人口属性等方面存在差异，推进市民化的方式也不尽相同，但都不能偏离总体的指导思路和基本原则，因此确定市民化的基本原则对推进市民化进程有重要意义。

（一）政府主导、市场辅助

农业转移人口市民化作为经济社会转型期的一项国家战略，牵涉主体众多：包括中央政府与地方政府、农业转移人口和流入地市民、企业和社会方面的利益相关者。涉及经济社会多方的利益关系：农村和城镇的利益、农业转移人口和流入地市民的利益、中央政府和地方政府的利益、农民工迁出地和流入地的利益。覆盖范围较广：目前我国的农业转移人口数量多达2亿，“十一五”时期的数据表明，一半以上（51%）的外出务工人员是跨省流动，多流入东部沿海地区。虽然中西部地区工业化的进程逐步加快，但东部沿海地区第二、三产业对农业转移人口的吸纳能力仍远远超过中西部地区，因此“十二五”时期，农业转移人口仍以跨省流动为主。时间跨度较大：《国家新型城镇化规划（2014—2020年）》的首要目标是到2020年实现1亿左右的农业转移人口和其他常住人口城镇落户。虽然各地一直进行着一系列的户籍制度改革，但其实质性进展缓慢。推进农业转移人口市民化的过程复杂且艰巨，需要在摸索中前进。

鉴于农业转移人口市民化是一项崭新复杂的系统工程，中央政府理应履行政府职能，主导农业转移人口市民化这一惠民惠国战略的健康平稳实施。政府应适时引导农业转移人口的空间流动走向，分析不同区域、不同类别的城市间接纳农业转移人口的数量，对资金进行充分调配和监督，制定与长期目标相对应的阶段性发展目标，改革新的绩效考核机制，调动地方政府在推进农业转移人口市民化进程中的积极性。此外，地方政府以及参与市民化制度制定、涉及市民化制度具体实施的相关机构和部门都要代表中央政府正确引导市民化的走向，站在社会和谐、政局稳定、经济发展的宏观视角，充分调动多方资源协调与利益相关者的关系。中央政府可适当放权给地方政府，在不违背公平、公正的前提下保证政府的工作效率。

市场在推进农业转移人口市民化方面的作用不容小觑。目前，由于市场的作用在市民化的进程中被忽视，已然导致出现了一系列的问题：①户籍制度改革滞后。2014年《国务院关于进一步推进户籍制度改革的意见》指出“全面放开建制镇和小城市落户限制，有序放开中等城市落户限制，严格控制特大城市人口规模”。而实际情况是，大城市作为现代服务业的集中地吸引了更多的高技能人才的流入，在一定程度上催生了对低技能劳动人员需求的增加。这就导致了现有的户籍制度严重制约了人口向大城市的集聚，也即政府的政策未能充分考虑市场发挥的作用。②资源配置效率低下。改革开放以来，大量的人口流入东部沿海城市，长江三角洲和珠江三角洲吸纳的人口数量最多。

2003年，政府为了改变这一现状，通过直接干预手段使得经济资源在区域间进行了重新配置，主要表现为平衡区域用地，加强了对东部地区扩大建设用地规模的限制，而中西部经济发展有了更加富余的建设用地指标。由于没有充足的人口和产业对新城区加以利用，出现了大量的“空城”。

政府在主导农业转移人口市民化的进程中不能忽视市场这双无形的手发挥的巨大作用，应适时根据市场状态对相关政策进行调整，坚持政府主导、市场辅助的原则。

（二）循序渐进、规模适度

农民离开农村，进入城市实现身份的转换已经是社会发展的必然趋势。国外已有诸多先进经验值得借鉴和学习。由于各国在经济发展现状、社会文化背景、历史发展沿革等方面都不尽相同，不能完全照搬国外的市民化模式和政策制度安排，要考虑到我国作为人口众多的发展中国家的现状，立足于我国国情在摸索中前进。我国农业转移人口的如下特点决定了市民化进程要遵循循序渐进、规模适度的原则：

（1）人口众多，不可能同时实现市民化。我国人口基数庞大，农民工人数众多，以2012年抽样调查结果进行推算，我国的农民工数量多达26 261万人，而且每年还有大量的农民工流入城市。未来20年，我国将有1 600万～20 000万农业劳动力转移到非农产业和城镇就业，我国不可能做到将所有这些农民工同时实现市民化转换。

（2）农业转移人口存在差异性。改革开放以来，大量的农民工转移到城市，脱离农业进入第二、三产业。他们学习新技能、掌握新知识、了解新渠道，农民工的整体素质得到了提升。在这个过程中，农民工在工资收入水平、工作学习能力、思想行为观念等多方面显示出了差异性，明显的表现是新生代的农民工比第一代农民工具有更加强烈的市民化意愿并更易实现市民化。农业转移人口内部的分化和差异性决定了在市民化进程中要依据循序渐进的原则。

（3）目前来看，我国城镇对农业转移人口的消化需要一个渐进的过程，市民化的规模过于庞大会导致环境破坏严重、交通拥堵、居住条件恶化、社会秩序混乱、贫富差距拉大等不和谐因素出现。流入地市民和待转移的农业人口都要经历心理状态的转变。

以世界其他国家的市民化过程为参考，人口快速向城市聚集会导致生活环境恶劣和生活质量下降，不利于经济社会的平稳健康发展，因此我国农业转移人口的市民化进程要遵循循序渐进、规模适度的原则；要兼顾多方利益诉求，平衡农业转移人口和流入地市民之间的利益矛盾，综合考虑城市的最大人口承载力、合理的市民化规模等因素，以科学发展观为指导，以多方调研数据为支撑，在中央政府的宏观指导下控制农业转移人口市民化的速度，以健康平稳的方式渐进式地实现市民化。

第二节　市民化的概念

一、市民化的内涵

市民化是一个历史进程，操作层面需要突破、化解的关键点都有赖于对市民化内涵和本质的深入理解和剖析。厘清市民化与基本公共服务均等化、城乡一体化的内在逻辑是其同步协调发展的基础，基于不同视角划分市民化的类型为市民化进程提供了多重推进方案。

国内学者对市民化问题的研究由来已久，也从多个角度阐述了市民化的内涵。市民化既是动态进程也是实现目标，是广义社会结构转变也是狭义农业转移人口的身份转换，是内在素质市民化也是外在资格条件市民化。其主要的研究见表8-3。

表8-3　国内关于市民化概念的主要研究

学者（时间）	主要内容
姜作培（2002）	广大农民离开土地和农业生产活动，进入城市从事非农产业，其身份、地位及工作方式和生活方式向市民转化的社会过程
陈映芳（2004）	农民、城市农民工获得与城市居民相同的合法身份和社会权利的过程； 现有的传统农民在身份、地位、价值观、社会权利及生产生活方式等各方面向城市市民的转化
黄泰岩（2004）	有条件的农民实现身份的改变，包括农民向市民这种形式上的转变，也包括农民意识、生产方式、生活方式等内容的转变
许峰（2004）	内在素质市民化、外在资格市民化

综上，学者对市民化的解读基本一致，一般意义上可以界定为两方面：其一，以人口转移和职业转换为界定标准，认为农业转移人口市民化是指农民离开土地和农业生产向城市转移，并在城市非农产业就业，其身份、地位、价值观念、社会心理、工作方式、生活方式、行为方式和交际方式，以及就业、住房、社会保障等方面向城市居民转换的经济社会过程。其二，以素质和能力的发展为界定标准，认为市民化是作为职业的"农民"和作为社会身份的"农民"在向"市民"转变的进程中，发展出相应的能力，学习并获得市民的基本资格、适应城市并且具备城市市民基本素质的过程。

二、市民化的本质

市民化在公共服务均等化和城乡一体化的基础上被提出，是对基本公共服务体系的进一步完善和充实，以实现城市常住人口均等地享受市民化待遇为目标。市民化表现为农业转移人口从农村到城市的动态迁移，结果是提高了城镇化率，宗旨是扩大基本公共服务的覆盖面。市民化的内涵丰富，只有深入挖掘和透彻分析才能确保对市民化路径的审慎制定和稳步施行。

（一）市民化是农民到市民的复杂转变

目前，一般以两种方式界定市民化：其一，以人口空间转移和工作产业转换的显性改变为落脚点。农业转移人口市民化是指农民离开农村和土地，脱离农业生产，转移到城市并从事加工制造业、服务业等非农产业，实现了地理空间上由农村到城市、所处产业上由农业生产到非农生产、地位身份上由农民到市民的彻底改变。其二，以个人素质和能力水平的隐性变化为界定标准。市民化是指农民转变为市民后实现个人素质的提升、学习能力的增强、适应并融入城市生活的社会化过程。这一过程将伴随着生活方式、行为观念、社交形式、心理状态的转变，并享受到同其他市民无差别的公共服务待遇。

市民化的复杂性源于其显性指标和隐性内涵的双重作用。市民化是复杂的系统工程，农民从农村到城市、贴上市民的标签并不意味着市民化的顺利完成，这只是市民化的开始。进行统计工作时，只能以农业转移人口的数量、城镇化率等显性的外化指标来考察市民化的推进程度，而对新“市民”能否顺利适应并融入城市生活、自然坦诚地正视自己的市民身份、享受均等无差别的公共服务等内化的隐性标准则无法进行精确的衡量，而这恰是市民化的重要方面。

市民化的复杂性是农业转移人口和城市双向选择的结果。虽然国家政策的导向是重点推进小城镇的发展，但高效的劳动生产率、高水平的公共服务以及现代化的产业和技能水平吸引了大量的农业转移人口向大城市聚集，东部沿海城市成为农业转移人口的首选。而特大城市在农业转移人口落户的条件上普遍采用了较为严苛的政策，农业转移人口对城市的选择和城市的落户标准共同决定了市民化的进程，而二者之间存在严重的不对等关系，这也是造成市民化复杂的重要原因。

（二）市民化是兼具空间流动和时间跨度的动态渐进过程

市民化是一项崭新而复杂的系统化动态转变战略，反映了整个城乡发展的结构变迁和农村劳动力的地域空间流动状况。市民化覆盖面广、任务艰巨，要经历较长时间的社会经济转变来稳步协调发展，这一过程并非一蹴而就的。

市民化伴随着人口的空间流动。在人口自由流动的前提下，大量的农业转移人口从农村转移到城市，既有省内流动也有省际流动，其中省际流动是推动经济发展的重要因素，对东部地区GDP增长的贡献率达到了15%。从流动的空间分布来看，2000—2010年这十年间的人口普查数据显示东南沿海依旧是吸引外来人口最多的地区，流动到广东省和长江三角洲的人口分别占所有流动人口的22.4%、20.6%。个体理性选择的结果表明，广东、浙江、江苏、上海依旧发挥着承接流动人口集聚的重要作用，人口跨区流动显著，空间分布明显。

市民化是跨期的动态过程。市民化的进程可从时间上划分为两个阶段：首先，农业转移人口在城市获得稳定的工作和固定的居住场所（包含租赁），工资收入能满足其顺利融入城市生活，即具备了市民化的能力，实现了职业和居住地的非农转变。其次，城市根据自身发展的需要接纳那些市民化意愿和能力都较强的农业转移人口。该部分群体获得了市民身份，享受着与其他市民均等的公共服务待遇，实现了市民化。市民化要兼顾农业转移人口的市民化能力和城市的接纳水平，决定了从具备市民化能力到最终实现市民化会有时间差，是跨期的动态过程。

市民化是渐进的稳步转变。我国人口基数庞大，农民工人数众多，以2012年抽样调查的结果进行推算，我国的农民工数量多达26 261万人，而且每年还有大量的农民工流入城市。未来20年，我国将有1 600万～20 000万农业劳动力转移到非农产业和城镇就业，这就决定了我国不可能做到将所有这些农民工同时实现市民化转换。农业转移人口内部的分化和差异性决定了在市民化进程中要依据循序渐进、先易后难、先存量后增量的原则，分批次、分类型、分地区稳步有序地推进农业转移人口市民化。

三、市民化与均等化、一体化既有差别又有联系

早在十七大报告中就提出了均等化与一体化的要求，十八大报告中明确提出了完善基本公共服务体系的三方面要求：基本公共服务均等化、城乡一体化和农业转移人口市民化，三者之间存在时间上的先后和发展要求上的递进关系，既有差别又有联系。

市民化、均等化和一体化的目标侧重点略有差异。从公共服务的宗旨看，农业转移人口市民化的实质是使长期在城市居住的群体都能享受到平等无差别的市民化待遇，这里的平等既包括享受到的公共服务质量和总量基本无差别，也暗含享受公共服务的机会是均等的。公共服务均等化强调地区之间公共服务的公平，需要通过国家的转移支付制度实现对内陆落后地区的政策倾斜。城乡一体化侧重于城乡居民间享受到平等的公共服务，通过给予农村地区“新农合”、“新农保”和“两免一补”等优惠政策来缩小城乡间的基本公共服务差距。市民化更强调各个城市（既包含建制镇、中小城市，也包括特大城市）系统内的均衡，均等化和城乡一体化侧重于区域间公共服务的均衡。

市民化、均等化和一体化是完善基本公共服务体系的三大原动力。三者是完善基本公共服务体系的三大重要举措，是相辅相成、不可分割的统一体。农业转移人口市民化是基本公共服务均等化与城乡一体化的重要推动因素。近年来，均等化和一体化的作用效果不甚明显，根源在于地区间、城乡间经济发展的差异。只要经济均衡发展，诸多问题就能迎刃而解。在市场机制的作用下，人口自由流动能实现人均意义上发展的均衡，有利于实现基本公共服务均等化和城乡一体化。市民化在于逐步解除户籍制度的限制，扫除人口流动的障碍。此外，市民化改革的顺利实施也需要基本公共服务均等化与城乡一体化作为基本前提和重要保障。户籍制度改革刚刚开始，城市户籍所附带的各种福利利益还没有被完全剥离，若完全放开落户限制，大规模的农业转移人口向公共服务水平高的大城市聚集，会造成人口膨胀、社会矛盾加剧等诸多社会问题，因此市民化要与均等化、一体化同步推进。

四、市民化的类型

农业转移人口市民化是一项庞大复杂的国家战略，是一项崭新的改善民生、促进经济发展的重大举措。其具有时间跨度长、涉及群体多、覆盖区域广等特点，涵盖了公共服务的方方面面。要从全方位、多视角对其进行解读，才能从根本上把握市民化的内涵和逻辑，制定符合不同类型的发展对策和推进路径。

（一）以公共服务的主要内容划分市民化类型

其包括农业转移人口市民化进程中的就业问题、医疗卫生服务问题、社会保障问题、教育问题、住房保障问题。

农业转移人口市民化的基础是其能够在城市获得相对稳定的就业。当前，很大一部分农业转移人口并不能在城市获得相对稳定的就业，而是以非正规就业的形式游离在城市的边缘。除农业转移人口自身的素质和能力不足之外，歧视性就业环境和劳动力市场不完善也是农业转移人口缺乏就业保障的重要原因。农业转移人口就业保障的提供，应基于对农业转移人口及其就业的行业、存续时间及农业转移人口的市民化意愿等的识别。

当前，农业转移人口看病难问题突出，为其提供基本医疗卫生服务应成为市民化工作的重中之重。受新农合报销制度的限制，只有少数的农业转移人口参加了职工基本医疗保险。加之经济条件相对不宽裕，农业转移人口难以接受城市正规医院的就医费用，导致绝大多数的农业转移人口无法享受医疗服务。未来应构建与农业转移人口的地区流动性相适应的公共医疗卫生服务体系，该体系不仅应覆盖普通医疗服务，还应覆盖疾病预防、计划生育服务等。除此之外，还应结合农业转移人口主要从事低薪、高危工作，群体性职业病高发等特点，加强对重点疾病的防控与治疗。

从参保情况来看，农业转移人口除参加工伤保险比率略高外，参加其余城镇职工社会保险的比率均比较低。农业转移人口参保率较低的原因既有制度层面的，也有个人和社会层面的。对此进行深入、系统的分析，对推进农业转移人口市民化至关重要。首先，部分农业转移人口的经济条件较差、收入不稳定，勉强维持生活，因此没有多余的开支用于缴纳社会保险；其次，现行社会保障制度存在较大缺陷，城乡之间、地区之间跨制度转移办法尚未出台，社会保险统筹层次较低，而我国的农业转移人口不仅是城乡之间的流动，还有区域之间的大规模流动。社会保障制度的碎片化与城乡和地区之间大规模的人口流动形成鲜明对比，已成为我国农业转移人口市民化推进的主要障碍。除此之外，如何采取有效措施扩大社会救助和社会福利对农业转移人口的广覆盖、构建覆盖城乡居民的社会保障体系也是研究的重点。

2012年我国已实现了国家财政性教育经费支出占国内生产总值4%的目标。虽然在教育方面的总支出已有了大幅提高，但教育支出的结构并没有较大改善，教育均等化的目标远未实现，农业转移人口子女的教育服务提供程度还有很大的提升空间。在学前教育方面，民办幼儿园成了农业转移人口随迁子女的首选，而这些民办幼儿园的条件较差、师资力量也较匮乏。在义务教育方面，全日制公办中小学还是只接收拥有本地户籍的适龄学生，农业转移人口家庭无力负担高额的借读费用。在高中教育方面，新的升学制度改革亟待落实，以解决当前广为诟病的异地升学问题。无法获得均等的教育机会和服务是现阶段制约农业转移人口市民化的重要因素，使农业转移人口的教育支出大幅增加，同时也是“留守儿童”问题出现的主要原因。农业转移人口市民化进程中应配合教育体制改革，积极推进基本教育服务均等化。

现阶段对农业转移人口的住房保障程度较低。农业转移人口尚未被纳入住房保障体系，公租房、廉租房和经济适用房等保障性住房只针对持有本地户籍的困难家庭开放。此外，由于实物配租政策不完善，农业转移人口也无法享受到租金补贴等相关保障，导致农业转移人口居住环境很差，尚未改变他们居住在地下室、棚户区、工棚的现状。国内部分城市已对农民工住房保障模式进行了试点，如配建保障房、公共租赁性住房，建设农民公寓等，但推广难度较大，各地的建设积极性不高。对农业转移人口住房保障的实施模式、激励机制、制度保障等都有待进一步深入研究。

（二）以人口属性划分市民化的类型

其包括进城农业转移人口、在地农业转移人口、城郊失地农业转移人口。进城农业转移人口主要是指离乡进城务工的农民，这部分居民虽然实现了从农民到产业工人的转换，但多数无法享有与城市居民同等的社会资源和城市居民所拥有的公共服务。在地农业转移人口主要是指在乡镇企业就业的农业转移人口，他们虽然在农村生产、生活，但多数人希望长期稳定地居住在城镇，享受现代城市文明。城郊失地农业转移人口也是一个较为特殊的群体，他们虽然已拥有城镇户籍，完成了市民身份的转变，但其综合素质与城镇居民仍有较大差距，在非农就业中的能力不足，社会保障水平较低。这三类不同属性的人口对公共服务的偏好是有差异的（如图8-1所示）。

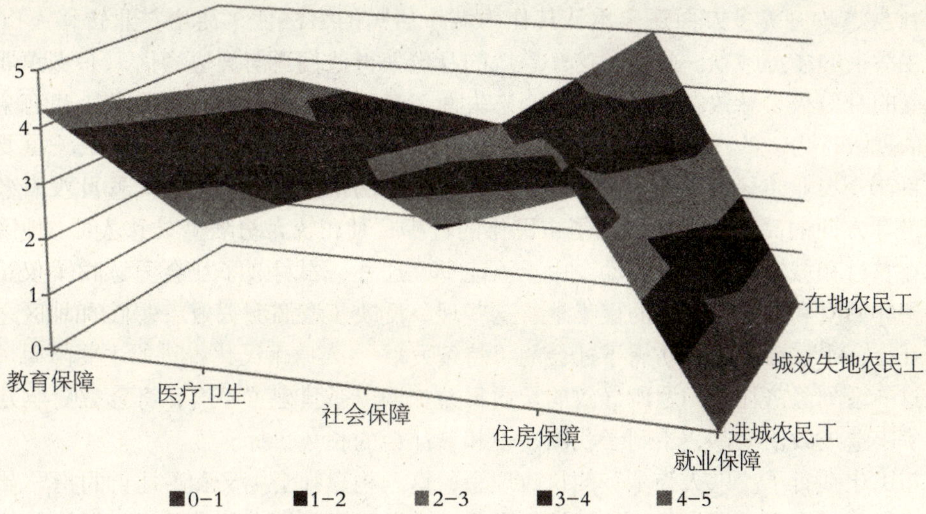

图8-1 进城、在地、城郊失地农业转移人口公共服务偏好

（三）以空间差异划分市民化类型

其包括特大城市、大城市、中等城市、建制镇和小城市农业转移人口。农业转移人口流入地因经济发展和政策制度存在经济和社会发展水平上的“空间差异”，各个城市政府、企业、社会和本地市民对新增“市民”的消化能力和接收速度不同，这给市民化政策提出了更高的要求，不能以单一不变的视角统一推进市民化，要因势利导，结合不同级别的城市在财政资金、发展前景、人口结构方面的特点制定多元化的实施路径，使市民化成为一个顺势而为、水到渠成的过程。

五、市民化的必要性

社会主义和谐社会的核心是人与人、人与自然和谐相处，实现全社会的公正平等和诚信友善。农民问题一直是构建社会主义和谐社会的重要内容，因此妥善处理农业转移人口至关重要。当前，由于市民化进程缓慢，大量的农业转移人口尚未被纳入城镇的公共服务体系，城镇内部户籍人口与非户籍人口间的矛盾日渐激化，市民化成为社会发展的必然。此外，市民化在释放消费、拉动内需方面作用明显，为促进经济健康、平稳、可持续发展，市民化也应成为政府、社会和个人为之努力的方向。

（一）市民化是推动社会主义建设、构建和谐社会的重要途径

改革开放初期，邓小平曾指出让一部分人先富起来，先富带动后富，但是在实际的发展过程中，具有资金和技术优势的地区经济社会发展越发迅速，地区之间的贫富差距明显，经济总量和经济增速差异显著，基本公共服务不均衡。

在用工报酬方面，城镇居民与农业转移人口之间也存在较大的差距，2013年的统计数据表明，城镇居民的年平均收入（26 450元）是农村居民（8 100元）的3倍之多，而发达国家的城乡居民收入之比仅为1∶1.4。此外，流入城镇的农业转移人口由于受户籍制度的限制，无法享受到医疗、养老、教育等方面的公共服务，无法享受市民待遇，也即社会、政府等多方面还未承认其作为城市居民的合法性，徒增农业转移人口在工作、生活上的多重困难。此外，这一尴尬的身份使得他们逐渐被边缘化，不被城镇认可和接受的身份极易导致农业转移人口心态失衡，最终激发种种不和谐因素甚至出现报复社会的过激行为。

目前，农业转移人口的数量日渐庞大，该群体的市民化意愿也越来越强烈，然而户籍制度等方面的高门槛严重制约了市民化的进程，使得大部分农业转移人口像“候鸟”一样在农村和城镇之间双向流动。由于不能举家迁移，农村成了社会弱势群体（留守儿童、留守妇女和空巢老人）的聚集地。这些现象反映了资源配置效率较低的本质，既有损于社会公平、公正，也妨碍了社会的可持续发展。

这一系列经济社会问题所导致的矛盾日益加剧，一旦处置不当，将会影响社会的长治久安、造成政治动荡，不利于我国建设和谐社会的长久目标。

市民化践行了“以人为本”的执政理念，这是构建社会主义和谐社会的指导思想和核心本质。不同于早期粗犷式的城镇化进程，市民化更强调人的市民化，最终实现城市常住人口平等地享有公共服务。这也恰恰满足了社会主义和谐社会以社会整体利益为出发点和落脚点、以子孙后代的长远稳定发展为目标的要求，不能被牺牲一部分人的利益而寻求另一部分人发展的短视行为所主导。

市民化有助于实现社会的公平正义，这是构建社会主义和谐社会的基本前提。推进市民化的实质是让农业转移人口在城镇享有和城镇居民同等的公共服务，并且确保农业转移人口在就业、住房、教育、养老、医疗等方面与城市居民享有同等待遇和完全平等的社会权利。这与和谐社会要达到的机会公平、分配公平和社会保障公平的目标相一致。

市民化实现的利益共赢满足了构建社会主义和谐社会的利益机制。市民化使大量农业转移人口在城市安居乐业，人口的集聚和规模效应促进了劳动生产率的提高，完善了城市的人口结构，满足了构建和谐社会所要求的建立一个集利益表达、利益诉求、利益保障、利益补偿机制于一体的利益协调和整合机制。市民化是日后一段时期内改善民生、推动社会主义建设、构建和谐社会的必经之路，只有稳步推进市民化进程才能逐步实现中国梦的宏伟目标。

（二）市民化是解决当前诸多社会矛盾、消除隔阂的重要手段

农业转移人口是我国经济社会转型时期的特殊群体，20世纪50年代为配合快速发展的工业化，大量的农民脱离农业生产进入城市成为工人。他们填补了城市劳动力的巨大缺口，促进了劳动密集型产业的发展，对城市经济增长、社会繁荣贡献显著，理应获得与城市居民同等的待遇、享受无差别的公共服务体系。但是，现实情况却不尽人意。

农业转移人口的社会保障比例较低。以2009年的数据为例，农业转移人口参加养老保险（18.2%）、医疗保险（29.8%）、工伤保险（38.4%）和失业保险（11.3%）的比例都不高。劳动合同的签订比例较低、合同期限偏短，加之缺乏对劳动用工的合理全面监管，农业转移人口的工资普遍比城市人口低，工作环境差、平均工作时间长、劳动强度大、作业内容安全系数低，且尚未形成平等的就业和分配制度，同工不同酬的明显差异导致城市内部户籍人口与非户籍人口之间矛盾激化。由于社会分层等原因，农业转移人口从事的工作多数都是城镇人口不愿意参与的，他们与城市劳动力之间并没有形成平等的竞争替代关系。由于工作条件差、内容单一，大多数农业转移人口受到歧视，这种不适的感觉很容易激化社会矛盾。

受户籍制度的限制，农业转移人口无法享受到附着在户籍制度上的社会福利，他们仅实现了职业转换，却从未真正融入城镇公共服务体系之内。在实践中，依靠城镇化实现的非农化与市民化出现了断裂，在城镇生活的大多数农业转移人口尚未真正融入城镇，无法享受到基本公共服务。在教育、就业、保障性住房等方面的巨大差距导致了新的二元结构矛盾，成了经济社会可持续发展的巨大障碍。

市民化的着眼点在于缩小甚至消除城市内部户籍人口与非户籍人口间的公共服务差异，剥离附着在户籍制度上的各种福利制度，实现公共服务平等共享。生活在城市中的所有常住人口有平等的享受公共服务的机会和权利，逐步缩小公共服务差距，满足城市常住人口的公共服务需求，解决城镇内部新二元结构矛盾，是解决当前诸多社会矛盾的重要手段。

健全的公共服务体系将使一部分的消费潜力得到释放，有利于形成需求拉动增长的经济模式，逐步实现经济结构战略性调整。这样一来，就实现了经济转轨与社会转型的同步进行。

（三）市民化是促进消费、拉动内需的经济增速动力

制约我国经济发展的一大难题是国内有效需求不足，站在中央政府的宏观视角，市民化兼具释放农业转移人口的巨大消费需求和拉动相关投资的双重作用。因此，作为保持中国经济社会健康稳定发展的主要动力，及时高效地推行农业转移人口市民化的战略势在必行。

扩大内需是维持经济健康平稳发展的重要因素。1978年以来，改革开放和市场推动在促进经济快速发展方面的作用有减弱的趋势，经济增速的最大瓶颈是需求约束。诚然，扩大外需能缓解需求对经济增速的制约，然而，外需毕竟不能取代内需作为促进经济增速的首要动力。只有加快城镇化进程，平稳快速地实现农业转移人口市民化才能形成强大的内需拉动效应。而相比发达国家，我国的城镇化率偏低，甚至还不及与我国发展阶段相近的发展中国家。

较高的城镇化率对扩大内需的贡献重大。纵观国际上发达国家和发展中国家的现实经验，国内需求是经济发展的主要动力。当前，我国2亿多的流动人口的消费需求受到一定程度的抑制，而调查显示农民工群体的收入增长高于城镇居民人均可支配收入的增长。有数据表明，中国的城镇化率每提高一个百分点，将促进7万亿元的投资和消费需求，也即城镇化通过扩大投资和促进消费的双重作用扩大内需，这对宏观经济的发展无疑是个重大的利好因素。整体来看，我国的经济发展空间潜力巨大，有待通过适宜的农业转移人口市民化战略进行挖掘和激活。

在改革开放最初的20年间，人口红利为经济的快速发展贡献了多达1/4的力量。近年来，“用工荒”、“招工难”的现象表明中国的人口红利正逐渐消失。老龄化问题加剧导致人口结构不合理，将会由此带来每年1.50～2个百分点的经济增长阻力。为了抵消人口老龄化带来的经济增长阻力，加快城镇化进程成了经济增速的发动机，伴随着房地产改革、城市基础设施建设等以土地开发为特征的快速城镇化刺激了经济的快速发展。但这一过程中并没有伴随着人口城镇化的同步发展，反而导致了城市内部二元结构的矛盾。

市民化释放消费，2007年的数据显示，农业转移人口的消费倾向基本低于50%，而城市居民的消费倾向比其多出了20个百分点，两类群体间的消费水平差异巨大。农业转移人口从农村到城镇，实现了消费从临时性、低水平向稳定性、高水平的转变，大幅提高了城镇的消费水平。若能稳步实现农业转移人口市民化，2亿多的流动人口的消费需求就会被释放出来，对拉动内需的效果显著，是经济增长的强大动力因素，也会给城市税收带来巨大贡献。调查显示，农业转移人口群体是近年来收入增长最快的一个群体，相较于城镇居民人均可支配收入和农村居民人均现金收入，农业转移人口的收入增速显著高出10个百分点。

市民化促进经济增速。大量农业转移人口在城市集聚会产生多方面的外部经济性，如提高劳动生产率、信息共享效应等。国务院发展课题研究中心的模拟结果显示，实现1 000万人的市民化可直接提高240亿元的居民消费，并直接带来300亿元的GDP增量。城镇经济增长速度的加快定会带来政府税收的增加，可将更多的资金用于发展生产，如此形成有利于经济发展的良性循环。

综上，现存的社会问题主要由市民化滞后所导致，要通过市民化的稳步推进加以解决。放眼未来的经济发展，市民化也是促进经济增长的重要手段。从经济社会发展的历史长河中看，市民化是转型时期的特殊战略，具有承上启下的作用。市民化终将退出历史舞台，未来发展的终极目标是实现社会主义公平正义、人民共享经济繁荣成果，实现中国梦。

实现农业转移人口的市民化是社会历史进步的必然趋势，是现代社会结构转变的重要手段，是社会整体实现帕累托改进的必经之路，市民化将确保整个国家的社会经济朝着更加健康、稳定、可持续的方向发展。

第三节 对市民化的误解

当前，地方政府、城市居民、社会对推行市民化的态度比较消极。地方政府作为市民化的主要推动主体最担心的是财政资金无法满足市民化所需的高额成本，还担心市民化的推进所带来的一系列社会问题。市民化的推进意味着人口结构的调整和产业结构的转型升级，在推进过程中势必会存在一定的难度和挑战，但都能通过合理的路径加以克服。为此，要深度剖析当前对市民化存在的误解，避免多方主体因认识不到其深刻内涵而阻碍这一重大国家战略的推进速度和进程。

一、市民化的成本被严重高估

地方政府之所以以消极的态度应对市民化，是因为它们认为市民化所需的巨额成本将会使地方政府背负巨大的财政包袱。国内已有的大量研究（见表8-4）似乎也在一定程度上佐证了这种观点，徒增地方政府对市民化成本的恐惧，使得地方政府在这项惠及民生、提高福祉的战略面前望而却步。深入分析我们会发现，诸多误解和不合理的计算导致了对市民化成本的高估。

（一）存在大量的重复计算

市民化过程是农业转移人口离开农村进入城市，实现职业和身份的双重转换，从农村向城镇迁移的过程，而不是凭空新增加的大量“市民”。因此，单个农业转移人口的市民化成本应该是城镇人均公共服务与农村人均公共服务之间的差额，即：

市民化成本=城镇人均公共服务－农村人均公共服务

然而，现有的很多研究忽视了这一重要环节，只计算公共服务体系的增加项，导致市民化的成本被错误地高估。以2011年我国初中人均财政性教育经费为例，城（8 181元）乡（7 349元）教育经费的投入差额832元才是市民化进程中用于初中教育的增加成本，城（6 121元）乡（5 719元）小学人均财政性教育经费的差额402元也表明市民化的教育成本在可以接受的范围之内。若单纯以城镇居民的人均公共服务成本进行计算，无疑会错误地夸大市民化的成本，误导政府和社会决策。

（二）一次性支付的误解

我国农业转移人口市民化的目标是到2020年实现1亿左右农业转移人口和其他常住人口城镇落户，这一目标并不意味着要在市民化的初始阶段就完成对若干年市民化成本的全部支付，而是根据新增农业转移人口的流量和新增公共服务水平来决定年度成本，指导政府预算。

现有的很多研究考虑了未来若干年发生在被市民化的群体上的公共成本，以若干年的市民化财政支出总额作为政府在现阶段该负担的成本。诸如很多研究以20年计算居民合作医疗保险，以44年计算低保、医疗救助和社会管理费用。这种核算的总额支出表明到2020年，市民化的成本将高达40万亿元，这对政府的指导意义不大，只会让地

表8-4　**农业转移人口市民化成本**

研究人员/单位	时间	类别	成本
陈广桂	2004	不同地区	超大城市2万元 大城市、中等城市1万元 小城市（镇）0.5万元
中国科学院可持续发展战略研究院	2005	—	2.5万元
肖鼎光	2006	不同地区	特大城市10万元 大城市6万元 中等城市3万元 小城镇2万元
张国盛	2009	不同群体 不同地区	东部沿海第一代农民工10万元 东部沿海第二代农民工9万元 内陆地区第一代农民工6万元 内陆地区第二代农民工5万元
国务院发展研究中心课题组	2010	—	8万元（2009年不变价格）
中国发展研究基金会	2010	—	10万元
中国社会科学院城市发展环境研究所	2013	—	13万元
中国社会科学院	2013	—	13万元

方政府对市民化的态度更消极。应该以年度成本进行核算，计算每年新增的农业转移人口和公共服务所需的最低市民化成本，一方面降低了政府的负担，另一方面使得成本流向更加清晰明了。

很多核算体系把没有迫切需要的公共服务成本一并计算在内。市民化的最终目标是所有的城市常住人口平等地享有均等无差别的公共服务，在推进市民化进程的早期就是保证农业转移人口逐步享受到市民待遇。在实际操作层面，农业转移人口对各种公共服务迫切需求的程度不同，教育和社会保障的需求程度要强于保障性住房。《中国农业转移人口市民化进程报告》测算的数据显示，我国农业转移人口市民化的人均公共服务成本约为13万元，这其中就涵盖了住房成本，而农业转移人口已然能实现市民化就足以证明他们有稳定的居所，对住房的需求不是很迫切。

诸多研究把分批次、分类型实现市民化所需的成本统一核算。市民化遵循先存量后增量、先易后难、多元化多样性解决农业转移人口问题的原则。那些市民化能力和意愿都强的农业转移人口在市民化进程中占有绝对优势，该类群体的市民化进程所需的成本要低于市民化意愿强、能力弱的农业转移人口。农业转移人口的内部分化决定了市民化进程的先后顺序，不同类型的群体存在时间间隔，市民化支付成本也是分批次、分阶段逐渐支付的，并不要求首次支付市民化的累积成本。

（三）政府单独买单

市民化成本由个人成本和社会成本两部分构成，政府只需承担其中的社会成本部分。有些研究错误地把本该由其他主体承担的成本强加给政府，徒增地方政府对市民化成本的恐惧，导致了对政策的误解。

市民化的个人成本由农业转移人口自行承担，包括转移到城市后生活和工作等方面比在农村多出的开销构成的生活成本（其中住房成本所占比重最大），由农村转移到城市所需的运输费、交通费等转移成本，成为市民后相对于在农村所多缴纳的社会保险、医疗保险、工伤保险、失业保险、住房公积金等社会保障成本，掌握新技能、获取新信息、学习新知识等的智力成本，错失土地资源带来的机会成本、失业风险增加等其他成本。

地方政府只需承担市民化进程中的社会成本部分，包括文化教育成本、基础设施成本、社会保障成本等基础公共服务的成本。多数研究把廉租房建设作为市民化进程的重要任务之一，这是不对的。一方面，廉租房用于满足符合城镇最低生活保障标准且住房困难家庭的住房需求，并不是所有城镇居民都能享受到的政府补贴福利；另一方面，并不是所有实现市民化的农业转移人口都需要廉租房。农业转移人口已然能在城市生活、工作，表明其已通过租赁方式获得了居住条件，没有对廉租房的需求。因此，不能把廉租房建设与市民化进程的目标相混淆，廉租房建设并非针对所有农业转移人口。

企业也承担了市民化的部分成本。农业转移人口实现市民化的进程中，企业为其缴纳保险、负担培训和学习的资金、提供住房等，分摊了一部分成本。以居民最主要的社会保障“五险一金”为例，企业和职工个人缴纳了大部分，政府补贴的份额占比很小。2011年的数据显示，财政对城市居民每人每年的养老补助金额是772元，而养老保险基金的收入为平均每人5 951元（丁萌萌、徐滇庆，2014）。

综上，市民化的进程所需资金并非政府单独埋单，个人、企业都会在其中承担一定的成本，大大降低了地方政府的财政压力。把市民化成本全部强加于政府，忽视了多元主体在市民化进程中的成本分摊效应，是对市民化的一大误解。

（四）忽视公共服务规模效益

这一误解源于对经济学原理的忽视，公共服务具有非排他性且准公共服务产品的边际成本小于1，也即新增加一个人的公共服务成本比当前的人均成本要低，大量人口在城镇聚集反而降低了公共服务的边际成本和平均成本。

公共服务和基础设施的规模效应明显，城市吸纳农业转移人口无须等比增加医院、学校、市政建设等公共设施。核算市民化成本时要考虑到公共服务的规模效应，以现有的人均公共服务成本进行简单加总与实际情况相背离。此外，农业转移人口在城市的聚集还可以解决城市内部众多资源没有得到充分利用甚至被浪费的问题。

市民化增加了城市的常住人口数量，提高了对公共电气车、轨道交通等公共交通工具的利用效率，一方面降低了公共服务的人均成本，另一方面降低了私家车的使用频率，并在一定程度上降低了人均的碳排放水平，实现了环境保护、降低成本的双赢。

（五）忽略市民化收益

农业转移人口从农村迁移到城市，消费特点由零散型、低水平向规模型、高水平转变，整体上提高了城市的消费量和消费水平。释放的消费拉动了内需的增长和税收的增加，促进了经济增速。此外，市民化还会降低社会治安和维稳成本，丰富城市人口结构，带来隐性福利。若时间跨度够长、涉及面够广，市民化很有可能带来净收益而非净成本。

1.释放消费、拉动内需

随着社会的发展，非本地户籍人口与本地居民之间的消费水平差距逐渐缩小，从2002年的30%缩小到2007年的16%～20%。但近年来农业转移人口数量增加很快，2009年农业转移人口的数量大约为1.5亿，其中对城市化率有贡献的约为1.23亿。户籍带来的非市民化待遇抑制了农民工群体的消费意愿，若市民化能把这类群体的消费全部释放出来，将会在很大程度上起到拉动内需的作用。作为近年来收入增速最快的群体，农业转移人口的收入增长速度比城镇居民的可支配收入增速高出近10个百分点。有数据表明，我国的城镇化率每提高一个百分点，将促进7万亿元的投资和消费需求。若能稳步实现农业转移人口市民化，数量庞大的流动人口的消费需求就会被释放出来。

2.促进经济增长、增加税收

World Bank（2005）模拟了取消户籍制度后城市化对经济增长的影响，结果显示释放1%的农村劳动力将带来GDP0.7%的增长，释放10%的农村劳动力会带来GDP增长6.4%。根据国家统计局2012年的数据，一半以上（51.8%）的贡献率来自于消费，国际经验也表明内需是发展大国经济的重要动力因素。巨大的投资和消费需求对拉动内需的效果显著，是经济增长的强大动力因素，这对宏观经济的发展无疑是个重大的利好因素。消费的提高会促进相关产业的投资，有利于经济结构的调整和较长时期经济平稳可持续发展。城镇经济增长速度的加快定会带来政府税收的增加，可将更多的资金用于发展生产，由此形成有利于经济发展的良性循环。

3.降低维稳成本

目前，城市内部户籍人口与非户籍人口间的矛盾加剧，农业转移人口失范行为增加，对公共产品恶意破坏，心理失衡导致违法犯罪率上升，这些都会增加社会治安和维稳成本。市民化是地方政府保障民生、扩大福利范围的重要手段，能起到安抚民心的重要作用，能获得广大群众的支持和拥护。这有助于维护社会稳定、消除内部隔阂、实现和谐发展，同时也会降低城市支出，这一现实的成本不应被忽略。

4.丰富城市人口结构、优化城市体系

市民化为大量农业转移人口在城市生活、工作提供了很好的机会，城市不仅接收高技能、高学历的顶尖人才，也吸纳操作技术强、能承受高压力、高强度工作内容的基础服务人员。农业转移人口迁移到城市可以完善城市人口结构，化解大城市人口属性单一的现状，实现人力资本积累，进而推动产业结构的调整升级，这都是城市发展的隐性福利。

二、市民化进程导致农村耕地面积减少、带来城市病

2012年由国家发改委联合各部委完成的一项城镇化调研显示，“户籍改革几乎遭遇所有市长的反对”，一时成为新闻热点。地方政府反对户籍改革是因为它们深信以户籍改革政策推进农业转移人口市民化进程是无利可寻的。一方面，被严重高估的市民化成本成了地方政府推行市民化的最大阻碍（上一节已经对这个误解进行了澄清）；另一方面，担心市民化进程将导致耕地减少，造成环境污染、交通堵塞等城市病。

但通过对中国现状的准确分析和审慎探讨可以发现，目前对人口市民化的担心是多余的。因此，要从政府、社会和个人的视角改变现有的错误认识，破除市民化进程中的理念误解。

（一）市民化进程会导致耕地面积减少

市民化的结果是大量农业转移人口在城市集聚，与原有的城市居民享受同等的公共服务。安居才能乐业，因此解决几亿人口的住房问题成为关键，新建住房会导致城市占用大量的耕地，近年来的数据显示伴随着农民向城市转移、城市化进程的加快，耕地面积大幅下降，这一切都被认为是市民化的不良后果，然而事实情况并非如此。

退耕还林是耕地减少的主要原因。1999年中央政府提出了“退耕还林（草）”的生态建设措施，继四川、陕西、甘肃三省启动试点示范工作后，河北、吉林、湖北等17个省、自治区、直辖市以及188个县也全方位参与到退耕还林的工程上来，在全国范围内取得了较大进展。2011年我国审批建设用地57万公顷，其中占用耕地23.7万公顷。而同年退耕还林的面积多达73万公顷，是城市占用土地面积的3倍，可见市民化并不是耕地减少的首要因素。

农业转移人口的“双重占地”现象普遍存在。由于大量的农业转移人口尚未实现由“农民”向“市民”身份的转变，无法享受到与城市居民同等的教育、医疗、就业等公共服务待遇，在城市中没有归属感。逐渐被边缘化的身份使得他们将资金用于在农村老家扩建住房，却仍占用着城市为他们提供的住房和基础设施用地。这部分“候鸟”式的农业转移人口既占用了城市用地，也扩大了农村建筑用地，导致“双重占地”现象普遍存在，这也是市民化没有有效顺利实施的结果。

（二）市民化会造成城市病

社会普遍把城市环境污染、交通拥堵、治安较差等城市病归结为市民化的结果，认为大量的农业转移人口在城市定居、工作是造成一系列城市问题的首要原因。然而，综合国际经验并基于对国内现状的分析，事实情况并非如此。市民化对城市的负面作用被严重夸大。

（1）人口扩张不会带来城市病。以交通拥堵为例，根据2014年的统计数据，东京的人口密度（6 106人/平方公里）远远高于北京（1 311人/平方公里），上下班高峰等绝大多数时间不堵车的现状成就了“东京奇迹”。我国可以通过多种渠道缓解城市人口

众多给交通带来的压力，发达的轨道交通系统、错时上班的政策措施、取消公务车的配置等都不失为很好的手段。美国的经验也表明，在1980—2000年期间，快速扩大的城市规模并没有导致通勤时间的明显增加。

（2）人口扩张带来城市污染是个误区。大城市主要以高密度的轨道交通网络为出行工具，通过高额的停车费、违停费、环境税、燃油税等措施来有效控制对私家车的使用量，使得城市汽车密度能控制在可接受的范围内，一定程度上抑制了碳排放量。对中国74个城市居民交通出行碳排放数据进行分析发现，城市人口密度与出租车碳排放、公共汽车碳排放都呈现显著的负相关关系。市民化提高了对城市轨道交通的使用效率，从而降低了人均碳排放量。

（3）城市环境依赖于产业结构调整，与人口数量关系不大。排除工业城市，服务业是大城市的主导产业，其大大降低了污染物的排放水平。当产业结构相同时，高密度、高容积率的发展模式能提高能源的利用效率，有效减少能源投入，即产业结构的规模集群化发展能降低碳排放量。有研究数据表明，一个省内的工业越是集聚发展，单位GDP的工业污染排放量就越低。

第四节　市民化的现实困境

一、体制性约束

（一）财政分权的体制性约束

地方政府对推进农业转移人口市民化的意愿不强烈、积极性不高，以消极态度应对中央政府关于市民化的政策。

中央政府实施“简政放权”改革后，伴随着财政收支决策权、人事管理权的下放，地方政府的权力不断增大，能自主决定预算支出规模和结构。地方政府代表中央在地方执行政府决策，在管理地方经济和社会事务上占有主动权。因此，在执行中央政府决策的过程中，作为维护本地利益的地方政府占有绝对优势，其选择性相对更广。

若执行中央政府的决策有可预见性的晋升或收益，地方政府会积极响应；反之，地方政府便采取犹豫观望的态度不应对甚至以消极的态度应付，导致在政策制定和执行方面出现偏差。各级地方政府是推进市民化进程的主体，除了被误解的市民化成本阻碍了政府的积极性外，现行的财政分权体制也是市民化进程受阻的一个重要原因。从公共选择理论的角度，政府也是追求自身利益最大化的组织，它们是自利的、晋升偏好的。在“经济人”的假设前提下，政府会根据成本收益原则指导自己的行为。

（二）考核体系制约了市民化的进程

现行的政绩考核体系更强调经济增长，忽视长期绩效，市民化所占权重低不足以引起地方政府的重视。1978年改革开放以来，“发展”的重要地位日渐凸显，成为各级政府施政理念的核心并被纳入政绩考核体系。地方政府以经济增长为主要目标，对GDP总量及增长水平、财政收入、就业水平、税收、吸引外资等政绩考核指标极为青睐，而对诸如市民化等能提高社会福祉、改善民生的指标有所忽视。现行的财政分权体制决定了政府的财政收入依赖于经济发展，因此有限的资金更多地流向能促进经济增长并能带来短期效益的基础设施上。基于以上的逻辑，尽管市民化进程能改善民生、促进社会的和谐稳定发展，地方政府的态度依然消极，市民化进程没有受到应有的重视。

基于“经济人”的假设，地方政府和官员是晋升偏好的，更重视短期的显性经济行为，对市民化问题漠不关心。英国古典经济学家亚当·斯密认为“经济人”的根本动机是追求自身利益最大化，是极其自利的。在处理中央政策时，对自身有益的高效执行，反之则利用监管难度大等漏洞得过且过。由于地方政府官员的任期一般较短（3年或5年），还要面临着年龄和资历的限制，这就要求他们在较短的任职期间作出较大的政绩，而短期显性经济行为刚好能满足这一要求。把资金投入短、平、快的产业可以实现短期内作出显著而有成效的绩效，市民化作为改善民生、促进社会和谐的重要途径需要经过长期的社会检验才能取得较为可观的成果，而这个过程由于耗时较长就会被政府执政人员所忽视。

农业转移人口市民化是一项时间跨度较大、投入资金较多、收益较不明显的隐性社会福利，这一性质决定了在现行指标考核体制下会受到各级地方政府的忽视。我国人口基数大，农业转移人口数量庞大，以2012年的抽样调查结果进行推算，我国的农民工数量多达26 261万人，而且每年还有大量的农民工流入城市，这就决定了不可能在短期内实现市民化的进程。市民化的结果是农业转移人口从农村转移到城市，实现职位、身份的双重转换，获得市民所有的公共福利，已有的研究表明该过程需要投入大量的资金。实现市民化的农业转移人口所获得的福利改进是隐性的，表现为享受更加完善的公共服务资源、自身素质的提高、就业技能的提升等诸多方面，无法像经济指标一样进行定量测量。这些因素都制约了地方政府对市民化进程的关注和重视。

（三）户籍制度制约

目前，我国的户籍制度附带着义务教育、住房、医疗、就业保障等诸多福利待遇内容，有无户籍就意味着能否享受到公共服务待遇。2014年《国务院关于进一步推进户籍制度改革的意见》指出“全面放开建制镇和小城市落户限制，有序放开中等城市落户限制，严格控制特大城市人口规模”。初步统计，目前已有20个省份制定了省级深化户籍制度改革的实施意见。基本上所有省份都放开了对高学历技能人才的落户条件、放宽了投资落户条件。大城市虽然以积分制度决定能否进行落户，但是积分的标准非常严格，意味着在大城市落户是十分困难的。教育是附着在户籍制度上的最大福利，除了新疆维吾尔自治区明确提出了细致的随迁子女在异地参加中、高考的资格条件外，其他省份都表明会根据随迁子女在当地连续就读年限和居住证、上缴社会保险的情况等逐步放开异地参加中、高考的资格条件，而北京在一段时期内还不能放开这项限制。目前，在户籍制度上受到的歧视性待遇迫使农业转移人口主要以“候鸟”的形式存在于农村和城镇之间，弱化了市民化的预期，严重制约了人口向大城市的集聚。即便是进行了户籍制度改革，人口集中流入的大城市仍然严格控制落户人口的数量，没有解决根本问题，附着在户籍制度上的福利也没有完全放开。

（四）宏观政策与市场机制的矛盾

人口迁移是趋利的，自由迁移时农业转移人口都会选择那些能带给自己福利最大化的城镇，该福利由户籍福利和非户籍福利构成。当经济发展水平的差异足够大时，大城市的非户籍福利甚至比小城市的户籍福利和非户籍福利的总和还要高，于是就出现了农业转移人口不顾高门槛也向大城市集聚的现象。这种在自由迁移条件下个体的理性选择是市场机制作用的结果。

然而，政府的宏观政策倾向于推进中小城镇的发展。2003年前后，政府通过主观行政干预使得经济资源向中西部地区倾斜，限制东部沿海地区的建设用地指标和资金。近10年的人口普查数据显示，该政策并没有把农业转移人口留在小城镇，人口向东部沿海区域集聚的大趋势没有改变，在小城镇出现了“空城”的现象，公共资源没有得到有效使用甚至过度闲置。这表明，宏观政策与市场机制的作用效果相背离。

（五）财政转移支付制度的制约

农业转移人口市民化的总体目标与实现基本公共服务均等化和城乡一体化是一致的，要推进市民化的进程就要保证公共服务供给的平等。若公共服务的均等化足以剥离附着在户籍制度上的公共福利，则户籍制度就只作为一种统计口径。中央政府有责任承担公共服务供给的成本，应该为市民化贡献重要力量。但目前中央财政转移支付存在的不足制约了市民化的进程。

中央财政转移支付只以户籍人口为依据，尚未将农业转移人口纳入考虑范围。1994年分税制改革以后，我国建立起了财政转移支付制度，以税收返还、专项转移支付和一般转移支付为主。中央财政转移支付覆盖的范围虽广，却没有适时针对地方社会经济发展的财政需要作出调整，对农业转移人口市民化成本的忽视一定程度上制约了市民化的进程。

财政转移支付结构不合理也有碍市民化的发展。一般性转移支付中能促进公共服务均等化的资金所占比重非常小，尽管近年来有所增加，但总量上依旧无法平衡地区间的公共服务差异。加之税收返还制度导致的马太效应加剧了地区间财政资金的不平衡，反而不利于缩小地区间的公共服务差距。

此外，财政转移支付的法制建设不完善也会阻碍市民化进程。我国没有明确的对财政转移支付进行监管的法律依据，不利于进行分配、审批、拨付等统一管理。立法层次低的法律缺乏权威性和威慑效果，法律的缺失制约了市民化资金的高效流通和有效使用，进而不利于市民化进程。

二、市民化私人成本障碍

农业转移人口的私人成本是指农业转移人口实现“农民”到“市民”身份的转变后所附带的各种生活成本的增加项，涉及衣、食、住、行等方方面面。然而，农业转移人口私人分担转移成本的能力不是很强，成了市民化成本分担的“短板”，一定程度上也阻碍了市民化的进程。

（一）生活成本

城市的日常生活支出明显高于农村，其中支出最大的就是住房方面。住房成本主要包含两层含义：其一是购置房产或者租赁房屋的费用；其二是与住房配套的物业管理费、水费等。这两方面都会导致生活成本的大幅提升。农民在农村基本能实现粮食、蔬菜和水果方面的自给自足，而城市的食品支出相对较多。实现市民化后，虽然能享受到较之在农村更便捷的交通、更优质的教育、更完善的医疗体系，但这些利好条件也会伴随着支出的增加，在城市缴纳的社会保险、医疗保险部分高出农村的上缴金额，也多出了诸如住房公积金的缴纳费用，这些都构成了市民化的生活成本部分。

（二）融入成本

融入成本是农业转移人口脱离农村融入城市所付出的代价。融入城市既包括工作内容和人际关系的融入，也包括社会融入和心理融入。市民化实现了农业转移人口脱离农业生产进入第二、三产业的转变，原来所具备的技能不足以满足现有产业的需求，要通过学习和培训加以实现，这会产生一定的费用。进入陌生的城市后，建立新的社会关系、融入新的社会群体也要产生一定的支出。要实现农业转移人口在城市的心理融入需要一个渐进的过程，伴随着人力资本和个人素质的差距逐渐缩小。有关个人整体修养、素质的提升，是一个通过教育、学习以及培养等多种途径逐渐积累和转变的过程，这个过程中的隐性成本较大，却也是不能忽视的。

（三）机会成本

农民转变为市民后，意味着要放弃作为农民所附带的一系列福利和利益，包括土地承包经营权、宅基地使用权、集体收益分配权等。少数民族地区农村户口可以享受到升学加分的照顾，一旦实现了市民化就意味着放弃了这个教育倾斜政策。随着国家对教育资源的投入，农村的孩子能享受到免费的教育和就餐补贴，转为市民后也就无法享受到国家的照顾了。市民化并不意味着更加优质的生活和工作，城市的激烈竞争就存在着失业的风险，所有这些都构成了市民化的机会成本，这一部分具有不确定性，也无法进行准确的衡量，但却是不容被忽视的一部分成本。

第五节　市民化的路径

近年来，地方政府在推进市民化的进程中作出了一定的努力，取得了一定的成果，但市民化进度较为缓慢，仍然滞后于经济社会的发展。要从根本上推动市民化就要扫除目前的主要障碍，在对市民化内涵充分理解和对市民化成本准确估计的基础上制定审慎合理的市民化路径。在实际推进农业转移人口市民化的进程中，要综合考虑不同地理空间、不同农业转移人口类型之间存在的差异，根据不同的主体特征选择具有针对性的路径。

一、打破对市民化的误解

推进农业转移人口市民化具有重大的战略意义，但也涉及社会深层次矛盾、引发重大利益调整，不可避免地触及利益矛盾和冲突。其主要的矛盾包括农业转移人口与流入地市民的矛盾、农业转移人口与流入地政府的矛盾、迁出地政府与流入地政府的矛盾、农业转移人口与企业的矛盾等，这些都会直接或间接阻碍市民化的进程。

首先，要对市民化的内涵进行科学合理的解读，以科学的方式计算市民化所需的成本。厘清各方利益群体在市民化进程中所需承担的责任和成本，避免重复计算，消除地方政府对市民化所承担的巨额成本的担忧。流入地政府要切实意识到市民化对刺激消费、经济增长、税收增加作出的巨大贡献，以长远发展的眼光正视市民化的结果。

其次，消除流入地市民的担忧。通过广泛宣传让流入地市民意识到市民化非但不会降低现有的公共服务水平，还能通过规模效应扩大公共服务的覆盖面，实现资源的有效利用。市民化是经济社会发展的必然，有助于实现社会公平、促进经济发展。

最后，增加农业转移人口市民化的信心和决心。如果城市放开户籍，也有一部分农业转移人口不愿意留在城镇。农民在农村所拥有的宅基地使用权、土地承包权等构成了他们安身立命的根本，是其基本生活的保障。政府的政策、社会的关怀要让农业转移人口认识到完全放弃土地成为“市民”也能很好地保障生活。

二、基于市民化成本的路径选择

（一）通过中央政府财政转移支付减轻市民化的社会成本

在市民化进程最大的障碍——教育和住房面前，中央政府应该充分发挥自身的作用分摊成本，将中央财政转移支付作为稳步推进市民化的重要动力。目前，转移支付的改革方向应该是建立“以人为本”的转移支付制度，将中央的转移支付与农业转移人口挂钩，使他们能享受到与城市市民相同的待遇，不再是基本公共服务的盲区。应健全转移支付的法制，对分配、审批、拨付等各个环节进行严格监管。应建立转移支付资金直接拨付到各级政府的转移支付制度，减少中间的流通环节、提高资金的流动速度和效率，确保转移支付的时效性，资金及时到位能加快公共服务的建设步伐。应适度提高一般转移支付的占比，增加基本公共服务的建设资金，逐步缩小地区之间的公共服务差距，促进农业转移人口市民化。

（二）通过农民产权的合理转换分担市民化的私人成本

土地是农民维持生计的根本，土地承包权和宅基地使用权是他们的重要财富，也是市民化进程中农民在农村放弃的最大资本。因此，能否妥善进行土地制度改革也关系到市民化进程的顺利进行。首先，要完善有关农村土地产权制度的相关法律、法规，使得土地改革有法可依、有据可循。其次，对农民家庭承包经营的土地进行登记，保持现有农村土地承包关系的持续稳定。在不违背现有耕地保护制度的前提下，赋予农民对承包地的占有、使用、担保等权能，农民可以以承包经营权的方式入股参与农业产业化经营。再次，允许宅基地使用权市场化，允许农民自由交易。最后，对农村集体所共同拥有的诸如土地、森林、草原等公共资源实行股份化改造。农民可将土地经营权、宅基地使用权以及公共资产股份产权作为抵押担保从金融机构获得贷款。这就实现了对农民产权的合理转换，让农民真正享受到土地改革的红利，从而在更大程度上分担市民化的私人成本。

（三）明确多方共同承担市民化成本的机制

市民化成本分担的主体包括中央、省级政府、地方政府和农业转移人口个人。首先，中央要通过转移支付形成对地方政府推行市民化的大力支持，流入地政府有稳定充足的财政资金便可形成对农业转移人口特别是跨省流动的农业转移人口的吸纳。通过财政转移支付分担市民化成本的同时，还要通过政策和区域利益协调，引导农业转移人口在地区间合理分布。一方面要考虑到农业转移人口在东部沿海地区的集聚给地方政府造成的财政压力，另一方面也要考虑到中西部内陆经济发展相对滞后的现状，以此协调不同区域间的转移支付力度和水平，区域协调发展与市民化是同步进行的。其次，省级、地方政府要根据农业转移人口的数量及事权明确转移支付的金额。以教育权保障为例，推广国家实行的教育券制度。有教育需求的家庭获得教育券后可以到流入地享受与城镇居民无差异的教育资源，所在地政府根据教育券的多少向中央政府申请教育财政资金。

三、基于市民化类型的路径选择

（一）基于区域差异实施差异化的路径

根据不同地区城镇化建设现状、农业转移人口规模、地区的承受能力将城市区分为特大城市、大城市、中小城市、小城镇四个类型。首先，小城镇基本无门槛的落户条件方便了所有具有市民化意愿的农业转移人口在该地安居乐业。据初步统计，已有20个省区根据《国务院关于进一步推进户籍制度改革的意见》出台了本省的户籍制度改革政策，全面放开了建制镇和小城市的落户限制。其次，大中城市市民化要坚持“降低公共服务差异”与“扩大户籍”并行。目前大中城市的落户门槛太高，应适当降低申请条件、放宽对高学历毕业生及技能人才、特殊专业人才的投资落户条件。现阶段，那些不能放开户籍的城市要保证城市常住人口的公共服务质量。可根据城市公共服务资源给予城市常住人口相应的待遇，随着城市经济发展不断提高其待遇水平，逐步缩小城市内部公共服务的差距。最后，适度放开大城市、特大城市的户籍限制。目前几乎所有省份的户籍制度改革都严格控制大城市、特大城市的人口规模，这与市场机制发挥的作用背道而驰。要适当降低大城市积分落户的条件，积分制以就业、缴纳社会保障的记录、居住年限等指标确定可以优先进行落户的群体，建议对积分制的各项指标赋予不同的权重，以确保那些对城市发展作出突出贡献的农业转移人口优先享受市民待遇。要提升基本公共服务的覆盖面，教育是市民化进程中最大的瓶颈，各省份要尽快出台解决异地中考、高考资格的政策，可以根据随迁子女在当地连续就学年份以及父母参加社会保险的年份为指标制定标准。北京、上海这样的国际化大都市应逐渐放开此项教育福利。

（二）基于人口属性差异选择多样化路径

以农业转移人口与农业的分离程度和流动性制定符合各类人口属性的多样化发展路径。首先，优先放开离开农业生产在城市有稳定职业和生活的农业转移人口的落户条件。因其市民化意愿和能力都很强，市民化重点是鼓励落户。加快取消中小城市和建制镇的落户门槛，方便农业转移人口落户；降低大城市和特大城市的落户标准，建立合理明确的积分落户制度。其次，鼓励以“候鸟”形式存在于城乡之间的农业转移人口落户，这类群体市民化意愿较强，但市民化能力较弱，政策重点是梯度赋权，不断提升其人力资本水平。通过加快产业布局调整，大力发展中小城市和县域经济，使大多数新增的农民工在省内转移就业，在本地实现市民化。最后，对于那些有强烈乡土情怀又想成为“新市民”的第一代农业人口，要以保障基本的公共服务为主。政策重点是鼓励其在城乡之间双向流动并保障其劳动权益。考虑到未来10~15年这类农业转移人口将逐步退出城市劳动力市场，应鼓励他们返乡再就业，引导其在家乡城市落户定居，把更多的落户资源留给新生代的农业转移人口。

（三）基于公共服务内容的差异选取多元化路径

农业转移人口对基本公共服务需求的迫切程度不同，其中教育是制约市民化进程的最大瓶颈，也是农业转移人口最迫切需求的内容。市民化进程不是所有公共服务同时实现均等化，在推进的过程中存在时间上的先后顺序。首先，要重点解决农业转移人口的随迁子女教育问题。农业转移人口的随迁子女能否在城市中获得良好的教育关系到新生代农民工能否在城市中获得长远发展。把农业转移人口的随迁子女纳入到当地的教育体系是第一步，再逐步落实异地中考、高考资格，北京、上海这样的国际化大都市暂时没有放开异地高考的打算。要逐步扩大公办学校的教育规模，政府构建针对农业转移人口随迁子女的终身教育保障机制，把他们的教育经费纳入财政预算，确保他们享受到平等的公共教育服务。其次，解决农业转移人口的就业、社会保障、医疗保障等问题。对新生代农民工的职业教育、技能培训也应上升到国家事业的高度，广泛动员多方社会、企业所拥有的丰富的培训资源，确保他们能够获得职业技能培训的机会，以满足城市激烈的竞争市场，逐渐实现职业、身份上的市民化转变。有数据显示，农业转移人口参加各项保险的比例非常低。要完成城乡医疗保险的对接，实现异地就医和结算。企业实行对农业转移人口和城镇市民无差别的待遇，不逃避自己该承担的工伤保险、失业险等部分。最后，解决农业转移人口的保障性住房等公共服务。有能力和条件实现市民化的农业转移人口都通过购置房产、租赁等方式在城市有较为稳定的居所，虽然有部分对保障性住房有较为迫切的需求，但毕竟不是所有的农业转移人口都符合享受保障性住房的条件，因此可以先着手解决最迫切需求的那部分公共服务。

四、基于体制约束的路径选择

（一）明确中央与地方的财权与支出责任

事权不匹配的问题在中国长期存在，若不及时加以改革，市民化会加深已有矛盾。进行地方税改革方能保证各地方政府行使正常职能的税源。一方面，借助国家进行“营改增”的东风，充分借鉴沪、渝的试点经验，地方税改革应以所得税和财产税为主。另一方面，重新确定公共支出责任的承担主体，由中央承担更多的教育、社会保障等公共服务支出，减轻地方政府的压力。

（二）重构政绩考核体系

未来的政绩考核体系要加强对民生的考核，适当减轻经济增长、政府投资、税收等短期经济指标的比重，地方政府和任职官员的考核指标更多涉及市民化进程、城乡公共服务一体化程度、城镇内部公共服务均等化程度等内容。相对于经济增长而言，民生的改善和社会福利的提高都属于隐性福利，鲜有定量的标准进行衡量，可以考虑把群众的反映和评价作为考核的标准之一。市民化是一项惠及数亿农业转移人口的国家战略，庞大的人口数量足以形成有利的声音以纠偏市民化进程中的不合理政策制度以及地方政府不重视、不作为的不良作风。

参考文献

[1]国务院发展中心研究课题组."十二五"时期推进农民工市民化的政策要点[J].发展研究，2011（6）：4-12.

[2]国务院发展中心研究课题组.农民工市民化对扩大内需和经济增长的影响[J].经济研究，2010（6）：4-16.

[3]陆铭.中国城市化路径的困境与抉择[EB/OL].[2015-12-05].http：//lumingfudan.blog.sohu.com/309835007.html.

[4]王桂新，魏星，沈建法.中国省际人口迁移对区域经济发展作用关系之研究[J].复旦学报：社会科学版，2005（5）：148-160.

[5]欧阳慧."十二五"时期推进农民工市民化的思路建议[J].宏观经济管理，2010（5）：38-40.

[6]石智雷，朱明宝.财政转移支付与农业转移人口市民化研究[J].发展研究，2015（2）：5-10.

[7]王琛.从利益相关者理论解读农业转移人口市民化[J].经济社会体制比较，2015（3）：81-91.

[8]张国盛.基于社会成本考虑的农民工市民化：一个转轨中发展大国的视角与政策选择[J].中国软科学，2009（4）：56-69.

[9]FANG C，WANG D.China's demographic transition：implications for growth[M].Canberra：Asia Pacific Press，2005.

[10]WORLD BANK.Integration of national product and factor markets：economic benefits and policy recommendations.Report 31973.2005.

第九章

农村社会养老保险政策分析

第一节 概述

一、农村居民生活基本现状

在20世纪30年代世界第二次经济危机以后，欧美发达国家为了促进消费、发展经济、促进社会稳定纷纷建立了社会保障制度，社会保障制度对欧美国家的经济和社会发展发挥着极其重要的“稳定器”作用。在我国，社会保障制度的建立比较晚，二元经济结构更使我国农村的社会保障制度晚于城镇社会保障制度，经过多年的发展，我国已经初步建立了一套相对健全的社会保障体系，但与民众需求还有一定的差距。尤其是农村居民的社会保障问题还存在诸多问题，亟待我们进一步完善和发展。2012年党的十八大提出“统筹推进城乡社会保障体系建设”的要求，2020年建立完善的中国特色社会保障体系并覆盖全国居民，这对中国社会保障制度尤其是农村的社会保障制度改革提出了更高的要求。

社会保障制度是人类政治文明的重要组成部分，它的产生与发展也经历了一个不断与社会政治经济环境相适应的过程。无论是我国古代的“亲民”、“仁政”思想，还是西方宗教中所倡导的“互助”、“互爱”精神，这些早期社会保障思想的诞生都是为了使国家制度更加适应当时的社会政治经济环境，以便更好地管理与安抚民众，从而为统治阶层服务。

从西方国家的社会保障发展史可以看出，由于不同的历史文化和政治经济环境，世界各国社会保障政策开始实施的时间和发展路径均不同。由于政治基础和政策出发点不同，同一国家的同一政党或不同政党在不同时期内实施的社会保障政策也有很大的不同。但是，无论各国具体的社会保障有什么差异，都有需要遵循的共同规律：社会保障的发展会受到本国社会经济发展状况的制约并对此产生深远影响。一般说来，如果一国社会保障水平与该国经济发展水平相适应，就能在保障公民基本生存权利的同时，促进该国经济社会的健康和谐发展；如果一国社会保障水平与该国经济发展水平不适应，则会加剧社会矛盾，影响政府公信力，还会对经济社会发展产生负面作用，严重者甚至会影响社会稳定。可见，社会保障制度发展与经济社会发展相适应的问题对一国的发展稳定和繁荣具有重大影响。[①]

我国自1978年实施改革开放政策以来，国民经济迅速得到了恢复和发展。国内生产总值连续多年保持了约10%的年增长速度。1978年前后，我国工农业生产总值只有5 000多亿元；2014年，我国国内生产总值已经达到了636 139亿元，经济总量跃居世界第二。随着国民经济的快速发展，政府的财政收入也相应持续增加。1978年我国财政收入为1 132亿元，到2014年财政收入达到了140 350亿元，是1978年财政收入的100多倍。充足的政府财政实力是其公共管理职能的现实基础。我国政府财政实力的增强，表明了其提供公共物品和服务能力的提高。随着公民越来越多的关注和国家相关部门的重视，我国社会保障体系建设也取得了重大成绩。截至2014年，城乡居民收入继续增加。全年全国居民人均可支配收入为20 167元，城镇居民人均可支配收入为28 844元，农村居民人均可支配收入为10 489元。社会保障建设取得新进展。2014年年末全国参加城镇职工基本养老保险人数34 115万人，参加城乡居民基本养老保险人数50 107万人，增加357万人。2014年年末我国总人口为136 782万人，我国基本养老保险覆盖了全国超过8亿的人口，建立了世界上覆盖人口最多的社会养老保险体系，越来越多的城乡居民享受到我国经济社会发展的成果。

近年来，我国人口老龄化的速度正在不断加快，根据民政部印发的《2014年社会服务发展统计公报》显示，2006—2014年我国60岁及以上老年人口占全国总人口比重见表9-1、图9-1。可见，从2006年到2014年我国60岁及以上老年人口呈不断上升趋势，到2014年末，我国60岁及以上老年人口2.12亿人，占总人口的15.5%。我国人口老龄化目前正处在加速发展时期，老年人口规模不断增加。据有关部门预测，21世纪中叶我国老年人口数量将超过4亿人，达到最高峰，届时每3人中就会有一个老年人。国家卫计委家庭发展司有关负责人表示："我国人口老龄化发展呈现这么几个特点：老年人口增长快、规模大；高龄、失能老人增长快，社会负担重；农村老龄问题突出；老年人家庭空巢化、独居化加速。"

表9-1　**我国60岁及以上老年人口占全国总人口比重**　单位：万人、%

指标	2006年	2007年	2008年	2009年	2010年	2011年	2012年	2013年	2014年
60岁及以上老年人口	14 901	15 340	15 989	16 714	17 765	18 499	19 390	20 243	21 242
比重	11.30	11.60	12.00	12.50	13.26	13.70	14.30	14.90	15.50

资料来源：2014年社会服务发展统计公报。

① 丛春霞.社会保障概论[M].大连：东北财经大学出版社，2015.

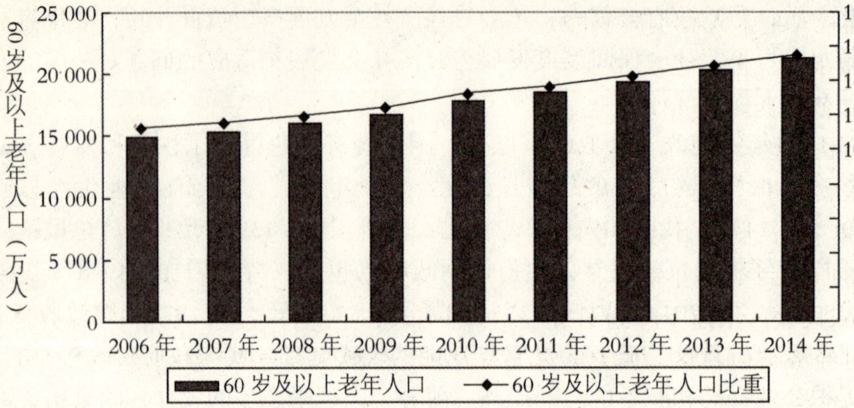

图9-1 我国60岁及以上老年人口占全国总人口比重

根据第六次全国人口普查统计结果，农村60岁及以上老年人口已达1.008亿人，根据表9-1我国60岁及以上老年人口的数量，运用几何平均法预测我国农村60岁及以上老年人口的数量，预测结果见表9-2。

60岁及以上老年人口的平均增长速度-1=0.0364

表9-2 **2014—2021年我国农村60岁及以上老年人口数量预测** 单位：亿人

指标	2014年	2015年	2016年	2017年	2018年	2019年	2020年	2021年
农村60岁及以上老年人口	1.22130	1.16298	1.20531	1.24918	1.29465	1.34178	1.39062	1.44124

资料来源：根据有关资料整理。

根据表9-2的预测结果不难看出，我国农村60岁及以上老年人口的数量超过全部老年人口半数之多，形成了老龄化城乡倒置的格局，农村养老形势严峻。

在我国社会保险事业取得骄人成绩的同时，要清楚地看到我国基本养老保险还存在着严重的结构失衡问题。社会养老金分配存在巨大的行业差异、地区差异和城乡差异，以至于现行社会保险制度时常遭受各方面质疑。农村社会养老保险制度虽然已经建立，并基本覆盖全国大部分地区，但农村居民社会养老保险还存在诸多问题尚未解决，长此以往，将影响制度的健康运行。

（一）农村居民收入及生活水平的变化

新中国成立初期，通过社会主义公有制改造，我国原有的土地私有制转变成了集体所有制。农民自愿联合，进行集体劳动，按劳分配。这使农民抵御自然灾害的能力增强，生产能力在短期内得到了提高。但由于这种平均主义挫伤了农民的生产积极性，很快被证明不能适应农业发展的需要，亟需进行改革。

新中国成立以来，我国农村居民收入得到了迅速发展。由于我国农村地区家庭成员间联系紧密，家庭总收入更能反映我国农村居民的收入情况。我国农村家庭年均纯收入在上升，在1978—1984年间，农村家庭纯收入增长速度较快，年平均增幅达到了16.69%。农村居民收入的发展与农村地区生产总值的发展情况是密切相关的。1978年之前的合作社时期，人民生产积极性不高，粮食产量偏低，影响了收入。家庭联产承包责任制刺激了农民的劳动积极性，提高了农民收入水平。1984年，农村粮棉大丰收，农产品增加值同比增长13%。自1985年开始，农业生产增速趋缓，农产品价格不高，农民收入增长减缓，此后3年农村家庭纯收入年均增长6.43%。

由于粮食提价、农产品流通市场化、延长土地承包期30年不变以及乡镇企业蓬勃发展等因素，农民收入开始较快增长，1988—1996年间，农村居民纯收入的平均增幅达到了15.84%。到2000年前后，由于农产品供应短暂出现供过于求的情况，导致“谷贱伤农”，农民收入增速下降到了2.1%，2000年甚至出现了轻微的负增长。随后，国家进行了农村经济结构调整，加大惠农支农力度，分地区逐步取消农业税并全免农业税，稳定农产品价格等，农民收入开始稳步上升。我国城乡居民可支配收入水平见表9-3。

表9-3　**我国城乡居民可支配收入水平**　单位：元、%

年份		2007年	2008年	2009年	2010年	2011年	2012年	2013年
人均可支配收入	城镇	13 785.8	15 780.8	17 174.7	19 109.4	21 809.8	24 564.7	26 955.1
	农村	752.5	815.7	895.4	965.2	1 046.3	1 146.7	1 227.0
恩格尔系数	城镇	36.3	37.9	36.5	35.7	36.3	36.2	35.0
	农村	43.1	43.7	41.0	41.1	40.4	39.3	37.7

资料来源：《2014年中国统计年鉴》。

由表9-3可以看出，我国农村居民的收入水平呈不断上升的趋势，2013年农村居民的收入水平是2007年的1.63倍，而同期2013年城市居民的收入水平是2007年的1.96倍，显然我国城市居民收入的增长速度要远远快于农村居民收入的增长速度。

（二）农村居民的消费支出变化

随着农村经济的发展和农民收入的增加，农村居民人均基本生活消费支出也逐步增多，我国城乡居民人均消费支出水平见表9-4。但是从表9-3中可以看出，我国农村居民的恩格尔系数呈明显的下降趋势，到2013年我国农村居民只比城市居民的恩格尔系数多2.7%。国际粮农组织提出了如下的数量界限：恩格尔系数在59%以上为生活绝对贫困，50%~59%为勉强度日，40%~50%为小康水平，20%~40%为富裕，20%以下为很富裕。恩格尔定律存在的前提是居民消费中食品消费的刚性。在较低收入水平上时，居民消费将会把较大份额用于食品支出，以满足基本生活需求；伴随收入水平的提高，用于食品消费的支出会增加，但其增加速度会低于整个消费支出的增长速度以及收入增长速度，即增加的收入将有较大份额用于满足食品以外的其他消费需求。但需要指出的是，尽管恩格尔系数可以作为衡量居民收入水平和生活水平高低的一个重要指标，但不能作为唯一指标，不能绝对化，因为在人们最基本的食物消费得到满足之前，居民收入的增加有可能首先用于提高食品消费的数量和质量，结果可能是恩格尔系数上升而不是下降。也就是说，恩格尔定律发生作用有一个数量界限问题。此外，不同国家具有不同的消费习惯和不同的价格结构，这些都会影响恩格尔系数的应用和比较。因此，尽管恩格尔系数确实具有评价居民生活质量的功用，但要全面评价居民生活质量，不能仅仅依赖恩格尔系数这样的单一指标，而要进行更全面的统计评价。[①]

表9-4 我国城乡居民人均消费支出水平 单位：元

年份	2009年	2010年	2011年	2012年	2013年
城镇居民人均消费支出	12 264.6	13 471.5	15 160.9	16 674.3	18 022.6
农村居民人均消费支出	3 993.5	4 381.8	5 221.1	5 908.0	6 625.5

资料来源：《2014年中国统计年鉴》。

二、农村社会养老保险制度的变迁[②]

自新中国成立以来，我国社会保障制度经历了一个从无到有、从少到多、从低到高的发展过程。保障项目逐渐增多，保障范围不断扩大，保障水平也得到了很大提升。全方位、多层次的社会保障制度体系已经基本建立。

但近年来我国城乡居民收入差距出现扩大的趋势，城乡居民在社会保障权益方面差异巨大，尤以养老金待遇为甚。

（一）我国农村社会养老保险制度发展历程

我国农村实施社会养老保险制度从20世纪80年代中期开始，到目前已近30年，大体可分为五个阶段：

第一阶段：试点探索阶段（1986—1991年）。1986年10月之前，我国没有建立农民养老保险制度。1986年10月，民政部在江苏省沙州县（现张家港市）组织召开座谈会，以沙州县锦丰乡的农民退休制度为范例，探索农村发展社会保障的路径和方向，会议提出从我国实际出发，因地制宜，建立和完善多层次的农村社会保障制度。在贫困地区，以社会救助和扶贫工作为主；在欠发达地区，以完善五保制度、建敬老院，解决孤残老人生活困难的问题为主；在经济发达地区，开展社会养老保险。这标志着农村社会养老保险制度开始试点探索。民政部先后选择上海郊区、苏南地区等一些富裕的乡镇地区，进行实施社区型养老保险试点和县级农村社会养老保险试点。到1991年，民政部初步建立了以个人账户、储备积累为制度模式的县级统筹农村社会养老保险制度。我国从1986年起开始探索建立农村社会养老保险制度，即民政部带头举办县级农村社会养老保险基本方案（以下称“老农保”）。老农保并未得到国家的任何补贴，它实际上是通过强制储蓄的方式让农民自己承担将来的养老责任。

第二阶段：发展推广阶段（1992—1997年）。民政部于1992年颁布《县级农村社会养老保险基本方案（试行）》，方案明确了我国采取“县级统筹”原则，开展实施农村社会养老保险制度。国务院办公厅于1995年发出通知，要求各级政府要积极推进实施农村社会养老保险工作，使得农村社会养老保险制度在全国范围内得以推广和发展。农村养老保险参保率从1992年的5.68%到1997年的11.97%，参保人数也由1992年的3 500

① 高敏雪，李静萍.经济社会统计学[M].北京：中国人民大学出版社，2015.
② 部分参考丛春霞的专著或论文。

万人到1997年的7 452万人。1997年年底，全国1870个县级单位（全国共2 900个县）开展了农村社会养老保险工作，其中55.79万农民领取了养老保险金。

第三阶段：暂停整顿阶段（1998—2001年）。为应对1997年亚洲金融危机，我国政府决定整顿金融秩序，成立了12个整顿小组，农村社会养老保险也为整顿的对象。这是由于：第一，农村社会养老保险属性不清，管理不够规范；第二，一些地方政府强迫命令，工作方法过于简单；第三，农村养老金给付标准高，存在支付风险。1999年，该农保方案即民政部带头举办县级农村社会养老保险基本方案（以下称“老农保”）被叫停，并提出逐步向商业保险过渡的原则。国务院于1999年7月发布了整改保险业的通知（国发〔1999〕14号），该要求提出暂停农村养老保险制度的实施。我国政府机构1998年后开始改革，将农村养老保险职能由民政部划入原劳动与社会保障部，由于“老农保”在制度设计上存在许多弊端，加之有关部门之间对我国当时经济社会发展阶段是否应发展社会养老保险，这种模式是不是养老保险以及农村的养老保险该怎么搞，这三个方面没有一致的意见，导致当时农保工作停滞不前，一些地区参保人数下降，部分地区甚至出现了较为严重的农民大规模要求退保的现象，参保人数从1998年的8 000万人减至2003年的5 400万人。

第四阶段：探索新农保阶段（2002—2008年）。这一阶段也是我国政府认识和选择农村养老保险发展方向的阶段。我国政府于党的十六大提出建立覆盖城乡居民的社会保障体系，并指出在“有条件的地方探索建立农村养老保险、医疗保险和最低生活保障制度”（注释十六大报告）。截至2005年，我国有1 900个县（市、区、旗）不同程度地开展并实施农保工作，参保人数在经历了连续7年下滑后，呈现出上升趋势，农民参保达5 442万人，其中301万人参保农民领取了养老金，积累了310亿元养老保险基金，当期应付养老保险金21.3亿元，人均月领取养老金59元，为我国2020年实现全面小康社会目标打下了坚实的基础。2006年，国务院提出要建立与农村经济发展水平相适应、与其他保障措施相配套的农村社会养老保险制度。2007年党的十七大报告又提出“加快建立覆盖城乡居民的社会保障体系，保障人民基本生活”，并进一步指出在有条件的地方“探索建立农村养老保险制度”。

第五阶段：新农保制度试点与逐渐完善阶段（2009年至今）。全国新型农村社会养老保险试点工作会议于2009年8月18日召开，这次会议标志着新型农村养老保险制度的正式建立。新型农村社会养老保险（简称“新农保”）是以保障农村居民年老时的基本生活为目的，建立个人缴费、集体补助、政府补贴相结合的筹资模式，养老待遇由社会统筹与个人账户相结合，与家庭养老、土地保障、社会救助等其他社会保障政策措施相配套，由政府组织实施的一项社会养老保险制度，是国家社会保险体系的重要组成部分[①]。而这期间《社会保险法》和《农民工参加基本养老保险办法》的相继颁布，标志着农村居民养老保险制度步入了法制化的轨道。国务院于2009年9月发布了《关于开展新型农村社会养老保险制度试点的指导意见》，我国政府以“保基本、广覆盖、有弹

① 丛春霞.社会保障概论[M].大连：东北财经大学出版社，2015.

性、可持续”为基本原则，建立了新农保制度。以个人缴费、集体补助和政府补贴相结合作为新农保的筹资渠道，养老待遇由基础养老金和个人账户养老金组成，其中，基础养老金由中央财政全额承担。2009年，在全国10%的县级单位试点，并逐步扩大试点，2012年年底在全国范围实现了全覆盖，标志着我国农村社会养老保险制度进入一个崭新的阶段，为确保每一个公民最基本的生活需要迈出了坚实的一步。2011年6月20日至21日，“全国城镇居民社会养老保险试点工作部署暨新型农村社会养老保险试点经验交流会”在京召开，时任中共中央政治局常委、国务院总理温家宝出席会议并作重要讲话，温家宝指出，国务院决定在全国范围启动城镇居民社会养老保险制度试点，并加快新农保试点进度，在本届政府任期内基本实现制度全覆盖，这是党和政府的重大惠民政策，是健全我国社会保障体系的重大制度建设，标志着我国覆盖城乡居民社会保障体系的主要制度都建立起来了，朝着党的十七大提出的目标前进了一大步，是全面建设小康社会取得的重大进展。有了这两项新制度，几千年来中国人“老有所养”的愿望，在可预见的未来几年里就能初步实现。温家宝还强调，城镇居民养老保险和新农保，都是由政府主导建立的社会养老保险制度，要做到保基本、广覆盖、有弹性、可持续。在试点工作中，一是坚持低水平起步、广覆盖，重在制度建设；二是坚持政府和个人共担责任，政府要确保责任到位；三是坚持城乡统筹，搞好制度和政策衔接；四是坚持多层次、多渠道解决养老问题，继续发挥好家庭和社会各方面的积极作用。要切实加强组织领导，确保财政补助按时足额拨付到位。加强经办管理服务能力建设，合理整合现有社保管理服务资源。要及时总结工作经验，发现和解决试点中出现的问题，确保两项试点工作顺利进行。另外，时任国务院副总理张德江、人力资源和社会保障部部长尹蔚民、时任财政部部长谢旭人等都参加了会议，并且都做了尽职尽责积极的表态①。2014年，国务院总理李克强在《政府工作报告》中提出：合并新型农村社会养老保险和城镇居民社会养老保险，建立全国统一的城乡居民基本养老保险制度。国务院办公厅于2014年4月21日颁布了《国务院关于建立统一的城乡居民基本养老保险制度的意见》，意见决定，在已基本实现新型农村社会养老保险、城镇居民社会养老保险全覆盖的基础上，依法将这两项制度合并实施，在全国范围内建立统一的城乡居民基本养老保险制度，并在制度模式、筹资方式、待遇支付等方面与合并前的新型农村社会养老保险和城镇居民社会养老保险保持基本一致。基金筹集采取个人缴、集体助、政府补的方式，中央财政按基础养老保险基金标准，对中西部地区给予全额补助，对东部地区给予50%的补助。地方政府为重度残疾人等缴费困难群体代缴部分或全部最低标准的养老保险费，鼓励公益慈善等社会组织为参保人缴费提供资助。建立统一的城乡居民基本养老保险制度，使全体人民公平地享有基本养老保障，是我国经济社会发展的必然要求和推进“新四化”建设的需要，这既有利于促进人口纵向流动、增强社会安全感，也有利于群众对民生改善有稳定的预期，对拉动消费、鼓励创新创业具有重要意义。人力资源和社会保障部办公厅于2014年2月24日发布了《关于贯彻实施〈城乡养老保险制度衔接暂行办法〉有

---

① 全国城镇居民社会养老保险试点工作部署暨新型农村社会养老保险试点经验交流会。

关问题的通知》(人社厅发〔2014〕25号,下称《暂行办法》),《暂行办法》决定,对参加城镇职工基本养老保险、城乡居民基本养老保险两种制度的人员办理跨制度衔接养老保险关系制定了具体的规程。对衔接业务的经办机构、城乡养老保险制度衔接手续、办理程序作出了具体规定,《暂行办法》于2014年7月1日起实施。随着我国城乡养老保险制度的全面实施,覆盖范围不断扩大,加上城乡劳动力流动就业加速,城乡养老保险制度的衔接问题迫切需要解决。对此,党中央、国务院高度重视。《暂行办法》的出台实施,顺应民意,利于民生,是一项重大的惠民政策。全面贯彻落实《暂行办法》,有利于健全和完善统筹城乡的社会保障体系,有利于促进劳动力的合理流动,有利于更好地保障城乡参保人员特别是广大农民工的养老保险权益。

2015年1月人力资源社会保障部、财政部出台《关于提高全国城乡居民基本养老保险基础养老金最低标准的通知》(人社部发〔2015〕5号),通知指出,经国务院批准,从2014年7月1日起,全国城乡居民基本养老保险基础养老金最低标准提高至每人每月70元,即在原每人每月55元的基础上增加15元。提高标准所需资金,中央财政对中西部地区给予全额补助、对东部地区给予50%的补助。此次增加的基础养老金金额,不得冲抵或替代各地自行提高的基础养老金。各地人力资源社会保障和财政部门要做好提高基础养老金标准的相关工作,尽快将提高后的养老金及时足额发放到位。要搞好政策宣传,正确引导社会舆论。同时,进一步健全参保缴费激励机制,引导和鼓励城乡居民选择更高档次缴费、长期持续缴费,增加个人账户积累,逐步提高养老保障水平。"①

(二)农村社会养老保险缴费制度的变迁

根据我国的经济社会的发展和农民收入水平的不断提高,在不同时期,对农村社会养老保险具有不同的缴费标准。2003年,全国共有5461万人参加老农保,人均缴费46.2元。其中,东部地区收缴保费24.6亿元,占保费总收入的97.62%,人均缴费为86.9元;中部地区保费收入占全部保费的1.83%,人均缴费24.6元;西部地区保费收入仅0.14亿元,人均缴费仅2.0元。②

2009年,国家指导性文件对新农保的缴费标准确立了五个档次,农民可以根据家庭经济情况自主选择100、200、300、400、500元每人/年中的任意一档,政府分别给予30~50元的缴费补贴,多缴多得。地方政府可以根据地区经济发展水平适当调整。

2014年2月国务院《关于建立统一的城乡居民基本养老保险制度的意见》(国发〔2014〕8号),在该意见中国务院对年满16周岁(不含在校学生),非国家机关和事业单位工作人员及不属于职工基本养老保险制度覆盖范围的城乡居民,可以在户籍地参加城乡居民养老保险。城乡居民养老保险基金由个人缴费、集体补助、政府补贴构成。第一,个人缴费。参加城乡居民养老保险的人员应当按规定缴纳养老保险费。缴费标准目前设为每年100元、200元、300元、400元、500元、600元、700元、800元、900元、1 000元、1 500元、2 000元12个档次,省(区、市)人民政府可以根据实际情况增设缴费档次,最高缴费档次标准原则上不超过当地灵活就业人员参加职工基本养老保险的

① 《关于提高全国城乡居民基本养老保险基础养老金最低标准的通知》(人社部发〔2015〕5号)。
② 《中国劳动统计年鉴2003》。

年缴费额，并报人力资源社会保障部备案。人力资源社会保障部会同财政部依据城乡居民收入增长等情况适时调整缴费档次标准。参保人自主选择档次缴费，多缴多得。第二，集体补助。有条件的村集体经济组织应当对参保人缴费给予补助，补助标准由村民委员会召开村民会议民主确定，鼓励有条件的社区将集体补助纳入社区公益事业资金筹集范围。鼓励其他社会经济组织、公益慈善组织、个人为参保人缴费提供资助。补助、资助金额不超过当地设定的最高缴费档次标准。第三，政府补贴。政府对符合领取城乡居民养老保险待遇条件的参保人全额支付基础养老金，其中，中央财政对中西部地区按中央确定的基础养老金标准给予全额补助，对东部地区给予50%的补助。地方人民政府应当对参保人缴费给予补贴，对选择最低档次标准缴费的，补贴标准不低于每人每年30元；对选择较高档次标准缴费的，适当增加补贴金额；对选择500元及以上档次标准缴费的，补贴标准不低于每人每年60元，具体标准和办法由省（区、市）人民政府确定。对重度残疾人等缴费困难群体，地方人民政府为其代缴部分或全部最低标准的养老保险费。

（三）农村社会养老保险的待遇水平

1992年，民政部颁布实施了《县级农村社会养老保险基本方案（试行）》，确定了开展“县级统筹”农村的社会养老保险工作，到2009年新农保正式实施，其间老农保经历了18年发展过程，由于老农保现已停办，就不再赘述老农保待遇标准，仅梳理新农保的待遇水平。目前，新农保的待遇领取条件为缴费满15年，年龄满60周岁的参保农民。由于新制度刚刚实施，允许45周岁以上老人通过补缴的方式积累缴费年限，补缴年限不能超过15年。制度实施时大于60周岁的农民符合条件的可以直接领取基础养老金。基础养老金为政府补贴部分，国家财政给予55元每人/月的补助，地方政府根据地区经济发展水平相应增加补贴，随物价的浮动而相应调整；个人账户部分由个人缴费账户余额除以139计算而得。

人社部《2014年度人力资源和社会保障事业发展统计公报》数据显示，到2014年年末，国家城乡居民社会养老保险基金支出1 571亿元，实际领取待遇人数14 313万人，经过计算可得，就全国城乡居民平均水平而言，领取人的养老金平均金额为1 097元。

（四）新农保与老农保的主要区别

新农保和老农保主要有以下区别：

（1）制度模式不同。新农保实行社会统筹与个人账户相结合的制度模式，改变了老农保以“个人账户、储备积累”为基本特征的制度模式。

（2）筹资渠道不同。老农保是农民自己缴费，就是自我储蓄的模式。而新农保资金来源多元化，即个人缴费、集体补助和政府补贴相结合的筹资渠道。

（3）新农保实行基础养老金与个人账户养老金相结合的支付方式，而老农保只有个人账户养老金，没有基础养老金。新农保基础养老金由国家财政保证全额支付，新农保制度使中国农民60岁以后都享受到了国家普惠式的养老金制度，享受到了我国经济社会发展的成果。

（4）家庭联动机制。子女参加新农保，父母即可享受新农保，不仅扩大了农村养老保险覆盖范围，而且更有利于引导中青年农民参加新农保的积极性。

（5）“帮困”机制。新农保制度规定地方政府为重度残疾人以及其他缴费困难群体代缴养老保险费用，有利于农村困难群体纳入新农保，为贫困群体摆脱贫困、精准扶贫提供了有效的路径。

第二节 农村社会养老保险政策的改革方向

一、农村社会养老保险政策存在的问题

（一）从制度的供求关系角度看新农保存在的问题[①]

1.农村社会养老保险制度供给方面的问题

从政策供给方——国家的责任来看，我国农村社会养老保险制度的建立时间要远远晚于农民对政策的需求时间。与城镇职工社会养老保险制度的建立与调整历程相比，我国农村地区社会保险制度的建立和发展要晚得多。

我国农村地区从1986年开始进行社会养老保险政策的试点工作，1992年民政部带头推广，这项政策才开始在全国推广开来。虽然老农保实际上是通过强制储蓄的方式让农民自己承担将来的养老责任，国家财政并未给予任何补贴，但还是受到了广大农民的认可，在很短的时间内迅速在全国铺展开来。但是，在实施了7年后，老农保因无法抵御利息和通货膨胀风险，不能保障参保待遇的适当增长和基金收支平衡而停止。但我国探索农村社会养老保险有效方案的试点工作并未停止，广东中山、江苏阜宁、上海的小城镇保障模式等都受到了广泛关注。2009年，国家开展新农保试点并逐步在全国推广，到2012年年末，新农保制度实现了全覆盖。

由于新农保制度目前还处于初级阶段，加上社会保障待遇的刚性发展特征，国家对它的待遇供给选择了较为谨慎的方式。目前国家对基础养老金的补贴数额还较低，中央财政仅给予每人每月70元的补助，地方政府可以根据地区经济发展水平进行补贴。

在制度建立之初，保障水平起步低、发展快的现象是符合发展规律的。但这种现象不能长久存在，制度的设计者应该根据农民需求水平的不断增长和国家财政的负担能力，尽快将农村社会养老保险的待遇给付水平与之相适应，以真正实现社会养老保险保障农民晚年生活的目的。

制度设计造成基金统筹层次低，制度多样化和碎片化严重，基金保本增值较困难。资金来源困难，中西部地方财政负担重、地方政府补助难落实、农村老龄人员缴费困难；制度衔接困难，区域间不能互认；农村居民养老待遇差，养老金替代率低、绝对数低；待遇的抗风险能力差，与城镇职工养老保险待遇差别巨大，对参保者没有吸引力。

---

① 从春霞，李瑞瑞. 促进农村社会保险制度与农村经济发展适应性的建议[J]. 东北财经大学学报，2014-10-29.

2.农村社会养老保险制度需求方面的问题

我国农村社会养老保险制度的建立与发展虽然较晚，但农民对社会养老保险的需求却从未停止，这主要由于以下原因：

首先，农村老年居民从土地上获得的收入减少，需要扩展其他收入途径。由于农村地区主要以农业生产方式为生，需要付出劳动才能有所收获。但随着年龄的增长，农村老年居民的劳动能力下降，从土地中获得的收入自然减少，需要通过其他途径来增加收入。

其次，农村地区"养儿防老"方式的解体。在农民的传统观念中，除了依靠土地获得收入外，还可以依赖子女来养老。但随着我国计划生育政策的推广与深入人心，农村地区居民子女数量大幅减少，加之农村年轻劳动力的大量外流，留守老人数量激增，农村地区实际的人口老龄化问题和"空巢"现象比城镇地区更严重，"养儿防老"的存在基础遭到了破坏。

除了上述养老方式外，许多学者认为农村老年居民可以通过转让其土地使用权换取养老保障。如果产权清晰、物权明确，以土地换养老确实不失为一种良好的养老方式。但在我国目前土地流转制度不完善、土地补偿标准不透明的现实情况下，以土地换养老的设想还需要经过实践的检验才能在全国推广。

排除以上几种可能的养老方式，农民对国家提供社会养老保险制度的期望就更大了。尽管许多农民因老农保制度的失败对社会养老保险制度心有余悸，作为制度的设计者，应该认清农民的心理，做好资源的合理配置，调节收入分配，使经济社会稳定发展。

（二）从制度的激励引导机制角度看新农保存在的问题

目前农村社会养老保险制度中农民缴费选择低于缴费能力的问题与目前政策的激励引导机制问题密切相关。仔细研究我国的新农保缴费和基础养老金待遇制度会发现，目前国家和地方财政对缴费制度和基础养老金账户的发放方式不利于引导农民选择较高的缴费标准。

1.缴费制度顶层设计不合理

首先，新农保的缴费选择不具强制性，有利于农民选择低于自身缴费能力的缴费档次。新农保作为社会保险制度的一部分，应该具备社会保险制度的一般性特征即强制性。国家应该根据制度发展需要，强制满足参保条件的公民按照既定标准参加社会保险项目。对一直以来流动性偏好较高的我国农民，要想使社会保险制度健康持续发展，尤其需要适当对参保和缴费作出强制性规定。否则，社会保险的参保人数和缴费数量将得不到保障，社会保险也就失去了持续发展的基础。我国目前实施的新农保对参保农民的缴费限制较少，主要采取国家提供缴费档次，参保农民自主选择缴费的形式缴费。由于农民对当期收入具有很大的偏好性，大多数农民往往倾向于选择远远低于自身缴费能力的缴费档次。

其次，新农保的缴费补贴过低，无法激励参保农民提高缴费水平。目前，国家财政对新农保不同参保缴费档次的补贴标准分别为30～50元/人·年，缴费标准每提高一个档次，得到的补贴比例反而降低。如果将年缴费水平平均到月度，并在缴费满15年后开始取得收益，考虑到通货膨胀因素，每月的收益增值极少。因而，根据农民最大确定性收益的角度，目前新实施的城乡居民养老保险缴费档次设为100元、200元、300元、400元、500元、600元、700元、800元、900元、1 000元、1 500元和2 000元共12个档，在实施过程中，多数农民倾向于在最低的层次上缴费或者干脆不缴费，一方面是由于对制度的不了解和不信任，另一方面则是由于该制度的保障水平仍然比较低，而且存在捆绑的领取条件，这使大部分青年农民为了使父母享受到基础养老金，只能选择最低档次缴费。较低的缴费层次和缴费人数使新农保的互济性较差，农民的养老金收入处于较低水平，基金抗风险能力差，基本失去了社会保险应有的社会性和福利性，难以保障自身的晚年生活。

再次，地方财政尤其是中西部经济落后地区财政资金压力大。新农保政策规定由地方财政承担的新农保资金主要有三个方面：一是对参保人给予不低于30元每人/年的缴费补贴；二是超过国家标准部分的基础养老金补贴；三是对高龄待遇领取人员提供的个人账户养老金补贴。按现行政策，参保人的个人缴费总额在12年后（月个人账户养老金=个人账户累计储存额÷139）就将全部领取完毕，即地方政府将为超过72岁的老人提供个人账户养老金补贴。根据表9-2的预测结果不难看出，我国农村60岁及以上老年人口的数量超过我国全部老年人口半数之多，形成了老龄化城乡倒置的格局，农村养老形势严峻。随着我国经济社会的发展和居民生活水平的不断提高，我国人口的平均预期寿命还会不断增加，地方政府要为更多的农村老龄人口提供个人账户养老金补贴。这三部分资金的筹集对东部等发达地区的地方政府财政支出压力不大，但对中西部经济落后地区来说，地方政府的财政压力却很大。

最后，新农保制度统筹层次低，无法转移衔接。新农保制度规定，新农保基金实行县级管理，使得大多数地区实行县级统筹。县级政府承担了“养老保险”的事权，这一管理模式不可否认能够调动县级政府的积极性，但是县城统筹显然统筹层次太低，使新农保存在着很多缺陷和不足。一是县级统筹导致制度不公平。各地区之间新农保基金无法横向调剂，各自为政，加剧了我国新农保制度碎片化程度。二是基金安全性、有效的投资运营以及风险控制难以得到保证。县级对新农保基金的管理权，会产生地方政府挪用资金的可能性；保险待遇的刚性支出给县级财政带来较大的压力。县级部门在专业人才、技术和管理手段等方面的不足，加之地区新农保基金规模相对较小，很难有效地监管基金并实现保值增值。三是阻碍了劳动力资源的合理流动。县级统筹使得各地新农保之间、新农保与城保之间转移接续办法未建立或不完善，不利于参保人员的自由流动，一定程度上制约了我国工业化、城镇化的进程。因此，提高统筹层次是当务之急。

2.待遇计发方式不恰当

新农保基础养老金的待遇计发方式不利于引导农民提高缴费档次。允许在制度实施时超过45岁农民一次性补缴新农保应缴保费。如果选择100元/年缴费标准参保，当年一次性补缴15年共1500元保费；次年开始每月领取60元及个人账户余额约10元养老金，那么1年零9个多月后就可以收回成本。而在同等条件下，如果选择1 000元/年缴费标准，一次性补缴15 000元，即使个人账户养老金也随之增加到了100多元，也需要近7年才能收回成本。如果扣除通货膨胀因素，则可能需要更久的时间。这样，精打细算的农民自然倾向于选择较低的缴费标准了。

（三）从政策的实施效果角度看新农保存在的问题

从政策实施的效果来看，新农保基础养老金待遇没能保障参保农民的基本生活。这主要与以下原因有关：首先，财政对农村社会养老保险待遇的补贴金额有限；其次，近年来我国物价增长水平较快、基础生活成本提高。

1. 财政补贴增长慢

从前文的分析可知，我国中央和地方财政收入保持了较高的增长速度。但目前我国中央政府对农村居民社会养老保险的缴费补贴仍然是固定的，并没有随着财政收入的增加而提高；地方政府虽然被要求根据地方经济社会发展需要相应提高对新农保缴费的补贴，但由于目前尚未出台有效的补贴标准增长机制，地方政府对农村地区社会养老缴费补贴的发放具有不固定性，不同地区间补贴数额的差别也很大。因此，要想使农村社会养老保险的缴费水平与财政收入增长相适应，必须尽快建立一系列法律法规，对各级政府的补贴力度加以规定。

2. 物价增长速度快

农村社会养老保险基础养老金不能保障农民的基本生活的原因还与物价上涨过快有关，物价上涨导致基础养老金购买力下降。

2011年，大连市居民消费价格指数总体指数为105.4%，但食品的价格指数达到了110.7%，对居民消费价格指数的贡献率达到62.2%。涨幅较大的主要有粮食（上涨10.5%）、淀粉及其制品（上涨22.2%）、油脂（上涨16.9%）、肉禽及其制品（上涨26.1%）、糕点饼干面包（上涨11.0%）、在外膳食（上涨11.5%）。[①]按最新大连市农村社会养老保险基础养老金待遇每人每月150元计算，基础养老金根本连通货膨胀所带来的损失都弥补不了，更何谈让农民享受经济社会发展的成果。

因此，要想使新农保基础养老金待遇真正保障农民生活，还必须控制物价增长和提高基础养老金的购买力水平。

（四）农村社会养老保险缴费和待遇支付与农村经济发展之间存在问题[②]

对于农村养老保险基金的筹集我国实行三方缴费，即农村居民、地方政府和中央政府。因此农村养老保险基金的缴费比例应与农村居民的收入和支出水平相适应，应与本地区的经济社会发展相适应，应与中央政府的财政收入水平相适应。

1.农民缴费选择与收入和消费水平变化不相适应

我国农村家庭总收入在过去30多年得到了大幅提高。我国农村家庭收入整体呈持续增长态势，年均增长率超过10%，高于我国同期经济发展速度，恩格尔系数呈不断下降趋势（见表9-3）。

① 佚名.2013年9月10日的蔬菜、粮油、水果和肉蛋批发价格[N].大连市半岛晨报，2013-09-10.
② 从春霞，李瑞瑞.促进农村社会保险制度与农村经济发展适应性的建议[N].东北财经大学学报，2014-10-29.

1978—1984年间，我国农村家庭年均收入增长幅度在15%上下浮动；1994年前后，我国农村家庭年均收入增长幅度最大，几乎达到了30%；2003年以来，农村家庭年平均收入的增长率稳定在了10%～15%之间。

2007年，武汉大学社会保障研究中心对我国10多个省份，共33个市县内的农村地区作了分层随机抽样问卷调查。收回的2 098份有效问卷显示，61.9%的农民非常愿意参加农村社会养老保险，平均月缴费承受力为79.6元/月。有超过30%的农民表示可以承受100元/月的缴费。可见，我国大部分农民每人每年可以承受1 000～1 200元的缴费。

由此可见，新农保缴费存在着实际缴费标准小于农民缴费能力的问题。当然，缴费标准是否合适不能只片面地看缴费多少，还应该和待遇标准的高低联系起来。

根据发展经济学的可持续发展观点：

如果农村居民社会养老缴费水平＞人均纯收入水平，农村居民社会养老缴费水平过高，二者不相适应；

如果农村居民社会养老缴费水平＝人均纯收入水平，农村居民社会养老缴费水平与农村经济发展相适应；

如果农村居民社会养老缴费水平＜人均纯收入水平，农村居民社会养老缴费水平慢于农村经济发展水平，二者不相适应。

而我国农村社会基本养老保险缴费水平绝对化，缺乏弹性，农村居民社会养老缴费水平与农民的收入水平相脱节，二者之间不存在可比性，这里的深刻原因值得我们深思。

2. 缴费选择与地区财政收入的适应性

农村社会养老保险缴费水平除与农民收入有关，还与国家和地方财政补贴水平分不开，自2001年以来，全国财政收入以及中央和地方财政收入都保持了高速增长，年均增幅都在20%左右。地方政府的财政收入增加幅度最高，年平均增长幅度为21.23%。

目前政府对农村居民社会养老保险的缴费补贴仍然是固定的70元每人/月，政府财政补贴农民参加新农保的吸引力有限。政府对新农保的补贴并不随着财政收入的增长而提高；地方政府应在中央政府补贴的基础上，根据当地经济发展水平、财政收入增长和物价增长程度，可以适当调整基础养老金待遇。但是当前地方政府对新农保缴费补贴的提高幅度远远低于政府财政收入的增长幅度，二者出现了严重的偏离。

二、农村社会养老保险政策的发展趋势

（一）完善新农保制度的顶层设计

党的十六大提出了“全面建设小康社会的奋斗目标”，党的十七大强调了“实现全面建设小康社会奋斗目标的新要求”，党的十八大明确提出了“确保到2020年实现全面建成小康社会宏伟目标”的战略任务。按照可持续发展和统筹城乡发展的理念，完善农村社会养老保险制度，设计合理的、科学的、有效的制度框架，规范新农保基金运营与管理，提高新农保的统筹层次，缩小地区间新农保保障水平的差异，提高农民的生活水平，破解城乡二元的经济和社会结构，解决新时期农村居民老有所养的问题，有关部门

必须不断规范我国新农保制度，实现社会养老的全覆盖、高水平的制度目标。

1.加快农村居民社会养老保险法律的建设

法律是国家意志权威性、强制性和稳定性的体现。对于农村社会养老保险制度，我国仅仅出台了《关于开展新型农村养老保险试点指导意见》，它只是政策性规定，而不属于法律规范。而政策不具有法律强制性，容易受国家政治、经济和社会发展等因素的影响而产生变化。只有制定合理的、有针对性的法律法规，才能确保公民权利和责任的充分享有和实现。

我国当前农村养老保险制度已经不能够适应“保基本，全覆盖”的要求，需要根据我国经济和社会发展的实际，尽快完善新农保立法体系以确保我国新农保制度顺利实施。

2.提高新农保的统筹层次

新农保基金实行县级统筹导致制度不公平。各地区之间新农保基金无法横向调剂，各自为政，加剧了我国新农保制度碎片化程度。基金安全性、有效的投资运营以及风险控制难以得到保证。同时，县级统筹也阻碍了劳动力资源的合理流动。因此，只有通过提高新农保基金的统筹层次，才能解决新农保制度中所涉及的地区间的财政分担和利益问题；才能有效解决社保关系转移接续问题；才能保障基金安全性和有效的投资运营。对于新农保的统筹层次应逐步提高，逐步实现由县级统筹为市级统筹，逐步上升到省级统筹，最终实现农村社会养老保险制度的全国统一管理。当然，提高农村社会养老保险的统筹层次是一项系统工程，其中中央、地方各级政府的具体责任，一定要具体落实和平衡，通过中央和地方政府互相协同，逐步提高农村社会养老保险的统筹层次。

3.提高农村社会养老保险的缴费水平

（1）提高农民缴费能力

提高农民的缴费能力，要从发展农村经济、提高农村居民收入入手。农民参加农村社会养老保险所缴纳保费的直接来源就是农民的纯收入，所以提高参保农民缴费能力的最有效手段就是增加农民收入。

第一，要积极调整农业结构，引导农民尽快实现农业生产方式的转型升级。农业生产应该与市场需求相适应，以使农民在土地或林地减少的客观情况下增加收入。要畅通农畜产品流通环节，降低农产品的流通成本，促进农畜产品与商场、超市、学校的直接对接，使农产品价格随需求的变化而浮动，切实提高农民收入。同时，还应该促使农业逐渐实现标准化、规范化、集约化发展。积极引进农业新品种、新技术，举办农业科技培训，使农民的生产技能得到增强。

第二，要建立稳定的财政支农惠农投入增长机制，深化对农村土地承包流转、农业经营、农村资金融通的改革，推动农村基础设施和社会事业发展，拓宽农民增收渠道。同时，地方政府要不断提高农村公共服务水平，为农民增收创造良好的环境。要适时提高对农民养老金、物价生活补贴的补贴力度，直接拉动农民增收。

第三，还要加快小城镇建设，改善农村地区基础设施水平，带动农村地区经济发展。小城镇的建设，要与工业小区建设、建立健全农村市场体系、农业产业化和农村脱贫致富相结合，把乡镇企业集中到小城镇来，形成规模经济，以拉动周边经济增长，有效缓解农村剩余劳动力的压力，推动农村经济发展，增加农民收入。近年来，休闲观光农业发展迅速，水果采摘、乡村垂钓、农家饭庄等活动层出不穷，带动了周边的种植业、餐饮住宿业和其他服务业的发展，乡村休闲旅游经济的发展方兴未艾。农村地区要充分利用当地的自然和社会人文条件，积极发展特色产业，以带动地区经济发展。要促进农民就地就近就业，充分挖掘农村地区的增收潜力。进一步加大对农村外出务工人员的就业培训力度，通过多渠道促进农村劳动力转移就业，千方百计增加农民非农产业的工资性收入。

（2）提高财政缴费补贴

广大农民目前仍是我国低收入人口比例较大的群体，全国各地区农民对流动性的偏好基本都高于城市地区，农村居民对当期收入的偏好也高于城市地区，以上因素直接导致了农村居民对社会养老保险的参保积极性较低。有些农民能够意识到农村社会养老保险对自身的有益性，但限于以上原因以及其他消费支出的限制，也往往选择较低的缴费档次。

农村养老保障制度的健康运行与政府的财力支持不可分离，为提高农民参保缴费水平，必须提高财政对农民社会养老保险缴费的补贴力度，合理确定各级政府承担比例。为此，首先必须加大各级财政对农村社会养老保障的直接投入力度。资金筹集是社会保障制度运行的核心，是农村社会养老保险待遇发放的物质基础。增加政府对农村社会养老保险的财政补贴，一方面可以直接增加农村社会养老保险的缴费基金收入，另一方面可以带动农民加入社会养老保险缴费队伍或者提高社会养老保险缴费档次，带来社会养老保险制度的良性循环。另外，应建立农村社会养老保险再保险制度，切实保障农民的参保权益。1992年的老农保，正是因为缴费和待遇入不敷出，最后不得不宣告失败。老农保制度的失败，还使向来谨慎的农村居民降低了对国家制度的信心，很多农民更关心自己的待遇领取问题。为消除农民疑虑，政府应每年从财政收入中提取一定比例，作为农村社会养老保险风险基金，这样可以确保农民在遭遇政策风险时降低或减免损失。

4.提高农村社会养老保险待遇

（1）拉大缴费层次

养老保险缴费是其待遇的基础，要想提高农村社会养老保险的待遇水平，必须首先提高其缴费水平。目前我国新农保规定了多种缴费标准，实际上是希望建立多层次的社会养老保险，但由于缴费的强制性力度和缴费补贴激励不够，社会养老保险的层次区分不明显。要解决农民参保缴费选择标准低的问题，一种方案是通过行政手段，调查核实居民收入情况，按照不同的收入档次，强制农民在参保时选择相对应的缴费标准，当然也领取相对应的待遇标准；另外一种方案是通过加大对农民缴费的财政补贴力度，采取梯度增加的缴费补贴模式，引导农民自主选择较高的缴费水平。

其中，第一种方案看起来方便简单，但需要政府付出巨大的行政管理费用，来核查农民的实际收入情况；第二种方案便于管理，也给予农民充分的自主选择权，但需要各级财政明确各自的缴费补贴责任，精算具体的缴费补贴。

另外，建立适当养老金替代率调整机制，适时提高缴费标准和增加缴费档次，逐步提高农村居民养老金替代率，提高老年农民的养老待遇水平。

（2）稳定待遇购买力

需要注意的是，国家基础养老保险待遇所保障的应该是农民的基本生存问题，应以相同购买力为参照标准，在全国不同地区采取购买力相同的基础养老保险金水平，借以维护农民的基本生存权利和促进社会公平的实现；财政对不同档次缴费标准的补贴力度应适当加大，引导农民根据自身收入情况，选择恰当的缴费标准。

由于食品支出的增长是近年来拉升消费价格指数的头号动力，要想稳定物价，首先，要控制住食品价格，促使其平稳有序增长。为此，应大力促进农业生产，增强对农业生产现代化的财政支出，发展先进农业技术，稳定农业生产，提高粮食蔬菜产量。其次，要稳定农副产品的供应，降低农副产品的流通和交易成本。最后，要根据物价增长情况，及时提高农村社会养老保险的待遇水平。

5.提高新农保基金的投资收益

通货膨胀是市场经济中的客观现象，其往往伴随着经济的周期性波动而呈现出周期性变化。随着我国新农保制度的不断完善和发展，必将积累着一部分基金，无论其规模大小，如果积累的资金不能进行有效的运营，便会有贬值风险。要实现结余新农保基金的保值增值，必须提高新农保基金的投资收益。

社会保障基金投资运营的意义是多方面的。一方面，它有利于新农保基金的保值增值。在物价总体水平上升和货币相对贬值的条件下，新农保基金的购买力要保持不变，只有通过投资获得收益并将这些收益充实到基金中去，才能抵御通货膨胀的冲击，增强新农保给付能力。另一方面，它有利于减轻政府和参保人的负担。如果新农保基金能够保值，可以保证受益人的福利不会因时间的推移而下降，还可以保证受益人未来的福利增多；但是如果新农保基金出现贬值，为了不使未来福利下降，则只能提高政府和个人的现期负担或未来负担。此外，新农保基金投资运营，还可以促进社会经济发展，因为新农保基金投入社会再生产过程，不仅可以实现新农保基金的增值，而且会使社会总产出增长，从而起到加速经济发展的作用。

当然，要提高新农保基金的投资收益，必须提高新农保基金管理的统筹层次，进而才能对新农保基金进行有效管理。

（二）实现农业政策和农村社会养老保险制度的良性互动

国务院办公厅于2014年4月21日颁布的《国务院关于建立统一的城乡居民基本养老保险制度的意见》中提出，对于农村养老保险制度的建设要“坚持公平原则，逐渐缩小与城保的待遇差距，以缩小社会贫富差距、创造并维护社会公平；坚持保障基本生活与社会经济发展相适应的原则，调整社会保障水平的制度顶层设计；坚持责任分担原则，在政府主导责任的前提下，建立多层次养老保险体系的补充养老保险和个人储蓄保险，形成责任分担机制”①。发展和完善农村社会养老保险制度是一项系统工程，是一

① 2014年4月21日颁布的《国务院关于建立统一的城乡居民基本养老保险制度的意见》。

项涉及国家工业化、城镇化、农业产业政策的综合性问题。

第一，加快工业化和城镇化进程，使农业转移人口尽快市民化，降低农村居民的人口数量，提高城乡生产要素的配置效率，形成经济社会发展的良性互动机制。第二，实施新农保与土地流转政策的有机结合，加大对农业产业的投入，大力发展新兴农业，提高农业的生产效率和农民的收入水平，让农民有能力参保，从而在进一步提高参保档次的基础上提高养老保障水平。第三，坚持"工业反哺农业、城市支持农村"是国际社会许多国家工业化和城镇化进程中的一般规律，也有一些国家在工业化、城镇化进程中，忽视农业的发展，出现了农业萎缩、农村凋零，产生了大量的贫困农民，城乡差距进一步拉大以及社会矛盾加剧等一系列问题。在工业化、城镇化进程中，坚持"工业反哺农业、城市支持农村"和多予少取政策。例如，维护农民土地的承包权，尽快对农民土地的承包权进行确权；适当增强对农民的补贴力度，完善农产品价格的形成机制，在市场机制的基础上，发挥政府的调控作用，建立健全农产品的最低保护价格和国家转储收购价格制度，有效地提高农民收入，调动广大农民的生产积极性；统筹城乡基础设施建设，进一步实现公共服务均等化，发展农业的产业化经营，建立现代农业产业体系，全面提高农业产业的综合生产能力；建立和完善城乡多层次、全方位的社会保障模式，逐步实现城乡统一的社会保障体系，保护农民工的合法权益，解决其社会保障、居住和子女教育问题。

（三）全面提升农村社会养老保险基金的管理服务水平

加强农村社会养老保险基金管理，就必须加强队伍建设尤其是基层队伍建设工作。提升服务人员的综合素质，加快信息化建设，提高农村社会养老保险基金管理的现代化水平和工作效率，为地区间农村社会养老保险关系的转移接续以及农村社会养老保险与城镇职工养老保险制度的转移接续提供技术支持，为农村居民提供优质快捷的养老保险服务。

（四）加强农村社会养老保险基金的监管工作

对农村社会养老保险基金进行监管，其主要目的就是通过监管维护基金安全稳健运行，维持社会稳定，保护国家利益。从微观上讲，保护参保人员的合法权益，防止以权谋私，违规、违纪运作，避免基金损失以及由此引发的支付困难。要真正做到行之有效的监管，必须改革目前的监管体制。建立以农村社会养老保险基金投资管理机构内部监管为核心，社会监管和国家监管为补充的全方位农村社会养老保险基金的监管体系。监管机构之间既要分工，又要协作。劳动保障、财政、审计、税务、证券、保险和人民银行等监管机构要履行各自的职责，分别从不同的角度来加强对农村社会养老保险基金管理和运营机构的监督检查，实施对农村社会养老保险费用征缴、保险金发放、基金管理和运营各个环节的全面监管。要定期召开监管联席工作会议，相互交流监管信息，可以采取一方牵头、多方参加的方式，加强各监管机构之间的横向联系，协同监管。另外，在建立现代监管体系框架时，要注重实现农村社会养老保险监管的战略性、前瞻性和有效性。

第三节 农村社会养老保险政策的热点问题之一：统筹推进农村社会养老保险政策的顶层设计

一、明确农村社会养老保险制度的实现目标

在对我国农村社会养老保险政策进行顶层设计时，要充分认识我国的基本国情、经济发展水平、国家的财政能力以及农村居民等方面的差异性，做好农村社会养老保险制度的统筹规划。

无论是低收入发展国家，还是中等收入发展国家或者是发达国家，在制订养老计划时，都要结合本国实际做好统筹规划。即第一层次养老金计划——目标主要是减贫；第二层次养老金计划——目标主要是强制性的，稳定消费；第三层次养老金计划——目标主要是企业或者个人层面上是自愿的，政府监管，享受税收优惠政策，充分考虑个人的偏好差异，并做好这些计划之间的平衡。

在对我国农村养老保险制度的核心进行顶层设计时，必须厘清以下几个问题：

（一）我国建立农村养老保险制度的实现目标

各国政府在建立养老保险制度时，主要关注的是减少贫困和收入分配问题。我国政府明确提出：我国的农村社会养老保险制度是以保障农村居民年老时的基本生活为目的，建立个人缴费、集体补助、政府补贴相结合的筹资模式，养老待遇由社会统筹与个人账户相结合，与家庭养老、土地保障、社会救助等其他社会保障政策措施相配套，由政府组织实施的一项社会养老保险制度，是国家社会保险体系的重要组成部分。[①]新农保试点的基本原则是"保基本、广覆盖、有弹性、可持续"，到2020年彻底消除贫困，全面建成小康社会。但是，我国目前的农村养老保险制度能否解决农村居民年老时的生活贫困问题，能否让农村居民稳定地消费、有体面地生活。我国居民收入城乡差别明显（见表9-3），农村基础设施相对落后，"工业化、城镇化"反哺农业有限。因此在对我国农村养老保险制度进行设计时，要综合认识其对劳动力市场、经济增长、风险分散、收入分配以及社会发展的影响。

（二）农村居民个人和家庭的实现目标

居民个人对养老保险制度的要求当然是因人而异，目标具有多元性，多元的目标是不可能同时完全实现。但是最基本的目标，一般都是通过社会养老保险制度分散养老风险，并在年老时能够稳定消费。在进行顶层设计时，必须充分认识各种目标的特性，使各种目标最优化。要在稳定消费、消除贫困、减贫和保险之间寻求最佳平衡，当然这个平衡取决于农村居民个人和家庭重视哪些养老目标。

从国际社会看，由于不同的社会制度、历史、政治和其他约束都不尽相同，目前世界上各国没有最好的养老保险制度，只有最适宜各国自身发展实际的养老保险制度。因

① 从春霞.社会保障概论[M].大连：东北财经大学出版社，2015.

此，结合我国经济社会发展、农村居民生活实际，对我国现有的农村社会养老保险制度进行再设计迫在眉睫。

二、调整农村社会养老保险政策

（一）厘清农村社会养老保险制度的性质

我国政府明确提出，我国农村社会养老保险制度是由政府组织实施的一项社会养老保险制度，是国家社会保险体系的重要组成部分。既然是社会保险体系的组成部分，那么就应遵循著名的贝弗里奇报告中提出的社会保障四原则，即普遍性原则、保障基本生活原则、同一原则以及权利和义务对等原则。但是我国目前的农村社会养老保险制度不具有强制性；与城镇职工的养老保险的实现目标差异过大，没有可比性，因此应对我国当前的农村社会养老保险制度进行适当调整。

（二）统筹层次

我国政府明确提出，我国农村社会养老保险基金实行的是县级统筹，统筹层次过低带来一系列问题（在上文中已经阐述），因此对于新农保的统筹层次应逐步提高，逐步实现由县级统筹转为市级统筹，逐步上升到省级统筹，最终实现农村社会养老保险制度的全国统一管理。

（三）基金筹集

我国政府明确提出，我国的农村社会养老保险制度是以个人缴费、集体补助、政府补贴相结合的模式进行资金筹集。由于资金的筹集不具有强制性、法定性，集体补贴在大部分地区形同虚设，顶层设计不合理，农村居民大部分选择低档次的缴费方式，有的是为了获取政府的定额补贴，有的是为了使年龄已超过60岁的父母获取养老保险的待遇。由于缴费水平低，统筹层次低，管理队伍综合素质低，结余的养老保险基金不能进行有效的投资运营，不仅得不到增值，还基本上处于贬值的状态之中。因此必须明确基金筹集的强制性和法定性，设计合理有效的缴费模式，调动农村居民参与养老保险的积极性，变被动为主动，在收入分配上真正做到“工业化、城镇化”反哺农业，加强农村基础设施建设，真正实现公共服务均等化。大力发展现代农业，提高农民的收入水平，增强农民的缴费能力，尽快完成农民土地的确权工作，实现我国农村社会养老保险的制度目标。

第四节　农村社会养老保险政策的热点问题之二：完善农村养老服务问题

国家卫计委发布的《中国家庭发展报告（2015）》显示，我国家庭规模小型化，空巢老人占老年人总数的50%，我国养老服务问题形势严峻。有学者提出针对中国人口老龄化发展的现实，应把“养老服务”提升到与“养老金”并重的地位，养老金不是养老问题的全部。“中国城市养老服务业的缺口在95%以上，农村更大。95%以上的老人要在家和社区中养老，家里如果有失能老人，儿女上班都不安心，这就形成一个连锁效应。”养老服务是养老金无法替代的，不是有钱就能够买到你需要的服务。“现在独生子女家长进入老龄阶段的越来越多，养老服务的需求也越来越大。”即使是有养老保险的老年群体也面临两个问题，一是低收入老人，各方面能力下降，成为子女的负担；二是收入高的老人，在高龄和失能阶段，即使有高水平的养老金，如果没有享受到养老服务，生活质量必然大幅下降。目前，我国政界和学术界已经对基础养老金的问题给予了足够的关注，并且在养老金的改革与发展上取得了一些成就；然而，养老服务方面的问题还未得到社会各界的足够重视，无论是从理论研究角度还是从实际应用角度看，我国的养老服务都存在很大欠缺，亟待发展和完善。

一、我国农村养老模式的发展现状及存在的问题

近年来，我国人口老龄化的速度正在不断加快，根据民政部印发的《2013年社会服务发展统计公报》显示，截至2013年年末，我国60岁及以上老年人口2.2亿人，占总人口的14.9%，呈不断上升趋势。根据第六次全国人口普查统计，农村60岁及以上老年人口已达1.008亿人，占全部老年人口的57.1%，超过半数之多。由于受到城镇化影响，我国农村老龄化水平要高于城镇约3.73个百分点，形成了老龄化城乡倒置的格局，农村养老形势严峻。

我国还存在明显的城乡二元结构特点，农村经济发展水平明显低于城镇，农民收入虽然增速快，但与城市居民相比仍然有较大差距。根据2013年中国统计年鉴数据显示，2013年城镇居民人均可支配收入为26 955.1元，而农村居民人均纯收入为8 895.9元，两者相差3倍多。从国家统计局公布的基尼系数也可看出（见表9-5），虽然该系数自2008年起逐年回落，但我国目前仍然高于0.44的国际平均水平，超出0.4的国际警戒线水平，存在较大的贫富差距问题。农村居民与城市居民的收入差距必然会决定老人选择什么样的养老服务和养老模式，收入高的城市老人可以选择较为全方位、多样化的养老服务，或入住养老院，或选择上门服务，其实质就是选择了机构养老或者社区居家养老模式，而收入相对较低的农村老人的选择余地就较为有限，一般住不起服务较好的养老院，主要是子女供养，即家庭养老模式或者自我养老。因而我们要区别看待城市和农村的养老问题，专门研究农村的养老模式就显得尤为必要。

此外，根据第六次人口普查结果显示，一方面我国农村60岁及以上老年人口中，有7.41%的老人患有疾病但能自理，还有3.3%的农村老人生活不能自理。在不能自理的老人当中，有82%主要依靠家庭其他成员供养，还有11%的老人的生活来源主要是最低生活保障金。与此同时，由于农村计划生育的实施，四位老人、一对夫妻加一个小孩的4-2-1家庭数量也在不断增多，截至2013年，我国平均家庭户规模是2.98人，老年人口抚养比为13.1%，2000—2010年，农村的单人家庭增加近40%，80岁及以上的高龄老人中有四成以上是单人家庭户主①。这些数据表明，随着家庭小型化的发展，家庭成员的养老问题对外部的依赖程度会进一步增加，仅靠家庭养老显然已经不能应对日益严峻

① 数据资料来源于《中国家庭发展报告2014》和第六次全国人口普查。

的农村养老形势，需要社会养老的大力支持。另一方面，我国2013年流动人口已达2.45亿人，2013年城镇化水平已达53.73%，越来越多的农村青壮年劳动力外出打工涌入城市，导致农村空巢老人数量不断增加，农村养老问题突出。

表9-5 **我国居民收入基尼系数**

年份	2003年	2004年	2005年	2006年	2007年	2008年
基尼系数	0.479	0.473	0.485	0.487	0.484	0.491
年份	2009年	2010年	2011年	2012年	2013年	2014年
基尼系数	0.490	0.481	0.477	0.474	0.473	0.469

资料来源：国家统计局网站，http：//www.stats.gov.cn/。

在这种情况下，传统的家庭养老已经不能满足老人的基本养老需求。如何在广大农村地区公平有效地发展养老事业，保障农村老人的基本生活，使他们老有所养、老有所依，就显得尤为迫切，而一种行之有效的养老模式将有力促进农村养老事业的发展。随着中国逐渐进入老龄社会，老年人的养老服务逐渐被社会广泛关注，而目前中国绝大多数老人还得不到养老服务。中国城市养老服务业的缺口在95%以上，农村缺口更大，有学者认为中国养老服务业可以用重视不够、投入不足、有效制度供给欠缺来概括。因此，根据我国农村的实际情况，应充分利用农村的闲置资源，调动社会力量，创新养老服务，向医养结合、网络养老院等方向进行拓展，从而发展出符合我国实际情况的新型农村养老模式。

（一）我国农村养老模式的发展现状

目前，学界对养老模式的划分并没有一个统一的标准，按照“养老支持力”学说对养老模式进行划分，即一种养老模式可能有多种养老支持力来源，那么主要的支持力来源就决定了这种养老模式的特征，将农村养老模式划分为3类：家庭养老、自我养老和社会养老。

1.家庭养老

家庭养老是指养老支持力主要来源于子女、配偶或亲属的养老模式，即当人身体各方面机能开始退化，步入老年状态需要照顾时，依靠家庭成员赡养终老的模式。家庭养老是两代人之间经济转移，互惠互利的过程，其实现形式主要是依靠家庭财富的积累和生育子女，核心理念是儒家传统文化中的孝道思想，主张养儿防老，多子多福。我国农村较为落后的生产力和小农经济决定了老年人的经济来源主要依靠子女，也决定了赡养父母是每个成年子女必须尽的义务，子女应向自己年老的父母提供包括经济物质支持、日常生活照顾以及精神慰藉等方面的服务。

当前，家庭养老仍然是农村老人的主要养老方式。根据第六次人口普查数据显示，我国农村老人的主要收入来源仍然是以家庭其他成员供养为主，占到47.74%；其次的收入来源是劳动收入，达到41.18%，社会养老相较于家庭养老明显供给不足，只占到较小的比例，具体如图9-2所示。

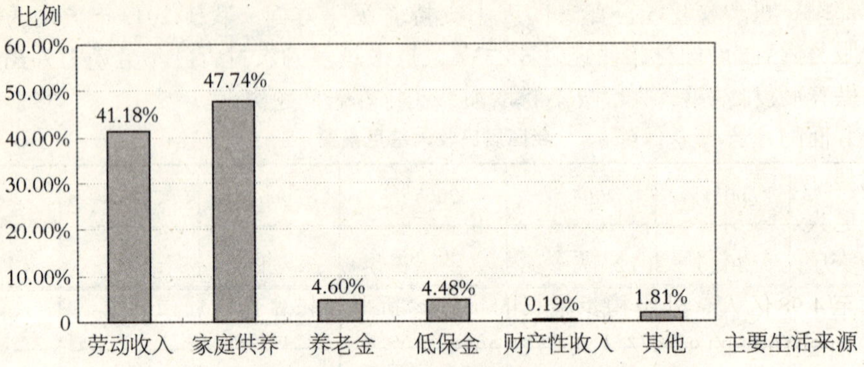

图9-2 全国农村60岁及以上老人收入来源各项占比

当前，我国农村的经济发展水平还不能完全担负起农村老年人的养老生活，因而家庭养老在现阶段仍具有不可替代性，是农村养老的必然选择。家庭养老有具有低成本、更多的生活照料和精神慰藉以及节约财政支出的优点，可以为老年人提供温馨的家庭氛围，消除晚年的孤独与抑郁，深受老年人喜爱。同时，在中青年外出工作时，老年人可在家中帮忙照看孩子和家庭，进行隔代抚育，节约年轻人经济成本的同时也缓解了老年人的孤独感。然而，随着社会的发展，我国家庭养老模式正受到前所未有的挑战，发展状况不容乐观。目前农村家庭养老不仅面临着人口流动、家庭结构变化和养老资源匮乏等问题，同时新问题也在不断出现，例如老人精神上的孤独以及与子女代际关系紧张等问题，这种变化破坏了家庭养老的运行环境和基础。

2. 自我养老

自我养老是指养老支持力主要来源于老人自己的养老模式。自我养老的经济来源主要是老年人之前的储蓄和参与劳动或耕种土地获得的经济收入，因而相较于家庭养老，自我养老带给老人更有尊严的生活。自我养老的实现对老人有一定的条件，一方面老人必须要有较为健康的身体进行土地耕种等体力劳动，并能在生活上对自己加以照料。另一方面，老人需要有较为独立自主和乐观的精神状态，能够进行自我慰藉，从而进行自我养老。自我养老有一定的优点，老人通过自己的劳动实现老有所养，一定程度上减轻了家庭养老和社会养老的负担，而且适度劳动有利于老人的身体健康，能够提高老人的社会地位，从而实现自我价值。

在调查走访浙江省金华市的D村和Y村中也可发现，村中的老人一般与子女都是分开居住的，通常居住在老屋，自身收入来源能够满足其基本生活，除非老人实在无力照顾自己，才会麻烦子女帮忙。在农村，以自我养老为主、家庭养老为辅的养老模式较为常见。然而，自我养老是一种无奈的选择，并不是我国未来养老的主要发展方向。就目前的情况而言，在一些欠发达的农村地区，由于家庭养老的弱化和社会养老的缺失，老人不得不依靠自我养老。随着农村的老年人口结构趋向高龄化和失能老人的增多，农村的自我养老模式将难以为继，须配合其他养老模式对其加以支撑。

3. 社会养老

社会养老是指养老支持力主要来源于社会的养老模式。社会养老服务的提供主体主要有政府部门、机构和社区，它们向老人提供包括经济帮助、服务照料以及精神安慰等多元化的服务内容。目前我国农村老人尤其是处于贫困线以下的老人，主要可以享受到包括五保供养制度、农村最低生活保障制度、城乡居民养老保险制度和农村合作医疗制度等四个方面的社会养老保障。

数据显示（如图9-3所示），享受农村最低生活保障的人数在逐年增加，2013年已达0.54亿人，农村参与集中或者分散供养的五保人数则较为稳定，2012年和2013年都是500多万人。2010—2012年，参与城乡居民养老保险的人数增长较快，2013年则小幅增长至4.98亿人，处于稳步增长的状态。新型农村合作医疗虽然在人数上有下降的趋势，由2010年的8.36亿人下降到2013年的8.02亿人，但参合率在逐年增加，由2010年的96.0%增加到2013年的98.7%，补偿受益人次也由2010年的10.87亿人次增加到2013年的19.42亿人次。总体来看，我国农村社会养老的规模和受益人数在逐年增多，社会养老在朝着良好势头发展。发展农村社会养老，有助于减轻家庭养老与自我养老的压力，提高农村老人的养老水平，应对农村人口老龄化高峰的到来，也可减小农村与城市在养老保障方面的差距。在家庭养老的基础上，应积极发展社会养老，主要从两方面着手：一是加大财政支持力度，建立农村居家养老服务中心和医养中心；二是促使企业、个人、第三部门等社会力量加入到农村养老服务中来，建立全方位的养老服务网络。

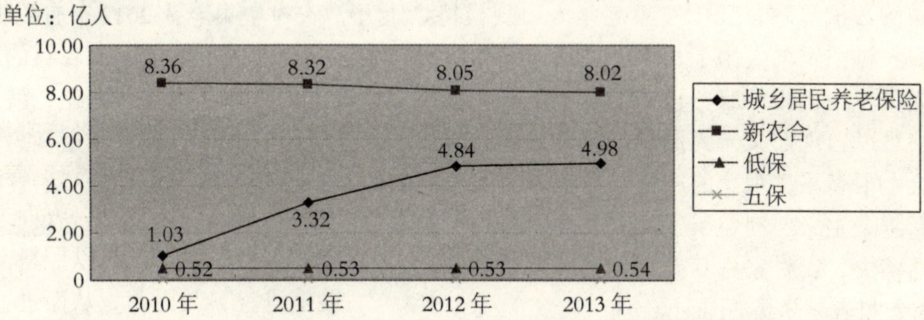

图9-3 我国农村社会养老基本情况

资料来源：国家统计局.中国统计年鉴2014[M].北京：中国统计出版社，2014.

（二）我国农村养老模式存在的问题

1.农民收入水平低，自我养老能力弱

我国农村目前的养老保障水平仍然较低，这与农民的收入水平有很大关系。虽然近年我国城镇化发展迅速，2011年年末城镇化率更是突破50%大关，达到51.27%，但是城镇化的迅速发展并没有使农民的生活水平得到显著提高。农民收入水平低有多方面的因素，其中一个原因就是土地的保障水平在降低。首先，由于城镇化的发展，农民正面临着土地数量和质量上的危机，截至2012年年底，我国耕地总面积为20.27亿亩，虽然在数量上比往年有所增加，但由于地下水超采和环境污染的加剧，仍有5 000万亩耕地不宜耕种，随着人口的增加，人均可耕地面积将越来越少。耕地的减少不仅使失地农民增加，同时也使农民难以进行规模化经营，土地产出效益下降。其次，随着化肥等农业生产资料价格的上涨，土地的投入与产出比也在不断下降。最后，我国农产品价格持续上涨，而农民的收入并没有成比例增长，其原因就是农产品流通中间环节过多，每一环节都会使成本增加5%~10%。此外，目前新实施的城乡居民养老保险缴费档次设为100~1 000元、1 500元和2 000元共12档，在实施过程中，多数农民倾向于在最低的层次上缴费或者干脆不缴费，一方面是由于对制度的不了解和不信任，另一方面则是由于该制度的保障水平仍然比较低，而且存在捆绑的领取条件，使大部分青年农民为了使父母享受到基础养老金，只能选择最低档次缴费。较低的缴费层次和缴费人数使新农保的互济性较差，农民的养老金收入处于较低水平，难以保障自身的养老生活。

2.空巢老人增多，家庭养老功能弱化

由于国家计划生育政策的实施，家庭结构向小型化发展，4-2-1家庭数量增多，年轻人供养老人压力增大；而随着我国城镇化速度的加快，土地保障能力正在减退，农民得益于土地的经营性收入有所下降，城乡居民收入仍有较大差距，据统计（见表9-3），虽然近年来农村居民收入增速较城镇居民快，但是两者收入差额的绝对数仍在增加，差额由2009年的12 021.5元增加到2013年的18 059.2元。这也吸引更多的农村剩余劳动力涌入城镇，谋求更丰厚的收入和更好的发展，农村老人由于思想观念上讲究安土重迁，落叶归根，同时也为了减轻子女的经济负担，一般仍留在农村，这就使农村空巢老人和独居老人的数量在不断增加，家庭养老功能弱化。2013年中国老龄事业发展报告的数据显示，我国空巢老年人口规模持续上升，农村空巢老人2012年有约5 000万人。农村空巢老人由于长期干农活，身体状况与城市空巢老人相比要差，农村的医疗服务人员较少，医疗服务设施配套也不够完善，一旦老人的身体状况突然恶化，就会处于生活难以自理而又无人照顾的尴尬境地，增加了养老风险。此外，传统孝道观念正受到社会上很多不良观念的冲击，动摇着家庭养老的根基。伴随着我国市场经济的建立和发展，拜金主义、利益至上的观念冲击着传统的孝道文化，家庭养老固有的文化依托正在渐渐消失，农村家庭养老功能已经严重弱化。

3.农村养老资源配置不合理

首先，我国农村养老资源供需很不平衡。前文提到，农村60岁及以上老年人口在2010年就已达1.008亿人，占全部老年人口的57.1%，伴随着农村老人人均寿命的延长，农村老人的养老服务需求巨大。与此相对应，农村社区养老服务设施供给不足。目前，我国人口老龄化每年以3.2%的速度增长，但养老医疗资源增长同期要更为缓慢（见表9-6）。2010—2013年，乡镇医院卫生人员平均增长率仅为2.2%，2013年我国共有乡镇卫生院37 015个，床位113.6万张，每千农业人口乡镇卫生院的床位是1.30张，比上年增长5%；每千农业人口乡镇卫生院人员1.41人，比上年增长2.9%，增速都比上年有所放缓，这显然跟不上当下我国人口老龄化的增长速度。其次，农村养老服务设施较为匮乏，对老人的服务还只是停留在基本的经济供养和简单的医疗服务上，而对老人的精神娱乐需求关注较少，农村缺少相应的公共娱乐设施，这与实现公共服务均等化的目标不符。最后，农村养老的市场机制配置资源能力落后，与城市相比，农村商业养老保险发展缓慢，保险产品单一，与农村居民的购买水平和购买需求不符，并且还存在服务人员素质较低，服务水平较低等问题。可见，我国在实际中并未建立多层次的农村养老体系，农村养老资源配置不合理。

表9-6　　　　　　　　　　　　**乡镇卫生院基本情况**

年份	乡镇卫生院数(个)	每千农业人口乡镇卫生院床位(张)	每千农业人口乡镇卫生院人员(人)
2010年	37 836	1.12	1.30
2011年	37 295	1.16	1.32
2012年	37 097	1.25	1.37
2013年	37 015	1.30	1.41

资料来源：卫计委《2013年我国卫生和计划生育事业发展统计公报》。

4.养老服务的社会参与度不高

目前我国农村的养老服务主要还是以政府、集体组织支持为主，农村养老服务未进入志愿组织和各类非营利组织的视野中来。社会力量参与度低，农村志愿服务人员少，且大都是阶段性、临时性服务，带有较大随机性，缺乏长期有效的运行机制保障。根据国家统计局的数据显示，2013年我国社会服务机构职工人数1 197.8万人，而农村养老服务机构职工人数只有16.4万人，比上年增长3.1%，增速较为缓慢。此外，虽然政府对社会资本进入养老服务业有相应的税收减免和扶持政策，但这些政策往往不能落实到位，且办理手续复杂，因而出于经济利益考虑，一些企业和民办机构对是否进入养老服务领域持观望态度，参与的积极性也不高。最后，全社会还未形成养老、助老、扶老的良好风气，拒绝赡养老人的事时有发生，很多人认为护理农村老人待遇低、工作强度大、风险高、易发生纠纷，是件吃力不讨好的事，不愿照顾老人，这些因素都使得农村养老服务的社会参与度普遍不高。

二、我国新型农村养老模式的路径

建立和完善适合我国农村地区实际情况的新型养老模式，是完善我国养老保障制度、实现全面小康社会亟需解决的问题之一。

（一）促进农村经济发展，完善农村养老模式

促进农村经济发展，提高农民的收入水平，一方面可以使农民享受到实实在在的好处，促进社会主义新农村以及和谐社会的建设；另一方面，农民收入的增加可以更好地保障其老年生活，使其享受到更高层次的养老和医疗服务。当前，应从以下几个方面入手，提高农村的经济发展水平：一是要提高土地保障水平，创新土地流转机制，使有能力的农民多承包土地，进行土地的集约化经营，提高土地的利用效率。二是要减少农产品中间流通环节，政府可以为农民搭建农产品网络销售平台和物流服务中心，实现农产品与超市及市场的直接对接，积极扩大农民的销售渠道，增加农民的收入。三是要加大对农民的财政补贴力度，给予农民在购买化肥、农药等生产资料上的优惠补贴，积极帮

助其生产，避免农民因农产品生产成本过高而放弃生产，减少了收入来源。

在农民的养老问题上，除了要增加农民的收入水平，还应积极完善农村养老模式，促进农村养老保障体系建设。具体做法有：首先，完善现有农村医疗保险机制和农村贫困人口保障机制，使农民积极参与养老保险，从而积累更多的养老基金来提高农村养老水平。根据我国国情，农村可以设立农业年金，并大力发展商业保险，从而分担政府的财政压力，同时这也是为更好地发展我国新型农村养老模式提供经济基础，农民只有在一定程度上拥有更多的可支配养老资金，才能相应提高自身的养老水平。其次，提高农村居民自我保险意识，让他们主动在年轻时积累一定的资金用来支付年老之需。同时，各个乡镇也要建立相应的养老基金管理机构，负责农村老人养老资金的筹集、管理、保值等一系列工作，以此来使农村养老保障体系逐步完善。最后，农村养老对于老年人而言，不仅要包括物质上的养老，更应照顾老年人精神层面的养老，保障老年人身体和心理的双重健康。因此，政府不能仅仅采取财政补贴或实物帮助等形式，只满足老人的物质需求，还应在精神层面上加以努力。例如，为老人提供多种工作、学习的机会，开办老年学校，拓宽老年人的知识视野，使其感受到自身价值所在，使其保持乐观心态；宣传疾病预防保健知识，开展老人健身运动，提高老人身体和精神的健康水平；建立老年人心理咨询站，积极关注老年人的心理健康。

（二）实行多元化的医养服务

1.开展便民药房服务

随着农村高龄老人数量的增加，一些患常见病例如高血压、糖尿病等的老人必须每天服药，在农村设立便民药房，可以方便老人买药取药，解决老人的用药困难。笔者在D村的调查发现，D村目前并没有便民药房，老人用药主要是靠熟人捎带或者子女购买，村中老人看一些头疼脑热的病主要是到村口一家私人诊所，这家诊所在村中存在已久，是一位赤脚医生开办的，而村中设立的社区卫生服务站却是大门紧锁，只是为了应付上级检查，处于闲置状态。笔者又走访了其他村庄，发现情况较为类似，需要加以改善。

在农村建立便民药房，可以有效解决老人买药难、看病贵的问题。便民药房属微利经营，享受国家优惠政策，平价销售国家基本药物目录中的药品及其他一些日常药品，在日常运行中，可与村卫生服务站相结合，享受看病买药一站式服务。同时，要对农村药房人员加强培训，确保用药安全。政府应监督药品采购、流通、销售过程，构筑起市、镇、村三级药品监督网络，建立药品采购平台和短缺药品信息报告制度，保证农村老人的用药质量和药品供应。

2.开展医疗服务下基层活动

目前，农村的村医队伍呈现断层局面，难以引进青年人才。数据显示，2013年乡村医生有100.5万人，比上年下跌1.8%，乡村医生中本科及以上学历者较少。与农村基层情况相反，2015年高校毕业生人数再创新高，达到749万人，由于高校扩招和大中城市医学类人才饱和，医学类毕业生就业困难，尤其是临床医学和中医学，失业率排名靠前。为了构建市、县、镇分级诊疗制度，引导农村患者合理就医，可以借鉴大学生村官的选拔模式，对医学院对口的毕业生进行层层选拔，选出一些优秀人员到农村基层医疗机构来工作，并在生活上和工作升迁上给予一定的照顾，以此来继续吸引更多的人才。同时，对于需要评职称或晋升的医师，需要一定的基层服务经验，可以每季度到基层医疗机构开展不少于一定天数的执业服务，具体天数视情况而定，完成一定数量的门诊任务，帮助基层医院快速提升服务能力。年轻骨干医师有基层服务经验满一年者，成为着重培养对象加以提拔任用，通过这样的激励来更好地培养基层医疗服务人员，实现我国农村医疗卫生事业的良性发展。

3.医疗与养老有效组合，实行约诊制度

所谓的约诊制度就是在乡镇医疗卫生中心和各村社区医疗卫生服务中心之间建立一个网络平台，合理划分区域，实现各区域联网，并指定各医生负责各块区域，实行网上约诊制度。这个制度尤其对那些子女不在身边，但又急需看病的老人有帮助。老人一旦有身体上的不适，但未十分剧烈影响正常生活，此时可到农村医疗卫生服务中心看诊，若无法查出病因，可在农村医疗卫生服务中心进行网上约诊，上报乡镇卫生院，乡镇卫生院须在第二日结束前及时回复，处理方式主要有两种：一是派主要负责该区域病人的医生到农村对约诊的病人加以集中查看；二是对病情严重或者查不出病因的病人由专车带回医院进一步观察治疗，并及时联系转院。上级应对乡镇卫生院每日处理约诊病例的效率加以绩效考核，对拖延怠工的现象加以惩治，保证约诊病人能在两天内得到医治，从而保证该制度的顺利执行。约诊制度可以帮助构建合理的分级诊疗制度，同时方便老年人看病，避免延误病情导致病情加重，从而合理利用有限的医疗资源，实现效益最大化。

（三）建立信息服务平台，促进养老资源合理配置

构建完善的养老信息服务平台是农村医疗实行约诊制度的必要条件之一，也是促进农村养老资源合理配置的必要条件。政府可以将各个农村养老服务照料中心的老人信息联网汇总，以网络为支撑，通过养老服务平台实现对农村养老服务照料中心的日常管理监督，并通过平台及时发布各类信息，做到公开透明、有理有据，全面强化新型农村居家养老服务模式。

具体工作上，可以借鉴浙江兰溪的“网络养老院”模式。该模式的主体是“96345社会公共服务中心”，依托该服务平台，连接老人和加盟商，当老年人有服务需要时，只要拨打电话，平台就会显示他们的详细信息，依据老年人个性化要求，就近派商家上门服务，同时平台对服务质量进行跟踪监督。这种模式能快速将老人的需求与服务加以对接，提高养老服务资源的运转效率。鉴于农村老人文化知识水平和经济条件有限，不可能人手一部手机，但可在每个村的养老服务照料中心专门设立爱心求助电话或由专人统计老人需求，上报服务平台。例如某几位老人需要理发，平台便可就近调拨加盟的理发商，为老人上门理发。随着生活水平的提高，农村老人的生活服务需求也在不断提高，建立农村的网络养老院，积极整合社会各项资源，一方面可以促进就业，提高我国农村养老服务水平；另一方面，也可促进农村养老资源的合理配置，是满足信息化发展时代养老需求的一种新型模式，拓宽了现行养老模式的路子，为农村老年人提供更加方便、快捷的养老服务。

丹麦的老年政策是面向全社会的，所有老人不论经济状况、身体状况，也不论住在何处，均享有一视同仁的服务。服务的基本内容是医疗护理和家庭服务。医疗护理包括普通全科门诊、专科门诊和家庭护理。普通全科门诊是家庭式的，每个老人和所有公民一样可选择一位固定的普通全科医生看病。家庭服务包括日常家务、个人卫生和照顾病人等。

为了确保老年关怀政策的落实，丹麦建立了24小时医疗护理和家庭服务制度。它主要通过两种途径实现：一是各市政府设有专门服务机构，提供24小时昼夜服务；二是各地区建立家庭呼叫系统，由市政府聘用的护士和家庭服务人员昼夜值班。

所有从事老人服务的医护人员和家庭服务人员绝非散兵游勇，他们受雇于各市政府，是市政府领导下的统一整体。各项服务费用均来源于政府税收，老人接受服务全部免费。

（四）引导社会力量广泛参与农村养老事业

1.鼓励志愿者积极参加农村养老服务事业

随着社会的进步和改革的深化，以志愿者为主的部分社会力量在养老服务事业中逐渐发挥巨大的作用。农村作为我国的基层地区，养老事业的发展受制于政治、经济、文化等一系列因素的影响，所以远远落后于城镇。然而，从目前的情况来看，农村留守老人、空巢老人人数不断增加，农村社会养老风险进一步加大。此时，政府可以鼓励优秀志愿者积极参与农村养老服务事业，既可以弥补政府在农村养老上的不足，又可以优化农村养老模式，使其变得更加专业，从而有效降低农村社会养老风险。

对于鼓励志愿者参加农村养老事业，具体要从以下两方面着手。一方面，要充分发挥民间组织等第三部门的作用，在资金和政策上加大对养老服务队伍的扶持力度，建立专业化的服务队伍。通过党员带头作用，发动学生和爱心人士，让更多的人加入到服务队伍中来，空闲时间可以到各个村庄为老人服务，并积极参与到食堂管理、聊天谈心、卫生保洁、图书借阅等工作，为半自理和不能自理的老人多做点事，丰富其晚年生活。此外，还可创新志愿者参与机制，构建养老中心志愿服务“爱心银行”、“服务储蓄”等机制，为志愿者服务提供社会认可。各养老服务中心可以与政府相关部门合作，组建志愿者服务名单，开通网站、微信服务平台，及时发布最新服务信息，促进服务中心与志愿者之间的互动。养老服务照料中心可以主动为非营利组织和学校相关专业学生提供实习机会，促进非营利组织与志愿者成长，使志愿者队伍深入到更多的服务中心去。长此以往，农村养老中心的服务水平必将上升到一个新的台阶。此外，农民从事的农业生产工作由于受到季节的影响，农忙和农闲都比较有规律。因此，乡镇之间可以建立“时间银行”，让农民在农闲时作为志愿者为其他人提供服务，通过“时间银行”的桥梁作用，在本人需要帮助时，可以拿自己已支付的时间来换取其他志愿者一定的帮助和服务。这样做既可以减小政府在农村养老服务提供上的压力，又可以调动农村居民内部的力量，实现互帮互助的养老模式，也是对现有养老模式的一个有力补充，对建立起适应我国国情的多元化养老模式有一定的推动作用。

另一方面，对于即将走出大学校园的优秀青年，政府应该积极引导他们参加农村养老事业。由专业的大学生志愿者来提供养老服务，可以保证农村养老服务的质量和效率；农村养老事业也可以作为大学生下基层锻炼自己工作能力和增进与人民群众联系的重要渠道。在这方面，政府可以借鉴大学生村官制度，选拔优秀青年到基层参加农村养老服务事业。同时，对于参加农村养老服务工作满两年的优秀人员可以给予公务员考试优先录取的条件，从而提高志愿者队伍的流动性。如此，既可以鼓励优秀志愿者积极参加农村养老服务工作，又可以为公务员队伍提供宝贵的后备人才资源。

2.引导企业承担社会责任

企业的发展离不开和谐的社会，在经济转型和改革进一步深化的今天，企业承担社会责任既有道德的自觉性，也有法律的制约。从中国的国情来看，政府在引导企业承担社会责任的过程中扮演者重要的角色，引导企业反哺广大农民。农村属于我国经济薄弱地区，农村的养老保障事业也因为经济力量弱小而发展缓慢，而且农村养老模式发展单一。要想建立多元化的农村养老模式，政府必须要引导企业以承担社会责任的形式参与进来，例如对农村空巢老人、残疾人等弱势群体捐款或创办养老机构、提供养老服务，从而优化农村养老模式，为农村的养老事业注入更多活力。

具体做法上，企业可以通过与村庄结对子，实现定点资助和服务，还可以开设养老服务银行专户，让更多的企业参与到社会化养老的服务队伍中来。政府在鼓励企业资本进入农村养老服务领域的同时，必须完善相应的法律法规，建立公平竞争的市场环境，简化注册办理手续，为企业提供融资帮助和税收优惠等政策扶持，并给予一定的床位和运营补贴，创造良好的政策环境。此外，应加强政策宣传，使农民对企业创办的养老机构有一定的认识，以便于他们接受和购买养老服务，政府作为企业的担保人，同时也是监督者，要引导和支持民间资本和民营企业加入到农村养老服务中来，让企业明白，百善孝为先，这是企业应当承担的社会责任，它们应该贡献自己的一份力量，来推动农村社会养老事业的长效发展。

参考文献

[1]米勒 J.解析社会保障[M].郑飞飞，等，译.上海：上海人民出版社，2012.

[2]贝弗里奇 W.贝弗里奇报告[M].华迎放，等，译.北京：中国劳动社会保障出版社，2013.

[3]武川正吾.福利国家的社会学[M].李莲花，等，译.北京：商务印书馆，2011.

[4]戴蒙德 P A.税收、不完全市场和社会保障[M].王丹枫，译.上海：上海财经大学出版社，2011.

[5]安奈兹 J，等.解析社会福利运动[M].王星，译.上海：上海人民出版社，2011.

[6]丛春霞.社会保障概论[M].大连：东北财经大学出版社，2015.